『湖北近代文学研究』丛书·第二辑

田桐年谱

◎程翔章　程祖灏/编著

華中師範大學出版社

新出图证(鄂)字 10 号

图书在版编目(CIP)数据

田桐年谱/程翔章,程祖灏编著. --武汉:华中师范大学出版社,2024.3
("湖北近代文学研究"丛书.第二辑)
ISBN 978-7-5769-0425-3

Ⅰ.①田…　Ⅱ.①程…　②程…　Ⅲ.①田桐(1879—1930)—年谱
Ⅳ.①K827=6

中国国家版本馆 CIP 数据核字(2024)第 021086 号

田桐年谱

TIANTONG NIANPU

责任编辑:张建英　**责任校对**:骆　宏　**封面设计**:罗明波
编辑室:学术出版分社　**电话**:027-67863280
出版发行:华中师范大学出版社有限责任公司
社址:湖北省武汉市珞喻路 152 号　**邮编**:430079
电话:027-67863426(发行部)　**传真**:027-67863291
网址:http://press.ccnu.edu.cn　**电子信箱**:press@mail.ccnu.edu.cn
印刷:武汉邮科印务有限公司　**督印**:刘　敏
字数:379 千字
开本:710mm×1000mm　1/16　**印张**:21.75
版次:2024 年 12 月第 1 版　**印次**:2024 年 12 月第 1 次印刷
定价:87.00 元

欢迎上网查询、购书

前　　言

程翔章

湖北位于中国的中部、长江的中游，汉江的大部分流域在湖北境内。境内周边为山地丘陵，中部为辽阔富饶的江汉平原。湖北不仅土地肥沃，物产丰富，乃全国有名的鱼米之乡，而且交通便利，四通八达，省会武汉更是有“九省通衢”之誉，地理位置十分优越。自先秦至清代中叶，湖北都是各个朝代文学的重镇，有着优良的文学传统，为中国文学的发展，作出过重要贡献。进入近代后，湖北文学创作的成就虽然没有广东、福建、湖南、江浙等省份突出，但湖北作家继承前辈的优良传统，紧跟时代步伐，勇于探索，积极实践，也取得了可喜的成就，为中国文学的现代化转型，奉献了自己的智慧和力量。

这里所说的“近代”，通常是指自鸦片战争开始至五四运动为止，即1840年至1919年这一时间段的历史。这一历史时期是中国历史上一个非常特殊的历史阶段：帝国主义列强侵略的日益加深，使中国的社会发生了数千年未有之大变局，原有的封建君主专制制度的封建社会逐渐转变为半殖民地半封建社会，故史学界将这一特殊历史阶段的历史称为“中国近代史”。而发生、发展于这一特殊历史阶段的中国文学，无论是文学观念、文学思想、文学理论，还是文学体裁、文学方法、文学创作，随着社会大动荡、大分化、大变革的历史进程，亦发生了前所未有的变化，故文学界将这一特殊历史阶段产生的中国文学称为“中国近代文学”。

改革开放以来，中国迎来了学术研究的春天，尤其是对中国近代文学的研究，可谓兴盛繁荣，一日千里，硕果累累。但与全国其他省市相比，尤其是与福建、广东、湖南、安徽、山东、江苏、上海、北京等省市相比，对湖北近代文学的研究相对比较薄弱、落后：不仅从事这一研究的学人少，而且研究的成果亦少。

笔者从事中国近代文学的研究，最初接触湖北近代作家的文学创作，始自20世纪80年代的中期。那时刚大学毕业不久，笔者留在学校从事管理工作，应师友们之邀，在工作之余，跟随林非先生一起编撰《中国散文大辞典》，并被安排负责整个近代部分。从那时起，笔者就发现湖北近代文学是一座富矿，值得花力气去挖掘、开采，并有心在这方面做些努力。随着辞典编撰的深入展开，笔者开始有意收集湖北近代作家的相关资料，并断断续续写过一些湖北作家的研究文章。只是由于各种任务繁重，笔者难以集中精力在这方面下功夫。

进入 90 年代后，除管理工作比较繁重之外，笔者承担的教学任务亦很重。根据教学工作的需要，笔者将有限的业余时间几乎都用在了对中国近代文学作整体、全面、深入的探讨和思考上，为撰写既能够反映中国近代文学发展整体面貌又适合教学实际的文学史作准备。

20 世纪末与 21 世纪初，我们编撰的《中国近代文学作品选》、《中国近代文学》相继出版面世，并受到社会和学生的普遍欢迎与肯定，年年加印；后又应出版社之邀，曾多次对这套教材进行修订再版和改版，花费了笔者不少时间和精力。直到 2015 年前后，笔者才从繁重的事务中脱身出来，开始对湖北近代作家作整体、全面、深入的研究。尤其是退休后，笔者谢绝了多所学校的聘请，一心一意在家进行湖北近代作家的研究，并在学校出版基金的资助下，相继出版了《湖北近代作家研究》（第一集）、《樊增祥年谱》、《王柏心年谱》等著作，受到朋友和学术界同人的肯定。

尽管如此，笔者总觉得出版周期过长，过于零散，研究成果不能及时面世，故难以产生较大的影响。因此，笔者产生了组织人力编撰一套“‘湖北近代文学研究’丛书”的想法。诸如作家的年谱、评传、佚文和作家的诗文选、湖北近代文学史等等，均可纳入其中。丛书不求一次整体推出，可以分辑推出，每辑 6～8 本，完成一辑，推出一辑；这样日积月累，十几年下来，也会形成一定规模，产生一定影响。

笔者将此想法汇报告知校出版社的领导，立即得到他们的肯定和大力支持。适值湖北省启动了“2020 年度学术著作专项资金项目”的申报工作，出版社领导遂积极支持和推荐笔者申报了“‘湖北近代文学研究’丛书第一辑”（7 本）这个项目。感谢各位专家的支持和信任，这个项目最终获得批准。

笔者真诚地希望，“‘湖北近代文学研究’丛书”（第一辑）和以后将陆续出版的各辑，能够引起学人们的关注，都来重视湖北近代文学的研究，促进湖北近代文学的研究更加全面、深入地开展，出现更多、更好的研究成果，共同为繁荣湖北的文化建设作出我们的贡献。

例　言

一、本谱是根据田桐的各种传记资料与《田桐集》[①]以及时人的著作编成。

二、本谱为记述的方便起见，正文中对谱主直呼其名（如称“田桐”，或称“小田桐”），对谱主的先辈则称“某某公”，对谱中所涉及的其他人物，亦皆直称其名。

三、本谱纪日期，例以农历，其后用括号；在括号内标注公历，以资参照。

四、谱中各年，首列清帝纪年，次列干支，（括号内）再列公元，最后列谱主年岁。

五、本谱各年之下，按时间顺序详列谱主的行止交游与著述情况；谱文之下，择要引述相关诗文或文献，既可明谱主事迹之所本，又能就迄今为止诗文作品或文献资料中涉及谱主之记载有讹误或歧义者，采用“案语”形式进行说明、辨正与考异。

六、谱中所征引之诗文作品与文献资料，皆注明出处，以便读者检核。

七、谱中涉及的与谱主关系重要或密切的人物，或当时政治、军事、文化、文学界出现的重要人物，一般略注其生平事迹：逝于谱主之前的，在其逝世之年标注；逝于谱主之后的，则择适当日期标注。

八、为更加准确地把握谱主的思想发展脉络，在谱主生活、活动时间内所发生的重大历史事件以及出现的重要历史人物，亦择要列出；而对于文化、文学界出现的重要事件或重要人物，还将作出简要介绍。

九、已收入谱主集中的主要诗（词）文作品，大多按年编入谱中。凡编入谱中的诗词、文札、函牍等作品，只列题目，重要的则简述内容；对部分不见于集中而保存于他人文集中、论著中的诗（词）文作品，则全文

---

① 王杰、张金超主编:《田桐集》,华中师范大学出版社 2011 年版。全书所引用《田桐集》资料均系此版,后文不再一一详注。

（诗）照录。

十、友朋与谱主的唱和酬赠之作，亦适当征录一些，系于各年之内。这些作品大多只列题目，部分作品则根据情况全文（诗）录入。

十一、凡作品中或征引资料中缺失的字或辨认不清的字，均以“○”表示；对那些明显的错字、漏字，则在“（ ）”中标出。

十二、因在谱主的《田桐集》中，除其所写之“文”（如“古文”、“书函”、“电稿”）大多标明有写作时间之外，诗歌部分则未标明具体写作时间。因此，凡编入各年内的诗（词）、文（含电稿）作品，皆注明出处，如卷数、文体、页码，以方便读者查检、阅读。

目　　录

谱　前

田桐（1879—1930），字梓琴，笔名“恨海”、“重耳”，又署恨海氏，号玄玄、玄玄居士，晚年自署江介散人，又署黄帝不肖孙，湖北蕲州（今黄冈市蕲春县）漕河镇田家河人。

田氏一家在蕲州漕河镇田家河甚受人尊敬：

田桐祖父田琼林公，同治朝（1862—1874）贡生，为人豪爽，好行侠义，名闻乡里；曾参与《蕲州志》（清光绪八年刻本）的纂辑工作。

田桐父亲田士莲公，字又青，清末秀才，饱读诗书，是新学派经学家，而才高不愿出仕。遂在家乡开办一所私塾，授徒育才四十余载，受业弟子达数百人，其中不少弟子出国留学，后来成为民国的开国元勋。田士莲公授徒之余，则精研经史。

田士莲公娶太平天国将领吕松年之女吕氏为妻（田儁《忆我的父亲——孙中山先生秘书田桓》），膝下有四子：田桐、田�、田叔琴、田桓，田桐为士莲公长子。

田桐原配童夫人，生子二：田侨、田偃；女一：田修。又有孙二：田宇、田宙；孙女二：田容、田言；晚纳侧室王夫人，无出①。

田桐自幼随父亲就读，聪明颖悟，勤奋好学，二十二岁即补县学生。1902 年冬考入武昌文普通中学堂。1903 年冬因鼓吹革命被学校除名。1904 年赴日留学。1905 年参与发起组织中国同盟会，被推为评议部议员兼总理书记。自此四处奔走，致力于民族民主革命活动和武装斗争。1911 年武昌起义爆发，田桐回到武昌，任参战员、随军参谋。1912 年南京临时政府成立，田桐出任内务部参事、参议院议员。1913 年参与“二次革命”，失败后复至日本。1914 年支持孙中山创建中华革命党，并任党务部副部长。1915 年回国联络各派力量，武装反袁。1917 年赴广州，参加护法运

① 田桓：《忆先兄田桐》，《田桐集》附录，华中师范大学出版社 2011 年 7 月版，第 586 页。

动，出任广州大元帅府宣传处长。1919年孙中山将中华革命党改组为中国国民党，田桐积极从事党务和宣传工作。1924年孙中山改组国民党，提出联俄、联共、扶助农工的三大政策，田桐表示反对，并辞去各种职务，四处游历。1926年应蒋介石等人邀请，南下出任江汉宣抚使，参加北伐。1927年，因不满蒋介石的独裁统治，田桐与居正等组织反蒋同盟。1930年7月2日田桐在上海寓所病逝。

田桐平生勤奋好学，博古通今，才华出众，文气横溢，且“革命不忘著述，著述不忘革命”①；除散见于报刊的大量文章外，尚有著译《亡国惨记》、《革命之首领》、《人生问题》、《英雄模范》、《亡国泪》（原名《虚无党奇谈》）、《曙沧诗话》、《伦理通论》、《扶桑诗话》、《心语》等单本著作行世。

田桐去世后，其子田侨编有《玄玄遗著》（上、下册）。今人则编有《田桐集》②。

此外，田桐还工书法，篆书、行楷、行草、章草兼工，尤以章草见长，是国民党高官中少有的几位书法家之一。

现代学者指出：“田桐又兼工书法，初学钟繇、王羲之，后习颜真卿。篆书直窥秦会稽石刻，瘦硬婉通。行草以章草融入，汪洋恣肆而不失法度。行楷线条流畅，笔墨圆润，气度壮阔。他的书法多以章草见长，与同代人如于右任相较，称不上‘书圣’，谓之‘书贤’，当属实至名归”③。

---

① 湖北省政府编：《湖北省政府公葬田梓琴先生专刊》，1932年，第9页。

② 王杰、张金超主编：《田桐集》，华中师范大学出版社2011年7月版。

③ 王杰、张金超主编：《田桐集·前言》，华中师范大学出版社2011年版，第4页。

正　谱

光绪五年己卯(1879年)　一岁

是年，士莲公已是秀才，不愿沿着仕途之路发展，遂在乡设馆授徒。

正月初八日（1月29日），福建建章府迪口（今南平市建瓯市迪口镇）民众因反对传教士胡作非为而将地方教堂拆毁。

三月初八日（3月30日），日本侵占琉球国，废琉球国王，而改琉球为冲绳县。

三月二十日（4月11日），于右任（1879—1964）出生于陕西三原县东关河道巷一个书香之家。

四月十七日（6月6日），李根源（1879—1965）出生于云南腾越（今云南梁河九保）一个旧军人家庭。

四月下旬至五月中旬，直隶唐山胥各庄（今河北省唐山市丰南区胥各庄镇）运煤铁路正式动工，是我国自办铁路之始。

五月十六日（7月5日），仇亮（1879—1915）出生于湖南湘阴县归义乡下马桥（今汨罗市城郊乡上马村）一个书香之家。

五月下旬至六月中旬，上海耶松船厂工人因抗议封建把头克扣工资而举行罢工。

八月十七日（10月2日），出使俄国大臣崇厚在俄谈判，擅自与俄国订立《里瓦基亚条约》（即《交收伊犁条约》）。

八月二十三日（10月8日），宛平（今北京市京西矿区）富商段益三领得窑照，允准开采直隶通兴煤矿（后改名“门头沟煤矿”，今属北京市门头沟区）。

九月初五日（10月19日），两江总督沈葆桢奏议出使俄国大臣崇厚丧失国权，条约各款万不可行。

九月二十七日（11月10日），上海祥生船厂工人为抗议洋人殴打工人而举行罢工。

十月二十六日（12月9日），胡汉民（1879—1936）出生于广东番禺一个书香之家。

十一月初二日（12月14日），美国传教士在福建延平（今南平市延平区）开枪伤人，遭到当地民众痛殴。

十一月十三日（12月25日），田桐（1879—1930）出生于蕲州（今黄冈市蕲春县）漕河镇田家河一个书香之家，为家中长子。

十一月二十四日（1880年1月5日），清政府将出使俄国大臣崇厚开缺候议，其所议条约章程交廷臣集议。

十二月十四日（1880年1月25日），谭延闿（1880—1930）出生于浙江巡抚谭钟麟的巡抚衙署。

十二月十六日（1880年1月27日），清政府将原吏部左侍郎、出使俄国大臣崇厚革职拿问。

是年，直隶总督李鸿章在大沽北塘（今属天津市滨海新区）海口炮台试设到天津的电报，为中国创办最早的电报。

是年，董修武（1879—1915）出生于四川巴中一个小商人家庭。

是年，张光奎（1879—1937）出生于陕西长安一个殷富之家。

是年，时功玖（1879—1940）出生于湖北枝江董市镇一个书香之家。

是年，石瑛（1879—1943）出生于湖北阳新燕厦（今通山县新庄坪）一个书香之家。

是年，欧阳瑞骅（1879—1944）出生于湖北沔阳（今仙桃市）。

是年，何克夫（1879—1949）出生于广东连县（今连州市）一个书香之家。

光绪六年庚辰(1880年)　二岁

是年，士莲公继续在乡设馆授徒。

正月初三日（2月12日），清政府任命出使英国、法国大臣曾纪泽为出使俄国钦差大臣，取代崇厚赴俄国继续办理伊犁交涉。

正月初十日（2月19日），清政府正式照会沙俄政府，不承认《里瓦基亚条约》。

正月二十六日（3月6日），吴禄贞（1880—1911）出生于湖北云梦县城西郊一个书香之家。

四月上旬，清政府为向俄国索回新疆伊犁，频调劲旅分布诸边以为防备；又命浙江提督吴长庆立即进京陛见。

五月初八日（6 月 15 日），总理衙门奏称崇厚获罪后，英、法、德驻华公使均要求宽免。

五月十九日（6 月 26 日），清政府命暂免崇厚斩罪，并知照俄国。

六月二十六日（8 月 1 日），出使俄国钦差大臣曾纪泽抵达俄京圣彼得堡。

七月初六日（8 月 11 日），清政府调陕甘总督、钦差大臣左宗棠入京，并对俄妥协。

七月初七日（8 月 12 日），清政府开释原出使俄国大臣崇厚。

八月十二日（9 月 16 日），左宗棠创办的兰州机器织呢局正式开工。

八月十四日（9 月 18 日），直隶总督李鸿章奏设南、北洋电报，获准在天津设立电报总局，并于紫竹林、大沽口、济宁、清江、镇江、苏州、上海七处各设电报分局，架设天津至上海间的电线（1881 年 4 月开始铺设电线，同年 12 月完工）。

十月二十七日（11 月 29 日），程善之（1880—1942）出生于安徽歙县槐塘一个书香家庭。

十二月初一日（12 月 31 日），直隶总督李鸿章奏请兴建铁路。

十二月二十四日（1881 年 1 月 23 日），续桐溪（1881—1926）出生于山西崞县（今忻州市原平市）西社村一个书香之家。

是年，湖广总督李瀚章和湖北巡抚彭祖贤在省城武昌（即夏口）设立修志局，开始编纂《湖北通志》。

是年，林业明（1880—1933）出生于广东顺德（今佛山市顺德区）。

是年，萧炳章（1880—1946）出生于江西万安窑头剡溪楼下村一个书香家庭。

是年，贾景德（1880—1960）出生于山西泽州府（今山西晋城市）沁水县端氏镇的一个书香官宦之家。

光绪七年辛巳(1881 年)　三岁

是年，士莲公继续在乡设馆授徒。

正月二十二日（2 月 20 日），张知本（1881—1976）出生于湖北江陵张公垱一个书香家庭。

正月二十六日（2 月 24 日），出使俄国钦差大臣曾纪泽与沙俄签订《中俄伊犁条约》和《改订陆路通商章程》。

正月二十九日（2 月 27 日），朝廷命东阁大学士左宗棠管理兵部事务，在军机大臣上行走，又在总理各国事务衙门行走。

三月初十日（4 月 8 日），慈安太后在宫中猝死。

三月间，清政府擢升出使欧洲二等参赞黎庶昌为记名道员，赏给二品顶戴，派充出使日本钦差大臣，并命其速速回京陛见。

四月二十日（5 月 17 日），吕志伊（1881—1940）出生于云南思茅（今普洱）一个书香之家。

四月二十五日（5 月 22 日），清政府颁布《开平矿务局章程》。

五月十三日（6 月 9 日），唐山胥各庄运煤铁路建成，“中国火箭号”车头首次行驶。

六月初一日（6 月 26 日），东垂边务督办吴大澂奏请在吉林设立机器局，制造新式枪械子弹，获准。

六月十八日（7 月 13 日），山东济南美国传教士强买民房改建教堂，泺源书院师生发出揭帖，要求收回房屋；传教士却向美国公使报告，谎称教堂已被拆毁，要求赔偿；美国公使馆派参赞到济南向地方官要挟，以退还原房价和赔款结案，史称“济南教案”。

六月二十二日（7 月 17 日），马君武（1881—1940）出生于湖北蒲圻一个旅居广西桂林的书香官宦家庭。

八月二十三日（10 月 15 日），广东南海县（今佛山市南海区）西樵缫丝工人因受迷信思想影响捣毁裕厚昌缫丝厂机器。

九月二十七日（11 月 18 日），张光厚（1881—1932）出生于四川富顺（今自贡市沿滩区）。

九月间，英国商人创办上海自来水公司。

十月初十日（12 月 1 日），中国第一条电报线（天津至上海）铺成并投入使用。

十月十八日（12 月 9 日），杨庶堪（1881—1942）出生于四川巴县（今重庆市巴南区）木洞镇一个书香之家。

十一月二十七日（1882 年 1 月 16 日），《申报》首次刊用国内电讯。

十二月初一日（1882 年 1 月 20 日），出使日本钦差大臣黎庶昌带领家眷和从侄汝谦、长婿后沆以及出使随员乘“驭远”兵船，自上海启航赴日。

十二月二十六日（1882 年 2 月 14 日），出使日本钦差大臣黎庶昌一行人抵达东京，与前任公使何如璋办理完交接手续，随即前往日本外务部拜见外务卿井上馨，接洽公务。

是年，归安（今浙江省湖州市）富商黄佐卿在上海创办公和永缫丝厂，次年正式开工，是上海最早的民族资本机器缫丝厂。

是年，香港仁记洋行买办梁云汉（又名梁安，字鹤巢）在广州设立肇兴公司，经营海外航运及贸易。

是年，英商怡和洋行将华海轮船公司和扬子轮船公司合并为印华轮船公司，通称怡和轮船公司。

是年，刘仲文（1881—1920）出生于湖北襄阳东津老营上洲一个富豪家庭。

是年，陈新政（1881—1924）出生于福建厦门嘉禾里二十二都岭兜村一个商人家庭。

是年，彭世安（1881—1924）出生于陕西白水一个书香官宦家庭。

是年，任堇（1881—1936）出生于浙江绍兴一个书画世家。

是年，蔡汇东（1881—1938）出生于湖北蕲州一个书香家庭。

是年，景耀月（1881—1944）出生于山西芮城一个贫苦农家。

是年，王用宾（1881—1944）出生于山西临猗猗氏黄斗景村一个书香之家。

是年，杨时杰（1881—1956）出生于湖北沔阳（今仙桃市）一个贫苦家庭。

是年，张凤翙（1881—1958）出生于陕西咸宁菊花园（今属西安市碑林区）一个手艺人家庭。

光绪八年壬午(1882年)　四岁

是年，士莲公继续在乡设馆授徒。

正月十一日（2月28日），吴兆麟（1882—1942）出生于湖北鄂城葛店吴家坝一个农民家庭。

二月十八日（4月5日），宋教仁（1882—1913）出生于湖南省常德市桃源县仙瑞乡上坊村香冲（今漳江镇教仁村香冲组）一个耕读之家。

三月初六日（4月23日），直隶总督李鸿章奏请在上海试办机器织布局。

三月初八日（4月25日），以原法国交趾支那舰队司令李威利为头目的法国侵略军，突然出兵侵占安南（今越南）河内。

四月初二日（5月18日），《字林西报》的中文版《沪报》在上海创刊（后售予日人之东亚同文会，改为《同文沪报》）。

四月下旬至五月中旬，法国传教士在黑龙江呼兰县强买民地建房，开枪打死都统署官员一人，并捏造“旗兵滋事”，告到法国公使馆；法国公使向清政府提出交涉，以赔款三千两银子结案，史称“呼兰教案”。

六月初九日（7 月 23 日），朝鲜发生政变，史称“壬午政变”。

六月十二日（7 月 26 日），上海英、美租界电灯公司电灯发光。

六月三十日（8 月 13 日），清政府命浙江提督吴长庆率兵六营援助朝鲜。

七月十八日（8 月 31 日），张继（1882—1947）出生于直隶沧州（今属河北省沧州市）城东南的孙清屯一个世家大族。

八月二十四日（10 月 5 日），徐州道程国熙集商资设局，机器开采铜山县（今江苏省徐州市铜山区）属利国驿等处煤矿。

九月十八日（10 月 29 日），沙俄政府强迫清政府签订《中俄伊犁界约》。

九月二十六日（11 月 6 日），冯玉祥（1882—1948）出生于直隶青县（今属河北省沧州市）一个农民家庭。

十月十七日（11 月 27 日），直隶总督李鸿章代表清政府与法国驻华公使宝海(Albert Bourée)签订备忘录，初步确定中国撤退驻越武装，法国保证不侵占越南土地和不贬削越南国王的权力，开放保胜为商埠。

十月二十二日（12 月 2 日），朱少屏（1882—1942）出生于江苏上海（今上海市）一个书香之家。

十月二十七日（12 月 7 日），邵力子（1882—1967）出生于浙江绍兴陶堰乡（今陶堰镇）邵家溇村一个书香之家。

十月二十九日（12 月 9 日），沙俄政府胁迫清政府签订《中俄喀什噶尔界约》。

十一月初九日（12 月 18 日），蔡锷（1882—1916）出生于湖南省宝庆府（今邵阳市）一户贫寒的裁缝家庭。

十二月初十日（1883 年 1 月 18 日），清政府命在沪粤沿海铺设电线。

是年，粤人徐鸿复、徐润等在上海集股设立同文书局，购置机器，影印《二十四史》、《古今图书集成》等古籍。同文书局是中国人自办的第一家近代石印图书出版机构。

是年，曹印侯（1882—1913）出生于陕西临潼一个贫寒家庭。

是年，张汇滔（1882—1920）出生于安徽寿州（今寿县）一个耕读之家。

是年，刘守中（1882—1941）出生于陕西富平一个耕读之家。

是年，吴昆（1882—1942）出生于湖北黄冈一个耕读之家。

是年，冯自由（1882—1958）出生于日本长崎一个华侨商人家庭。

是年，景定成（1882—1959）出生于山西运城安邑城关一个书香之家。

光绪九年癸未(1883 年)　五岁

是年，士莲公继续在乡设馆授徒。

二月十九日（3 月 27 日），法国侵略军攻陷越南南定（今南定省）。

二月二十二日（3 月 30 日），礼部上奏越南王阮福时请求援救。

二月二十三日（3 月 31 日），中、英订立上海至香港电报办法合同。

二月二十六日（4 月 3 日），北辉次郎（1883—1937）出生于日本新潟县佐渡岛一个酿酒商人家庭。

三月初二日（4 月 8 日），刘永福率黑旗军驰赴越南山西，助越抗法。

是日，电报线铺设至广东。

三月二十八日（5 月 4 日），汪精卫（1883—1944）出生于浙江山阴一个旅居广东佛山三水的客商家庭。

三月二十九日（5 月 5 日），江南制造总局工人为反对延长劳动日举行示威游行。

四月十三日（5 月 19 日），刘永福率黑旗军在河内以西怀德府的纸桥大败法军，击毙法将李威利（又译作李维业，1827—1883），取得纸桥大捷。

五月初二日（6 月 6 日），法国驻日本公使来中国重开谈判，企图强迫清政府承认法国在越南北部的侵略地位。

五月初七日（6 月 11 日），沈尹默（1883—1971）出生于浙江吴兴旅居陕西兴安府汉阴厅（今陕西安康市汉阴县城关镇民主街）的一个世代书香官宦家庭。

七月初十日（8 月 12 日），中、俄签订《中俄科塔界约》。

七月二十日（8 月 22 日），宁调元（1883—1913）出生于湖南醴陵一个小土地经营者的家庭。

七月二十三日（8 月 25 日），法国侵略军侵入安南的顺化（今越南承天顺化省省会）。

八月初一日（9 月 1 日），刘永福率黑旗军和越南军与法国侵略军激战于丹凤（今越南河内市丹凤县）。

八月初四日（9 月 4 日），中、俄订立科布多新界牌标记。

八月十三日（9 月 13 日），中、俄订立塔尔巴哈台北段牌标记。

九月初三日（10 月 3 日），中、俄签订《中俄塔尔巴哈台西南界约》。

九月初八日（10 月 8 日），阎锡山（1883—1960）出生于山西省五台县河边村（今定襄县河边镇）一个以经商为主的小地主家庭。

九月间，朝廷鉴于中、法之间紧张的局势，命在家丁忧的李鸿章夺情仍回其直隶总督任，而命署理直隶总督张树声仍回两广总督任。

十月十八日（11 月 17 日），法国内阁通知中国驻法公使曾纪泽，一定会以武力夺取安南之北圻（指旧时越南北部的十六省）。

十一月十五日（12 月 14 日），法国海军中将、法国交趾支那舰队司令孤拔率法军六千人进攻清军和黑旗军的防地山西（今越南河内市山西市社），中法战争正式爆发。

十一月十七日（12 月 16 日），法国侵略军攻占安南山西（今越南河内市山西市社）。

十一月十八日（12 月 17 日），安南人杀死越南国王阮福娳。

十一月二十五日（12 月 24 日），清政府命云贵总督岑毓英率兵驰赴安南之山西（今越南河内市山西市社），抗击法军。

是年，岳维峻（1883—1932）出生于陕西蒲城一个耕读之家。

是年，陈侠文（1883—1933）出生于湖北蕲春一个书香家庭。

是年，吴醒汉（1883—1938）出生于湖北黄陂东乡解家田（今武汉市黄陂区王家河街栖凤村）一个贫寒家庭。

是年，胡毅生（1883—1957）出生于广东番禺一个书香之家。

是年，孙镜（1883—1958）出生于湖北京山一个耕读之家。

光绪十年甲申(1884 年)　六岁

是年始，田桐进入父亲开办的私塾学习，接受启蒙教育，诵习《三字经》和《千字文》。幼年田桐天资聪慧，勤奋好学，酷好读书。

正月十三日（2 月 9 日），陈树人（1884—1948）出生于广东番禺一个书香之家。

二月十一日（3 月 8 日），法国侵略军开始大举进攻清军和黑旗军的防线。

二月十五日（3 月 12 日），法国侵略军攻陷安南的北宁（今北宁省）。

二月二十三日（3 月 20 日），法国侵略军攻陷安南的太原（今太原省）。

三月初二日（3 月 28 日），胡瑛（1884—1933）出生于湖南桃源一个典史小吏家庭。

三月十三日（4 月 8 日），慈禧太后黜军机大臣恭亲王奕䜣、翁同龢、李鸿藻、景廉、宝鋆，而以礼亲王世铎、额勒和布、阎敬铭、张之万、孙毓汶为军机大臣。

三月二十日（4 月 15 日），安南兴化沦陷，法国侵略军占领安南红河三角洲。

四月初十日（5 月 4 日），清政府命直隶总督李鸿章负责办理中法和议事宜。

四月十七日（5 月 11 日），中、法在天津签订《中法会议简明条款》，清政府承认法国对越南的保护权。

四月二十八日（5 月 22 日），朝廷鉴于当时的紧张局势，调山西巡抚张之洞署理两广总督，而以山西布政使奎斌署理山西巡抚。

同月里，因中、法已议和，浙江提督吴长庆奉朝命移防奉天金州（今辽宁省大连市金州区）。

五月初十日（6 月 3 日），中、俄签订《中俄续勘喀什噶尔界约》。

闰五月初一日（6 月 23 日），法国侵略军蓄意挑起了谅山事变，被守军击退。

闰五月初四日（6 月 26 日），朝廷赏在家养病十余年的原直隶提督刘铭传巡抚衔，命其督办台湾军务。

闰五月二十日（7 月 12 日），法国驻北京代理公使谢满禄（M. de Semallé，1839—1946）向清政府提出最后通牒。

闰五月二十三日（7 月 15 日），法国远征舰队以“游历”为名，强行驶入福建水师基地马尾军港。

六月初一日（7 月 22 日），刘道一（1884—1906）出生于湖南湘潭花萼乡八斗冲一个差役家庭。

六月十四日（8 月 4 日），法国海军少将、远东舰队副司令利士比率三艘军舰进犯台湾基隆，向守军投递劝降书，遭到严词拒绝。

六月十五日（8 月 5 日），法国军舰进攻台湾基隆，遭到守军的猛烈反击，基隆炮台被炸毁。

六月二十六日（8 月 16 日），法国议会决定扩大侵华战争，通过三千八百万法郎的侵华经费预算。

六月二十九日（8 月 19 日），法国驻华代理公使谢满禄借口基隆事件，再次向清政府提出最后通牒。

七月初三日（8 月 23 日），法国舰队以事先已驶入马尾港的优势，突然对马尾港中的中国兵舰发起袭击，马尾海战爆发；虽然许多中国官兵奋起迎战，但福建水师的船舰还是大部分被炸毁。

七月初四日（8 月 24 日），法国舰队开炮摧毁福建马尾造船厂。

七月初五日（8 月 25 日），闽江口清军长门炮台轰击法军舰队，法国军舰败逃。

七月初六日（8 月 26 日），光绪皇帝被迫下诏对法宣战，并起用原广西提督冯子材、原福建布政使王德榜等抗击法军，中法战争开始。

八月十三日（10 月 1 日），法国海军中将孤拔率领法国舰队进攻台湾基隆，次日炮轰淡水炮台，被台湾守军击退。

八月十七日（10 月 5 日），香港工人举行反对英国、法国侵略的罢工。

八月二十日（10 月 8 日），法国军舰炮轰淡水炮台，被台湾守军击退。

八月二十一日（10 月 9 日），苏曼殊（1884—1918）出生于日本横滨英商万隆茶行买办苏杰生家。

九月初五日（10 月 23 日），法国海军中将孤拔宣布封锁台湾海面。

九月三十日（11 月 17 日），清政府在新疆建立行省，设置州县；任命刘锦堂为甘肃、新疆巡抚，仍以钦差大臣身份督办新疆军务；而以原甘肃布政使魏光焘为甘肃、新疆布政使。

十月二十八日（12 月 15 日），西线滇军和刘永福所率之黑旗军包围法国侵略军占据之越南宣光城（今宣光省宣光市）。

十二月三十日（1885 年 2 月 14 日），法国侵略军攻陷越南谅山（今越南谅山市，谅山省首府）。

是年，为抗议法国侵略军的入侵，广东、福建、浙江、贵州、云南等地民众自发捣毁天主教堂，频发驱逐法国传教士的事件；旅美、旅日侨胞则纷纷捐款，支持国内的抗法斗争。

是年，周应时（1884—1930）出生于江苏崇明（今上海市崇明区）外沙久隆镇。

是年，谢良牧（1884—1931）出生于马来西亚一个富商家庭。

是年，马伯援（1884—1939）出生于湖北省枣阳市鹿头镇一个耕读之家。

是年，赵舒（1884—1948）出生于浙江缙云县壶镇镇一个书香之家。

是年，邓尔雅（1884—1954）出生于一个广东寓居京城的书香官宦之家。

是年，钱化佛（1884—1964）出生于江苏武进（今常州市武进区）一个书香之家。

是年，陈楚南（1884—1971）出生于新加坡一个富裕的华侨家庭。

光绪十一年乙酉（1885年）　七岁

是年，田桐继续跟随父亲在私塾读书，并开始诵读《四书》。

正月初九日（2月23日），法国侵略军侵占中国的镇南关（曾称“鸡陵关”、“大南关”、“界首关”和“睦南关”，今名“友谊关”，在今广西凭祥市西南15公里处）。

正月十五日（3月1日），孤拔率法国远东舰队进犯镇海（今浙江省宁波市镇海区）海口，被清军参将吴杰率领严阵以待的浙东守军击退。

二月初四日（3月20日）夜晚，浙江宁绍台道薛福成派部下偷偷将数门重炮运至前沿阵地，乘天色未亮之际，向海上的法国舰队突施猛攻，击中法军旗舰，孤拔身受重伤；法国舰队不明情况，只得仓皇南逃。

二月初六日（3月22日），清政府派直隶总督李鸿章为全权大臣与法国驻华公使巴德诺（又译作“巴特纳”，Jules Patenótre）商议条约。

二月初二至初八日（3月18日—3月24日），原广西提督冯子材率领其“萃军”大败法国侵略军于关前隘，取得“镇南关大捷”。

二月十一日（3月27日），老将冯子材率所部“萃军”攻克越南谅山（今越南谅山市，谅山省首府）。

二月十五日（3月31日），法国茹费理内阁倒台，新内阁成立，建议速办和议，清政府下达停战诏书。

二月十六日（4月1日），法军舰队攻占澎湖（今中国台湾省澎湖县），法国侵略军主将孤拔病死。

二月十九日（4月4日），法国强迫清政府在巴黎签订《中法议和草约》。

二月二十二日（4月7日），清政府下令前线停战。

三月初四日（4月18日），中、日签订《天津会议专条》。

四月二十七日（6月9日），清政府全权大臣李鸿章与法国驻华公使巴德诺在天津签订《中法会定安南条约》（即《中法新约》），中法战争结束。

五月初五日（6月17日），直隶总督李鸿章奏设天津武备学堂。

五月二十一日（7月3日），清政府在德国订购的“定远”、“镇远”

两艘铁甲舰抵达中国。

七月二十七日（9 月 5 日），钦差大臣左宗棠（1812—1885）卒于福州任上。

九月初六日（10 月 13 日），清政府设立海军衙门，以光绪皇帝生父奕譞总理海军事务。

九月二十三日（10 月 30 日），清政府任命跟随前浙江提督吴长庆援朝平叛战功突出的袁世凯为驻朝鲜总理交涉通商事务大臣。

十一月二十一日（12 月 26 日），熊克武（1885—1970）出生于四川井研县盐井湾（今研经镇）一个中医家庭。

十一月二十七日（1886 年 1 月 1 日），英国印度总督宣布将缅甸并入印度。

十一月二十九日（1886 年 1 月 3 日），朝廷调工部尚书翁同龢为户部尚书，而以兵部尚书潘祖荫为工部尚书。

十二月二十七日（1886 年 1 月 31 日），邓铿（1886—1922）出生于广东省梅县（今梅州市）丙村镇金盘堡一个富商家庭。

是年，上海格致书院成立，王韬被中西董事公举为“格致书院”掌院，同时担任《申报》的编纂主任。

是年，邹容（1885—1905）出生于四川巴县（今重庆市巴南区）一个商业资本家的家庭。

是年，彭素民（1885—1924）出生于江西省樟树市店下乡韶塘村一个书香之家。

是年，查光佛（1885—1932）出生于湖北蕲州（今蕲春县）一个书香之家。

是年，张伯荄（1885—1940）出生于湖北蕲州马贩乡（今蕲春县横车镇）一个书香家庭。

是年，方振武（1885—1941）出生于安徽寿县一个贫寒之家。

是年，吕万（1885—1951）出生于浙江海宁一个书香家庭。

是年，彭介石（1885—1960）出生于湖北随县（今随州市）洪山镇一个书香家庭。

光绪十二年丙戌(1886 年)　八岁

是年，田桐继续跟随父亲在私塾读书，诵习四书。

二月二十九日（4 月 3 日），黄侃（1886—1935）出生于四川成都金玉街三道会馆一个书香官宦之家。

二月二十二至三月初十日（3 月 27～4 月 13 日），中、法订立广西关外各关界约。

六月初三日（7 月 4 日），左副都御史吴大澂与沙俄订立《珲春界约》。

六月初十日（7 月 11 日），慈禧太后颁发懿旨，宣布明年归政。

六月二十三日（7 月 24 日），中、英签订《缅甸条款》，清政府被迫承认英国占领缅甸。

六月二十四日（7 月 25 日），四川重庆（今重庆直辖市）的民众为反抗英、美传教士强修教堂，自发组织起来焚毁传教士住宅和教堂；教堂武装开枪杀伤民众三十余人，激起三千余名民众聚集起来将城内、外的教堂和领事馆一并捣毁；在英、美、法驻华公使的要挟下，清政府以处死民众二人，赔款二十三万五千两银两结案，史称“重庆教案”。

八月初五日（9 月 2 日），慈禧太后下懿旨：允醇亲王奕谖奏请，于光绪皇帝亲政后，再“训政”数年。

同日，续修《大清会典》书成。

九月初十日（10 月 7 日），许崇智（1886—1965）出生于广东番禺（今广州市越秀区）一个书香官宦之家。

十月十一日（11 月 6 日），天津《时报》创刊，英国传教士李提摩太（Timothy Richard，1845—1919）担任主笔。

十一月初六日（12 月 1 日），朱德（1886—1976）出生于四川仪陇县马鞍场一个佃农家庭。

十二月二十八日（1887 年 1 月 21 日），清政府命直隶总督李鸿章速派员前往黑龙江勘办漠河（今大兴安岭地区漠河县）金矿。

同日，蔡济民（1887—1919）出生于湖北黄陂（今武汉市黄陂区）蔡家榨镇蔡官田村一个耕读之家。

是年，万州客民首领陈钟明曾领导琼山（今海南省海口市琼山区）、定安（今海口市定安县）、儋州（今海南省儋州市）等地的黎族、汉族民众举行反清起义。

是年，黎仲实（1886—1919）出生于广东高要一个书香之家。

是年，易白沙（1886—1921）出生于湖南长沙白沙井一个书香之家。

是年，黄大伟（1986—1944）出生于湖北黄陂六指镇黄家湾一个耕读之家。

是年，王弋（1886—1944）出生于浙江瑞安城关一个书香之家。

是年，张九维（1886—1962）出生于湖北蕲州达城庙（今蕲春县株林镇）一个书香家庭。

是年，张钫（1886—1966）出生于河南新安铁门镇一个书香官宦家庭。

光绪十三年丁亥（1887年）　九岁

是年，田桐继续跟随父亲在私塾读书。在四书之外，“父亲尝授以《文选》，即能朗朗上口，有如夙诵”①；每天都要抽出时间习字，其毛笔字已写得中规中矩。

正月初十日（2月2日），刘伯垂（1887—1936）出生于湖北武昌段店刘弄村（今鄂州市华容区段店镇刘村）一个书香家庭。

正月十五日（2月7日），朝廷在紫禁城太和殿举行光绪皇帝的亲政礼。

正月二十四日（2月16日），清政府命直隶总督李鸿章在天津购置机器鼓铸制钱。

二月初七日（3月1日），川、滇电线铺成。

三月初二日（3月26日），葡萄牙侵略者迫使清政府与其订立不平等条约《里斯本议定书》，承认葡萄牙永久居据澳门。

三月初五日（3月29日），中、法订立广东、广西、云南《中越交界界约》。

闰四月初六（5月28日），柳亚子（1887—1958）出生于江苏吴江黎里镇一个书香之家。

闰四月间，两广总督张之洞在广州创办广雅书院。

六月十四日（8月3日），两广总督张之洞奏请开办“广东水、陆师学堂”各一所。

同日，詹大悲（1887—1927）出生于湖北蕲州詹家山（今蕲春县檀林镇詹山村）一个书香之家。

七月二十六日（9月13日），朝廷再次任命二品顶戴、记名道员黎庶昌为出使日本钦差大臣。

---

① 田桓：《忆先兄田桐》，中国人民政治协商会议湖北省蕲春县委员会文史资料委员会编：《蕲春文史资料第4辑·辛亥革命与蕲春——纪念辛亥革命八十周年专辑》，1991年；又见《田桐集》附录，华中师范大学出版社2011年版，第580页。

八月十三日（9 月 29 日），黄河南岸郑州之下汛十堡处决口三百余丈，黄河断流，下游则大水成灾。

八月十八日（10 月 4 日），叶楚伧（1887—1946）出生于江苏吴县周庄一个书香之家。

八月二十三日（10 月 9 日），福建至台湾海底的电线铺设完成。

九月十五日（10 月 31 日），蒋介石（1887—1975）出生于浙江省奉化县溪口镇一个商人家庭。

九月十六日（11 月 1 日），英国长老会传教士韦廉臣（Alexander Williamson，1829—1890）在上海创办同文书会，1894 年改称“广学会”。该会于 1888 年成立董事会，推举海关总税务司赫德为会长，英国驻沪总领事福克为副会长，韦廉臣为督办。1891 年起，由李提摩太担任督办（后改称“总干事”）。

十月十四日（11 月 28 日），美国传教士李佳白（Gilbert Reid，1857—1927）因在山东济南抢占地方民众房产，激起当地士绅的愤怒，将其殴伤。后在美国驻华公使田贝(Charles Denby，1830—1904)的干预之下，地方官府在济南城外拨给教会一块更大的地产作为补偿，事情才算了结。

十月十七日（12 月 1 日），葡萄牙与清政府签订《中葡北京条约》和《中葡和好通商条约》，肯定《里斯本议定书》的规定，正式通过外交文书手续占领澳门，并将其辟为殖民地。1928 年，中国政府公开声明，此约作废。

十一月中旬，出使日本国钦差大臣黎庶昌带领家属及随员自上海启程赴日就任。

十一月十九日（1888 年 1 月 2 日），出使日本国钦差大臣黎庶昌带领家属及随员再次抵达日本东京。

十二月初五日（1888 年 1 月 17 日），直隶总督李鸿章奏调代理长春厅通判李金镛前往黑龙江筹办漠河金矿。

是年，直隶总督李鸿章发起组织天津铁路公司，又在天津设宝津局机器造币，还在山东筹办山东淄川铝矿。

是年，两广总督张之洞在广州设机铸制钱局，又在广州石井墟设立枪弹厂。

是年，林文（1887—1911）出生于福建侯官（今福州市闽侯县）一个书香官宦家庭。

是年，黄瀛元（1887—？）出生于湖北宜昌府东湖县（今宜昌市城区）

一个书香家庭。

是年，邵瑞彭（1887—1937）出生于浙江淳安县富文乡楂林村一个书香之家。

是年，李鸣钟（1887—1949）出生于河南沈丘一个乡村医生之家。

是年，冯平（1887—1950）出生于江苏太仓县璜泾镇一个书香之家。

光绪十四年戊子(1888年)　十岁

是年，田桐继续跟随父亲在私塾读书，认真学习五经和《昭明文选》等书籍；尤其是读了《昭明文选》之后，亦能援笔写文章，深得祖父琼林公的喜爱和期许。

正月初一日（2月12日），井勿幕（1888—1918）出生于陕西蒲城一个商人家庭。

二月初七日（3月19日），英国侵略军悍然向我国西藏的隆吐山进攻，英国的第一次侵藏战争开始。

二月二十二日（4月3日），上海小车工人举行的抗捐斗争取得胜利。

二月二十八日（4月9日），彭家珍（1888—1912）出生于四川金堂姚渡石龙三堰（今金堂县杨柳乡同合村）一个书香之家。

同月里，慈禧太后挪用海军建设经费修建颐和园。

五月初四日（6月13日），渤海湾发生7.5级地震，周边地区均受影响。

六月间，我国自主修建的第一条铁路——（北）京山（海关）铁路的天津至唐山段铁路建成通车，此铁路又被称为“北洋铁路”。

八月十六日（9月21日），商震（1888—1978）出生于直隶保定（今河北省保定市）一个贫寒家庭。

十月初五日（11月8日），慈禧太后立副都统桂祥之女叶赫那拉氏为光绪帝皇后，原任侍郎长叙之女他他拉氏姐妹为瑾嫔、珍嫔。

十一月十五日（12月17日），北洋海军正式组建，共有船舰二十五艘，即定远、镇远两艘铁甲舰（主力舰），经远、致远、靖远、来远和济远五艘穹甲快舰（巡洋舰），平远、超勇、扬威等快船，以及镇东、镇西、镇南、镇北、镇中、镇边等蚊子炮船（炮舰）和鱼雷艇、教练船、运输船等；清政府任命北洋水师记名提督、直隶天津总兵丁汝昌为北洋海军提督，而以镇远舰管带林泰曾、北洋水师右翼总兵刘步蟾为北洋海军左、右翼总兵。

十二月十九日（1889年1月20日），河南郑州汛十堡处之黄河决口终于合龙。

十二月间，郭泰祺（1889—1952）出生于湖北广济（今黄冈市武穴市）一个耕读之家。

是年，陈季博（1888—1953）出生于广东梅县（今梅州市）一个书香之家。

是年，李西屏（1888—1960）出生于黄州（今湖北省黄冈市黄州区）路口镇李家集一个书香人家。

光绪十五年己丑(1889年)　十一岁

是年，田桐继续跟随父亲在私塾读书，认真诵习四书五经和《昭明文选》等书籍；闲暇之时，又开始涉猎诸子百家及唐宋名家的文集。

正月初六日（2月5日），江苏镇江的洋人巡捕殴毙华人，激起民众愤怒，一举捣毁洋行及英、美领事衙署。

正月二十七日（2月26日），光绪皇帝大婚礼成，册封慈禧太后的弟弟、副都统桂祥之女叶赫那拉氏为皇后。

二月初三日（3月4日），慈禧太后“归政”，光绪皇帝“亲政”。是日，皇上御太和殿，接受群臣朝贺，并宣诏颁行天下。

三月初三日（4月2日），两广总督张之洞奏请建造“芦（沟桥）汉（口）铁路”。

四月初十日（5月9日），张群（1889—1990）出生于四川华阳(今属成都天府新区)一个平民家庭。

四月间，奉朝命赏二品顶戴、三品候补京堂、前湖南按察使薛福成接替前任使臣、新授广东巡抚刘瑞芬为出使英、法、意、比四国公使。

七月十二日（8月8日），朝命调两广总督张之洞为湖广总督，而调漕运总督李瀚章为两广总督。

八月初二日（8月27日），芦汉铁路经朝廷批准正式开始筹办。

十月上旬，朝廷授湖广总督裕禄为盛京将军，而督促两广总督张之洞速来湖广履任。

十月二十二日（11月14日），张之洞交卸总督篆务，由漕运总督李瀚章接任两广总督。

十一月二十六日（12月18日），张之洞正式接受篆务，就任湖广总督。

十二月初八日（12月29日），上海机器织布局安装完毕，正式开车织布。

十二月间，德国在上海设立的德华银行正式营业，成为日后德国资本在华活动的中心。

是年，萧汝霖（1889—1925）出生于湖南桃源一个书香之家。

是年，陈安仁（1889—1964）出生于广东东莞观澜（今深圳市龙华区观澜街道）一个小职员家庭。

是年，席楚霖（1889—1974）出生于湖南东安五家桥一个耕读之家。

是年，朱镜宙（1889—1985）出生于浙江乐清瑶岙（今温州市乐清市虹桥镇瑶岙村）一个清贫之家。

光绪十六年庚寅(1890 年)　十二岁

是年，田桐继续跟随父亲在私塾读书。此时的田桐已是仪表堂堂、英俊潇洒、兴趣广泛的少年。他每天除认真诵习四书五经和《昭明文选》等书籍之外，又于“经史百家、故书传记以及唐宋以来的名家文集，无不兼综博览，通其旨趣”[①]，为其后来成为国民党内公认的“笔杆”和才子打下了坚实的基础。

田桐曾自述云：“不文幼事家庭教育，严君之性素严谨，所晟不文者，皆圣贤之学，如张横渠之《性理精义》、朱紫阳之《近思录》、陈榕门之《五种遗规》诸书，日聒于不文之耳膜者，殆百数十遍”[②]。

二月二十七日（3 月 17 日），清政府驻藏帮办大臣升泰与英国印度总督兰斯顿（Henry Charles Keith Lansdowne）在加尔各答签订《藏印条约》，英国向我国西藏地区伸展侵略势力。

闰二月十一日（3 月 31 日），中、英签订《烟台续增专约》。

闰二月二十六日（4 月 15 日），中、法订立《会勘广东越南第一图立石界约》。

四月初二日（5 月 20 日），福建购买机器开炉试铸银圆。

四月间，湖广总督张之洞提倡新学，于江汉、经心两书院之外，又在武昌（即夏口）营坊口左老天符庙都司湖畔创办两湖书院（今武汉音乐学院、武昌实验小学等单位所在地），不仅聘请其弟子、前广东端溪书院山长梁鼎芬为提调（即山长），还相继聘请杨守敬、华蘅芳、姚晋圻、邹代钧、陈三

① 田桓:《忆先兄田桐》,《田桐集》附录,华中师范大学出版社 2011 年版,第 580 页。

② 恨海:《〈英雄模范〉序》,新加坡《中兴日报》1908 年 5 月 25 日。

立、沈曾植等学人前来为学生授课。

六月二十三日（8月8日），因不堪外国传教士肆虐，四川大足县（今重庆市大足区）余栋臣组织煤窑、纸厂工人及挑贩数百人竖旗起义；起义军攻占龙水镇，并发布檄文，号召民众驱逐外国传教士；清廷急派桂天培带兵到大足“查办”，四川总督刘秉璋则以赔款五万银两并缉捕“凶手”结案，史称“大足教案”。

七月二十九日（9月13日），海军衙门批准湖广总督张之洞筹办“汉阳制铁局”，后改称“汉阳铁厂”，是我国第一家近代钢铁企业。

八月上旬，湖南澧州（今常德市澧县）哥老会首领廖星阶、马万伏率会众起义，进袭澧州城。后起义军与官兵周旋一年多时间，才被清军镇压。

九月二十六日（10月28日），河南道监察御史吴兆泰上奏请停止颐和园工程，清廷命将其交部严加议处。

十月十一日（11月22日），朝廷命居乡已达九年的原两江总督刘坤一再任两江总督兼南洋通商事务大臣。

十一月间，驻日公使黎庶昌即将任期届满，朝廷遂任命李鸿章之子李经方为驻日大臣，即将前往东京接任。

是年，湖广总督张之洞在武昌设立“湖北织布局”，并自1894年至1898年间又陆续设立纺纱、缫丝、制麻三局，通称“湖北纺织四局”。

是年，卢慧卿（1890—1917）出生于陕西西安一个读书人家庭。

是年，邵元冲（1890—1936）出生于浙江绍兴一个书香之家。

是年，张若柏（1890—1941）出生于湖北汉阳北乡柏泉院子塆（今属武汉市东西湖区柏泉农场）一个书香家庭。

是年，郑庠（1890—1945）出生于陕西定边县砖井镇下蔡渠村一个殷实之家。

是年，陈冕亚（1890—1950）出生于湖北蕲州达城庙（今蕲春县株林镇）一个书香之家。

光绪十七年辛卯（1891年）　十三岁

是年，田桐继续跟随父亲在私塾读书。每天除认真诵习四书五经和《昭明文选》等书籍之外，仍继续兼综博览诸子百家及唐宋以来的名家文集，通其旨趣。

正月初二日（2月10日），驻日公使黎庶昌赴日本皇宫递交辞行国书，向日本天皇辞行；日本天皇特赐黎庶昌“旭日大绶章”一枚，以表彰其对中日文化交流作出的积极贡献。

正月十二日（2 月 20 日），四川会理州（今凉山彝族自治州）会党举行反清起义。

三月十七日（4 月 25 日），开平煤矿局矿工为抗议外国技师欺压中国矿工而举行大罢工。

同日，江苏扬州民众发布揭帖，揭露外国传教士欺压中国老百姓的罪恶，聚众五六千人包围教堂，被清政府派兵将民众驱散镇压。史称“（第二次）扬州教案”。

四月初六日（5 月 13 日），安徽芜湖民众因反对英国传教士迷拐幼童，焚毁教堂，并包围领事馆，史称“芜湖教案”。

四月二十九日（6 月 5 日），湖北广济县武穴镇民众因反对外国传教士贩卖婴儿，焚毁教堂，杀死一名英国传教士；在英、德两国的威胁下，湖广总督张之洞处分地方官一名，捕杀民众二人，判七人徒刑，赔款六万五千银两结案，史称“武穴教案”。

七月初九日（8 月 13 日），李宗仁（1891—1969）出生于广西桂林一个普通的耕读之家。

七月二十九日（9 月 2 日），湖北宜昌民众因反对法国传教士拐卖儿童和美国传教士开枪伤人，相聚焚毁英、美、法国教堂；英、美、法等九国驻华公使联合向清政府威胁，各国军舰开至湖北汉口、宜昌进行恫吓；湖广总督张之洞以判处民众十二人徒刑，赔款十七万五千七百七十一两银子结案，史称“宜昌教案”。

七月间，康有为正式在广州长兴里设立万木草堂，聚徒讲学，著书立说，所著之《新学伪经考》一书刊行。

八月十二日（9 月 14 日），贵州下江厅（今黔东南苗族侗族自治州从江县）苗民梁志得等率众举行起义。

九月二十六日（10 月 28 日），朱绍良（1891—1963）出生于江苏常州旅居福建福州的一个书香家庭。

十月初十日（11 月 11 日），热河朝阳（今辽宁省朝阳市朝阳县）金丹教首领李国珍、杨悦春率教众举行反洋教起义，攻占贝子府（今内蒙古自治区赤峰市敖汉旗贝子府镇），建立“开国府”，李国珍称“扫北武圣人”，杨悦春被推为总大教师；下设丞相及各种官职，发布了安民告示。起义队伍数千人分青、黄、白、红、黑色旗等 5 队，攻占朝阳府；随后，“在理教”首领郭万昌(一作万淳)等亦率众数千起义响应。

十一月间，李国珍、杨悦春、郭万昌等率领的起义军被清军镇压。

是年，丁人杰（1891—1920）出生于湖北房县城关镇东关一个贫寒家庭。

是年，华煜（1891—1916）出生于湖北蕲州马贩乡（今蕲春县横车镇）一个书香家庭。

是年，姚光（1891—1945），出生于江苏金山（今上海市金山区）张堰镇一个世代书香望族家庭。

是年，戴季陶（1891—1949）出生于四川广汉一个书香之家。

光绪十八年壬辰(1892年)　十四岁

是年，田桐继续跟随父亲在私塾读书。每天除认真诵习四书五经和《昭明文选》等书籍，仍继续兼综博览诸子百家及唐宋以来的名家文集，通其旨趣。

二月十五日（3月13日），反清革命志士杨衢云、谢缵泰等在香港设立"辅仁文社"，以"尽心爱国"、"开通民智"为宗旨。

四月间，日本的横滨正金银行在上海设立分行。

五月中旬至六月上旬，襄阳府谷城县民众为抗议天主教传教士非法传教，聚众围攻教堂，并提出"灭洋改教"的口号，引发中外争端，史称"襄阳教案"。

六月三十日（7月23日），孙中山毕业于香港西医书院。

七月初四日（8月25日），中、俄订立接连陆路电线的约款。

闰六月中旬至七月上旬，沙俄出兵帕米尔地区，强占萨雷阔勒岭以西的中国领土二万多平方公里。

八月二十八日（10月18日），萍乡芦溪哥老会举行起义，因事泄失败。

九月初七日（10月27日），陈果夫（1892—1951）出生于浙江吴兴（今湖州市）东林镇一个殷实家庭。

十月初二日（11月20日），湖广总督张之洞在武昌设立的湖北织布局建成开织。

十二月初十日（1893年1月27日），宋庆龄（1893—1981）出生于广东文昌（今海南省文昌市）一个旅居上海的基督教牧师家庭。

十二月间，由湖广总督张之洞四处筹资建造的湖北汉阳炼铁厂的机器厂、铸铁厂、打铁厂及大冶运矿铁路五十余华里先后竣工。

是年，胡景翼（1892—1925）出生于陕西富平之庄里镇。

光绪十九年癸巳(1893年)　十五岁

是年，田桐继续跟随父亲在私塾读书。他每天除认真诵习《四书》、《五经》和《昭明文选》等书籍之外，仍继续兼综博览诸子百家及唐宋以来的名家文集，通其旨趣。士莲公开始教儿子写文章，哪知田桐“下笔即成”，且“立意新颖，人皆叹服”，甚得士莲公的喜爱（见田桓《忆先兄田桐》，《田桐集》附录，第 580 页）；祖父琼林公尤钟爱之，曾抚其曰：“此田氏克家儿也。”①士莲公见状，十分欣慰，便开始提前为儿子讲授八股时文和科举考试的一些基本知识。

正月初一日（2 月 17 日），中外商人在上海合办《新闻报》，英国商人丹福士为总董，聘请原《沪报》主笔蔡尔康为主笔。

三月十九日（5 月 4 日），杨杏佛（1893—1933）出生于江西清江（今江西省樟树市）一个书香之家。

五月十八日（7 月 1 日），湖北麻城宋埠的民众因抗议新教瑞典行道会传教士随便捆殴当地民众，将教士梅宝善和乐传道殴毙，引起两国交涉。清政府以处死民众 2 人，徒刑 7 人，赔款四万二千银两结案，史称“麻城宋埠教案”。

八月二十五日（10 月 4 日），田桐的四弟田桓（1893—1982）出生于湖北蕲州老家。

九月初十日（10 月 19 日），上海机器织布局因失火被焚毁。

十月二十八日（12 月 5 日），中、英签订《藏印续约》，开亚东（今西藏日喀则市亚东县）为商埠。

十一月十二日（12 月 19 日），直隶总督李鸿章在天津开办医学堂。

十一月十九日（12 月 26 日），毛泽东（1893—1976）出生于湖南省湘潭韶山冲一个农民家庭。

十二月二十二日（1894 年 1 月 28 日），湖广总督张之洞在武昌奏设湖北自强学堂。

是年，天津武举李福明等人在北京东便门外开办一家机器面粉厂，使用

① 田桓：《先兄梓琴先生行状》，《张难先集·湖北革命知之录·同盟会湖北分会之概况》附录，华中师范大学出版社 2011 年版，第 124 页。后文中所引《先兄梓琴先生行状》均系此版本，不再一一详注。

外国进口蒸汽机磨，每日平均磨粉二百担，生意兴隆。

是年，台湾巡抚刘传铭所主持修建的台北至新竹的铁路竣工通车。

光绪二十年甲午(1894 年)　十六岁

是年，士莲公为了让儿子今后能够沿着科举之路走得顺顺利利，鱼跃龙门，光宗耀祖，遂将儿子送到江西九江庐山的白鹿洞书院，专攻举子之业；只是田桐非常喜欢诗词歌赋，且“文思益进”，而“于八股时文，则鄙弃弗置”①。

正月初三日（2 月 8 日），朝鲜东学党在全罗道古埠郡发动起义，提出了“逐灭夷倭”，“尽灭权贵”的口号。

二月十一日（3 月 17 日），清驻美公使杨儒与美国国务卿葛礼山（Walter Quintin Gresham，1832—1895）在华盛顿签订《中美华工条约》。

二月十二日（3 月 18 日），康有为和弟子梁启超一同进京参加即将举行的会试。

二月十七日（3 月 23 日），胡宗铎（1894—1962）出生于湖北黄梅一个书香家庭。

四月十六日（5 月 20 日），驻英、法、义、比公使薛福成至巴黎公使馆迎接新到任的公使、原四川布政使龚照瑗，并与其办理相关移交手续。

四月二十七日（5 月 31 日），朝鲜国王以韩兵屡败于东学党，与袁世凯商议，请求中国出兵助剿。

四月二十九日（6 月 2 日），日本内阁决定出兵朝鲜。

四月三十日（6 月 3 日），朝鲜政府正式致书清政府，请求派兵援助。

五月初一日（6 月 4 日），直隶总督李鸿章派太原镇总兵聂士成率兵九百由大沽前往牙山，援助朝鲜。

五月初五日（6 月 8 日），太原镇总兵聂士成率兵抵达朝鲜牙山（今韩国西海岸城镇，属忠清南道，临牙山湾）。

五月初六日（6 月 9 日），直隶提督叶志超率兵七百由山海关赴朝鲜牙山。

---

① 冯自由:《田桐事略》,《张难先集·湖北革命知之录·同盟会湖北分会之概况》,华中师范大学出版社 2011 年版,第 118 页。后文中所引《田桐事略》均系此版本,不再一一详注。

五月初七日（6月10日），日本驻朝鲜公使大鸟圭介率数百日军进入朝鲜（今韩国）汉城。

五月初九日（6月12日），日军八百余名先头部队在朝鲜（今韩国）仁川登陆，次日开赴汉城。

五月十三日（6月16日），日军约四千人在大岛义昌的率领下，抵达朝鲜仁川。

五月十七日（6月20日），直隶总督李鸿章要求俄国驻华公使喀希尼出面调停朝鲜之事，中、日撤兵。

五月十九日（6月22日），日本外相陆奥宗光回复中国驻日公使汪凤藻，谓中、日所见不同，日本不会撤走朝鲜之兵（第一次绝交书）。

五月二十四日（6月27日），第二批日军到达朝鲜仁川，朝鲜日军已逾八千。

六月十二日（7月14日），日本驻中国公使小村寿太郎照会清政府总理衙门，拒绝撤兵，两国如果发生不测之变，日本不负责任（第二次绝交书）。

六月十三日（7月15日），诏令翁同龢、李鸿藻与军机大臣、总署大臣会筹韩事。

同日，直隶总督李鸿章电令叶志超自朝鲜牙山移军平壤。

六月十四日（7月16日），以日、韩情事已将决裂，光绪皇帝严旨直隶总督李鸿章速筹进兵事宜，不得畏葸、延宕。

同日，直隶总督李鸿章派河南镇总兵卫汝贵部六千（案：时奉朝命驻扎天津），太原镇总兵马玉昆部两千（案：时奉朝命协助宋庆防卫旅顺口），由海道分进平壤、义州，广东高州镇总兵左宝贵部四千（案：时奉朝命驻扎奉天）由陆路进军平壤。

六月二十一日（7月23日），日军包围朝鲜王宫，劫持国王，组织傀儡政府，并攻掠中国驻韩总理公署。直隶总督李鸿章雇英国商船“高陞号”、“爱仁号”、“飞鲸号”运兵两千六百余名赴朝鲜牙山，援助叶志超军。

六月二十三日（7月25日），日本军舰“吉野号”、“浪速号”等在朝鲜半岛海域之丰岛，偷袭北洋海军船只，击沉中国租用的运兵英船“高陞号”，一千多官兵誓不降敌，大部壮烈牺牲；“济远号”、“广乙号”两艘军舰被击伤，“操江号”舰则被俘，甲午中日战争爆发。

七月初一日（8月1日），中、日两国同时宣战。

七月二十五日（8月25日），朝命直隶提督叶志超总统驻扎平壤诸军。聂士成部亦退抵平壤。

八月初七日（9月6日），日、中两国军队在朝鲜平壤接战。

八月十五日（9月14日），日军进攻平壤，高州镇总兵左宝贵和补用知府盛星怀战死。

八月十七日（9月16日），日军占领平壤。直隶提督叶志超、河南镇总兵卫汝贵败走，清军死伤两千余人。

八月十八日（9月17日），中、日发生黄海海战，日本舰队司令伊东祐亨大败北洋水师提督丁汝昌于大东沟（今辽宁省东港市）海面。“致远号”、“经远号”、“超勇号”、“扬威号”被击沉，“广甲号”被击毁，余舰退走旅顺。管带邓世昌等战死。

九月初一日（9月29日），慈禧太后起用奕䜣主持总理衙门；奕䜣曾亲自出面请求英国联合美国和俄国，共同调停中、日战争。

九月初二日（9月30日），直隶提督叶志超等部清兵奉命全部退出朝鲜。

九月初十日（10月8日），朝命湖广总督张之洞速进京议事，而以湖北巡抚谭继洵署理湖广总督。

九月二十二日（10月20日），日本侵略军占领朝鲜义州（今新义州特别行政区）。

九月二十五日（10月23日），日本侵略军渡过鸭绿江。

九月二十六日（10月24日），日本侵略军第一军侵入中国边境；第二军则在辽东半岛花园口登陆，进犯旅顺、大连。

九月二十七日（10月25日），日本侵略军大败驰援九连城的四川提督宋庆所部，占领九连城和安东。

十月初五日（11月2日），朝命两江总督刘坤一进京议事，而以张之洞署理两江总督。

十月二十七日（11月24日），孙中山在美国檀香山组织成立兴中会。

十一月二十四日（12月20日），总署通知美国驻华公使田贝，清政府决定派户部侍郎张荫桓、署理湖南巡抚邵友濂为代表赴日本议和，并聘请前美国国务卿福世德（John W. Foster）为顾问。

十二月初二日（12月28日），朝命两江总督刘坤一为钦差大臣，山海关内外防剿各军皆归其节制。

十二月十五日（1895年1月10日），日本侵略军攻陷盖平（今辽宁省盖州市）。

十二月二十五日（1895 年 1 月 20 日），日本侵略军在荣成湾登陆，占领荣成（今山东省威海市荣成市）。

是年，金华衮（1894—1922）出生于湖北崇阳北山一个书香之家。

光绪二十一年乙未(1895 年)　十七岁

是年，田桐继续在庐山的白鹿洞书院学习举子之业。在学习之余，他喜游名山大川。“每逢春秋佳日，则登山涉险，探奇览胜，抒发爱国情怀”（见田桓《忆先兄田桐》，《田桐集》附录，第 580 页）；而“同学迹之，辄不知所往”（见冯自由《田桐事略》，《张难先集·湖北革命知之录》第 119 页）。

正月初一日（1 月 26 日），议和代表张荫桓、邵友濂自上海东渡。

正月初二日（1 月 27 日），日本御前会议决定和议大纲。

正月初五日（1 月 30 日），日本侵略军占领威海卫南帮炮台。

正月初七日（2 月 1 日），张荫桓、邵友濂与伊藤博文、陆奥宗光会于广岛，商讨议和事宜，张、郡因无全权被日方拒绝；日本还公开指名要直隶总督李鸿章为全权代表。

正月十一日（2 月 5 日），北洋舰队的“定远号”在威海卫被日本军舰击沉。

正月十二日（2 月 6 日），日本侵略军攻陷山东文登（今威海市文登区），北洋舰队的“来远”、“威远”等舰被日舰炸沉。

正月十三日（2 月 7 日），北洋舰队在威海卫被日本侵略军海陆包围，陷入绝境。

正月十五日（2 月 9 日），日本侵略军攻入山东宁海州（今烟台市牟平区），北洋舰队的“靖远”舰被日军击沉。北洋海军右翼总兵、记名提督刘步蟾自尽殉国。

正月十七日（2 月 11 日），清政府召前谈判代表张荫桓、邵友濂回国。

正月十八日（2 月 12 日），海军提督丁汝昌、总兵张文宣自尽殉国；五日后，威海卫海军及刘公岛守军投降，北洋舰队全军覆没。

正月十九日（2 月 13 日），朝廷以直隶总督、北洋大臣李鸿章为头等全权大臣赴日商定和约，而以帮办北洋事务大臣王文韶署理直隶总督兼北洋大臣。

正月二十日（2 月 14 日），道员牛炳昶代表威海卫海军残部与日本舰队司令伊东祐亨议定投降条款十一条。

正月二十一日（2 月 15 日），日本侵略军攻陷刘公岛（在山东省威海市环翠区威海湾中）。

正月二十二日（2 月 16 日），日本军舰驰入威海卫（在山东半岛东北端的威海市）。

正月三十日（2 月 24 日），直隶总督李鸿章与奕劻、孙毓汶、翁同龢等朝中大臣商议合约条款，争执不下。海城（今辽宁省鞍山市海城市）日本侵略军乃进攻大平山（今营口市东南 10 公里处之二龙山），大败宋庆所部。

二月初十日（3 月 6 日），日本侵略军攻陷营口（今辽宁省营口市）。

二月十三日（3 月 9 日），日本侵略军攻陷田庄台（今辽宁省盘锦市大洼区）。

二月十八日（3 月 14 日），赴日头等全权大臣李鸿章率其子经方和罗丰禄、伍廷芳、马建忠、徐寿朋、于式枚以及美国顾问福世德一行，离天津赴日本马关议和。

二月二十二日（3 月 18 日），日本侵略军攻陷山东长山岛（在今烟台市长岛县境内）。

二月二十四日（3 月 20 日），李鸿章一行在日本马关与伊藤博文开始议和、谈判。

二月二十九日（3 月 25 日），日本侵略军攻占澎湖（今台湾省澎湖县）。

三月初五日（3 月 30 日），中、日双方达成停战条约。

三月二十日（4 月 14 日），清政府电谕全权大臣李鸿章，如条件无可商议，即可订约。

三月二十一日（4 月 15 日），头等全权大臣李鸿章与伊藤博文第五次会谈，接受日本所提全部条件。

三月二十三日（4 月 17 日），《中日马关条约》签订。按条约规定：中国承认朝鲜独立；割让辽东、澎湖、台湾；赔款二万万两；日本商人可在中国口岸从事工艺制造。中日甲午战争宣告结束。

三月二十六日（4 月 20 日），署理两江总督张之洞致电总署，阻止和议，主张向英、俄求援。

是日，头等全权大臣李鸿章自日本马关抵达天津。

三月二十九日（4 月 23 日），法、德、俄三国驻日公使照会日本外务省，要求日本放弃辽东半岛。和约消息传出，举国震惊，臣民纷纷上书请求废除和约。

四月初七日（5月1日），广东举人康有为、梁启超联合在京参加会试的十八省举人集会，号召拒约自强。

四月初八日（5月2日），清政府批准中日和约。

同日，康有为等十八省举人上书清政府拒签和约，请都察院代奏，此即历史上著名的公车上书。

四月初十日（5月4日），张之洞、边宝泉、谭继洵、李秉衡等疆吏致电总署，请展期换约。

同日，日本政府向俄、德、法三国政府声明，愿意放弃辽东半岛。

四月十二日（5月6日），钦差大臣刘坤一致电总署，请缓期换约。

四月十三日（5月7日），日本向中国总署声明，愿意放弃辽东半岛。

四月二十四日（5月18日），清政府派李经方前往台湾与日本派出大臣商办交割事宜。

四月二十七日（5月21日），台湾绅民拒不接受《中日马关条约》，决定成立“独立民主国”，建元“永清”，即通告各国。

五月初二日（5月25日），“台湾民主国”宣布成立。唐景崧为总统，刘永福为民主将军，丘逢甲为义勇统领，陈季同为外务大臣，俞明震为内务大臣，李秉瑞为军务大臣，林维源为议院议长。

五月初六日（5月29日），日本陆军近卫师团开始在台湾登陆，遭到台湾军民的猛烈抵抗。

五月初十日（6月2日），李经方与日本台湾总督桦山资纪会于基隆口外，签订台湾交接文据。

五月十一日（6月3日），日本侵略军攻占台湾基隆。

五月十六日（6月8日），日本侵略军攻陷台湾台北。

五月三十日（6月22日），日本侵略军攻陷台湾新竹。

闰五月初五日（6月27日），日本侵略军自台湾新竹南侵，为义军徐骧等所阻。

闰五月十四日（7月6日），中、俄签订《四厘借款合同》。

闰五月十九日（7月11日），徐骧率义军反攻台湾新竹。

六月十一日（8月1日），福建古田斋教首领刘祥兴反对英、美教士勾结清朝官吏与民众为敌，率众愤怒焚毁教堂，史称“古田教案”。

六月二十五日（8月15日），日本侵略军攻陷台湾苗栗。

七月初四日（8月23日），日本侵略军攻陷台湾大甲溪。

七月初七日（8月26日），日本侵略军攻陷台湾府（台中）。

七月初九日（8月28日），日本侵略军攻陷台湾彰化。

八月二十一日（10月9日），日本侵略军攻陷台湾嘉义，开始在南部登陆。

八月二十七日（10月15日），日本侵略军攻陷台湾打狗（即今高雄）。

八月二十八日（10月16日），日本侵略军攻陷台湾凤山。

九月初四日（10月21日），日本侵略军攻陷台南府、安平，至此，日本侵略军已占领全台，“台湾民主国”灭亡。

九月初九日（10月26日），孙中山领导的广州起义失败。

九月二十二日（11月8日），中、日签订《交收辽南条约》。

九月间，康有为、陈炽、沈曾植、袁世凯、张孝谦、文廷式、杨锐、徐世昌、丁立钧、王鹏运等在北京发起成立强学会，梁启超任书记。

十一月十八日（1896年1月2日），朝命钦差大臣刘坤一仍回两江总督本任，署理两江总督张之洞仍回湖广总督本任。

十一月二十八日（1896年1月12日），康有为在上海创办《强学报》。

十二月初六日（1896年1月20日），朝廷谕令封禁北京强学会。

十二月二十一日（1896年2月4日），清政府将“强学会”改为官书局，专司翻译书报，隶属总理衙门管理。

是年，何世桢（1895—1972）出生于安徽望江吉水一个富裕的地方望族大家庭。

光绪二十二年丙申(1896年)　十八岁

是年，田桐继续在庐山的白鹿洞书院学习举子之业。

正月初一日（2月13日），华俄道胜银行在上海开设，它是沙俄在中国开设的第一家银行。在1904年“日俄战争”前的八年中，相继又在牛庄、天津、汉口、北京、哈尔滨、吉林、海城、沈阳、铁岭、旅顺、营口、张家口、库伦和乌里雅苏台等地开设了14家分行。

正月十七日（2月29日），张之洞交卸两江总督篆务，即日启程赴鄂。

正月二十八日（3月11日），张之洞自江宁返抵武昌湖广总督本任。

二月初十日（3月23日），清政府在北京与汇丰银行、德华银行订立《英德借款详细章程》。

二月二十六日（4 月 8 日），盛宣怀在上海徐家汇镇北创办南洋公学。

三月十八日（4 月 30 日），直隶总督李鸿章奉命出使俄国，参加尼古拉二世的加冕典礼，抵达彼得堡。

四月初九日（5 月 21 日），沙俄又以干涉归还辽东半岛有功，强索划定汉口俄国租界。

四月二十二日（6 月 3 日），中、俄在莫斯科签订《御敌互相援助条约》，即《中俄密约》，以中俄对日军事同盟为幌子，沙俄攫取了建筑东清铁路的特权，逐步控制了中国东北三省。

四月二十四日（6 月 5 日），刑部侍郎李端棻疏请设立京师大学堂及广设学校、立报馆等。

五月初五日（6 月 15 日），江苏徐州爆发大刀会首领智效忠领导的反洋教起义，史称“徐州教案”。

六月十一日（7 月 21 日），中、日签订《通商行船条约》。

七月初一日（8 月 9 日），黄遵宪、梁启超、汪康年等人在上海创办《时务报》。

七月二十五日（9 月 2 日），中俄订立《合办道胜银行合同》。

八月初二日（9 月 8 日），清政府出使俄国大臣许景澄与华俄道胜银行签订《中俄合办东省铁路公司合同章程》。

九月初五日（10 月 11 日），孙中山在伦敦被清政府驻英使馆诱捕；十多天后，在英国朋友康德黎（J. Cantlie，原香港西医医院教务长）等人的援救下，获释脱险。

九月十四日（10 月 20 日），清政府设立芦汉铁路总公司，以盛宣怀为督办。

九月十五日（10 月 21 日），中、俄订立《北京新约》。

九月十八日（10 月 24 日），朝命直隶总督兼北洋大臣李鸿章在总理各国事务衙门行走。

九月十九日（10 月 25 日），中、法订立《滇越界约》。

十二月十五日（1897 年 1 月 17 日），美国商人在上海开办的鸿源纱厂正式开工。

光绪二十三年丁酉（1897 年）　十九岁

是年，田桐继续在庐山的白鹿洞书院学习举子之业。

正月二十一日（2 月 22 日），康有为、梁启超、何廷光、何穗田、康广仁等人在澳门创办《知新报》。

正月二十九日（3月1日），湖广总督张之洞奏设湖北武备学堂。

正月间，夏粹芳在上海创办商务印书馆，先设印刷所。

二月初三日（3月5日），日本在江苏苏州设立日租界。

二月十三日（3月15日），法国驻华公使强迫清政府同意不将海南岛及对面广东海岸割让给他国。

二月二十日（3月22日），英国商人在上海杨树浦路创办的老公茂纱厂开车。

二月间，因巡抚谭继洵奉旨入京陛见，朝命湖广总督张之洞兼署湖北巡抚篆务。

二月三十至三月初四日（4月1日—4月5日），上海公共租界爆发独轮车夫反抗捐税的斗争，遭到英、美帝国主义海、陆军的镇压。

三月初七日（4月8日），康有为与唐景崧、岑春煊、蔡希邠在广西桂林发起组织圣学会，出版《广仁报》。

三月二十一日（4月22日），江标、唐才常等人在湖南创办《湘学新报》，后改为《湘学报》（旬刊）。

三月二十六日（4月27日），中、比在武昌议定《芦汉铁路借款合同》。

四月二十六日（5月27日），盛宣怀创建中国通商银行上海总行，它是中国自办的第一家商办银行；至年底，又在北京、天津、汉口、广州、汕头、烟台、镇江等地设立分行。

同日，谭继洵返抵武昌，张之洞交卸兼署湖北巡抚篆务。

六月间，梁启超、汪康年、麦孟华等在上海成立不缠足会。

七月初五日（8月2日），孙中山离开加拿大赴日本横滨。

七月十九日（8月16日），中东铁路①正式开工。

八月初五日（9月1日），朝命以户部尚书翁同龢为协办大学士。

九月间，资产阶级维新派在长沙设立时务学堂。

十月初一日（10月26日），严复和王修植、夏曾佑等人在天津创办《国闻报》（日报）。

---

①　中东铁路：中国东方铁路的简称，亦称作“东清铁路”、“东省铁路”。日俄战争结束后称中东铁路，即“中国东省部铁路”之意，指的是沙俄在清朝末期修筑的从俄国赤塔经中国满洲里、哈尔滨、绥芬河到达俄国符拉迪沃斯托克（海参崴）的西伯利亚铁路在中国境内的一段。

十月初七日（11 月 1 日），山东曹州巨野县德国传教士唆使教徒欺压民众，激起民众公愤，酿成巨野教案；济宁、寿张、单县、武城等县民众在大刀会的号召下，纷纷响应。

十月二十日（11 月 14 日），德国借口巨野教案，派军舰强占胶州湾（位于中国黄海中部、胶东半岛南岸、山东省青岛市境内的半封闭海湾）。

十一月二十二日（12 月 15 日），沙俄舰队侵入辽东旅顺湾，强占旅顺、大连。

十二月十三日（1898 年 1 月 5 日），康有为等人在北京成立粤学会。

十二月间，湖广总督张之洞奏请设立粤汉铁路总公司。

是年，王德钟（1897—1927）出生于江苏青浦（今属上海市）一个书香之家。

光绪二十四年戊戌(1898 年)　二十岁

是年，田桐继续在庐山的白鹿洞书院学习举子之业，二弟、四弟则跟随士莲公在私塾读书。

正月二十一日（2 月 11 日），英国强迫清政府声明，不将长江流域各省割让或租借给其他国家。

二月初九日（3 月 1 日），清政府再次向英、德集团续借“英德洋款”。

二月十三日（3 月 5 日），周恩来（1898—1976）出生于江苏淮安城内驸马巷一个大户人家。

二月十四日（3 月 6 日），清政府与德国在北京签订《胶澳租界条约》。

三月初六日（3 月 27 日），清政府与沙俄在北京签订《旅顺大连湾租地条约》。

三月二十日（4 月 10 日），法国强租广州湾，逼迫清政府宣布，两广、云南不让割与他国。

三月二十二日（4 月 12 日），康有为在北京粤东会馆成立保国会，梁启超、林旭、宋伯鲁、杨锐、刘光第、徐仁录、陈虬、傅增湘等 186 人列名。

三月二十四日（4 月 14 日），清政府与华美合众公司签订《粤汉铁路借款合同》。

三月间，湖广总督张之洞发表《劝学篇》，宣扬“旧学为体，新学为用”的洋务观点，以干扰维新运动。

闰三月初二日（4 月 22 日），日本强迫清政府声明，不将福建割让给他国。

同日，严复译述英国赫胥黎的名著《天演论》出版发行。

闰三月十七日（5 月 7 日），沙俄与清政府在圣彼得堡订立《续订旅大租地条约》。

四月初二日（5 月 21 日），中、英签订《山西省开矿合同》。

四月二十一日（6 月 9 日），清政府与英国在北京签订《展拓香港界址专条》。

四月二十三日（6 月 11 日），光绪皇帝下“明定国是”诏书，宣布开始变法自强，先举办京师大学堂，又命督抚保举人才。“百日维新”（又称“戊戌变法”或“戊戌维新”）开始。

四月二十七日（6 月 15 日），朝廷任命荣禄为直隶总督兼北洋大臣，统率“北洋三军”（即董福祥的甘军、聂士成的武毅军和袁世凯的新建军）。

同日（6 月 15 日），慈禧太后逼迫光绪皇帝罢免翁同龢工部尚书、军机大臣等职务，逐回原籍。

四月二十八日（6 月 16 日），光绪皇帝在仁寿殿召见康有为，命其在总理衙门章京上行走，并许其专折奏事。

五月初三日（6 月 21 日），中、英订立《河南矿务合同》，英国夺取河南开矿权。

五月十三日（7 月 1 日），中、英在北京签订《订租威海卫专条》。

同日，四川大足县（今重庆大足区）的余栋臣再次发动反洋教起义。

五月十五日（7 月 3 日），诏立京师大学堂，官书局及译书局皆并入大学堂，派孙家鼐为管理大臣。

五月二十四日（7 月 12 日），清政府颁布《振兴工艺给奖章程》，它是近代中国第一个奖励科学发明的条例。

五月二十八日（7 月 16 日），上海民众再次发动反对法国侵略者强占四明公所的斗争。

六月初七日（7 月 25 日），清政府命将张之洞的《劝学篇》颁发各省督抚、学政，俾得“广为刊布流传”。

六月十一日（7 月 29 日），清政府命各省兴办中小学堂。

六月十五日（8 月 2 日），清政府设立矿务铁路总局。

七月初五日（8 月 21 日），清政府设立农工商总局。

七月初八日（8 月 24 日），清政府发布上谕：光绪皇帝将于十月十九日奉太后懿旨赴南苑，再赴天津阅军。

七月十四日（8月30日），奉上谕：裁撤詹事府、通政司、光禄寺、鸿胪寺、太常寺、太仆寺、大理寺等衙门；外省裁撤湖北、广东、云南三省“督抚同城”的巡抚，东河总督及不办运务之粮道与仅管疏销之盐道等。

七月十九日（9月4日），光绪皇帝革去阻挠上书的礼部尚书怀塔布、许应骙等六堂官职。

七月二十日（9月5日），诏令谭嗣同、刘光第、杨锐、林旭等以四品卿衔为军机章京，参与新政。

七月二十九日（9月14日），光绪皇帝赐康有为、杨锐密诏，谕以政变危机，望他们速筹良策。

八月初一日（9月16日），光绪皇帝召见袁世凯，命以侍郎衔候补，专办练兵事宜。

同日，湖广总督张之洞奉命兼管湖北巡抚事务。

八月初二日（9月17日），光绪皇帝密命康有为迅速出京，赴上海督办官报局。

八月初三日（9月18日），谭嗣同密访工部右侍郎袁世凯，企图借袁氏之力（案：此指小站所练新军）以胁迫慈禧太后，袁佯应允。

八月初五日（9月20日），工部侍郎袁世凯一回到天津，立即将帝党的计划向直隶总督荣禄告密。

八月初六日（9月21日），慈禧太后发动政变，复出临朝训政，光绪皇帝被幽禁于中南海南海中的仙岛皇宫——瀛台。又以康有为“结党营私，莠言乱政”，下令通缉。

八月十三日（9月28日）下午四时，谭嗣同、刘光第、杨深秀、杨锐、林旭、康广仁在北京菜市口被杀，史称“戊戌六君子”。

八月二十一日（10月6日），清政府查禁湖南南学会，将湖南巡抚陈宝箴及其子吏部主事陈三立、湖南学政江标、庶吉士熊希龄等革职交地方官管束。

八月二十二日（10月7日），清政府将刑部主事张元济革职。

八月二十五日（10月10日），清政府与英国中英公司在北京订立《关内外铁路借款合同》。

八月间，汉口发生大火灾，延烧5173户，死300余人；朝命复设湖北巡抚一职。

九月初一日（10月15日），怡和洋行代表英国银行公司与盛宣怀订立

《沪杭甬铁路借款草约》。

九月十八日（11 月 1 日），上海纶华纱厂工人举行反对降低工人工资罢工。

九月间，湖广总督张之洞选派两湖学生赴日游学。

十月初一日（11 月 14 日），梁启超在日本横滨创办《清议报》（旬刊），鼓吹保皇立宪。

十月二十二日（12 月 5 日），清政府悬赏购捕康有为、梁启超、王照。

十月间，湖北长乐县（今五峰县）发生民众击杀传教士、教民，焚掠教堂事件，张之洞严饬宜昌地方文武速予平定，阻止其蔓延、扩展。

十二月，湖广总督张之洞奏请在汉口设置夏口厅治，改汉口同知为夏口厅抚民同知。

光绪二十五年己亥(1899 年)　二十一岁

是年，田桐继续在庐山的白鹿洞书院学习举子之业。

正月十九日（2 月 28 日），意大利向清政府租借浙江三门湾，被清政府所拒。

正月间，湖广总督张之洞改两湖、经心、江汉三书院课程，分经学、史学、天文、舆地、兵法、算学六门，并在三书院进行枪操，按月考校。

二月初三日（3 月 14 日），清政府任命毓贤为山东巡抚。

二月间，山东义和团（亦称“义和拳”）朱红灯率团众举行起义。

三月二十八日（5 月 7 日），中、俄订立《勘分旅大租界专条》及《辽东半岛租地专条》。

三月间，朝廷新授湖北巡抚于荫霖抵任。

四月初九日（5 月 18 日），英国、德国与清政府签订《津镇铁路草合同》。

六月十三日（7 月 20 日），康有为在加拿大成立保救大清皇帝会，简称“保皇会”。

八月初二日（9 月 6 日），美国国务卿海约翰提出对华“门户开放”政策。

八月十三日（9 月 17 日），山东平原义和团首领朱红灯率团众抢劫教民。

九月十四日（10 月 18 日），工部右侍郎袁世凯率军击散山东平原义和团朱红灯部众。

十月十四日（11 月 16 日），清政府与法国订立《广州湾租界条约》。

十月间，意大利窥视三门湾愈急，朝命沿江一带炮台严密防守。

同月里，兴中会邀请哥老会、三合会各首领至香港集会，随后议定纲领，歃血为盟，结成一个大团体——兴汉会，并公推孙中山为总会长。

十一月初四日（12 月 6 日），朝命撤换毓贤的山东巡抚职务，而以袁世凯署理山东巡抚，并率军大肆镇压义和团。

十一月十九日（12 月 21 日），山东义和团首领朱红灯被清军抓捕。

十一月二十一日（12 月 23 日），山东义和团首领心诚和尚（又号“本明和尚”）被清军抓捕，并同朱红灯一起解送济南。

十一月二十二日（12 月 24 日），毓贤在离开山东济南前，将义和团首领朱红灯、心诚和尚、于清水等人杀害。

同日，两江总督刘坤一奉命进京陛见，而以江苏巡抚鹿传霖署理两江总督。

十二月二十四日（1900 年 1 月 24 日），慈禧太后懿旨，立端王载漪之子为大阿哥（即“太子”），准备废掉光绪皇帝。

十二月二十七日（1900 年 1 月 27 日），英、美、法、德、意驻华公使一致要求清政府速下剿灭义和团的上谕。

光绪二十六年庚子(1900 年)　二十二岁

年初，田桐继续在庐山的白鹿洞书院学习举子之业。其间，曾奉父亲之命回蕲州参加过县试，且名列前茅，遂留在州学学习。

正月二十日（2 月 19 日），朝命直隶、山东督抚出示晓谕，严行禁止义和团；若有人仍执迷不悟，即行从严惩办。

二月十四日（3 月 14 日），朝廷擢升袁世凯为山东巡抚，调毓贤为山西巡抚，邓华熙为贵州巡抚。

三月初七日（4 月 6 日），英、美、德、法四国照会清政府总理衙门，请于两月剿灭义和团，否则将出兵“代剿”。

三月十三日（4 月 12 日），朝廷以山东部分义和团主力转入直隶境内，会威胁到朝廷安全，命直隶总督裕禄认真查禁。

四月二十四日（5 月 22 日），义和团在直隶涞水县大败清军，杀死副将杨福同，取得“涞水大捷”。

四月二十九日（5 月 27 日），英、俄驻华公使通知清政府总理各国事务衙门，拟派兵来京。义和团毁琉璃河、长辛店铁路；次日，又毁丰台铁路。

五月初四日（5 月 31 日），英、美、法、俄、日、意水兵三百余人进入京城使馆区。湖广总督张之洞致电总理衙门及军机大臣荣禄，请速剿“拳匪”，保护铁路。

五月十二日（6 月 8 日），两江总督刘坤一亦电请剿灭义和团。

五月十三日（6 月 9 日），义和团蜂聚北京附近，捣毁京津铁路。

五月十四日（6 月 10 日），英、德、俄、法、美、日、意、奥等八国组成二千多人的联军，由英国海军中将西摩尔率领，从天津向北京进发，抵达杨村（位于今天津市武清区境东南部，京、津、塘高速公路与京山铁路之间，夹河成镇）。

五月十五日（6 月 11 日），日本驻华使馆书记杉山彬在北京永定门外为董福祥的部下所杀。各国联军与义和团在直隶廊坊（今河北省廊坊市）接战。

五月十六日（6 月 12 日），义和团开始在北京焚烧外国教堂；总署大臣启秀传太后懿旨，慰问各国驻华使馆。

五月十九日（6 月 15 日），朝命京城步军统领衙门、神机营、虎神营、武卫中军会同弹压“拳匪”；又命两广总督李鸿章迅速来京，而两广总督由广东巡抚德寿兼署。

同时，朝廷任命兵部侍郎李端遇、国子监祭酒王懿荣为京师团练大臣，办理京师团练事宜，督率兵勇，抗击联军，以保京师安定。

五月二十日（6 月 16 日），清廷召集王大臣、六部九卿会议，商阻洋兵进京事宜。两江总督刘坤一、湖广总督张之洞均电军机大臣荣禄，请速“剿匪”。

五月二十一日（6 月 17 日），八国联军开始攻打天津大沽口炮台；义和团进攻天津紫竹林租界。慈禧太后召见各亲王大臣等议事。有人伪造了各国驻华公使要求太后归政的照会，太后见之大怒，声言要与联军决战。

五月二十四日（6 月 20 日），德国驻华公使克林德在京城被杀。董福祥率甘军与义和团开始围攻北京东交民巷使馆。

五月二十五日（6 月 21 日），太后下旨，与各国宣战。两江总督刘坤一、湖广总督张之洞、巡阅长江水师大臣李秉衡等疆吏仍致电总署，请力剿“邪匪”。顷奉谕旨：“各督抚勿再迟疑观望，迅速筹兵筹饷，力保疆土。”①

---

① 《张文襄公年谱》，张之洞著，庞坚校点：《张之洞诗文集》（增订本）附录五，上海古籍出版社 2015 年版，第 744 页。

五月二十九日（6 月 25 日），慈禧太后颁下懿旨，停攻外国驻华使馆并派兵保护。

五月三十日（6 月 26 日），两江总督刘坤一、湖广总督张之洞等疆吏派代表与各国驻华领事会订立《东南保护约款》。

六月初三日（6 月 29 日），清政府命我驻外国公使向所在国政府解释清政府的宣战乃是出于被迫。

六月初五日（7 月 1 日），奉天义和团烧毁城内法、英教堂和东清铁路公司。

同日，湖广总督张之洞奏请暂缓本年乡试，并派湖南布政使锡良统帅湖北、湖南军北上护驾。

六月初七日（7 月 3 日），辽阳群众焚毁俄国人在茨儿山所开办的煤矿。

六月初十日（7 月 6 日），沙皇尼古拉二世乘机自任总司令，下动员令，先后调集近十八万军队，分六路入侵中国东北。

六月十二日（7 月 8 日），清政府任命原两广总督李鸿章为直隶总督兼北洋大臣，准备向八国联军乞和。

六月十三日（7 月 9 日），武卫前军总统、直隶提督聂士成在天津战死。

六月十八日（7 月 14 日），八国联军占领直隶天津，大肆劫掠。

同日，闽浙总督许应骙与俄、英、美等六国驻福州领事签订《福建互保协定》。

六月二十、二十一日（7 月 16 日—7 月 17 日），沙俄侵略军在黑龙江先后制造了海兰泡惨案与江东六十四屯血案。

其间，自盛京（今沈阳市）北至开原（今铁岭市开原市），南至海城（今鞍山市海城市），俄国人所修建之铁路、桥梁均为当地群众拆毁。

七月初三日（7 月 28 日），端郡王载漪矫旨逮杀反对围攻外国使馆和对外宣战的吏部左侍郎许景澄、太常寺卿袁昶。

七月初五日（7 月 30 日），八国联军成立天津临时政府，即天津都统衙门。

七月初九、十日（8 月 3 日—8 月 4 日），沙俄侵略军先后占领哈尔滨、瑷珲、营口；八国联军占领北仓（今天津市北辰区北仓镇）。

七月十一日（8 月 5 日），八国联军攻陷杨村（天津市武清区杨村镇），已革职留任的前直隶总督裕禄自杀殉国。

七月十三日（8 月 7 日），清廷授直隶总督李鸿章为全权大臣，即日电商各国停战。德皇宣布以瓦德西为联军统帅。

七月十八日（8 月 12 日），八国联军占领通州（今北京市通州区）。

七月十九日（8 月 13 日），俄国侵略军攻占北京东便门。董福祥率军与义和团一起连日猛攻各国驻华使馆。

七月二十日（8 月 14 日），八国联军攻入北京城内，大肆掳掠。

七月二十一日（8 月 15 日），慈禧太后挟持光绪皇帝仓皇离京西逃。

七月二十二日（8 月 16 日），清政府议和全权大臣李鸿章致电各国停战议和。

同日，甘肃布政使岑春煊迎护两宫于南口（今北京市昌平区南口镇）。

七月二十五日（8 月 19 日），诏命巡幸太原，命甘肃布政使岑春煊督理前路粮台，而以吴永、俞启元会办前路粮台。

七月二十六日（8 月 20 日），光绪皇帝于西逃途中发布《罪己诏》。

七月二十九日（8 月 23 日），朝命护理陕西巡抚端方在西安预备驻跸之所，准备迎驾。

七月三十日（8 月 24 日），朝旨准议和全权大臣李鸿章便宜行事，迅速处理善后事宜。李鸿章则电请派奕劻、荣禄、刘坤一、张之洞亦为全权大臣。

八月初五日（8 月 29 日），沙俄侵略军占领黑龙江齐齐哈尔。

八月初七日（8 月 31 日），朝廷加派两江总督刘坤一、湖广总督张之洞会同全权大臣李鸿章商办和议。

八月十六日（9 月 9 日），朝廷授权奕劻、李鸿章、荣禄均为议和全权大臣；刘坤一、张之洞会办议和事宜，均准便宜行事。

八月二十九日（9 月 22 日），沙俄侵略军占领吉林（今吉林省）。

闰八月初二日（9 月 25 日），朝命惩处纵容包庇“拳匪”的诸王大臣。庄亲王载勋、怡亲王溥静、贝勒载濂、载滢皆革去爵职，端亲王载漪撤去一切差事，交宗人府严加议处。辅国公载澜、左都御史英年均交宗人府严加议处。协办大学士、吏部尚书刚毅、刑部尚书赵舒翘则交部议处。

闰八月初五日（9 月 28 日），沙俄派军队占领辽阳（今辽阳市）。

闰八月初八日（10 月 1 日），两宫离开山西太原前往陕西西安。

是日，议和全权大臣李鸿章接任直隶总督；沙俄派军队占领沈阳（今沈阳市）。

闰八月二十四日（10 月 17 日），议和全权大臣奕劻、李鸿章照会各国使臣，和议开始。

九月初四日（10 月 26 日），两宫抵达陕西西安，以原陕甘总督府为行宫。

九月初五日（10 月 27 日），各国驻华公使一致通牒，要求惩处载漪、载勋、载澜、溥静、毓贤、李秉衡、董福祥、刚毅、赵舒翘等十一人。

九月初九日（10 月 31 日），沙俄派军队占领锦州（今锦州市）。

九月十五日（11 月 6 日），八国联军在直隶保定杀害直隶布政使廷雍等六人。

九月十七日（11 月 8 日），沙俄强迫盛京将军增祺的代表签订《奉天交地暂且章程》。

九月十九日（11 月 10 日），两江总督刘坤一和湖广总督张之洞联名电奏：请速惩办诸祸首。

九月二十二日（11 月 13 日），朝旨革去载漪爵职，与载勋同交宗人府圈禁；溥静、载滢一并交宗人府圈禁；载濂已革爵职，命其思过；载澜、英年则降调，赵舒翘革职留任，毓贤充边。

是日，八国联军攻陷直隶保定后，开始进攻直隶张家口。

九月二十九日（11 月 20 日），议和全权大臣奕劻、李鸿章致电军机大臣荣禄，各国驻华公使坚持惩办甘肃提督董福祥。

十月初二日（11 月 23 日），两江总督刘坤一和湖广总督张之洞联名电奏：请速治毓贤、董福祥之罪。

十月十二日（12 月 3 日），朝命甘肃提督董福祥革职留任，即日带领所部回甘。

十月十九日（12 月 10 日），八国联军在京城设立管理北京委员会。

十一月初三日（12 月 24 日），各国驻华公使联合通牒，提出和约大纲十二条。

十一月初六日（12 月 27 日），清政府照允十二条大纲。

十一月二十五日（1901 年 1 月 15 日），议和全权大臣奕劻、李鸿章遵旨在合约上签字。

十二月初十日（1901 年 1 月 29 日），朝旨下：各朝中大臣、地方督抚，可就现实情形，并参酌中西政治，踊跃建言献策。

十二月二十五日（1901 年 2 月 13 日），朝廷第三次下旨加重惩处祸首：载漪、载澜均发配新疆永远监禁，载勋赐自尽，毓贤正法；刚毅追夺原官，董福祥革职，英年、赵舒翘革职定斩监候，徐桐、李秉衡革职并撤销恤典；启秀、徐承煜先行革职，查明后从严惩办。开复徐用仪、立山、许景澄、联元、袁昶原官。

光绪二十七年辛丑(1901年)　二十三岁

年初，田桐在家陪父母过年，同时在家准备年后将举行的府试和院试。

正月初三日（2月21日），朝廷再次下旨，加重惩处肇祸诸臣：载勋自尽，英年、赵舒翘自尽，毓贤正法；载漪、载澜斩监候，加恩发往新疆；照会各国交回启秀、徐承煜，即行正法；刚毅斩立决，徐桐、李秉衡斩监候，惟其已故，业经革职，撤销恤典，应免再议。

正月初十日（2月28日），湖广总督张之洞奉旨兼署湖北巡抚篆务。

正月二十三日（3月13日），山西巡抚锡良开缺，而以甘肃布政使岑春煊补调；因迎銮护驾有功，朝命河南布政使端方不必赴豫，仍留西安护理陕西巡抚。

二月间，田桐至蕲州州学相继参加了本年举行的府试、院试，并顺利过关，被取为秀才。于是，田桐便进入条件优越的州学学习。

三月初五日（4月23日），德、法军队占领娘子关（位于山西平定县东北）。

四月初八日（5月25日），议和全权大臣奕劻、李鸿章联名上奏，请照和议总纲的要求，将总理各国事务衙门改为外务部，冠于六部之首，管部大臣以近支王公充之，设尚书二人，侍郎二人；尚书中须有一人兼军机大臣，侍郎中必须有一人通西文、西语。

四月十二日（5月29日），给各国的赔款议定，以金价计算，共四万五千万两，四十年偿清，年息四厘。

四月二十三日（6月9日），朝廷授醇亲王载沣为头等专使大臣，赴德国谢罪。

五月二十一日（7月6日），清政府发布上谕："兹择于七月十九日由河南、直隶一带回京，着各衙门先期敬谨预备"①。

六月初九日（7月24日），清政府正式改总理各国事务衙门为外务部，派奕劻总理部务。

七月初一日（8月14日），朝廷再次下谕：改定两宫以八月二十四日

① 吴永口述，刘治襄记，鄢琨标点：《庚子西狩丛谈》卷四，岳麓书社1985年版，第93页。

回銮。

七月十六日（8 月 29 日），诏命自明年始，乡试、会试等皆不准用八股文程式，而改试策论；而自明年始，罢停武科考试。

七月二十五日（9 月 7 日），议和全权大臣奕劻、李鸿章与英、法、美、德、意、奥、比、西、荷、日、俄十一国代表签订和约（即《辛丑条约》），共十二款。

八月初二日（9 月 14 日），朝命将各省所有书院改设成大学堂，各府及直隶州改设成中学堂，并多设蒙养学堂。

八月初五日（9 月 17 日），八国联军根据《辛丑条约》规定，开始退出京城。

八月二十四日（10 月 6 日）上午，两宫自西安起驾回銮。

九月二十七日（11 月 7 日），和议全权大臣李鸿章卒于任上，年七十九岁，追赠太傅，晋封一等侯爵，谥“文忠”，入祀贤良祠。朝命王文韶署理全权大臣，袁世凯署理直隶总督兼北洋大臣；又以张人骏为山东巡抚。

九月二十八日（11 月 8 日），两宫驻跸河南郑州。

十月初二日（11 月 12 日），两宫驻跸开封省城。

十月二十日（11 月 30 日），奉懿旨，撤去溥儁“大阿哥”名号，立即出宫。

十月二十五日（12 月 5 日），朝廷以共保东南疆土，尽心筹划，勋劳卓著，下旨赏加刘坤一太子太保衔，赏加张之洞、袁世凯太子少保衔。

十一月初四日（12 月 14 日），两宫自河南开封行宫起驾。

十一月二十四日（1902 年 1 月 3 日），两宫驻跸直隶保定府。

十一月二十八日（1902 年 1 月 7 日），两宫圣驾自直隶保定启銮还京。同日，朝廷以议和与共保东南疆土有功，下旨赏赐奕劻双俸，荣禄、王文韶、张之洞、刘坤一、袁世凯等双眼花翎，宫衔有差。

十二月初九日（1902 年 1 月 18 日），慈禧太后公开露面接见各国驻华使节。

十二月二十一日（1902 年 1 月 30 日），英、日缔结同盟条约。

十二月二十三日（1902 年 2 月 1 日），朝命满汉可以通婚，并劝汉人妇女除缠足积习。

是年，田桐曾因事至省城武昌，与时在两湖书院学习的黄兴结识；在与黄兴相处的日子里，开始接触民主革命思想。

光绪二十八年壬寅(1902年)　二十四岁

年初，田桐继续入蕲州州学学习举子之业，为参加乡试作准备。

其间，有一次州试结束后，士莲公索观田桐之文；见田桐的文章不合时文规格，不禁大怒，将田桐打了一顿；不料成绩出来后，田桐竟名列第一，于是更加爱重之（见冯自由《田桐事略》、田桓《先兄梓琴先生行状》，《张难先集》第118、124页）。

正月初一日（2月8日），梁启超在日本横滨创办《新民丛报》（半月刊）。

正月二十四日（3月3日），梅花拳宗师、武举人景廷宾率领直隶广宗、巨鹿、威县一带义和团余众举行起义。

正月间，两江、湖广会设江楚编译局于江宁（今南京市江宁区）。

三月初一日（4月8日），中、俄订立《交收东三省条约》，规定沙俄军队在十八个月内分三批撤出东北。

三月十六日（4月23日），景廷宾的起义军竖起“官逼民反”、“扫清灭洋”的大旗；邢台、内邱（公内丘）、新河、南宫、平乡等州县民众纷纷响应。

三月十九日（4月26日），孙中山、章炳麟、秦力山等人为扩大“排满”革命宣传，鼓吹种族革命，在日本横滨举行“中夏亡国二百四十二周年纪念会”，留学生报名赴会者达数百人；田桐闻讯，暗中亦撰写了《吊崇祯》一文，以示拥护。

案：所谓亡国二百四十二周年，其时间是从崇祯皇帝朱由检于明崇祯十七年甲申（1644年）三月十九日吊死煤山（今景山）算起。

三月二十日（4月27日），蔡元培、蒋智由、黄炎培等在上海发起成立中国教育会，推蔡元培为事务长（即会长）。

三月二十二日（4月29日），由程家柽和秦毓鎏、叶澜等人发起，在东京锦辉馆召开留日学生大会，决定成立拒俄义勇队，开赴东北前线与沙俄侵略军作战，当场就有二百多人报名加入。

四月初四日（5月11日），上海耶松船厂工人举行罢工：要求增加工资。

四月间，湖广改两湖书院为两湖大学堂，自强学堂为文普通中学堂，经心书院为勤成学堂；又改武备学堂、防营将弁学堂为武高等学堂，又设武普通中学堂；又创建湖北师范学堂及高等小学堂五所；又将农务学堂移至武胜门外，于工艺学堂增设工厂，增设方言学堂、仕学院等；另设立学务处管理全省学务。

同月里，上海商人成立上海商业会议公所，后改称上海总商会。

五月初二日（6月7日），山西巡抚岑春煊在太原开办山西大学堂。

五月初四日（6月9日），朝廷实授袁世凯为直隶总督兼北洋大臣。

五月十七日（6月22日），中、英订立《上海会审公廨合同》。

五月间，湖北省城警察正式创立；湖广考选优秀学子五十人赴日留学（其中师范学生三十人，警察弁目二十人）。

六月二十二日（7月26日），奉上谕："湖广总督张之洞著兼充督办商务大臣。"①

七月十三日（8月16日），各国会议议定中国关税税率。

八月十二日（9月13日），日本设立湖南汽船会社，行驶于汉口至长沙、常德间。

八月二十八日（9月29日），英国商人成立英美烟公司，相继在中国的上海、汉口、沈阳、哈尔滨等地设立烟厂。

九月初五日（10月6日），两江总督刘坤一逝于任上，年七十三岁，追封一等男爵，赠太傅，谥"忠诚"。

九月初六日（10月7日），奉上谕："两江总督著张之洞署理，迅速赴任。"（见《张文襄公年谱》第755页）

九月十六日（10月17日），朝廷下旨：各省须仿袁世凯制定警务章程，办理巡警。

九月二十一日（10月22日），湖广总督兼署两江总督张之洞上书奏保经济特科人才十六人（其中已服官者六人，由学堂出身者十人）。

十月初二日（11月1日），张之洞交卸完湖广总督篆务后，即乘"楚材"轮船启行。

十月初六日（11月5日），张之洞抵达江宁，暂以钟山书院为行馆。

十月初九日（11月8日），张之洞接署两江总督篆务，循例兼署两淮盐政、钦差通商大臣篆务。

十月十七日（11月16日），上海南洋公学学生发动学潮，二百余人退学；中国教育会在泥城桥福源里成立爱国学社，蔡元培为总理，章炳麟、黄炎培等为教员，专门接收从日本归来的留学生和上海、南京等地退学的

① 《张文襄公年谱》，张之洞著、庞坚校点：《张之洞诗文集》（增订本）附录五，上海古籍出版社2015年版，第754页。本书引用该书资料皆系此版本，后文不再详注。

学生。

十月二十五日（11月24日），湖南留日学生杨笃生、黄兴、樊锥等在日本东京创办《游学译编》（月刊），宣传反清的民族主义思想。

十一月初九日（12月8日），朝廷下旨：命云贵总督魏光焘为两江总督，署理两江总督张之洞仍回湖广总督本任。

十一月十八日（12月17日），京师大学堂正式开学。

是年冬，由湖广总督张之洞创办的新式学堂——武昌文普通中学堂面向两湖招考学生，田桐亦来到武昌报考。其间，田桐与同时前来报考的伍守彝①、石瑛、陈乾等人以及仍在省城的居正结识。于是，这批意气风发的年轻人一见如故，相见恨晚，遂携手共登黄鹤楼，义结金兰，并表达了今后同甘苦、共患难的决心。

居正晚年曾回忆说：其时，“田梓琴住文普通中学，发起兰谱。初至黄鹤楼照相为十二人，后加二人，得十四人：一伍守彝（秉初）、二陈乾（肇一）、三余（时名之骏，字岳崧）、四管翔鸿（孝符）②、五朱侗（国卿）③、六石瑛（蘅青）、七田桐（梓琴）、八刘懋哉④、九李凤鸣（识韩）⑤、十陈敦复（通生）⑥、十一杨郁吾⑦、十二陈韬（受三）、十三陈亚文、十四张九维（予昕）。当日在照相馆刘懋哉未到，倩人代之，故以扇遮面”⑧。

① 伍守彝，生卒年、事迹不详，字秉初，湖北广济人。少时从田桐之父为师，后曾留学日本。

② 管翔鸿，字孝符，生卒年、事迹不详，待考。

③ 朱侗（1878—1945），谱名美豪，字国卿，别号嗽石，湖北蕲春人。诸生。1903年考入武昌文普通中学堂。1904年赴日留学，入东京法政大学。1905年加入同盟会。1907年奉命回国，以游馆为掩护赴全国各地联络同志。1911年参加武昌起义。南京临时政府成立，任内务部佥事。1915年参加中华革命军东北军，任参谋。袁氏死后，曾任福建将乐、崇安等县县长。1932年任最高法院佥事科科长、南京地方法院院长。全面抗战爆发后，曾回湖北任钟祥县县长，领导民众抗日。1940年以年高体弱辞官归乡，卒于家。

④ 刘懋哉，生卒年、事迹不详，待考。

⑤ 李凤鸣，字识韩，生卒年、事迹不详，待考。

⑥ 陈敦复，字通生，生卒年、事迹不详，待考。

⑦ 杨郁吾，生卒年、事迹不详，待考。

⑧ 居正：《梅川谱偈》，罗福惠、萧怡编：《居正文集》（下），华中师范大学出版社1989年版，第519页。全书所引用《居正文集》资料均系此版，后文不再一一详注。

不久，田桐又与前来报考的湖南桃源宋教仁、湖北黄冈吴昆等人结识，成为好友。

考试结束，经过严格把关、层层筛选，田桐以优异的成绩被武昌文普通中学堂录取。

年底，田桐回到蕲州老家陪父母、兄弟度岁。

光绪二十九年癸卯(1903 年)　二十五岁

正月初一日（1 月 29 日），湖北留日学生刘成禺、李书城等在日本东京创办《湖北学生界》（月刊，后改名《汉声》），宣传民主革命思想。

年初，田桐一过完年，就拜别父母兄弟来到省城，进入武昌文普通中学堂学习，成为第一期学生，与宋教仁、查光佛①、郑江灏②、欧阳瑞骅③、石瑛、吴昆、陈乾、黄侃等人同学。学习之余，则时常与盟兄弟们往还，而平日里与陈乾和居正的关系最为密切。

二月二十二日（3 月 20 日），张之洞交卸两江总督篆务，仍回湖广总督本任。

三月初一日（3 月 29 日），张之洞抵达武昌湖广总督府。

三月十一日（4 月 8 日），沙俄交还辽宁的营口到期，却拒不履约

① 查光佛(1885—1932)，名能，字竟生，号光佛，以号行，湖北蕲州人。1907 年肄业于武昌文普通中学堂。投湖北新军四十一标当兵，并加入同盟会。1908 年参与组织群治学社，并以蕲春学社为联络点从事革命活动。1911 年为在文学社和共进会联合，被推为起义政治筹备员。武昌起义爆发，任湖北军政府秘书。南京临时政府成立，被任命为稽勋委员、湖北军政府教育部副部长。"二次革命"爆发，参与反袁。1914 年加入中华革命党，任反袁军湖北总司令部秘书长及驻汉特派员。1920 年后任护法军政府机要秘书。广州大本营秘书。1926 年后历任江汉宣抚使参议、中央日报社总编辑、国民党汉口市党部宣传部部长、国民党中央党史编纂委员会编纂兼秘书等职。1932 年病逝于江苏。著有《武汉阳秋》等。

② 郑江灏，湖北襄阳人，生卒年、事迹不详，待考。

③ 欧阳瑞骅(1879—1944)，字季香，湖北沔阳人。1903 年考入武昌文普通中学堂，与宋教仁、田桐、吴昆等往还，从事革命活动。1904 年与宋教仁、张难先、刘静庵等创办科学补习所。参与筹备长沙起义，事泄逃往日本。1906 年回国，与张难先、刘静庵等成立日知会。1932 年，南京市立图书馆筹备处与民众科学馆合并为一(后名为南京市立图书馆)，被南京特别市政府委任为主任(馆长)。1938 年 7 月，曾邀梁钟汉、殷子衡、张难先等在日知会原址建立武昌日知会纪念碑。著有《易林楹帖》及革命烈士小传多种。又译有日本河野元三所著之《蒙古史》。

撤兵。

同日，中国女留学生胡彬夏等在日本东京成立共爱会，是中国提倡男女平权的第一个爱国妇女团体。

三月二十一日（4月18日），沙俄驻华公使普拉嵩向清政府外务部提出七项新的要求。

三月二十七日（4月24日），湖广总督张之洞奉旨北上觐见。

四月初一日（4月27日），上海市民在张园召开拒俄大会，通电反对沙俄改约。

四月初三日（4月29日），日本东京的中国留学生五百余人集会，声讨沙俄侵占中国东北的罪行，并在会后组成拒俄义勇队。

四月初六日（5月2日），拒俄义勇队改名为学生军，主持人为蓝天蔚、黄兴等。

四月十五日（5月11日），留日学生黄兴、陈天华、钮永建、叶澜、秦毓鎏、蔡锷等人在东京成立军国民教育会。

四月间，邹容著《革命军》一书在上海出版发行。

闰五月初六日（6月30日），革命志士章太炎在《苏报》上相继发表《驳康有为论革命书》、《革命军·序》等反清文章，在民众中引起强烈反响；清政府勾结上海公共租界工部局在上海爱国学社将章太炎逮捕入狱，“苏报案”发生。

闰五月初七日（7月1日），革命志士邹容以“苏报案”事愤然至英租界巡捕房投案入狱。

闰五月十三日（7月7日），上海公共租界工部局应清政府之请，查封苏报馆。

闰五月二十日（7月14日），东清铁路全线通车，正式开始营业。

闰五月二十一日（7月15日），公共租界会审公廨对章太炎、邹容进行审讯，清政府竟然作为一方到场，向租界当局控告《苏报》“心怀叵测，谋为不轨”。

闰五月间，英印总督寇松（Lord Curzon）派遣印度头等政务司荣赫鹏（Francis Younghusband）率领三百名英军，袭据西藏的岗巴宗（县）。

六月间，张之洞奉朝命会同张百熙、荣庆将现办大学堂章程一切事宜再行商订，并议订约束游学生、鼓励毕业生章程。

经过一段时间的在校学习，田桐、宋教仁等热血青年对清政府的专制统治和卖国投降行为越来越不满，遂经常相互传阅邹容的《革命军》、陈天华的《猛回头》、《狮子吼》等革命书籍，并时常相聚在一起谈论时政，议论国事，共商反清救国方略。

萧致治在《黄兴评传》中亦说：1903 年初，宋教仁“赴武昌入学……受当时革命思潮高涨的影响，开始物色革命同志，常和田桐、吴昆、白逾桓等一起议论时政，谈论如何挽救国家危亡”①。

其间，通过好友吴昆的介绍，他们又与时在湖北新军中当兵的刘静庵结识，成为好友。

张晓波在《民国的开端：宋教仁评传》中记载说：在武昌文普通中学堂读书期间，“宋教仁常与田桐、刘静庵、吴昆等人聚谈国事，痛切于国势之不振”②。

同月里，田桐好友黄兴与李书城、万声扬、李步青等自日本归国，从事拒俄救亡运动的宣传动员，经上海、武昌回湖南。黄兴在武昌停留一个多星期，至军学界开展革命宣传和串联活动，将其携带的邹容著《革命军》、陈天华著《猛回头》二书，“零星赠送军学各界至四千余部之多”；又应友朋之邀，至“两湖书院演说满汉畛域及改革国体整体之理由，与顽固派辩论终日，卒使全场一致叹服。鄂督张之洞闻而震怒，责成首府兼院长梁鼎芬拿办”③。梁遂奉命发布告示，将黄兴驱逐出境。

黄兴在汉期间，田桐曾偕宋教仁、陈乾、居正等好友与其相聚，并至两湖书院听黄兴演讲。从此时起，田桐对黄兴产生了敬佩之情，也萌发了去日本留学的愿望，并与盟兄陈乾开始私下补习日语。

同月里，孙中山在日本青山练兵场附近创设革命军事学校，训练培养干部。

七月十六日（9 月 7 日），清政府设立商部，以载振为尚书，伍廷芳、陈璧分别为左、右侍郎。

八月十八日（10 月 8 日），《中美续议通商行船条约》在上海签字。

八九月间，陈天华所著之《猛回头》、《警世钟》相继在日本东京

---

① 萧致治：《黄兴评传》，南京大学出版社 2001 年版，第 73 页。

② 张晓波：《民国的开端：宋教仁评传》，光明日报出版社 2013 年版，第 78 页。

③ 刘揆一：《黄兴传记》，饶怀民编：《刘揆一集》，华中师范大学出版社 1991 年版，第 162 页。

再版。

九月十六日（11 月 4 日），黄兴、陈天华、宋教仁、刘揆一、吴禄贞等人在湖南长沙筹设华兴会。

十月二十二日至十一月十三日（12 月 10—31 日），英印政府指令荣赫鹏和麦克唐纳（General Macdonald）率领三千侵略军进犯中国的西藏，相继攻占亚东、春丕、帕里等地区。

十月二十七日（12 月 15 日），蔡元培、王小徐等人在上海组织“对俄同志会”，发行《俄事警闻》报纸，后改名为《警钟日报》，揭露俄国军队在东北的暴行。

是年冬，学校举行例考，田桐在考卷中抨击时弊，宣传民主革命思想，被教员告密。湖北巡抚端方知道后，认为这是“肆谈革命，大逆不道”，立即下令“从严惩办”。该校监督纪钜维①是清代大才子纪晓岚的远孙，素闻田桐见多识广，博闻强记，文笔流畅，写得一手好字，深爱其才；但又怕受到牵连，不敢庇护，遂暗示田桐立即离校远走避祸，故得以幸免（见冯自由《田桐事略》、田桓《先兄梓琴先生行状》，《张难先集》第 119、124 页）。

十一月二十五日（1904 年 1 月 12 日），张之洞会同管学大臣奏进重订学堂章程，并请专设学务大臣，奖励职官游历、游学，酌定新进士入馆办法，试办递减科举。

十一、十二月间，田桐不得已偷偷离开武昌文普通中学堂，回到家乡暂避风头。

十二月二十一日（1904 年 2 月 6 日），日本舰队袭击沙俄占领下的旅顺口，争夺中国东北的“日俄战争”爆发。

十二月二十五日（1904 年 2 月 10 日），日、俄双方正式宣战。

十二月二十七日（1904 年 2 月 12 日），清政府外务部宣布：日、俄开战，中国严守“中立”。

十二月三十日（1904 年 2 月 15 日），黄兴、宋教仁、陈天华、刘揆

---

① 纪钜维，生卒年不详，字香聪，一字伯驹，号悔轩，晚署泊居老人，河北献县人。纪昀五世孙。1873 年拔贡，直隶霸州训导，内阁中书加侍读卫。后随张之洞游鄂多年，监督学校，多所成就。沈毅好学，博览群籍，精考据，善鉴别书、画，工诗古文辞，有《泊居剩稿》，另编有《广雅堂诗集》四卷。

一、张继、胡瑛、周震鳞、吴禄贞等一百余人在长沙明德学堂校董龙璋西园住所举行“华兴会”的成立大会。

光绪三十年甲辰(1904 年)　二十六岁

年初，田桐仍在蕲州老家躲避，并加紧补习日语，而武昌文普通中学堂则宣布将其除名。

正月十四日（2 月 29 日），四川总督锡良奏设川汉铁路公司。

三月间，张之洞一行赴江宁与两江总督会商江南制造局移建新厂事宜。

同月里，张之洞札令湖北学务处设立湖北师范传习所，以陈曾寿为监督，杜宗预、徐毓华为正、副提调。

四月初七日（5 月 21 日），上海知县会同租界会审公廨判处章炳麟监禁三年，邹容监禁两年。

四月二十二日（6 月 5 日），张之洞一行自江南返抵武昌；因端方已调任署理两江总督，朝命湖广总督张之洞兼署湖北巡抚。

四月间，田桐见风声已过，便离家秘密来到武昌（即夏口），并暗中与吕大森、刘静庵、胡瑛、宋教仁、曹亚伯、张难先①等人联系，参与科学补习所的筹建工作。

五月十八日（7 月 1 日），湖南长沙正式对外开埠。

五月二十日（7 月 3 日），刘静庵、曹亚伯、张难先等人在武昌成立科学补习所（后改名“日知会”），田桐参与其事，并着重在新军中开展工作。

五月二十三日（7 月 6 日），英国侵略军攻占西藏江孜（今日喀则市江孜县）。

五六月间，田桐在父亲的支持下，告别亲朋好友，东渡日本，入东京弘

---

① 张难先(1874—1968),谱名辉澧,字义痴,湖北沔阳(今仙桃)人。早年曾在乡设馆授徒。1903 年赴武昌,投工程营当兵。参加组织科学补习所。1905 年加入日知会。1907 年谋响应萍浏醴起义,与刘静庵等被捕入狱,旋因病保释。辛亥革命时参与各种革命活动,曾任暗香陨荆招讨使季雨霖的顾问。后又参加反对北洋军阀的斗争。赞成国民党改组,支持孙中山的联共政策。1927 年任广东省政府委员兼土地厅厅长。1928 年任湖北上政府委员兼财政厅厅长。1930 年任浙江省主席。抗战爆发后,积极投身救亡活动。抗战胜利后,支持人民解放战争。全国解放后,历任中央人民政府委员,中南军政委员会副主席,全国人大第一、二、三届常务委员会委员,全国政协常委等职。著有《湖北革命知之录》、《义痴六十自述》等。今人辑有《张难先集》。

文学院深造；学习之余，田桐认识了不少湖北同乡，并结识了程家柽、张继、陈天华、白逾桓等革命志士，相互往来频繁，秘密从事革命活动。

其间，田桐曾加入为响应华兴会而在东京成立的新华会①。

六月二十二日（8月3日），英国侵略军攻占西藏拉萨，达赖十三世在俄国间谍德尔智的裹挟下，出走库伦（今蒙古都城乌兰巴托），意欲投奔沙俄，被清政府驻库伦大臣阻止。

夏秋之交，田桐与白逾桓商议筹办杂志事宜，曾组织各省热心革命的同志开始讨论。大家都表示积极支持创办杂志，并开始筹措经费。

田桐晚年曾回忆说："甲辰夏秋之交，田桐、白逾桓二人协议，以东京留学生无革命机关报，各省同乡会机关杂志偶言革命者有之，乃邀集各省热心革命志士破除地方团体意见，以主义为依归，有苏人高剑公，粤人何湛霖，湘人雷光宇、罗杰，鄂人张炳标、刘湘、解鸿顺等皆与焉。炳标，官费生也。鄂中官费生，有暑假旅行费、书籍费，炳标概（慨）捐为杂志开办之资。计与各人共醵之金，不满三百元而出版矣。"②

七月二十八日（9月7日），英国侵略军头目荣赫鹏在布达拉宫强迫西藏三大寺的代表签署《拉萨条约》（又称《英藏条约》）。

八月上中旬，为了进一步鼓励和激发广大民众推翻清朝政府的决心，田桐还特意搜集整理了明末遗老的一些逸事和抗清复明的一些相关记述，编辑成《亡国惨记》③一书。

八月二十日（9月29日），田桐为自己的《亡国惨记》一书撰写了一篇自叙（即《亡国惨记·叙》，见《田桐集》，第1～2页），介绍其编纂缘起。

同日，田桐的日本友人宫崎寅藏亦应邀为《亡国惨记》一书写了序言（即《亡国惨记·弁言》，见《田桐集》，第5页），将中国革命赋予"彰世界文明之公理与正义人道"的地位，指出了编纂出版《亡国惨记》的时代价值。

九月十六日（10月24日），黄兴、陈天华、马福益等策划于湖南长沙起义，事泄失败，黄兴、陈天华流亡日本。

十月初一日（11月7日），宋教仁因参与策划湖南长沙起义，遭通缉，

---

① 萧致治：《黄兴评传》，南京大学出版社2001年版，第86页。

② 田桐：《革命闲话·二十世纪之支那》，《田桐集》，华中师范大学出版社2011年版，第374页。

③ 恨海氏（田桐）编辑之《亡国惨记》，日本东京秀光社1904年刊行。

乃“觅得一往汉口之炭舟”，“搭乘之”①，遂离长沙而去汉口。

十月初十日（11月16日）上午，宋教仁自湖南长沙抵达武昌。

十月十一日（11月17日），宋教仁告别胡瑛等友朋，自汉口乘船赴上海。

十月十三日（11月19日），爱国志士万福华在上海英租界四马路一枝春番菜馆枪击原广西巡抚王之春未遂而被捕，受牵连入狱者尚有黄兴、章士钊等十余人。

十月十四日（11月20日），陶成章、龚宝铨、蔡元培等人在上海发起成立“光复会”。

十月十五日（11月21日）下午，宋教仁自汉口抵达上海，得黄兴、章士钊等人出事消息。

十月二十九日（12月5日）早上，田桐的好友宋教仁自上海启程赴日本②。

十一月初七日（12月13日）下午三四点钟，宋教仁经日本长崎、神户、横滨，抵达日本东京，寓居江户川馆。刚到旅馆不久，田桐偕吴绍先、贺联仙等人前来拜访、看望；“相见之下，皆各喜慰无似，询问一切”，宋教仁亦“略言此次一路情形”。田桐与宋教仁是老朋友，故“坐谈最久”，“始去”（见《宋教仁日记》第20页）。

宋教仁抵日后，很支持田桐和白逾桓等人创办杂志之事，并很快就加入杂志的筹办事宜，且担任重要职务。

田桐晚年曾回忆说：“冬间，湘间事败，陈天华、宋教仁相继至，而社务亦发展焉。”③

十一月初九日（12月15日），沙俄军舰“阿斯科”号水兵持利斧在上海南京路劈死行人周生有。

十一月二十七日（1905年1月2日），日本侵略军攻占旅顺，日、俄“旅顺战役”结束，双方签订协议，俄军将领司都塞尔向日军投降。

十一月二十八日（1905年1月3日），田桐、宋教仁等人前往留学生会

---

① 刘泱泱整理：《宋教仁日记》，中华书局2014年版，第5～6页。

② 刘泱泱整理：《宋教仁日记》，中华书局2014年版，第16页；本书此后所引其中文字不再详注，只在正文中括号内简注。

③ 田桐：《革命闲话·二十世纪之支那》，《田桐集》，华中师范大学出版社2011年版，第374页。

馆参加留日学生组织的"武昌文普通中学堂同学会"，宋教仁在会上"演说湖南风潮"及其"去湖北以后之历史"；会后赶回越州馆出席杂志组织发起会，公举宋教仁、张步青任经理（见《宋教仁日记》第 22 页）。

为了多筹经费和增加订户，宋教仁除相继拜访东京各旅馆与学校外，还经常至越州馆与田桐等人商议筹办杂志及其他事宜。

十一月二十九日（1905 年 1 月 4 日）中午，宋教仁至越州馆拜访吴景鸿①和田桐，就筹办《二十世纪之支那》杂志之事"谈良久"（见《宋教仁日记》第 23 页）。

十二月初九日（1905 年 1 月 14 日），俄国共产党领袖列宁在《前进报》上发表《旅顺口的陷落》一文，揭露日俄侵略中国东北的暴行。

十二月十二日（1905 年 1 月 17 日）中午，宋教仁曾至越州馆拜访田桐；傍晚，因李仲卿"将归国"，而"杂志社会计"须"议举人代理"，故宋教仁再至越州馆，正好"田梓琴、吴绍先等均在，遂举得白楚香焉"（见《宋教仁日记》第 26 页）。

十二月十七日（1905 年 1 月 22 日），宋教仁、程家柽、田桐等人举行集资创办《二十世纪之支那》杂志的动员会议，会上报名入股的有三十余人。

十二月十八日（1905 年 1 月 23 日）中午，宋教仁因事至越州馆"田梓琴寓，有所商"（见《宋教仁日记》第 27 页）。

十二月十九日（1905 年 1 月 24 日），奉上谕："云南、湖北巡抚两缺即行裁撤，湖广总督、云贵总督均著兼管巡抚事"。（见《张文襄公年谱》第 763 页）

同日上午，为筹办《二十世纪之支那》杂志相关事宜，宋教仁去越州馆"田梓琴寓"商议，"不遇"（见《宋教仁日记》第 27 页）。

十二月二十一日（1905 年 1 月 26 日）中午，宋教仁"至越州馆田梓琴处午餐，见彼处有《警世钟》数册"，"遂取一册，摘其开始所印之黄帝肖

---

① 吴景鸿(1876—1939)，字绍先，亦作劭先，湖南桃源人。早年加入华兴会。1904 年赴日留学，入东京高等师范学校。1905 年加入同盟会。后脱会，加入政俗调查会。民国成立后，任湖南教育司司长、国会议员。1913 年参加反袁活动。1917 年南下广州，参加护法运动，历任护法国会参议院议员、四川省教育厅厅长、湖南省政务厅厅长、湖南省内务司司长等职。国民政府成立后，曾任立法院秘书长、国民党中央公务员惩戒委员会委员。1937 年因病辞官回湖南。1939 年在桃源病逝。

像，将为插入杂志之用”（见《宋教仁日记》第 29 页）。

十二月二十二日（1905 年 1 月 27 日）中午，宋教仁“至越州馆，邀田梓琴、黄谷庵偕至崎越馆，访雷道亨，不遇；乃至盛廉生①、熊知白②等寓，谈片刻”；随后，一起“复至越州馆午餐”（见《宋教仁日记》第 30 页）。

十二月二十九日（1905 年 2 月 3 日），为传统的除夕；除夕夜，宋教仁“至越州馆访田梓琴，不遇而回”（见《宋教仁日记》第 34 页）。

是年，田桐与再次赴日避难的黄兴、陈天华等革命志士相聚，往来密切，情同手足，一起致力于民主革命活动。

是年，田桐搜集整理的《亡国惨记》一书，由日本东京秀光社刊行。

《亡国惨记》出版后，欲购者纷纷来函，询问到何处购买；朋友们便在《民报》上发消息，谓在大华书局、支那留学生会馆、民报社、中国日报社四处设有点销售③。

案：《亡国惨记》共录文十余篇，每篇皆注明来源，约十万字。

田桐原计划搜集整理《亡国惨记》一书分为上、下两卷出版，但根据宫崎寅藏《亡国惨记·弁言》和《田桐集》的编者所言，出版的只有上卷，今所见也只有“上卷目次”（见《田桐集》第 4 页）；估计下卷因日后事多未完成，自然也就未见其出版物。因其书（《亡国惨记》上卷）“写满清入关以来

---

① 盛廉生即盛时（1874—1946），字廉生，亦作莲生，湖南湘潭人。华兴会会员。1904 年 6 月赴日留学，入东京弘文学院。不久回国参加长沙起义，失败后复赴日本，入铁道学校。1905 年加入同盟会。1906 年冬回国参加萍浏醴起义，失败后再赴日本，入东京法政大学。1910 年回国，入京参加考试，授湖北审判厅审判官。武昌起义爆发后，曾组织义军参战。民国建立，历任湖南高等审判厅厅长、湖南都督府司法司长、国民党湖南支部评议员、国会议员等职。1922 年创办龙骧长途汽车公司，从事汽车运输事业。晚年信奉佛教，曾出任湘潭佛教居士林林长。

② 熊知白即熊崇煦（1873—1960），字知白，湖南南县人。清末廪生。戊戌变法时，曾为《湘报》撰稿。1904 年 9 月赴日留学，入弘文学院。留学期间，曾与杨度、杨昌济等组织“中国学会”。1913 年与杨昌济等组织图书印刷社。1917 年与杨昌济等参与筹备湖南大学。又与黎锦熙等发起白话文运动。1920 年出任北京女子师范学校校长，与胡适、李大钊等加入香山慈幼院评议会。1921 年与蔡元培等成立“国立八校教职员太平洋问题研究会”。1933 年起，历任湖南优级师范学堂、湖南高等学堂、湖南大学等校教授，湖南省长公署教育科科长，湖北省教育厅厅长等职。1940 年加入杨树达成立的知新学会。编著有《东北县治纪要》，编有《注音符号讲义》，译有《经济学概论》、《职业师范养成法》等。

③ 《〈亡国惨记〉上卷出现》，日本东京《民报》第 9 号（1906 年 11 月）。

我祖宗之惨状，字字悲哀，字字血泪……是诚具有良心与有民族观念者不可不读之金丹品”（见《亡国惨记》，日本东京《民报》第 10 号），十分容易唤起广大民众的爱国之心，故出版后，一时纸贵洛阳，风行日本东京、南洋、香港及美洲等地，不到一年，便销售了 3 万多册；“上海及内地有禁令，无敢代售者，持往者则有之，可见人心覆清之心，是时至为激昂也”（见田桐《革命闲话·亡国惨记》，《田桐集》第 375 页）。章太炎曾题词评价此书云：“沾襟何所为，怅然怀古意。秦俗犹未除，汉道将何冀”（见《田桐集·前言》，第 2 页）。

光绪三十一年乙巳(1905 年)　二十七岁

是年，田桐仍在日本东京弘文学院学习，学习之余，则与曹亚伯、白逾桓、黄兴、陈天华、宋教仁、刘揆一等人秘密从事民主革命活动。

正月初二日（2 月 5 日）下午，宋教仁“至越州馆田梓琴处，坐良久”，并留在“吴绍先处晚餐”（见《宋教仁日记》第 34 页）。

正月初七日（2 月 10 日），宋教仁“至顺天学校，遇田梓琴，遂托其转属《二十世纪之支那》社书记员速发邮信至各社员处，催缴股金”（见《宋教仁日记》第 35 页）。

正月二十五日（2 月 28 日）上午，宋教仁“至田梓琴寓，谈良久。与梓琴忽想得作《募建洪秀全铜像启》一篇，以激发国民”。而“二人皆不能作，乃致一信于高天梅，属其速作”交来（见《宋教仁日记》第 39 页）。

正月二十六日（3 月 1 日）下午，宋教仁“至田梓琴寓，遂偕梓琴及高天梅至本乡访蒋观云。因天梅忘其住址，寻良久，不得，遂回”（见《宋教仁日记》第 40 页）。

正月二十八日（3 月 3 日）上午，宋教仁“至田梓琴寓”商议有关事宜（见《宋教仁日记》第 41 页）。

正月三十日（3 月 5 日）上午，宋教仁“至田梓琴寓”久谈；“午餐后，偕至高天梅寓，邀天梅至本乡访蒋观云。既至，则观云已外出。乃复同至上野图书馆，将阅书，而阅者已满，遂回”（见《宋教仁日记》第 41 页）。

正月间，沙俄侵占中国新疆巴尔鲁支山地区，并继续进兵喀什噶尔。

此时，因所筹股金不足，所收文稿亦不多，杂志无法正式出版，故有部分社员提出杂志改名，或就此解散，田桐与白逾桓等人坚决不同意。

二月初二日（3 月 7 日），早饭后，宋教仁曾“至田梓琴寓”拜访；下午，宋教仁“复至田梓琴寓”拜访；晚上，宋教仁“偕梓琴至罗子云寓。子云言及杂志（案：指《二十世纪之支那》）事，有改为《政法报》之意”；问宋教仁之意，宋“姑应之”（见《宋教仁日记》第41～42页）。

二月初六日（3月11日），日本军队已将俄国军队驱逐出奉天城，

二月初十日（3月15日）下午，宋教仁因事曾“至田梓琴寓”访谈（见《宋教仁日记》第43页）。

二月十四日（3月19日）上午，宋教仁、陈天华、田桐、白逾桓等30余人集中在留学生会馆举行会议，由宋教仁通报《二十世纪之支那》杂志的筹备情况以及至今未能正式出刊的原因，请大家商议办法。但“直至午正，迄不得一良法而散”（见《宋教仁日记》第44页）。

二月十七日（3月22日）下午，田桐和白逾桓、郭瑶皆[①]听说“戴渭卿[②]、江峪岷等八人来函，称《二十世纪之支那》社皆不愿入股”，请宋教仁“于下礼拜开会解散”；便相约一起去见宋教仁，同他“议杂志之办法”，“皆不主张解散”；宋教仁遂决定“下次开会时，待众公决”（见《宋教仁日记》第45页）。

二月十八日（3月23日）下午，宋教仁因事“至田梓卿寓”久谈（见《宋教仁日记》第45页）。

二月二十一日（3月26日）下午，宋教仁、田桐、白逾桓、程家柽、黄瀛元[③]等20余人至留学生会馆举行会议，由宋教仁“报告戴渭卿等欲解散之意见，及田梓琴等欲维持一定不解散之意见”，请“社员公决”。结果，“赞成不解散占多数，于是戴渭卿等皆退会”。其他社员留下继续开

---

① 郭瑶皆即郭定安，生卒年不详，字尧阶，一作瑶皆，湖北沔阳人。1900年曾参加自立军起义，为哥老会富有山堂刑堂；失败后，被清廷收买，在广州设陷捕杀史坚如。不久留学日本，继续伪装革命，参与《二十世纪之支那》的发行工作。1905年加入同盟会。同年冬回到武汉，由宋教仁介绍与日知会联络，又诱捕刘静庵等多人，使日知会基础遭到破坏。

② 戴渭卿即戴修鲬，生卒年不详，字渭清，一作渭卿，湖南武陵（今常德市）人。1904年春留学日本，入东京振武学校，后转入岩仓铁路学校。始为《二十世纪之支那》撰述，后退出。1905年加入同盟会。

③ 黄瀛元（1887—?），字育庵，亦作益庵，湖北宜昌人。1903年底赴日留学，先入东京成城学校，后人高等工业学校色染科。1905年参与创办《二十世纪之支那》杂志，任总庶务。1910年毕业后，与李四光等人一起回国，入京参加清廷组织的留学生统一考试，赏给工科进士。1911年授予翰林院庶吉士。武昌起义爆发后，在宜昌查抄、没收满人的财产。此后，事迹不详，待查考。

会，推举程润生为总编辑；因宋教仁事情太多，又“举得黄益庵”接替他为总庶务（见《宋教仁日记》第46页）。

二月二十七日（4月1日），芦汉铁路（又称“京汉铁路”）正式建成通车。

二月二十八日（4月2日）上午，宋教仁、田桐、白逾桓、程家柽、黄瀛元等十余人至留学生会馆召开二十世纪之支那杂志社职员大会，“商议办事方法”；宋教仁借此机会将原来手中的“一切印记、簿册交黄益庵”（见《宋教仁日记》第48页）。

二月二十九日（4月3日），好友邹容[①]因不堪虐待，死于上海英租界狱中；蔡元培与中国教育会同仁在愚园为其举行追悼大会。

消息传到日本，田桐和同乡好友白逾桓十分悲痛，曾在东京川小路玉川堂设灵堂，为邹容举行追悼会，以表达其缅怀之情；闻讯而到的留学生有五十余人（见《革命闲话·“苏报案”》，《田桐集》第395～396页）。

案：白逾桓（1876—1935），字楚香，湖北天门人。早年赴日留学，入明治法律学校。1905年加入同盟会，被推为干事。1907年与宋教仁、吴崑赴东北，建立同盟会辽东支部；密谋起义被捕，途中逃脱，遂化名至北京创办《国风日报》宣传反清革命。1911年武昌起义爆发，回湖北任军政府参议。1912年当选为众议院议员。1913年赴上海参加反袁，任吴淞要塞总监兼宝山知事。“二次革命”失败后，逃往日本。1916年回汉口响应讨袁。1917年赴广州参加非常国会，反对选举孙中山为非常大总统，与陈炯明反对北伐主张。1924年反对孙中山提出的三大政策。1927年南京国民政府成立，又多持反论。1929年随陈炯明在日本办报。1931年得日人资助，回天津创办《震报》（后改名《振报》），为日军侵华张目。曾组织有亲日团体中华民主同盟会。1935年5月在天津寓所被国民党特务刺杀。

二月三十日（4月4日）晚，宋教仁为落实担任《二十世纪之支那》杂志会计的解子开归国之事，曾“至田梓琴寓，坐良久而回”（见《宋教仁日

---

① 邹容（1885—1905），原名绍陶，谱名桂文，字蔚丹，一作威丹，四川巴县人。1901年夏至成都参加留日学生考试，因主张革新被取消资格；同年9月赴上海补习日语。1902年自费赴日，入东京同文书院；广泛接触新思想、新学说，立志革命。1903年4月回上海，参加爱国学社，投身拒俄运动；与章太炎交往，倡议发起中国学生同盟会。5月著《革命军》一书，章太炎作序，并撰文在《苏报》上介绍。“苏报案”发生后，他与章太炎被判监禁。1905年4月，在狱中被折磨致死。1912年2月，被南京临时政府追赠为大将军。

记》第 49 页）。

春、夏之交，田桐曾与黄兴、宋教仁、白逾桓、但焘等人谋划在东京组建一个指导全国革命运动的联合、统一的革命组织；后得知孙中山先生即将抵日，遂接受程家柽的建议，待孙先生到后再具体商议，故放缓了筹划的进程。

宋教仁在《程家柽革命大事略记》中记载：“以同志日渐加多，意欲设立会党，以为革命之中坚，以谋诸君。君立阻之，谓革命者阴谋也，事务其实，弗惟其名。近得孙文自美洲来书，不久将游日本。孙文于革命，名已大震，脚迹不能履中国一步。盖缓时日以俟其来。以设会之名奉之孙文。而吾辈得以归国，相机起义，事在必成。”①

萧致治在《黄兴评传》中说：“1905 年春夏之交，黄兴眼见赞成革命的同志与日俱增，田桐、白逾桓、但焘等革命积极分子，也聚集东京，感到建立革命组织的条件已经成熟，即与宋教仁等商议……程劝他稍缓时日，等待孙中山的到来，把这个组织的创建之名让给孙中山。”②

曹亚伯在《武昌革命真史·前编》中亦说：黄兴此次赴日后，“欲结合各省之同志立一革命总机关。而戊戌政变后长沙时务学堂逃去之一班学生，如杨度、范源濂等俱不愿戴黄兴为首领。于是黄兴由惠州革命失败首领陈少白（时寄寓横滨）及香港同志冯自由介绍与孙中山相见。于乙巳夏组织同盟会于东京，推孙文为总理”③。

四月初二日（5 月 5 日）下午，田桐和宋教仁一起“至靖国神社游观”，然后又一起“至法政大学”访友（见《宋教仁日记》第 57 页）。

四月初七日（5 月 10 日），上海工商界召开商务总会会议，决定发起反对美国迫害华工、抵制美货运动，全国各地纷纷响应。

四月十八日（5 月 21 日），浙江士绅集议：拒绝美商培次承办“浙赣铁路”。

四月二十四日（5 月 27 日），俄、日两国在朝鲜半岛和日本本州之间的对马海峡爆发“对马海战”。

五月初一日（6 月 3 日），广州士商集会：抵制美约。

---

① 宋教仁：《程家柽革命大事略记》，《国史馆馆刊》第 1 卷第 3 号。

② 萧致治：《黄兴评传》，岳麓书社 1996 年版，第 101 页。

③ 曹亚伯：《武昌革命真史·前编》，《曹亚伯集》（上），荆楚文库编纂出版委员会/华中师范大学出版社 1919 年 12 月版，第 38 页。

同日，经过几个月的筹备，田桐与黄兴、宋教仁、陈天华、程家柽、刘公、白逾桓、鲁鱼、仇式匡等人以“提倡国民精神，输入文明学说”为宗旨，在东京正式创刊《二十世纪之支那》杂志；田桐为该刊撰文宣传民主革命思想，不遗余力，给当时麻木的民众以警示和鞭策，给大批热血青年以激励和鼓舞，也为同盟会的成立做了舆论准备（见田桐《革命闲话·二十世纪之支那》，《田桐集》第 374 页）。

五月十六日（6 月 18 日），天津、南京、汕头、潮州、杭州、福州以及新加坡等地绅商集议：抵制美约。

五月二十三日（6 月 25 日），田桐出席《二十世纪之支那》杂志举行的发行会（见《宋教仁日记》第 74 页）。

五月三十日（7 月 2 日），袁世凯、张之洞、周馥等大臣联衔奏请于十二年后实行立宪政体。

六月十四日（7 月 16 日），清政府派载泽、戴鸿慈、徐世昌、端方出洋考察宪政。

同日下午，田桐听说同乡好友曹亚伯已经抵达东京，入圣书学院学宗教，“现寓玉名馆”，便去告诉宋教仁；于是，宋教仁遂“偕梓琴往访之；既至，不遇遂回”（见《宋教仁日记》第 80 页）。

六月十五日（7 月 17 日）上午，曹亚伯听说田桐昨日来访不遇，特地前来看望、拜访。

六月十七日（7 月 19 日），孙中山自欧洲东返，抵达日本横滨。

陈锡祺《孙中山先生年谱长编》（上册）中记载：据报纸载：“清国亡命者孙逸仙于本月 19 日乘法国邮船‘东京号’由法国来日抵港，在横滨市山下町一百二十番租房居住。”①

同日，宋教仁偕程家柽应邀赴宫崎滔天家宴饮，席间谈及孙中山之革命事迹和为人以及希望各团体联合之事（见《宋教仁日记》第 81 页）。

六月十八日（7 月 20 日），上海各帮商董大会决议不定美货，商学会并召开实行抵制美约大会。

六月二十二日（7 月 24 日），孙中山自横滨抵达东京。

六月下旬，田桐偕黄兴、宋教仁、程家柽等人前往拜访孙中山先生，田桐对孙先生的思想学说非常推崇（见冯自由《田桐事略》、田桓《先兄梓琴先生行状》，《张难先集》第 119、124 页）。

① 见日本外务省档案：明治三十八年七月二十八日神奈川县报，秘第 1980 号。

田桐晚年曾回忆说："乙巳年夏，孙公将来日本，同人欢动。抵横滨后，复由程家柽传告，东京学生，往来京、滨之间者甚夥。孙公礼贤下士，复留餐宿，自捧面盆盥客"（见《革命闲话·同盟会之成立》，《田桐集》第375页）。

六月二十四日（7月26日），孙中山通过宫崎寅藏的介绍，"前往神乐坂凤乐园拜访黄兴，畅谈革命形势，并建议兴中会与华兴会联合，共同致力革命，得到黄兴的赞同"①。

六月二十六日（7月28日）下午，孙中山托程家柽函约宋教仁、陈天华、田桐等人在《二十世纪之支那》社会晤，"倡议建立统一的革命组织"②。

六月二十七日（7月29日），孙中山、黄兴、程家柽、陈天华、宋教仁、白逾桓、田桐、张继、吴旸谷、但焘等人曾在程家柽的北辰社寓庐召开了一次同盟会的预备会议，"商量各事及会名。孙公主张定名'中国革命党'。黄公以此名一出，党员行动不便。讨论后，定名为'中国同盟会'"③。

六月二十八日（7月30日）下午，经宋教仁、程家柽、冯自由、胡毅生、马君武等人分头通知，孙中山、黄兴等人联合兴中会、华兴会、光复会、科学补习所等革命团体和十七省代表七十余人，在日本东京赤阪区桧町三番内田良平住宅兼黑龙会事务所举行了同盟会成立的筹备会议。田桐不仅自己加入，出席了此次筹备会议，而且还动员二十世纪之支那杂志社成员100多人随后集体入会。

七月上中旬，为张罗在东京开会欢迎孙中山，田桐与宋教仁、程家柽、彭君莱等人四处奔波，广泛联络。

七月初九日（8月9日）下午，宋教仁前往程家柽寓所拜访，"谈良久，时田梓琴、张步青④与俱"。随后，宋教仁"偕田（梓琴）、张（步青）至富士见楼租房间（因欲开欢迎孙逸仙会），未成"（见《宋教仁日

① 尚明轩：《孙中山传》，北京出版社1979年版，第77页。

② 尚明轩：《孙中山传》，北京出版社1979年版，第78页。

③ 田桐：《革命闲话·同盟会之成立》，《田桐集》，华中师范大学出版社2011年7月版，第375页。

④ 张步青即张炳标，生卒年月不详，字步青，湖北汉阳人。1903年3月赴日留学，入东京同文书院。1904—1905年曾协助宋教仁筹办《二十世纪之支那》杂志，为经理人之一。1905年加入同盟会。

记》第 88 页）。

七月十一日（8 月 11 日），田桐单独前往联系开会会址，并联系妥当。

宋教仁在日记中写道："田梓琴来，言租富士见楼房间，已定于十三日下午一时至六时开会，余遂嘱梓琴书邮片发各处，余自至会馆贴一长条焉。"①

七月十三日（8 月 13 日）下午一时至六时，中国留学生和华侨一千三百余人在东京麴町区富士见楼举行欢迎孙中山大会，孙中山在会上发表《中国民主革命之重要》的演讲，引起留学生的极大反响。此次大会盛况空前，气氛热烈；因会场太小，容纳不下，有几百人只好站在马路旁边听演讲。

田桐晚年曾回忆说："东京留学生复开欢迎会于富士见楼，到者甚众。席中演说共和政体，吴昆笔述，留学生受大感动，掌声如雷"（见《革命闲话·同盟会之成立》，《田桐集》第 375 页）。

同日，《孙中山年谱长编》（上册）中亦记载："东京留学生闻先生抵日，咸欲一睹风采，由程家柽、田桐、彭君莱等三人发起，黄兴等人积极推动，筹备召开大会。宋教仁、田桐、张炳标等租用麴町区饭田河岸富士见楼为会场，并张贴海报，广寄通知。"

七月十四日（8 月 14 日），清政府又增派绍英出洋考察。

七月二十日（8 月 20 日）下午二时，田桐与黄兴、宋教仁、程家柽、陈天华、曹亚伯等友朋积极支持、协助孙中山，在日本东京赤阪区霞关阪本金弥子爵的宅邸正式成立中国同盟会。出席会员一百余人。大会通过了会章，一致推举孙中山先生为总理，并确定分三部开展工作：一为执行部（由总理统率治事，执行部之下又分庶务部——部长先后有黄兴、朱炳麟、蒋尊簋、张继、孙毓筠、刘揆一等，书记部——先后有马君武、胡衍鸿、田桐、但焘、李肇甫，内务部——朱炳麟、匡一，外务部——程家柽、廖仲恺，会计部——刘维焘、谢延誉、何天炯，经理部——谷思慎、程克），二为评议部（议长汪兆铭，另有董修武、熊克武、田桐、冯自由等议员 18 人），三为司法部（总长邓家彦，判事张继、何天瀚，检事宋教仁）；另各省分会置分会长一人，负责各省会员的联络、组织、发展工作。（详见田桐《革命闲话·同盟会之成立》，《田桐集》第 376 页）

在成立大会上，黄兴还提议，"谓二十世纪之支那杂志社同人半皆已入本会，今该社员愿将此杂志提入本会作为机关报，何如？众皆拍手赞

① 刘泱泱整理：《宋教仁日记》，中华书局 2014 年版，第 88 页。

成”①。

会议期间，田桐被推选为评议部议员，又“佐中山先生办理文书，掌握机要工作，任务相当繁重”（见田桓《忆先兄田桐》，《田桐集》附录，第581页）；而田桐“每值会议，率先发言”，以其才辩敏捷，办事踏实，得到中山先生和革命同志的一致推许，故旋被调任为书记处总理书记，负责会议机要（见田桓《先兄梓琴先生行状》，冯自由《田桐事略》，《张难先集》第119、124页）。

其间，田桐曾撰有《同盟会成立记》一文②，记述同盟会成立的具体情况。

案：中国同盟会的成立，使全国的精英汇聚在一个统一的组织里，去为一个共同的革命目标而奋斗，开创了中国革命的新纪元。孙中山为此感到特别高兴，曾回顾说：“乙巳之秋，集合全国之英俊而成立革命同盟会于东京之日，吾始信革命大业可及身而成矣。于是乃敢定立‘中华民国’之名称而公布于党员，使之各回本省，鼓吹革命主义，而传布中华民国之思想焉。不期年而加盟者已逾万人，支部则亦先后成立于各省；从此革命风潮一日千里，其进步之速，有出人意表者矣！”③

七月二十一日（8月21日），清政府发出政令，以禁用美货“有碍邦交”，命各省督抚“从严查究，以弭隐患”。

七月二十六日（8月26日），《二十世纪之支那》第三期出版，因第二期上面刊登有《日本政客之经营中国谈》、《评论辽东半岛》等文章，触及日本政府的侵华政策和侵略本质，结果被日本政府全部予以没收，该刊也被查封。日本还要“严究主名。梓琴与宋教仁几被捕，稍间乃解”（见冯自由《田桐事略》、田桓《先兄梓琴先生行状》，《张难先集·湖北革命知之录·同盟会湖北分会之概况》第119、124页）。

田桐晚年曾回忆说：“有蔡汇东字达生者，有评论辽东半岛文一篇，涉及日本。日本警视厅仇视之，将三期杂志载以荷车而去，谓之没收。牛込、神田、麴町、小石川四区警察传拘田、宋二人者，日凡六次，久之乃得无事”（见田桐《革命闲话·二十世纪之支那》，《田桐集》第374页）。

① 刘泱泱整理：《宋教仁日记》，中华书局2014年版，第91页。

② 丘政权、杜春和编：《辛亥革命资料选辑》（上册），湖南人民出版社1981年版，第94～97页。

③ 孙中山：《建国方略》，《孙中山全集》第6卷，中华书局1985年版，第237页。

七月间，清政府赎回粤汉铁路，改由鄂、湘、粤三省筹款分段修建。

八月初四日（9月2日），政府诏令自明年之丙午科始，停科举。

八月初七日（9月5日），日、俄签订《朴次茅斯条约》，俄国承认日本在朝鲜的特殊权益，将在中国辽东半岛的租借权转让给日本，割库页岛南部和千岛群岛与日本。

八月十六日（9月14日）晚，田桐偕宋教仁、张步青、鲁文卿与日本友人宫崎滔天、清藤幸七郎至成昌酒楼“痛饮”，“至夜半始散”。

宋教仁在当天日记中记载：“接宫崎滔天来片，称今日下午四五时可来云。……未正，张步青、鲁文卿、田梓琴来，以待宫崎氏之至，座谈良久。申初，宫崎氏至，并另邀一人与俱，询之则清藤幸七郎，即所谓吞宇者也。遂偕至成昌楼沽酒肴，将痛饮焉。少焉，酒肴备陈，遂举杯酌之……至夜半始散。”（见《宋教仁日记》第101页）

八月十七日（9月15日）上午，田桐前往宋教仁寓所，邀其“至大桥图书馆阅书”，至中午才回（见《宋教仁日记》第102页）。

八月二十三日（9月21日）下午，田桐至宋教仁寓所，邀其“至程润生家”拜访，“不遇而返”；傍晚，宋教仁“至田梓琴寓”座谈，“留晚餐”；随后至黄兴寓所，据黄兴说：“《二十世纪之支那》停办后，拟另办之报，已名曰《民报》，下礼拜日拟开会商议办法”（见《宋教仁日记》第104页）。

八月二十六日（9月24日），革命党人吴樾在北京正阳门车站使用炸弹刺杀出洋考察宪政的“五大臣”（即载泽、戴鸿慈、徐世昌、端方和绍英），吴樾当场死难。

八月二十七日（9月25日），张謇、汤寿潜等奏准创设“上海—大连轮船有限公司”。

八月间，湖广总督张之洞与直隶总督袁世凯会奏：请立停科举，推广学校，并筹切要办法数端。

九月初八日（10月6日），中国留日学生在东京举行戊戌、庚子死难诸人纪念会。

九月二十八日（10月26日），清政府改派载泽、戴鸿慈、端方、尚其亨、李盛铎出洋考察宪政。

九月间，张之洞奉旨督办粤汉铁路，并在武昌设立粤汉铁路总局。

同月里，清政府以留日学生多倾向民主革命，饬令驻日公使杨廷枢亟与日本政府商议约束留学生的办法。

十月初六日（11 月 2 日），日本政府文部省徇清廷之请，公布《取缔清韩留学生规则》（即《关于清国人入学之公私立学校之规程》），引起中国留日学生的强烈反对。

十月十七日（11 月 13 日），张之洞出席芦汉铁路通车典礼；随又奏请将芦汉铁路改名为京汉铁路，旨下准行。

十月三十日（11 月 26 日），中国同盟会机关报《民报》在日本东京创刊，孙中山在《发刊辞》中首次将同盟会的纲领概括为“三大主义：曰民族、曰民权、曰民生”，简称“三民主义”。

案：中国同盟会成立后，经商议决定将《二十世纪之支那》杂志作为会刊；然时隔未久，《二十世纪之支那》杂志就被日本政府查封了。此后，黄兴、田桐、宋教仁、陈天华、胡汉民、朱执信等人遂集资，以原《二十世纪之支那》杂志为基础，将其改名扩充为《民报》出版，并定为同盟会的机关报。田桐时常撰文在其上刊发，署名“恨海”（见冯自由《田桐事略》、田桓《先兄梓琴先生行状》，《张难先集》第 119、124 页）。

十月间，为方便筹款自办川汉铁路，清政府在武昌设立川汉铁路总局。

十一月初，田桐对日本政府的决定异常愤怒，为抗议清政府和日本政府的卑劣行为，他四出奔走联络，遂邀集“有志者多人于弘文学院，主罢课，所在和之”（见冯自由《田桐事略》、田桓《先兄梓琴先生行状》，《张难先集》第 119、124 页）。

十一月初八日（12 月 4 日），中国留日学生八千余人，为抗议日本政府取缔中、韩留学生实行罢课，二百余人愤而回国。

十一月十二日（12 月 8 日），田桐的挚友陈天华[①]留下一封数千余言的绝命书，随后在东京的大森海湾投海自尽，以抗议日本政府的决定；消息传来，田桐悲痛欲绝，当即挥毫，写了一首五古长诗《为陈天华蹈海事感

---

① 陈天华(1875—1905)，字星台，又字过庭，号思黄，湖南新化人。早年入资江书院、新化求实学堂学习。1903 年赴日留学，入东京弘文学院师范科。先后参与创刊《游学译编》、《新湖南》；参加发起拒俄义勇队(后改名军国民教育会)，被推为“运动员”。同年 12 月回湖南，策动反清革命。1904 年与黄兴等创立“华兴会”，策划长沙起义，失败后逃往日本。1905 年与宋教仁等创办《二十世纪之支那》杂志，积极协助孙中山、黄兴创立中国同盟会，参与编辑《民报》。同年 11 月，因日本政府歧视中国学生，颁布《取缔清国留日学生规则》，他奋起反对；并于 12 月 8 日在日本东京大森海湾投海自杀，留下绝命书，鼓励同志誓死救国。所著《猛回头》、《警世钟》，用通俗语言宣传革命思想，影响甚大。遗著被汇编为《陈天华集》。

赋》，追悼缅怀战友。

居正晚年曾回忆说："日本置有御下宿屋，多半为招待中国留学生。下女与小使，不免下流。学生亦有不自爱者。文部省因此对于中国留学生住宿与入校，定一取缔规则。学生界大哗，每日在骏河台町留学生总会馆开会，集议对付。迨陈天华蹈海，风潮扩大，争欲文部省收回成命。同盟会一部分群众，倡导回国，以为抵制，愤激者纷纷返沪。又一部同志，以同盟会成立不久，诸待留日策进，若回国则言论行动，均不自由，会务恐由此顿挫。同时保皇分子，以中途退学为可惜，反对回国。乃引中立者调停，大部仍留。"（见《梅川谱偈》，《居正文集》第520～521页）

在此次的罢课示威中，韩汝庚、胡瑛、田桐、宋教仁、张继、程家柽、吕复、龚国煌、龚国辉、保衡、吴昆、刘道一、冯大树、王克家、曾伟、蓝永藩、漆运钧等十九人成为学生领袖，并被列入了清政府驻日公使的黑名单。

案：今日本外交史料馆藏有清政府驻日公使杨廷枢1906年3月致日本外务大臣西园寺公望的照会，列了一份组织反取缔规则的19名留学生名单（田桐名列其中），要求日方不准这些人继续入日本学校读书①。

当这些学生领袖聚集弘文学院开会讨论下一步的斗争方针时，岂料清政府根据杨廷枢的报告，并暗中与日本政府勾结，将这些留学生领袖全部逮捕。田桐被捕时，大义凛然，泰然自若（见冯自由《田桐事略》、田桓《先兄梓琴先生行状》，《张难先集》第119、124页）。

田桐晚年曾回忆说："同盟会成立之年，秋冬之间，清室与日本交涉，由文部颁布《留学取缔规则》，防革命也。于是，留学生群起而争，陈天华因以蹈海死。众人益奔走相告，相率罢课，一部归国者，在上海创立中国公学；而东京公使馆收买若干学生为间谍，刺学生虚实。公使杨枢出奏清廷，缉捕十八人。褫夺官职、科名、官费，自费生亦复通告各校，强迫退学。"（见《革命闲话·取缔与上谕》，《田桐集》第380页）

案：在弘文学院开会时，有的主张继续坚持罢课，有的主张集体回国、给予清廷直接打击，有的则主张忍辱负重，继续学业。不料会议尚未有明确意见，出席会议的学生就被日本警察逮捕。

当田桐被捕的消息传到蕲州老家时，其父士莲公不仅没有埋怨、责怪儿子，还撰联寄赠、鼓励儿子："焦桐名气传天下，文梓奇才压海东"，使田桐

---

① 迟云飞：《陈天华、宋教仁留日史事新探》，《近代史研究》2005年第6期。

备受鼓舞。

十一月二十六日（12 月 22 日），《中日会议东三省事宜条约》签订，日本强迫清政府将沙俄侵占的中国东北南部的全部权益转让给日本。

十二月初七日（1906 年 1 月 1 日）早上，田桐与宋教仁、张继、何天炯应约一起“小饮，良久”；上午，几个人又相偕“至宫崎滔天家贺年”，并“晤得滔天兄宫岛民藏①”，“谈良久”始回（见《宋教仁日记》第 105 页）。

十二月十三日（1906 年 1 月 7 日），同盟会执行部、评议部、司法部举行联席会议，讨论解决“《民报》情形困难”问题（见《宋教仁日记》第 108 页）。

十二月二十四日（1906 年 1 月 18 日）傍晚，宋教仁“至田梓琴寓”拜访，然“不遇”而返（见《宋教仁日记》第 114 页）。

是年，姜梦熊（1905—1984）出生于湖北英山一个书香家庭。

是年，湖北同乡杨玉如②公派赴日留学，进入东京弘文学院，与田桐同学，故两人很快成为好友。随后，由田桐和宋教仁介绍，杨玉如加入同盟会。

光绪三十二年丙午(1906 年)　二十八岁

年初，田桐与宋教仁、白逾桓、张继等仍在日本东京留学，继续从事革命活动。

---

① 宫崎民藏，生卒年不详，日本熊本县人。宫崎寅藏之兄。日本早期社会主义者。思想受无政府主义影响较大。与中国革命党人有往来。主张土地国有，曾创办“土地复权会”。著有《人类之大权》等。

② 杨玉如(1878—1960)，字宝珊，湖北沔阳人。25 岁中秀才。1905 年选拔入汉阳府师范学院学习。不久派赴日本留学，入东京弘文学院。同年由田桐、宋教仁介绍加入同盟会。1909 年回国，在汉口任《公论报》编辑。1910 年创办《雄风报》，任主笔。同年秋加入共进会。1911 年文学社、共进会正式合并，被推为内务部副部长。武昌起义后，曾助刘英攻克天门。入民国，任鄂军都督府主任秘书。袁世凯继任大总统，被聘为总统府高等顾问、中央稽查局湖北调查会会长、第一届湖北省议会议员等职。袁世凯复辟帝制，通电反对，议员资格被撤销。1917 年被任命为湖南道尹。不久辞官回乡闲居。国民党统治时期，以教读自娱。1946 年组织建立辛亥首义同志会，被推为常务理事。解放后，历任湖北省社会科学工作者协会会员、湖北省文物整理保管委员会委员、湖北省文史研究馆馆员等职。著有《辛亥革命先著记》、《八十述怀诗》等。

正月十三日（2月6日），醇亲王载沣的长子溥仪（1906—1967）出生于京城府邸。

同日中午，宋教仁“至宫崎滔天家”拜访，到时，见“程润生夫妇及田梓琴、张溥泉等均在”；随后大家应邀在宫崎滔天家“共饮酒”，直到“申初，始兴尽而散”；当时，宋教仁“微醉”，曾“为滔天书横轴一纸，题‘致良知’三字，滔天甚赞之。申正，始辞去”（见《宋教仁日记》第125页）。

正月二十九日（2月22日），江西南昌县知县江召棠被法国传教士王安之行凶刺死。

正月间，日本东京警察厅迫于全体留学生及旅居东京中国华侨的压力，不得不将田桐等被逮捕的留学生领袖释放。

田桐、宋教仁等人获得人身自由后，又积极投身民族民主革命活动。

同月里，武昌“日知会”在高家巷圣公会正式成立（见张难先《湖北革命知之录》，《张难先集》第78页）。会内设干事、评议两部，推刘静庵为总干事，辜天保、李亚东等为干事，冯特民、陆费逵等为评议员。

同月里，熊十力、钟大声、冯群先、熊子襄、张其亚、涂觉民、杜玉成、张海涛等数十人在武昌正卫街张炳南宅第成立黄冈军学界讲习社，“名为补习功课”，实则“联络军营兵士及各学堂学生”，“密商革命进行事宜”（见《辛亥札记·黄冈军学界讲习社》，《居正文集》第19页）。

二月初三日（2月25日），南昌民众捣毁外国教堂，击毙法国传教士王安之等六人、英国传教士三人，酿成“南昌教案”。

二月二十八日（3月22日）下午，田桐给宋教仁写去一信，将他得到的消息告知：“杨枢奏请将去冬闹取缔规则风潮之首领斥逐学界”，宋教仁之名“亦在内”。宋教仁看了田桐的信，甚觉为“怪事”（见《宋教仁日记》第153页）。

二月二十九日（3月23日），“被杨枢奏请斥逐学界之诸人”“开会议事”，姚某、丁某曾去邀宋教仁与会，宋教仁“谢之”未去（见《宋教仁日记》第153页）。

三月初八日（4月1日），连接北京与汉口的全长1214.49公里的芦汉铁路全线通车；在湖广总督张之洞和直隶总督袁世凯一起验收后，改名京汉铁路。

三月十一日（4月4日），清政府宣布以“忠君、尊孔、尚公、尚武、尚实为全国教育宗旨”。

三月十四日（4月7日）下午四时，宋教仁“至田梓琴寓”拜访，“留晚餐”；当时，“梓琴代匡云官售有《法政丛编》”，遂“向其购一部”；晚餐后，田桐偕宋教仁“同至云官寓，取得十八种（尚有六种）”（见《宋教仁日记》第158页）。

案：《法政丛编》，据《法政杂志》丙午第一卷第一号（1906年3月14日）所刊《法政丛编》出版广告，共收入张知本、徐志绎、易奉乾等撰述之《法学通论》、《国际法》等19种著作。宋教仁此处说有24种，当为记忆之误。

三月十八日（4月11日）夜，田桐前往宋教仁寓所拜访，宋教仁遂邀其“分译杨笃生所托《各国警察制度》”一书（见《宋教仁日记》第160页）。

三月二十一日（4月14日），上海华新纱厂工人为反对将工厂售予日本资本家，举行罢工。

三月间，《民报》第三号发行号外，列举了《民报》与《新民丛报》根本分歧的十二个问题。革命派与保皇派的论战更为激烈。

四月初四日（4月27日），《中英续订藏印条约》在北京签订。

四月初五日（4月28日）中午，宋教仁“乘电车至田梓琴寓，至则田梓琴已迁”地方；下午，遂“随许汉五至田梓琴新寓，坐良久，催其速译《各国警察制度》”（见《宋教仁日记》第166页）。

四月初八日（5月1日），宋教仁“至田梓琴寓，取所译《各国警察制度》，至则田梓琴不在，而译稿亦未成，遂并未成者亦取之”（见《宋教仁日记》第167页）。

四月中旬，受好友高旭的函托，田桐参与《复报》的筹办工作，并在日本东京将《复报》印刷好，然后再秘密运去上海发行。又以“恨海”为笔名，在《复报》第一期上发表《满政府之立宪问题》一文。

其时，通过革命的实践活动，田桐明显感觉到《民报》上的文章偏重法理方面的论述，文理较深，直接影响到革命思想的传播，思想有所改变。适柳亚子、陈去病、高燮、高旭、金松岑、章太炎等爱国志士要在上海创办进步报纸《复报》，与《民报》相呼应，与改良派的《新民丛报》、《中国新报》展开论战；而为了避开国内严格的检查，遂将编好的报纸送到日本去排版、印刷，再运回上海发行。好友高旭来函邀请田桐参与筹备工作，与柳亚子负责主编，并在东京负责排版印刷，寄送回国。田桐满口答应，还为《复报》的创刊号写了《满政府之立宪问题》一文（见《田桐集》第6～9页）。文章对“立宪问题”剖析透辟，强调在中国只能“为民主之立宪”，而不能“为君主之立宪”，明确提出了民主立宪、依法治国的进步思想，揭露了清政府假立宪、真独裁的虚假面孔，给予清廷“立宪”鼓吹者以迎头痛击①。

案：因《复报》的内容更加丰富，而且采用文言文、白话文并用的形式，文字浅显通俗，文笔畅快淋漓，故风行一时，颇受读者尤其是基层民众的欢迎，发挥了积极的革命宣传、舆论引导和鼓舞斗志的重要作用。

柳亚子（1887—1958），初名慰高，后改名人权、弃疾，字安如，又改字亚庐、亚子，江苏吴江人。清末秀才。1903 年入上海爱国学社读书，结识章炳麟、邹容等，倾向革命。爱国学社解散后，转入自治学社。1906 年改入上海理化速成科学堂，习化学。毕业前即任教于健行公学，加入同盟会和光复会，并负责主编《复报》。1909 年冬与陈去病、高旭创办南社，被推举为社长，主张以文学鼓吹革命。1912 年南京临时政府成立，任总统府秘书。旋托病至上海，任《天铎报》、《民声报》、《太平洋报》主笔，著文反对南北议和。1913 年起，致力于新剧运动，出版《春航集》和《子美集》。1923 年与陈望道、邵力子等发起新南社，自任社长。1925 年出任江苏省国民党党部执委会常委兼宣传部部长。1926 年当选为国民党中央监察委员。“四一二”反革命政变后，遭蒋介石通缉，逃亡日本。1928 年返国，进行反蒋活动。抗战期间，与宋庆龄、何香凝等从事抗日活动，被国民党开除党籍。抗战胜利后，在香港继续进行民主革命活动，曾任中国国民党革命委员会常务委员兼监察委员会主席、三民主义同志联合会中央常务理事、中国民主同盟中央执行委员。新中国成立后，历任中央人民政府委员、全国人大常务委员等职。工诗文词。著有《磨剑室诗集、词集、文集》等，有《柳亚子诗词选》行世，并辑有《南社诗文集》、《周实丹烈士遗集》、《苏曼殊全集》等。

四月二十四日（5 月 17 日）晚八时，宋教仁“至田梓琴寓，送交译书费金五元，不遇梓琴，交其主人而返”（见《宋教仁日记》第 172 页）。

四月二十七日（5 月 20 日）下午三时，宋教仁“至田梓琴寓，不遇，遂至各旧书店寻购旧书”（见《宋教仁日记》第 173 页）。

四月下旬至闰四月上旬，为编辑、出版《复报》的有关问题，田桐曾有上海之行。

闰四月十六日（6 月 7 日），日本设立南满洲铁道株式会社。

① 栾梅健：《民间的文人雅集：南社研究》，东方出版社 2006 年版，第 138 页。

闰四月间，田桐因在“革命活动中活跃，被清廷下令缉捕”，遂自上海再次亡命日本，继续学业①。

五月初八日（6月29日），田桐见《民报》第四期上刊有好友汪精卫“驳《新民丛报》最近之非革命论”的文章，遂作洋洋四千余言之《致〈民报〉函》一文（见《田桐集》第10～14页），痛批“非革命论”，劝告各位革命同仁，今后不要再继续与梁启超之流玩弄这种文字游戏，这是中了他的圈套，是在清政府面前为他做宣传。

五月二十四日（7月15日），中国留日学生在东京锦辉馆举行欢迎章炳麟大会，日本友人宫崎寅藏发表支持中国人民正义斗争的演说。

七月十三日（9月1日），田桐所编辑之《亡国惨记》一书再次出版发行，风行海内外。

田桐晚年曾回忆说：“乙巳之岁，田桐集有明遗老所记佚事、清时严禁各书，名曰《亡国惨记》。书成，资不足，刘仲文慨认二百元，始付梓。章太炎先生题词曰：‘沾襟何所为，怅然怀古意。秦俗犹未除，汉道将何冀。’是书出版，风行东京、南洋、香港及美洲等地，不及一年，售逾三万。”（见《革命闲话·亡国惨记》，《田桐集》第375页）

七月十四日（9月2日），湖南巡抚端方擢升两江总督兼南洋大臣。

七月十七日（9月5日），朝命于式枚总理广西铁路，以梁鼎芬为湖北按察使。

九月初一日（10月18日），（日）中岛真雄在辽宁沈阳创办《盛京时报》。

八月初三日（9月20日），张之洞七十寿诞，蒙恩赏御笔“望重耆贤”匾额。

八月三十日（10月17日），清政府下旨各省筹设谘议局，并预筹设立各府、州、县议事会。

八月下旬，山西阳高留日（日本政法大学）学生李培仁（1866—1906），“愤国事之日坏”，在东京新宿海二重桥下跳海自尽；田桐后来亡命日本，撰有《扶桑诗话》一书，其中的《赞李烈士》一则记有此人此事（见《田桐集·扶桑诗话》第531页）。

九月初二日（10月19日）下午，田桐前往拜访宋教仁，“并送以果物，坐谈良久，颇觉不厌”；五时，两人遂同“往《民报》社。甫出门，遇

---

① 张金超:《田桐与辛亥革命》,《广东社会科学》2013年第5期。

宋海南、杨勉卿亦来访”，复坐“良久，遂同乘车至上野，又至饭田桥，乃别”；宋教仁“与梓琴遂至《民报》社，坐良久，并留晚餐”；饭后，宋教仁“清检书箱（前日已搬至社内）”，随手拿起一本，乃梓琴赠其“所辑《亡国惨史》一册”，系“辑明季亡国、满洲残暴之事迹而成之者”，遂感叹不已；两人直至九时才各自回寓休息（见《宋教仁日记》第270页）。

案：《亡国惨史》，即《亡国惨记》，田桐（署名恨海）编撰。1906年9月又由亡国纪念会发行，仅出上册。此书卷首有章炳麟题词，宫崎寅藏弁言。

九月二十三日（11月9日），清政府改督办政务处为会议政务处。

九月二十七日（11月13日），郭布罗·婉容（1906—1946）出生于满洲正白旗一个书香官僚家庭。

十月初十日（11月25日），为了支持中国革命党人的革命事业，日本友人宫崎寅藏等在极其艰难的情况下创办《革命评论》，与《民报》相呼应；田桐颇赞赏《革命评论》的办刊宗旨和所达到的实际效果，遂作《读〈革命评论〉有感，拜赠〈评论〉社诸君》一诗寄赠（见《田桐集》第15页）。

十月十七日（12月2日）上午，中国同盟会会员5000余人在东京神田锦辉馆隆重举行《民报》创刊一周年纪念大会。今天的大会由黄兴主持，在其致开会辞后，即请章炳麟宣读祝词。大会正式开始后，孙中山先生首先登台“演说社会主义”以及“将来宪法不宜仅仿三权分立，宜加入试验权，监察权，皆使独立，为五权分立①方好”。随后，章炳麟、日人池亨吉②、北辉次郎③、萱野长知、宫崎寅藏及其他会员数人“以次演说”。除

① 五权分立，即孙中山所主张之立法、司法、行政、监察、考试（此处称“试验”）权。

② 池亨吉，生卒年不详，别号断水楼主人，日本京都人。因乔义生介绍，结识孙中山，担任孙中山英文秘书多年。曾往台湾为孙中山筹措军费。曾参加潮州黄冈之役和镇南关之役。著有《支那革命实见记》等。

③ 北辉次郎（1883—1937），原名辉次郎，亦称北一辉，日本新潟县人。退职军人，黑龙会会员。1905年加入同盟会，与宋教仁、谭人凤等关系密切。1906年出版《国体论及纯正社会主义》，主张国体和国家，天皇和国家分开，被日本政府查禁。1911年后曾两次至中国活动，著有《中国革命外史》。1919年在上海写有《日本改造法案大纲》，崇尚暴力，鼓吹战争万能，宣扬对外扩张的合理性，成为日本军国主义的重要理论依据。1920年与大川周明组织天皇制法西斯主义团体犹存社。1936年在发动侵华战争前夕，曾主谋发动“二二六”政变，要求实现所谓“昭和维新”，罢免军部统制派军官，安插皇道派军官掌权。在军部统制派压制了皇道派之后，加紧法西斯化，1937年被日本政府枪毙。

宋教仁翻译一人外，“其余皆田梓琴及山西某君翻译之”（见《宋教仁日记》第 291 页）。

田桐不仅担任翻译，亦安排在大会上演讲并作有《在〈民报〉纪元节庆祝大会上的演说》一文（见《田桐集》第 16～18 页），阐明了自己的革命观，可谓鞭辟入里，催人奋进。

开会期间，忽“有一人提议捐助《民报》经费，则皆赞成，一时投钱者，书名于册者，不知若干人”。上午的会议，共持续了五个半小时。散会时，又“发《民报》临时增刊赠书券，人一枚，合计发出五千余枚，合其外未几发券及未得入场者计之，盖将近万人矣！亦未有之盛会也。亦足见人心之趋向矣”（见《宋教仁日记》第 291～292 页）。由此可见，此次会议既是一次盛况空前的革命力量的大会合，也是一次最有效的革命宣传的机会。

党人皆知道：“《民报》之发生，实由《二十世纪之支那》之改名而来”。因此，看到今天这样的空前盛况，宋教仁回忆起自己“初至东京，倡办《二十世纪之支那》时，所共事者，仅田梓琴、李和卿、郭瑶皆、张步青等，赞成者甚寥寥，反对者到处皆是。以陈星台之热心，而亦畏避之。经几次之波折，几多之变换，始克出报。其艰难之境”以及宋教仁“当时之苦心孤诣，实不堪感慨系之”（见《宋教仁日记》第 293 页）。

十月十九日（12 月 4 日），同盟会联合湘赣哥老会发动萍乡、浏阳、醴陵起义，萍乡矿工数千人和部分防营兵勇加入起义军。十月下旬起义失败。

十月二十四日（12 月 9 日），康有为在美国纽约《中国维新报》上发表公告，通知各地“保皇会”于 1907 年元旦改称“国民宪政会”，作为推动宪政的团体。

十月二十六日（12 月 11 日）下午一时，田桐和匡一前往拜访宋教仁，并告知：“成女学校现开有中国女学生速成师范班，需一汉文教授”，特来请宋教仁“为之尽此义务”。宋教仁“思亦可以借此以研究汉文法，遂允诺之”。三时，“云官去”，田桐遂邀宋教仁“至乡间一游”；两人直至九时才乘车回到寓所，今天外出因宋教仁身上“不名一钱”，故“所费皆梓琴”承担（见《宋教仁日记》第 296 页）。

十一月初一日（12 月 16 日），江浙绅商在上海组织预备立宪公会，举郑孝胥为会长，张謇、汤寿潜为副会长。

十一月初七日（12 月 22 日），宋教仁“至田梓琴寓，谈良久”（见

《宋教仁日记》第301页）。

十一月十六日（12月31日），萍、浏、醴起义领导人刘道一在长沙的浏阳门外被官府杀害。噩耗传来，其兄刘揆一在东京饭田町设灵祭奠，并作有七律八首以悼念其弟（见《革命闲话·哭弟诗》，《田桐集》第404～405页）。

适在此时，传来田桐的二弟田枬（字仲琴）在武昌被清政府杀害的噩耗，田桐十分悲痛，遂作七律一首以悼念亡弟（见《革命闲话·哭弟诗》，《田桐集》第405页）：

荆树无端折劲枝，西风传耗到东夷。一声泪落肝肠断，万里魂归骨肉离。贤与不贤凭论定，命耶非命得毋悲。苍天尚有生成意，留下孤儿替护持。

章太炎见状，乃作七绝一首以谑之："世间多少杀头鬼，岂是炳生独杀头？田家不哭刘家哭，毕竟田家略胜刘。"（见《革命闲话·哭弟诗》，《田桐集》第405页）

案：刘道一（1884—1906），谱名吉唐，字炳生，号锄非，又号培雄，湖南湘潭人。早年入长沙修业学校、湘潭美国教会学校学习。1904年加入华兴会，与黄兴、刘揆一等联络会党准备发动武装起义。同年考取官费赴日，入正则英语学校学习英语；与冯自由等在横滨组织"洪门天地会"，受封"草鞋"（将军）。1905年加入同盟会，任干事，从事革命宣传。1906年奉命回湘发动萍浏醴起义，在长沙运动新军和防营响应，因奸人告密被捕，坚贞不屈，大义凛然，旋被杀害。著有《衡山正气集》。

刘揆一（1878—1950），字霖生，一作连生，湖南湘潭人。早年入岳麓书院，又交结会党，与哥老会首领马福益尤善。1903年自费赴日留学，入弘文学院。参加拒俄义勇队。年底回湘，任醴陵渌江中学堂监督。1904年与黄兴等发起组织华兴会，秘密组织武装起义；事泄，逃往日本。1907年加入同盟会，并主持东京本部会务。武昌起义爆发，回国，任汉口前线督战员。1912年任袁政府工商总长。袁世凯复辟帝制，参与反袁。黎元洪任总统，出任国会议员。北伐前夕，曾赴广州。1933年被聘为行政院顾问。1934年因呼吁恢复孙中山三大政策，主张抗日，解除顾问职。从此隐退家园。解放后被聘为湖南省军政委员会顾问。著有《黄兴传记》、《刘揆一集》等。

田桐的二弟田枬（字仲琴），亦反清爱国志士，其生卒年及事迹不详。

十一月十七日（1907年1月1日）上午十时，宋教仁应邀来到《民报》社，"坐良久"，然后"偕田梓琴、章枚叔至孙逸仙寓"拜访，孙中山留诸位"午餐"（见《宋教仁日记》第305页）。

十二月十二日（1907 年 1 月 25 日），由《洞庭波》改刊的《汉帜》在日本东京出版，田桐参与了杂志的改刊工作，并与宁调元等人成为主要撰稿人①。

十二月二十七日（1907 年 2 月 9 日），中日订立《扩展汉口租界专约》。

年底时，大多无事，田桐与章太炎等友朋常聚在民报社里闲谈。一天，田桐在与章太炎等人闲谈时，偶然谈及战国时齐国名将田单驱火军破燕之事，田桐就说："田单在古代用火牛，吾谓今人可用水牛。若革命军举事，清军有马队，而革命军无之，吾人大可预训练水牛以临阵，必可制胜。"章太炎听后遂打趣地说："乃祖用火牛，而后人更发明水牛战术，可谓后先媲美。"众人听后大笑。于是，自此同人便以"水牛将军"称之②。

是年，中国第一所官办法律专门学校——京师法律学堂正式开学。

是年，留日友朋、四川富顺张光厚③曾应日本女子之请，为其作二绝并书扇面，田桐亦应邀书有扇面绝句一首；后来田桐流亡日本，撰有《扶桑诗话》一书，曾在《题扇》一则中记有此事（见《田桐集·扶桑诗话》第 543 页）。

光绪三十三年丁未（1907 年）　二十九岁

年初，田桐仍在日本东京，边学习，边与友朋从事民族民主革命活动。

正月初一日（2 月 13 日），康有为、梁启超改保皇会为国民宪政会。

正月初五日（2 月 17 日），日本政府应清政府驻日公使杨廷枢的要求，下令早稻田大学和中央大学开除与同盟会有关系的中国留学生 39 人。

正月二十日（3 月 4 日），日本政府应清政府要求，迫令孙中山离境；孙中山只得前往越南河内设立机关，准备领导广东、广西与云南的武装起义。

正月二十七日（3 月 11 日）下午三时，宋教仁"至田梓琴寓，与梓琴斗围棋良久，并留晚餐"，餐后始回（见《宋教仁日记》第 332 页）。

---

① 王学庄，杨天石：《南社史长编》，中国人民大学出版社 1995 年版，第 205 页。

② 事见冯自由：《水牛将军田桐》，《革命逸史》第二集，中华书局 1981 年版，第 148 页。

③ 张光厚（1881—1932），字天民，号荔丹，四川富顺人。1904 年中秀才。1905 年赴日留学，入早稻田大学习法律。不久加入同盟会，从事民主革命活动。回国后加入南社，在四川与熊克武、但懋辛共事，出任过遂宁县长、崇庆征收局长等职，并将儿子张东明送至黄埔军校学习。最后去成都任省政府秘书。工诗词。著有《荔丹诗录》、《荔丹词录》等。

正月二十八日（3月12日）下午三时，宋教仁"至田梓琴寓，坐良久"始离去（见《宋教仁日记》第332页）。

二月初七日（3月20日），好友杨恢[①]在南京被两江总督端方杀害；田桐得知消息，颇为其惋惜，二十年后还曾写了《杨恢与端方》一文缅怀他（见《革命闲话》，《田桐集》第410页）。

二月初十日（3月23日）傍晚，宋教仁和白逾桓、吴昆[②]、古川清[③]等人离开日本东京将去中国东北开展革命活动，田桐、鲁文卿和宫崎寅藏等人相邀至新桥车站为他们送行（见《宋教仁日记》第336页）。

二月十九日（4月1日）下午，宋教仁、白逾桓、吴昆等一行自日本抵达辽宁的安东县，开始做说服"马贼"首领李逢春的工作。

二月三十日（4月12日），朝旨川汉铁路改由商办。

春间，在孙中山接受日本捐款的问题上，章太炎、陶成章等在不明真相的情况下，发动了第一次"倒孙风潮"；田桐亦被卷入其中，虽站在了章、陶一边，但却不甚突出。

其间，孙中山先生收到同盟会香港分会长冯自由的电报，告知许雪秋等同志在广东潮州、惠州等地筹备武装起义"已臻成熟，请派留东同志回国相助"（见冯自由《田桐事略》，《张难先集·湖北革命知之录·同盟会湖北

---

① 杨恢（1876—1907），字卓林，亦作卓霖，又字公仆，湖南醴陵人。1893年投军。1894年参加甲午战争。1900年任武卫左军队官，与八国联军接战，奋勇杀敌，身负重伤；自此以后，自觉朝廷腐败，产生反清思想。曾入张春发所办随军武备学堂、南京将备学堂学习，1905年卒业。谋刺两江总督周馥，为其侦知，遂赴日留学，入神田区高等警监学校；同年加入同盟会，颇受孙中山、黄兴器重。1906年奉命回国响应长江流域起义。萍浏醴起义失败，继续留在国内奔走革命。1907年初，谋炸两江总督端方，为端方逮捕；劝其"弃暗投明"，不为所动；同年3月20日被杀害。

② 吴昆（1882—1942），字寿天，亦作寿田，号吼生，湖北黄冈人。早年考入武昌文普通学堂，与宋教仁等人同学，与刘静庵等组织日知会。1904年3月赴日留学，入东京宏文学院。1905年参加中国同盟会，被推为评议员兼《民报》干事。1906年回武昌视察党务，参加萍浏醴起义；失败后复至日本。1907年偕宋教仁至东北开展革命活动，参与组建同盟会辽东支部。因谋在东北武装起义事泄，遭通缉，复往日本，在同盟会本部工作。武昌起义爆发，任汉口军政分府秘书。1912年被推举为国会议员。宋教仁遭暗杀，他力主武力讨伐袁世凯。1917年赴粤，支持孙中山组织护法军政府。1925年因厌倦政治而退出政界。全面抗战爆发后，被聘为湖北省银行董事。1938年随省政府前往恩施，卒于恩施。

③ 古川清，生卒年不详。日本新潟县阿贺野市人。日本退伍军曹，黑龙会会员。早年曾随军之中国东北，并在辽东马侠军中任头目，与李逢春等友善。

分会之概况》第 119 页）。

三月初八日（4 月 20 日），清政府改盛京将军为东三省总督，并设奉天、吉林、黑龙江三省巡抚。

四月上旬，田桐奉命偕胡汉民、谢良牧①、黎仲实、胡毅生②等人自日本启程，前往广东潮州、惠州参加武装起义。

田桐晚年曾回忆说："丁未春，将举事于黄冈。……事先电邀东京同志前往，宜章彭邦栋、平湖金葆濂、金山吴操及余前往。"（见《革命闲话·黄冈之役》，《田桐集》第 381 页）

案：金葆濂，辛亥志士，曾留学日本，浙江平湖人，生卒年及生平事迹不详，待考。

吴操，辛亥志士，曾留学日本，江苏金山人，生卒年及生平事迹不详，待考。

四月十一日（5 月 22 日），同盟会员许雪秋、陈涌波、余既成等人遵照孙中山的指示，在广东的潮州、惠州举行起义（史称"黄冈起义"）。

四月十六日（5 月 27 日），潮州黄冈起义失败。

四月中旬，当田桐、彭邦栋、金葆濂、吴操等一行抵达香港时，已传来黄冈起义失败的消息。

田桐晚年曾回忆说："时同人乏川资，日本同志宫崎寅藏介绍神户商船

---

① 谢良牧(1884—1931)，字叔野，广东嘉应州人。出生于马来西亚。早年留学日本，结识黄兴。1905 年加入同盟会，任会计部长，并赴南洋各地筹设分部。旋回国。1907 年参加潮州黄冈起义。1911 年初，赴南洋各地募集巨款，使黄花岗起义如期举行。武昌起义后，力排众议，策动清广东水师提督李准反正，加快了广东的光复进程。民国成立，当选为参议院议员。曾任广东省财政厅厅长。1917 年参加护法运动，奉孙中山之命奔走于河北、山西等地。1922 年陈炯明叛变，至永丰舰就任中路讨贼军总司令，号召讨陈。1924 年国民党改组，出任中央临时执行委员。孙中山去世后，退出政界，优游于沪、粤之间。

② 胡毅生(1883—1957)，名毅，字毅生，号惰斋，广东番禺人。胡汉民堂弟。1901 年考入两广大学堂。1903 年赴日留学，参加拒俄义勇队。1905 年加入同盟会。1907 年参加钦廉、镇南关起义。1908 年回广东联络、组织会党。1911 年黄花岗起义时，任储运课长，失败后逃往香港。广东光复，出任都督府军务处长。1914 年加入中华革命党。1915 年协助朱执信在广州讨袁。1917 年随孙中山南下护法，任广东士敏土厂总办。1921 年任大元帅府大本营参军。1924 年反对孙中山的三大政策。1925 年与赵公璧等在广州创办《国民新闻》，宣传反共言论。后因涉嫌参与刺杀廖仲恺而逃往香港。抗战期间，随国府逃往四川。1948 年任总统府顾问。1951 年自香港赴台北。著有《绝尘想室诗草》、《香朏集》、《集易林》等。

公司总（经）理三上丰夷，丰夷允赊账，得直航赴香港。到港时，而黄冈之事已败二日矣。”（见《革命闲话·黄冈之役》，《田桐集》第381页）

适孙中山自河内函约各地同志赴安南（今越南）集合，参加将要举行的钦、廉及广西镇南关（今友谊关）起义（又称“丁未镇南关之役”）。田桐等人接函后，遂决定暂时在香港休整，届时再前往参加镇南关起义。

田桐和林时塽、胡汉民寓居香港期间，适日本著名书家、汉学家日下部鸣鹤亦来香港寓居；大家时相往还，历半年之久，“殊相得”，田桐得见其所写汉诗多首。“二次革命”失败后，田桐亡命日本，撰有《扶桑诗话》一书，其中的《日下部鸣鹤》一则录有日下当时所写之诗四首（见《扶桑诗话·日下部鸣鹤》第525页）。

其时，日本小说家池亨吉亦寓居香港，见田桐与“诸友唱和，亦心动”，便开始向他们学习作汉诗；田桐后来亡命日本时，作有《扶桑诗话·池亨吉》一则纪其事（见《田桐集·扶桑诗话》第526页）。

四月二十二日（6月2日），革命党人邓子瑜等发动惠州七女湖起义。因寡不敌众，旋起义失败。

五月初九日（6月19日），朝命解奕劻军机大臣差，命醇亲王载沣在军机大臣上学习行走，而以鹿传霖为军机大臣。

五月十一日（6月21日），大学士王文韶因病乞休；谕下，以湖广总督张之洞为协办大学士。

五月二十六日（7月6日），光复会领袖徐锡麟枪杀安徽巡抚恩铭，率巡警学堂学生在安庆举行起义，失败被杀。

六月初四日（7月13日），女革命家秋瑾响应徐锡麟在浙江绍兴起义，事泄被捕；两天后，在绍兴被杀害。

六月十四日（7月23日），奉上谕：“张之洞著授为大学士，仍留湖广总督之任。”（见《张文襄公年谱》第770页）

六月十八日（7月27日），奉上谕：“张之洞著充体仁阁大学士。”（见《张文襄公年谱》第770页）

六月中旬，革命党人徐锡麟和秋瑾举义未成被清廷逮捕杀害的消息传到日本，留日学生启明曾作有四律以缅怀烈士；“二次革命”失败后，田桐亡命日本，撰有《扶桑诗话》一书，在其《吊徐秋》一则中曾专门记载有其事其诗（见《田桐集·扶桑诗话》第531页）。

七月初二日（8月10日），朝廷电召体仁阁大学士张之洞迅速来京陛见。

七月初十日（8月18日），张伯祥、邓文翚、焦达峰、孙武、刘公、居正等近百人在日本东京成立革命团体共进会。

七月十三日（8月21日），慈禧太后下诏准备“仿行宪政”，清政府预备立宪正式开始；随后改考察政治馆为宪政编查馆，直属军机处，下设编制局、统计局、庶务处、译书处、图书处、官报局。

同日，奉孙中山之命，革命党人王和顺等人在钦州、廉州、防城发动起义，历时半月后失败。

七月二十七日（9月4日），朝廷以袁世凯为外务部尚书兼会办大臣；并授张之洞、袁世凯为军机大臣。

八月初二日（9月9日），张之洞交卸湖广总督篆务，即渡江北上。

八月初五日（9月12日），军机大臣、体仁阁大学士张之洞奉旨抵达京城，寓居“畿辅先哲祠”。

八月十三日（9月20日），清政府决定在中央设立资政院。

八月十五日（9月22日），朝命张之洞以大学士兼管学部事务。

九月十三日（10月19日），清政府命各省设立谘议局。

九月间，田桐和谭人凤、杨聘农、何克夫①、谭剑英、陈树人等一行，受同盟会香港分会会长冯自由之托，携带着两箱起义时要用的革命军债券，自香港出发，前往安南（今越南）与同志会合，然后前往参加镇南关起义。而船至安南边防时，革命军债券被法国关吏搜去，并将田桐、谭人凤等五人拘捕，投入狱中。

案：陈树人（1884—1948），原名韶，字澍人，别署树仁、树人；号拈花微笑子，又号葭外渔子、十一郎、二山山樵、得安老人；笔名衬哲、陈晋、美魂女士、猛进等。广东番禺（今广州市番禺区）人。幼喜美术，早年随岳父居廉学画。1900年参加反清活动。1901年起，在广州、香港等地主办《广东日报》、《有所谓报》、《时事画报》等报刊，发表反清“排满”、民

---

① 何克夫（1879—1949），字筱园，广东连县（今连州市）人。早年随父读经史。1904年弃文习武，考入广东陆军速成学校。毕业后赴日留学，结识孙中山、黄兴等人，加入同盟会。回国后，在广西讲武堂任教，暗中则从事革命活动。1907年曾参加惠州、钦廉起义。镇南关起义失败后，奉命携中国同盟会军用券赴安南、新加坡、泰国等地募捐。1911年参加广州黄花岗起义。广州光复后，任民团局局长。南京临时政府成立，出任大总统警卫团少将团长。“二次革命”失败，逃亡海外。1915年出任中华革命军广东北路讨逆军总司令。1917年任军政府北伐军中将参军。1920年任军政府中将副官。1921年任中将副官长。1925年出任粤军第十四独立旅旅长和川军第一军军长。后为避祸曾辞官归隐，其间曾出任过四个县的县长。抗战期间，被推选为国民政府监察院委员。抗战胜利后，当选为国民大会代表。1949年病逝于广州。

族革命的文章。1905 年在香港加入同盟会，边办报边从事革命活动。1908 年赴日，入京都市立美术工艺学校。1912 年继入东京私立立教大学。1916 年毕业后赴加拿大任中华革命党美洲加拿大总部部长。1922 年回国，策划讨伐陈炯明。1923 年参加改组国民党，拥护孙中山提出的三大政策。1924 年起相继任国民党中央工人部部长、广州国民政府秘书长、广东省代省长等职。1928 年后历任国民政府中央执委、国民政府中央侨委委员、国民党中央海外部部长等职。1947 年辞职，定居广州，潜心画艺。1948 年病逝于广州。平生擅画，为岭南派代表画家之一，又工诗文。著有《陈树人画集》、《陈树人近作》、《陈树人中国画选集》、《寒绿吟草》、《自然美讴歌集》、《战尘集》、《专爱集》、《春光堂诗集》等。

冯自由（1882—1958），原名懋龙，字健华，后改名自由；祖籍广东南海，出生于日本长崎一个华侨家庭。1895 年在横滨加入兴中会。1899 年与郑贯公等创办《开智录》半月刊，宣传平等自由、天赋人权学说。1902 年参与发起支那亡国二百四十二年纪念会和青年会。1905 年加入同盟会，被推举为评议员。旋赴香港，与陈少白组建同盟会香港分会，任书记兼中国日报记者。1906 年出任中国日报社长兼总编，并被推选为同盟会香港分会会长。其间，参与谋划多次武装起义。1910 年赴加拿大及美国，联络华侨，为革命筹款。武昌起义爆发后，被推为旅美华侨革命党总代表回国。南京临时政府成立，任总统府机要秘书。临时政府北迁后，改任临时稽勋局局长。被捕入狱，获释后赴香港。1914 年加入中华革命党，任党务部副部长。不久赴美洲，任中华革命党美洲支部长。1924 年带头反对孙中山提出的三大政策，被开除党籍。1935 年恢复党籍。1936 年起，主要从事辛亥革命历史的撰述工作。1943 年当选为国民政府委员。1949 年逃往台湾。平生勤奋，著述不辍，除 1920 年出版的《社会主义与中国》、1928 年出版的《中华民国开国前革命史》（三卷本）之外，后又相继出版有《革命逸史》、《华侨开国革命史》、《中国革命运动廿六年组织史》、《华侨革命组织史》等。

十月二十七日（12 月 2 日），同盟会员黄明堂、关仁甫等发动镇南关起义，孙中山亲临指挥，历时七天后失败。

十月间，经革命党人刘凤鸣等人的奔走营救，田桐、谭人凤等五人始获“保出候讯”（见冯自由《田桐事略》，《张难先集》第 120 页）。

其间，田桐等人“居海防迭接革命军占领镇南关及孙、黄诸人同赴前敌消息，以讼事未解，无从参加，因之焦急万分”（见冯自由《田桐事略》，《张难先集》第 120 页）。

十一月初四日（12 月 8 日），邮传部奏请设立交通银行。

同日，因寡不敌众，镇南关起义的革命党人退至安南燕子大山，起义失败。

十二月初十日（1908 年 1 月 13 日），中、英、德签订《天津浦口铁路借款合同》。

十二月间，革命党人刘岐山等人继续奔走营救，且“讼于法庭”（见田桓《先兄梓琴先生行状》，《张难先集》第 124 页）；孙中山先生则“向越南总督交涉释放”；由于多方的共同努力，最终“越督只允将债券给还总理，而携券者则以清吏抗议之故，被判出境”（见冯自由《田桐事略》，《张难先集》第 120 页）。

田桐晚年曾回忆说：“弥月后，法人令余五人出境，当捉影，不许复来，是时为丁未之冬月也。”（见《革命闲话·海防之狱》，《田桐集》第 388 页）

在谭人凤、何克夫等一行人被驱逐出境、过红水江时，田桐曾作有《出红水江》二绝以纪其事（见《革命闲话·海防之狱》，《田桐集》第 388～389 页）。

田桐、谭人凤、何克夫等一行人“离越”后，遂“仍返香港”寓居（见冯自由《田桐事略》，《张难先集》第 120 页）。

光绪三十四年戊申（1908 年）　三十岁

正月初一日（2 月 2 日），朝廷授醇亲王载沣为军机大臣。

年初，孙中山根据南洋革命运动发展的需要，派田桐自香港启程，前往新加坡主持《中兴日报》的笔政；后又派居正①前往协助，同当地保皇派主办的《南洋总汇报》对垒，就有关种族革命、政治革命、社会革命等重大问

① 居正（1876—1951），原名养浚，字子骏，号觉生，别号梅川居士，湖北广济人。1900 年中秀才。1905 年赴日留学，入东京法政大学。同年加入同盟会。1907 年在东京参与发起共进会。1908 年赴南洋从事革命宣传活动。1910 年返日本，与宋教仁、谭人凤等筹设中部同盟会，谋在长江流域发动起义，旋归国。武昌起义时，任湖北军政府秘书，参与制订都督府暂行组织条例。南京临时政府成立，任内务部次长，代理部务。“二次革命”时，任吴淞要塞司令，督师讨伐袁世凯，失败后逃往日本。1914 年加入中华革命党，任党务部长兼《民国》杂志社总理。1922 年任护法军政府内务总长。1924 年国民党改组后，反对孙中山的三大政策，成为国民党右派。后历任国民党中央执行委员、司法院院长兼最高法院院长、司法行政部部长等职。工诗文。著有《辛亥札记》、《梅川日记》、《居觉生先生全集》等。今人编有《居正文集》。

题展开激烈的论战（见冯自由《田桐事略》、田桓《先兄梓琴先生行状》，《张难先集》第 120、124～125 页）。

案：当时，南洋群岛保皇派的势力颇强，尤其是由保皇派大将徐勤主办的一直诋毁民主革命、宣传君主立宪的《南洋总汇报》在华侨中的影响甚大；革命党急需一位忠心革命、既有思想创意又有笔战经验和文学功底的干将前来主持新加坡的笔政，以尽快扭转局势。于是，田桐和居正便成为最佳人选。

正月间，田桐和居正抵达新加坡后，便开始积极谋划与保皇派“争论革命、立宪不休”（见田桐《革命闲话·海盗之讼》，《田桐集》第 382 页）。

二月初三日（3 月 5 日），上海公共租界有轨电车建成通车。

二月十八日至二十九日（3 月 20 日—3 月 31 日），经过紧张的筹划，田桐在《中兴日报》上连载其撰写的长文《泣告同胞之希望立宪者》（见《田桐集》第 19～25 页）；该文洋洋五千余言，纵论“满人立宪，于汉人必无利益，而且有大损害”、“满人立宪成功，希望立宪者必无好位置”、“立宪必无成功之日”、“满人心中并无立宪二字，且立宪并无定期”、“希望满人立宪，与希望汉人革命者不两立”等等时人十分关心的问题；最后强调：“希望立宪者，决无好结果”，并忠告人们“清夜平旦是时，细思希望立宪之结果”，不要上“立宪”鼓吹者的当。

二月二十四日（3 月 26 日），邮传部右侍郎盛宣怀合并汉阳铁厂、大冶铁矿、萍乡煤矿组建成汉冶萍煤铁厂矿有限公司（简称“汉冶萍公司”），正式在农工商部注册；改“官督商办”，为完全商办。

二月二十四日至四月二十六日（3 月 26 日—5 月 25 日），田桐在《中兴日报》上连载其所撰之《英雄模范》（见《田桐集》第 26～42 页）。这是一篇长篇政论，洋洋数万言，以中外古今的大量例证，全面论述了“青年之价值”、“青年之本领”、“青年与伟人”、“伟人与国家”、“伟人与道德”等重大革命理论问题，号召千百万青年，人人怀有“英雄之志气”、“人人具有英雄资格”、“欣慕伟人、尊敬伟人、效法伟人”，并逐渐成长为伟人，成为全国人民从事民族民主革命、推翻清朝封建专制统治、建立中华民国的“英雄模范”。

案：据田桐自己回忆，《英雄模范》曾发行过单行本，但具体出版情况不详，今天已无法见到原刊本；今天我们见到的收入《田桐集》中的内容，也只是《英雄模范》的部分章节（由《田桐集》的编者从《中兴日报》上辑录而来）。

二月二十五日（3 月 27 日），黄兴率领华侨组成的中华国民军南路军发动钦廉上思起义，转战四十余日后失败。

二月二十八日（3 月 30 日），田桐人在新加坡与保皇派论战，亦颇怀念在日本东京成女学校诸位女战友，遂在《中兴日报》发表《秋日寄成女学校诸女兄弟》（二首），以表达其忆念之情（见《田桐集》第 43 页）。

二月间，“以越南政府徇清吏请求”之缘故，越南政府乃“讽使”孙中山“离境”；孙中山只得“自河内迁地新加坡，寓东陵胡节律一一一号”（见冯自由《田桐事略》，《张难先集》第 120 页）。

三月二十四日（4 月 24 日），田桐在《中兴日报》上发表《希望本坡同胞之自治与华民政务司之行政——保良局在华民政务司议及歌妓事》一文（见《田桐集》第 44 页），就保良局“年未及十六之幼女，不得为歌妓以侑酒”与注意经常检查公共场所、居民住宅和居民个人（包括妓女）卫生的规定表示赞赏，主张“改良风俗”。

三月二十九日（4 月 29 日），革命党人黄明堂、关仁甫、王和顺等在云南发动“河口起义”，革命军一举攻占河口。

三月间，在新加坡曾发生过一起清廷地方大吏派刺客谋杀孙中山的未遂事件。

事情的经过是这样的：孙中山自安南河内迁居至新加坡，中国同盟会新加坡分会的正、副会长陈楚楠、张永福，遂将孙先生安排居住在东陵胡节律路 111 号寓所。此处正与清政府驻新加坡领事馆副总领事杨圻①的寓所毗邻。杨圻和田桐、陈楚南、张永福等人为邻居，彼此都认识。因爱其文章，杨圻与田桐更是一见如故。当时，孙中山的行踪已在清廷的严密控制之中。广东巡抚张人骏得知孙中山已到新加坡并住在杨圻寓所隔壁的消息，遂立即派刺客来到南洋，企图刺杀孙中山。刺客抵达新加坡后，为便于行事，新加坡总领事就安排其潜伏至杨圻的寓所。革命党人对这一情况则是一无所知。杨圻“知清祚将终，对于清吏阴谋极不赞同”，加之受田

---

① 杨圻（1875—1941），初名朝庆，更名鉴莹，又名圻，字云史，号野王，江苏常熟（今苏州市常熟市）人，御史杨崇伊子，李经方婿，李鸿章孙婿。早年以秀才官詹事府主簿，迁户部郎中。1902 年中举人，奏调邮传部郎中，后出任新加坡领事。清亡后回国，曾入陈光远、吴佩孚幕，任秘书。后亦曾经过商。抗战爆发后，曾任国民政府行政院参议。晚年寓居香港，逝于香港。工诗，尤擅歌行，亦善画。著有《江山万里楼诗抄》（十二卷）、《江山万里楼诗续抄》、《打开窗户说亮话》等。

桐思想的影响，经过反复考虑，杨圻最终不仅将清吏的阴谋告诉了田桐，而且还向刺客晓以大义，致使“刺客大为感动”，放弃原来的刺杀计划，离开了新加坡；田桐得到消息后，立即通知陈楚南、张永福和孙中山，很快将孙中山转移到其他的地方，得以安然无恙（见冯自由《田桐事略》，《张难先集》第120页）。

案：清廷地方大吏谋刺孙中山未遂事件在冯自由看来，“杨固属深明顺逆，梓琴亦大有力焉”（见冯自由《田桐事略》，《张难先集》第120页）。

陈楚南和张永福都是新加坡著名的实业家，同时又是同盟会的负责人。他们二人与林义顺被时人誉之为“南洋革命三剑客”，为推翻清朝政府、建立中华民国，积极捐钱捐物，作出过重要贡献。

陈楚楠（1884—1971），原名连才、连财，别号思明洲之少年。祖籍福建厦门，生于新加坡。年轻时与其兄合营树胶种植业。1898年受康梁影响，主张立宪保皇。1901年与中和堂尤列结识，逐渐倾向民主革命。1903年将邹容的《革命军》改名《图存篇》，印数千册至闽粤一带散发。1904年与张永福合办《图南日报》，任经理，宣传反清革命。1905年结识孙中山。1906年加入同盟会，并任新加坡分会会长。1907年创办《中兴日报》，与保皇派论战，并积极为两广和云南起义筹款。辛亥革命后一度赴上海主持华侨联合会。1917年回国，任广州大元帅府参议。1928年任福建省府委员。1933年任福建省实业厅厅长。后重返新加坡，息影家园。抗战期间拒绝担任汪伪中央监察委员及伪国府委员。著有《晚晴园与革命史略》。

张永福（1872—1957），字祝华，广东饶平人。生于新加坡。成人后子承父业经营橡胶业。1903年倾向民主革命。1904年与陈楚楠合办《图南日报》，宣传革命思想。1905年结识孙中山。1906年加入同盟会，任新加坡分会副会长。出资修建“晚晴园”，作为革命机关。1908年与陈楚楠、林义顺在新加坡建立同盟会南洋分会。此后，一直追随孙中山奔走四方，为其分忧解难。1932年回国，任国民政府侨联常委、革命债务调查委委员、广东银行副经理、汕头市市长和中央银行汕头分行行长等职。1938年汪精卫投靠日本，张氏通电拥护。1940年出任汪伪国府委员、侨委委员等职。1945年日本投降，张永福被逮捕入狱。出狱后移居香港。1957年在香港去世。

四月初二日（5月1日），田桐密切关注云南起义的进展，在《中兴日报》上发表《云南革命军之战捷》一文（见《田桐集》第45～46页），对革命党人发动的云南河口起义所取得的战绩给予充分肯定和高度赞扬。

四月初五日（5月4日），田桐在《中兴日报》上发表《革命军与响应军》一文（见《田桐集》第47～48页），分析革命军与响应军之关系，号召各地革命党人，尤其是云南、广东的革命党人积极响应和支持。

四月初七日至初八日（5月6日—5月7日），田桐在《中兴日报》上连载《革命军神速之原因》一文（见《田桐集》第49～50页），分析“河口起义”不到一个星期就“势如破竹”、连连获胜的原因，鼓励革命党人只要具有“愤勇心”和“不怕死心”，就能“无事不成”。

四月初九日（5月8日），田桐已很久未与家里联系了，乃在《中兴日报》上刊载《寄弟书》诗一首（见《田桐集》第51页），表达其对家人的思念之情。

四月初十日（5月9日），田桐在《中兴日报》上刊载《振兴商业的方法》一文（见《田桐集》第52～53页），从三个方面论述了商业的“振兴之策”。

四月十二日（5月11日），田桐在《中兴日报》上刊载《清领事承认河口之败》一文（见《田桐集》第54～56页），继续向南洋同胞报告云南河口起义的进展情况。

四月十三日（5月12日），田桐在《中兴日报》上刊载《清官之欺人与〈总汇报〉之卑劣》一文（见《田桐集》第57～58页），用事实揭露清政府和《南洋总汇报》掩盖河口起义真相的卑劣行为。

四月十五日（5月14日），田桐在《中兴日报》上刊载《清廷待遇华侨假殷勤之原因》一文（见《田桐集》第59～61页），分析清政府为何现在向华侨大献殷勤的原因。

四月十七日至二十日（5月16日—5月19日），田桐在《中兴日报》上刊发《法国对于革命军之中立及革命军在国际法上之地位》一文（见《田桐集》第62～65页），大力宣扬云南河口起义的意义。

四月二十日（5月19日），田桐在《中兴日报》上刊发《日本报之云南革命观》一文（见《田桐集》第66页），报道日本媒体对河口起义的看法。

四月二十一日（5月20日），田桐在《中兴日报》上刊发《〈商报〉与革命军》一文（见《田桐集》第67页），以保皇派《商报》所刊之北京来电，证明《中兴日报》最近报道云南河口起义消息之“字字确实”，以揭露清政府和保皇派的虚假与欺骗。

四月二十六日（5月25日），田桐在《中兴日报》上刊发《〈英雄模范〉序》一文（案：张金超先生在其《田桐与辛亥革命》中的注⑥谓有此文；笔者未见其文，《田桐集》中亦未收此文）。

四月二十八日（5月27日），上海《神州日报》刊载两广总督张人骏、云南总督锡良等地方大吏悬赏通缉田桐与黄兴、汪精卫、谭人凤等云南各省起义领导人的通告。

四月二十九日（5月28日），田桐在《中兴日报》上刊发《清首相与立宪》一文（见《田桐集》第68～69页），揭露“满人今日之立宪”，实“饰人耳目之行为”。

五月初一日（5月30日），田桐在《中兴日报》上刊发译自日本《报知新闻》的《清国革命军》一文（见《田桐集》第70～71页），介绍日本对云南河口起义的看法。

五月初四日（6月2日），田桐在《中兴日报》上刊发《云南革命之骚动》一文（见《田桐集》第72～73页），阐发云南河口起义对清王朝统治的摧残。

五月初七日（6月5日），田桐在《中兴日报》上刊发《革命之心理》一文（见《田桐集》第74～75页），阐明革命党人只要具有“愤勇心”和“不怕死心”，就能“无事不成”的道理。

五月十二日（6月10日），田桐在《中兴日报》上刊发《与〈总汇报〉书》一文（见《田桐集》第76～77页），就《总汇报》上所刊载之《立宪为今日救国之惟一手段》一文，予以有力驳斥。

五月十四日（6月12日），田桐见《与〈总汇报〉书》刊发后，保皇派没有任何反应，遂又在《中兴日报》上刊发《保皇党之狡谋欤，抑亦〈总汇报〉之不通欤》一文（见《田桐集》第78～79页），指出保皇派的理屈词穷。

五月十七日至十九日（6月15日—6月17日），田桐在《中兴日报》上连载《民族精神与其制度之关系——附驳〈总汇报〉》一文（见《田桐集》第80～83页），阐明民族精神与社会制度之间的相互关系，并强调：“汉族”是一个“有文明的政治观念之民族”，一定不会“久居异族之下”；而且“一人之反抗力犹有尽，一民族之反抗力无穷”。

案：当时的革命党人为推翻清政府的封建专制统治，建立中华民国，所进行的一系列“排满”革命活动，无疑是正确的；但他们又具有狭隘的民族观念，将满族统治者与一般满族民众等同起来，有意识无意识地将汉族与满族完全对立起来，这又是错误的，阅读时必须注意分辨。

五月十九日（6月17日），《中兴日报》上刊出一则消息——《大注意》：“《亡国惨记》再到，但所到无多，爱阅者快来购取。”

五月二十日（6月18日），考察宪政大臣于式枚上奏，言宪法自在中国，无需求之外洋，定于一则无非分之想，散于众则有竞进之心。

五月中旬一天，康有为“十大弟子”之一的徐勤，在新加坡武善社举行演讲会，演说“禁烟历史”。田桐自觉徐勤不会仅此而已，其间必有其他动作，便与孙德彰、邓子瑜等人前往旁听，以观动静。果不出其所料：“徐勤于发言间，竟越出题旨，盛赞清廷宣布限期立宪之德政。”田桐听后，“义愤填膺”，猛地站起来大呼道：“打！”孙德彰、邓子瑜等人一听，直奔上前，举拳就打，“徐勤急反身走得脱，保皇党徒由是气益馁”（见冯自由《田桐事略》、田桓《先兄梓琴先生行状》，《张难先集》第120、125页）。

案：“康门十大弟子”指的是：梁启超、陈千秋、徐勤、麦孟华、韩文举、梁朝杰、曹泰、王觉任、陈和泽和林奎。

对于此事，居正三十多年后曾回忆说：那天，“我等一声唾之，同志起立，上前推翻议台，举手便打，徐勤以左右翼护，抱头鼠窜。时有《中兴报》庶务陈通青赶上楼梯，遍觅勤不得，未由打得痛快，引为遗恨。次日《总汇报》登载记事，大骂我党乱党，扰乱地方公安秩序，冀引起殖民地警察干涉。好在总理坐镇，事前亦略有准备，警察方面未生何等反响”（见《中兴与光华》，《居正文集》上册，第198页）。

此时，胡汉民和汪精卫亦来到新加坡，立即投入到与立宪派的论战之中。

于是，“《中兴报》再接再厉，汉民、精卫握管挥戈，总理亦自署‘小学生’，崇论闳议，压倒一切”；致使“各埠闻风响应，革命声光，一跃千丈”（见《中兴与光华》，《居正文集》上册，第198页）。

五月二十二日（6月20日），田桐、居正等革命党人几个月来以《中兴日报》为阵地，与保皇派展开激烈论战，给予以《南洋总汇报》为阵地的新加坡保皇派以沉重打击，终于使其队伍理屈词穷、土崩瓦解、败下阵来——就连保皇派的干将徐勤“作《革命万不能行于今日》一章未卒”，便偷偷“逸去”（见田桓《先兄梓琴先生行状》，《张难先集》第125页）；田桐心情颇为舒畅，遂在《中兴日报》上刊发所作之《吊保皇党》二首（见《田桐集》第84页），给予保皇派以辛辣的讽刺。

六月初十日（7月8日），资政院奏拟院章，颁布谘议局及议员选举章程。

六月二十日（7月18日），奉上谕：“著派大学士张之洞兼充督办（粤汉）铁路大臣。”（见《张文襄公年谱》第772页）

六月二十八日（7月26日），湖北新军士兵杨王鹏等人在武昌成立军队同盟会，后改组为群治学社。

同日，上海《申报》在“本埠新闻·传谕包探查拿党人”栏刊载：“革党巨魁诏伟由日本致书新加坡党友田桐，约期回国勾合起事。”

案：此“革党巨魁”诏伟不知指谁，待考。

六月间，学部奏准在京师设立女子师范学堂。

七月初二日至初四日（7月29日—7月31日），田桐在《中兴日报》上连载《土耳其革命大成功》一文（见《田桐集》第85～87页），揭露保皇派鼓吹立宪的实质，强调要以土耳其为借鉴，不要受清政府和保皇派的蛊惑。

七月初十日（8月6日），田桐在《中兴日报》上刊发《（政治小说）俄国之革命党——秘密结社的原因（四续）》一文（见《田桐集》第88～89页），向民众介绍外国的革命团体。

案：此文译自犹太群力庵所著之《原名虚无党奇谈》。

七月十六日（8月12日），田桐得知政闻社社员、法部主事陈景仁上书朝廷，请定三年召开国会，将主张缓行立宪的于式枚革职，以谢天下，岂料其做法竟激怒了朝廷和守旧大臣，反将陈景仁革职，并查禁政闻社的消息，遂在《中兴日报》上刊发《可怜要求开国会者之穿头路》一文（见《田桐集》第90～91页），向海外华侨报告清政府害怕开国会的情况。

同日，田桐在《中兴日报》上刊发《宜哉无人格者之不知人格》一文（见《田桐集》第92页），揭露、抨击保皇派“无人格”，“俯首帖耳甘作满人奴隶而不知耻”。

七月间，学部奏定各学堂学生毕业发给执照章程。

八月初一日（8月27日），清政府颁布《钦定宪法大纲》。

八月十五日（9月10日），是传统的中秋节，田桐在《中兴日报》刊发所填之《浪淘沙·中秋》一词（见《田桐集》第93页），表达其时不我待、只争朝夕的高昂革命斗志和憧憬革命胜利后的喜悦情景，以鼓励革命志士的斗志。

八九月间，孙中山亦在新加坡《中兴日报》上连续发表《论惧革命召瓜分者乃不识时务者也》、《平实尚不肯认错》、《平实开口便错》等批判保皇派的文章，亲自领导并参与批判资产阶级改良主义的斗争。

九月初七日（10月1日），好友汉雄要回上海，田桐应邀为其小照题诗，作《赠汉雄兄返沪并题其小照》一首相赠（见《田桐集》第94页）。

九月二十日（10月14日），十三世达赖喇嘛在仁寿殿陛见。

九月二十五日（10月19日），日本警视厅查封同盟会机关报《民报》。

十月二十一日（11 月 14 日），光绪皇帝崩于瀛台涵元殿，时年三十七岁，遗诏以摄政王载沣之子溥仪入承大统，为嗣皇帝，并承继穆宗为嗣，兼承大行皇帝之祧。以摄政王载沣监国。

十月二十二日（11 月 15 日），孝钦显皇后——慈禧太后亦薨，年七十三岁。

十月二十五日（11 月 18 日），嗣皇帝溥仪登极礼成，诏令改元，以明年为宣统元年。

十月二十六日（11 月 19 日），革命党人熊成基在安徽安庆率领新军发动武装起义，旋失败。

十一月初七日（11 月 30 日），美、日两国互换照会，确认对华侵略"机会均等"。

十一月初十日（12 月 3 日），清廷宣布：立宪预备，仍以宣统八年为限。

十一月二十日（12 月 13 日），湖北武昌新军革命党人杨王鹏等将军队同盟会改为群治学社。

十二月十一日（1909 年 1 月 2 日），清政府鉴于袁世凯的权势日盛，难以驾驭，乃以"患足疾，步履维艰，难胜职任"为由，让其回籍养疴。

十二月十五日（1909 年 1 月 6 日），沪宁铁路建成通车。

十二月十八日（1909 年 1 月 9 日），好友王弋①要离开印度尼西亚的爪哇，田桐前往为其送行，并作《爪哇送别王致同》二首相赠（见《田桐集》第 95 页）。

同日，与好友王弋同行的尚有冯亚辅②，田桐亦作有《题冯亚辅、王致同相片》一诗相赠（见《田桐集》第 96 页）。

经过近一年的努力打拼，田桐撰写了数十篇战斗檄文，且"大受英荷两属侨胞之欢迎"（见冯自由《革命逸史》第 2 集，中华书局 1981 年版，第 153 页），使新加坡的舆论阵地完全为革命党人掌控。

---

① 王弋（1886—1944），又名鼎卿，字致同，浙江瑞安人。1904 年 9 月赴日留学，同年加入光复会。1907 年毕业回国，在江浙一带从事反清革命活动。1908 年偕陶成章遍历新加坡、缅甸、马来西亚、澳大利亚及印度尼西亚等国，在华侨中进行联络和募捐。曾与陶成章制订"五省十军"计划，欲发动武装起义以推翻清王朝统治。后计划为清廷侦知，王弋遭通缉，潜回家乡避难。辛亥革命后，被台湾省推为第一届众议院议员。后曾出任福建省政府秘书长。1944 年病逝于家乡。

② 冯亚辅，生平事迹不详，待考。

是年，田桐曾“应荷属侨商之约，赴三宝垄[①]、坤甸[②]、泗水[③]各地设报馆，兴学校，深得各界信仰”（见冯自由《田桐事略》、田桓《先兄梓琴先生行状》，《张难先集》第120、125页）。

宣统元年己酉(1909年)　三十一岁

是年，田桐等人仍在新加坡主办《中兴日报》。

正月十一日（2月1日），万国禁烟会议在上海召开。

二月初一日（2月20日），谕下：“派大学士张之洞为总裁官”（见《张文襄公年谱》第775页），以恭修《德宗景皇帝实录》。

春间，因章太炎的从中挑拨，田桐曾对孙中山先生产生误解，参与对中山先生进行的攻击活动。

曹亚伯曾在《武昌革命真史》之十二章《各地纷起革命军》中记载有此事：“东京同盟会党员因经济困难自相离异，重要党员非深入内地即避身欧美。《民报》宣传机关亦不能按期出版。章太炎主《民报》笔政，与亡命南洋群岛之陶成章、田桐辈，皆以孙中山逍遥海外不接济东京同盟会总部，愤而宣布孙中山罪状，遍传海内外。”（见《武昌革命真史·前编》第十二章，《曹亚伯集》第252页）

闰二月间，革命党人孙武、焦达峰等自东京回国后，在汉口租界设立共进会总机关，从事长江流域会党的联络活动。

三月二十日（5月9日），德宗景皇帝梓宫奉移梁格庄行宫暂安。

三月二十六日（5月15日），革命党人于右任等在上海创办《民呼日报》。

六月二十一日（8月6日），上海勤昌丝厂女工因反对延长工时举行同盟罢工。

---

① 三宝垄(印尼语:Kota Semarang),华侨称为“垄川”,分新、旧两部分,不仅是印度尼西亚爪哇岛中爪哇省首府和最大城市,也是仅次于泗水、雅加达的印尼的第三大港。市区沿海岸延伸5千米,郊区的岗蒂海拔150米,则是风景美丽的住宅区。

② 坤甸(Pontinank),又称“庞提纳克”,是印度尼西亚西加里曼丹省的省会,最大城市,经济、文化中心。赤道穿过该城市。其市内港汉纵横交错,多桥梁,而屋舍多兴建在水上。

③ 泗水(Surabaya):又称苏腊巴亚,原意是鲨鱼和鳄鱼,后汉译成“泗水”,是婆罗摩火山的门户,印尼的第二大城市,也是东爪哇省的省会和最大城市。其位于爪哇岛东部,东北沿海的泗水海峡西南侧,隔峡与马都岛相望,是印度尼西亚的第二大海港,早在中世纪开始就为爪洼的对外贸易港口。

六月二十九日（8月14日），清政府查封《民呼日报》。

七月二十日（9月4日），中、日订立《间岛协约》。

八月初八日（9月21日），旅美华工冯如在旅美华侨的资助下，驾驶着自制的飞机飞上天空，成为中国第一个飞行家。

八月十二日（9月25日），由中国工程师詹天佑自行勘测、自行设计建设的“京张铁路”建成通车。

八月二十一日（10月4日）晚，体仁阁大学士、军机大臣张之洞在京城地安门外白米斜街府邸去世，年七十三。晋赠太保，谥“文襄”，入祀贤良祠。

八月间，应印度尼西亚华商的邀请，田桐来到泗水，创办了荷属东印度最早的华文日报《泗滨日报》。

案：印度尼西亚当时为荷兰的殖民地，称“荷属东印度”。荷兰政府不仅残酷压迫印尼人民，而且对中国侨民也极为仇视；更为复杂的是，爪哇原以佛印两教同时盛行，后来回教侵入，荷兰政府遂时常利用宗教之间的矛盾，使岛民自相殴斗排挤。为了加强荷属东印度的革命力量，也为了更好地募集革命经费，中国同盟会曾先后派张继、陶成章、田桐等人至爪哇的三宝垄、坤甸、泗水等地创办报刊、兴办学校，宣传民主革命思想。

由于有《中兴日报》的经验，《泗滨日报》很快就发行了，成为东爪哇华侨的喉舌，是当时荷属东印度言论最大胆的日报，受到南洋民众的普遍欢迎。同时，报社也成为同盟会印度尼西亚分会的秘密机关和联络点。

在泗水期间，田桐一边办报，还一边翻译了日本友人大越英三郎所著之《南国记》。该书详尽地记录了荷兰殖民者欺压、虐待华侨的历史和罪行，揭露和抨击了荷属东印度当局的黑暗统治，以激发华侨热爱祖国的情感。

案：因至今尚未见到田桐所译之《南国记》，故不知其为小说，还是散文。

八月下旬至九月上旬，同盟会南方支部在香港成立，随即着手准备在广州发动起义。

九月初一日（10月14日），各省谘议局（除新疆外）宣告成立。

九月十三日（10月26日），朝鲜爱国志士安重根在哈尔滨将前日本内阁总理大臣、公爵、朝鲜第一任统监、“太子太师”伊藤博文击毙；“二次革命”失败后，田桐逃亡日本，曾撰有《扶桑诗话》一书，其中收有《绝命诗》一则，即记述伊藤博文死前口占的一首汉诗七绝（见《扶桑诗话·绝命诗》，《田桐集》第517页）。

另外，田桐在《扶桑诗话》的《壮年老年》中亦记载有伊藤博文不同时期所写的两首汉诗（见《田桐集·扶桑诗话》第519页）。

案：伊藤博文（いとう ひろぶみ，1841—1909），字利辅、俊辅，号春亩，日本长州（今山口县西北部）人。1863年留学英国，学习海军。回国后积极从事倒幕运动。明治政府建立，历任外国事务局判事、大藏少辅、民政部少辅、工部大辅、工部卿、内务卿等职。1882—1883年，赴普鲁士研究宪法，归国后致力于日本宪法的制定。1885年任内阁首相。1888年任枢密院议长。主持制定《日本帝国宪法》。后又三任首相，二任议长，积极推行侵略扩张政策。1894年发动侵略朝鲜和中国的战争，强逼清政府签订《马关条约》。1898年来中国，插手维新变法运动。1900年组织立宪政友会，自任总裁。1905年变朝鲜为日本的保护国。1906年任特派大使，与朝鲜签订《日韩协约》，出任日本驻朝鲜统监府首任统监，控制朝鲜的内政外交。1909年4月，支持日本外务卿提出的关于吞并朝鲜的备忘录。同年10月，被朝鲜爱国志士安重根在中国哈尔滨车站枪击身亡。

九月十五日（10月28日），上海《申报》“专电·电四（北京）”载：“学部奏，在东滋事之留学生韩汝庚请开复原官，胡瑛、吕复等十六名仍准进校，田桐、宋教仁二名不准进校。”

田桐晚年在其《革命闲话》中亦曾忆及此事：原被清政府缉捕、强迫退学或免职的中国十九名留日学生领袖中有家长乘溥仪新登基，遂托人“运动求赦”；宣统皇帝果“颁发上谕”，其中云：“除田桐、宋教仁永远不赦外，一体开复。”（见《革命闲话·取缔与上谕》，《田桐集》第380页）

十月初一日（11月13日），陈去病、高旭、柳亚子等17人在苏州虎丘的张国维祠举行雅集，成立南社。

十月二十九日（12月11日），朝命立张之洞祠于京城。

十一月初，江苏谘议局议长张謇召集十六省谘议局代表在上海开会，决定成立“国会请愿同志会”，组织代表团晋京请愿，要求速开国会，建立责任内阁。

十一月上旬，湖北谘议局议员及数十名绅商发起组织了“湖北铁路协会”，举刘心源为会长，刘人祥、万昭度为副会长，反对借债修路，要求集股筹资，铁路自办，并派代表赴京请愿。

十一月二十五日（1910年1月6日），美国国务卿诺克斯（Knox）照会中、日、英、法、俄、德各国，提出东北诸铁路中立案。

十一月间，由于田桐的出色工作，《泗滨日报》办得有声有色；尤其是田桐译载的《南国记》，涉及荷兰殖民者虐待华侨的罪行，深入人心，这使得印尼统治者坐卧不安。印尼政府曾出面禁止，而田桐却不予理睬，仍然连载。于是，印尼政府遂下令将田桐驱赶出境（见冯自由《田桐事略》、田桓《先兄梓琴先生行状》，《张难先集》第 120、125 页）。

当荷兵武装押解田桐离开泗水去新加坡的那天，喜欢阅读田桐文章的印尼侨胞，竟万人空巷，前来为其送行，难舍难分，“多挥涕相送，如失师保”——这一场景也让田桐终生难忘，感动不已（见冯自由《田桐事略》、田桓《先兄梓琴先生行状》，《张难先集》第 120、125 页）。

十二月初六日（1910 年 1 月 16 日），国会请愿同志会发动第一次请愿，上书都察院，要求速开国会，清廷不允。

十二月十一日（1910 年 1 月 21 日），日、俄两国声明：不允许将东北铁路改为公共铁路。

十二月十四日（1910 年 1 月 24 日），各省谘议局代表在北京组织速开国会同志会，通告各省谘议局。

十二月二十日（1910 年 1 月 30 日），革命党人熊成基在哈尔滨谋刺载洵，事泄被捕杀。

年底，田桐仍留在新加坡度岁并与同志一起办报。

宣统二年庚戌（1910 年）　三十二岁

年初，田桐仍在新加坡办报，办报之余，则奔走南洋各地，宣传民族民主革命思想。

正月初三日（2 月 12 日），同盟会员倪映典等在广州发动新军起义，倪映典战死，起义旋失败。

正月十八日（2 月 27 日），清政府颁布《中国红十字会试办章程》，命邮传部右侍郎盛宣怀为红十字会会长。

正月间，光复会在日本东京成立总部，推章太炎、陶成章为正、副会长。

二月十四日（3 月 24 日），清政府批准湖北设立商办粤汉川铁路公司。

二月二十一日（3 月 31 日），革命党人汪精卫、黄复生在北京谋炸载沣，事情败露，被捕入狱。

三月初四至初六日（4 月 13 日—4 月 15 日），长沙发生抢米风潮，饥民焚毁抚台衙门、长沙税关及洋行、教堂等。

四月十三日（5 月 21 日），山东莱阳贫苦农民曲诗文率饥民 700 多人冲进县署，要求速发积谷，减免苛捐杂税。

四月十五日（5 月 23 日），清政府与英、德、法、美四国银行团在巴黎达成铁路借款协议，将湖北、湖南两省人民争回的路权以“国有”的名义收回，再出卖给帝国主义，激起全国人民的义愤。

五月初六日（6 月 12 日），山东莱阳、海阳农民发动抗捐起义。

五月初十日（6 月 16 日），国会请愿团发动第二次请愿。

五月十九日（6 月 25 日），孙中山离开日本横滨前往槟榔屿（又称“庇能”），约黄兴、赵声、胡汉民等前来商议东山再起计划。

五月二十七日（7 月 3 日），山东莱阳曲诗文正式宣布起义，队伍发展至十几万人。

五月三十日（7 月 6 日），曲诗文率农民起义军攻打县城数日不下，只好放弃县城。

六月上旬，经过十几天的血战，起义军伤亡惨重，起义被镇压；曲诗文在当地农民的掩护下，逃到外地，隐姓埋名，才幸存下来。

七月十八日（8 月 22 日），日本伊藤博文政府迫使朝鲜政府签订《日韩合并条约》。

七月二十五日（8 月 29 日），日本宣布合并韩国，朝鲜沦为日本的殖民地。

八月间，田桐自南洋归国，途经广东，遂在友人彭岫南的陪同下前往梅州，秘密拜访前辈诗人、革命志士丘逢甲先生；只是运气不佳，未能见到丘先生，遂写了《宣统二年庚戌秋日，归自南洋，道粤，与彭君岫南秘访丘沧海先生，不遇》一诗纪其事（见《田桐集·诗存》第 496 页）。

鉴于南方边陲举义的屡起屡败，田桐经过反复思考，认为“稽诸各国革命史，各国革命党无不向中央政府进攻，卒成大业；吾党历年均在海疆各省计划举事，实不足以制虏之死命，此后吾党分一部党员专在京畿一带从事活动，庶可收擒贼擒王之实效”①，决定试行“中央革命”的策略；“黄兴诸人莫不壮之。梓琴于是变姓名北上，与宋教仁、程家柽、白逾桓分头进行”（冯自由《田桐事略》，《张难先集》第 121 页）。

九月初一日（10 月 3 日），清政府资政院行开院礼，监国摄政王载沣临院训词。

九月初九日（10 月 11 日），革命党人于右任在上海创办《民立报》。

九月十五日至二十日（10 月 17 日—10 月 22 日），全国第一次运动会

① 冯自由：《革命逸史》第 2 集，中华书局 1981 年版，第 149 页。

上海举行，参加比赛的运动员 140 人，上海获第一名，华北获第二名。

九月二十日（10 月 22 日），第三次国会请愿代表团向载沣和资政院上书。

九月二十三日（10 月 25 日），东三省总督锡良、湖广总督瑞澂、两广总督袁树勋、云贵总督李经羲等省督抚联名上书请组织内阁，定明年开国会。

九月（10 月）间，国际飞行协会在美国旧金山举行飞行比赛，冯如驾驶其自制飞机参加比赛，获得第一名。

十月初三日（11 月 4 日），清政府宣布将九年预备立宪期限缩改为五年，并预行组织内阁；令民政部及各省督抚解散请开国会之代表。

十月十二日（11 月 13 日），孙中山在马来西亚北部的槟榔屿召集黄兴、赵声、胡汉民等同盟会骨干举行秘密会议（史称“庇能会议”），决定在广州再次发动武装起义。

十月中下旬，孙中山派赵声赴香港联络广州新军，并派黄兴、胡汉民、邓泽如等分赴南洋各埠筹集起义款项。

十月（11 月）间，田桐应陆鸿逵之邀北上入京，与宁调元、白逾桓等人一起办《帝国日报》。

《周震麟自序》中记载：“会袁树勋任顺天府尹，秉三入其幕府，陆咏霓亦往开办《帝国日报》，主笔须人。时吴绶卿已有军权，汲引田梓琴（桐）、白楚香（逾桓）诸同志，均入京办报。”

同月里，经朱少屏介绍，田桐与叶楚伧、姚光等人加入好友高旭、陈去病、柳亚子等人创立的资产阶级革命文学团体南社——在 1100 多名社友中，列名第八十五位。

十一月初一日（12 月 2 日），沙皇政府召开内阁特别会议，专门讨论了吞并中国东北北部的问题。

十一月三十日（12 月 31 日），上海《申报》刊载有《荷属代表田桐上军机处禀》。

十一月间，田桐在北京偶然遇见已有好几年不见的好友仇蕴存，当即写了《燕京晤蕴存二首》①赠送好友，以表达其此时的心情：

天意本恬淡，君心亦太虚。山川恣豪宕，戎马且诗书。河朔风高日，湘南云起初。三年离别意，相见复何如？

① 此二诗载于 1914 年 6 月 10 日出版之《民国》第一卷第二期第 8～9 页；因不见收入《田桐集》中，故移录于此。

海国鱼龙毒，归雅觅故林。人间几点血，世乱一知心。大漠沙飞急，中原日落深。朦胧燕市月，为尔苦沉吟。

十二月初七日（1911 年 1 月 7 日），上海《申报·京师近事》载："农工商部现拟创办银行一处，由祝左丞请南洋荷属华侨田桐君代为襄办招股事宜，闻田君允为担任一千万元云。"

十二月二十三日（1911 年 1 月 23 日），武汉各界数万人集会抗议英租界枪杀人力车工人的暴行。

十二月二十四日（1911 年 1 月 24 日），田桐的日本友人、明治时期社会主义运动著名活动家幸德秋水在东京被日本天皇下令杀害。

案：幸德秋水（1871—1911），原名传次郎，号秋水，日本高知县人。幼聪明好学，能读中国古籍、作诗文，以才华出众闻名乡里。1887 年去东京参加自由民权运动，遭政府镇压，被驱回乡；不久赴大阪，拜中江兆民为师。1898 年入万朝报社工作，受风起云涌的工人运动影响，思想倾向社会主义并作深入研究。1901 年与片山潜（1859—1933）等人创建日本第一个社会主义政党——社会民主党。日俄战争前夕，组织平民社，创办《平民新闻》，从事反战活动，遭政府逮捕入狱。出狱后逃亡美国，接近无政府主义者。1907 年回国，主张组织工人总罢工。1910 年以"大逆事件"（阴谋暗杀天皇的罪名）被政府逮捕，1911 年年初被杀害。译著有《廿世纪之怪物帝国主义》、《长广舌》、《社会主义神髓》、《平民主义》、《争取面包》、《自由思想》、《基督抹杀论》等。

田桐在"二次革命"失败后，流亡日本，曾撰有《扶桑诗话》一书，其中的《幸德秋水》一则，专门记载二人的交往、友谊和幸德秋水所写的几首汉诗，以表达其缅怀之情（见《田桐集·扶桑诗话》第 547 页）。

十二月下旬，黄兴抵达香港，受孙中山的委托主持广州起义的筹备工作，并成立统筹部，黄兴为部长，赵声任副部长，统筹一切起义计划；同时在广州设立秘密机关，运动新军起义。

是年，美国基督教会将南京汇文书院和宏育书院合并组成南京金陵大学堂（1915 年改名金陵大学）。

宣统三年辛亥（1911 年）　三十三岁

正月初一日（1 月 30 日），湖北革命党人蒋翊武、詹大悲、刘复基等在武昌成立文学社，蒋翊武被推为会长；社员达八百余人，以新军为主。

正月初十日（2 月 8 日），上海协和丝厂女工举行反对减发工资的同盟罢工。

二月（3月）间，田桐与白逾桓、景定成、程家柽等人在北京创办《国风日报》，宣传反清革命，反对虚伪立宪。常以“重耳”的笔名发表时评。

三月初十日（4月8日），同盟会员温生才在广州刺死署理广州将军孚琦，温氏亦随即被捕遇害。

三月十七日（4月15日），清政府与英、美、德、法四国银行团订立一千万英镑币制改革和东三省实业振兴借款合同。

三月二十九日（4月27日），黄兴、赵声、朱执信等同盟会员在广州发动武装起义（史称“辛亥广州起义”、“辛亥广州三月二十九日之役”或“黄花岗之役”），攻占两广总督府，随即被清军镇压。此役牺牲革命党人86人，后由善堂收殓烈士遗骸72具，合葬于城郊的红花岗（后改名“黄花岗”）。

同日，田桐的好友林文①在率队攻打总督府时中弹牺牲。

案：黄花岗之役虽然失败，但其震动全国，影响却甚大。孙中山先生曾给予很高的评价：“是役也，碧血横飞，浩气四塞，草木为之含悲，风云因而变色。全国久蛰之人心，乃大兴奋。怨愤所积，如怒涛排壑，不可遏抑。不半载而武昌之大革命已成，则斯役之价值，直可惊天地，泣鬼神，与武昌革命之役并寿。”② 并强调指出：“是役也，集各省革命党之精华，与彼虏为最后之一搏。事虽不成，而黄花岗七十二烈士轰轰烈烈之慨，已震动全球，而国内革命之时势，实以之造成矣。”③

四月初三日（5月1日），田桐在《南洋群岛商业研究会杂志》第四期上发表《上农工商部禀》（又名《南洋荷属华侨代表田桐上农工商部禀》）一文（见《田桐集》第97～102页）。该文洋洋五千余言，从南洋群岛“华侨被虐之一般”、“荷人统治华人之政策”、“华侨与祖国隔阂之原因”、“华侨之向背”、“各国侨民之地位”、“荷兰政界之恐慌及我国外交之好

---

① 林文（1887—1911），原名时塽，字广尘，号南散，后改名文，福建侯官人。云南巡抚林鸿年之孙。早年随父赴浙求学，胸怀大志。1903年加入福建学生会。1905年初赴日留学，入成城学校习军事，后改入日本大学法科。同年加入同盟会，任福建分会会长兼民报社经理。1911年春，自日本经香港回广州，参加黄花岗起义，加入“选锋”队。在与黄兴率队攻打总督府时中弹牺牲。能诗文，善书法。

② 孙中山：《〈黄花岗烈士事略〉序》，胡汉民编：《总理全集》第一集，上海民智书局1930年版，第1054页。

③ 孙中山：《建国方略》，《孙中山选集》上卷，人民出版社1956年版，第181页。

机会”、“荷人今后对待华侨之方针”、“谨将管见所及条例于后”等八个方面，详细地向清廷当政者建言：华侨在国外的生存艰难，备受各国统治者的虐待、欺凌；华侨对“祖国之观念，既深且挚”；华侨是祖国的宝贵财富，希望清政府在南洋群岛各国“急设领事”，以爱护华侨，保护华侨。

四月初十日（5月8日），清政府裁撤军机处，成立皇族内阁，以奕劻为总理大臣。

四月十一日（5月9日），清政府取消粤汉、川汉铁路民办的成案，宣布“铁路干线国有”政策。

四月十二日（5月10日），文学社在武昌小朝街八十五号设立机关部。

四月十六日（5月14日），湖南长沙举行万人大会，决议拒外债，保路权。

四月十八日（5月16日），长沙、株洲一万多名筑路工人举行游行示威，提出了罢市、罢课、全省抗缴租税的号召。

四月二十日（5月18日），清政府任命端方为督办铁路大臣，前往接收四省商民集股的铁路公司。

四月二十二日（5月20日），清政府派邮传部大臣盛宣怀与英、法、德、美四国银行团代表签订《粤汉川汉铁路借款合同》。

五月初十日（6月6日），广东粤路股东千余人开会，决议保路，并通电湘、鄂、川，呼吁相互支持。

五月十六日（6月12日），田桐昔日的战友、同乡刘静庵①在武昌监狱中被折磨致死。

五月十九日（6月15日），由阎锡山发起的“辛亥俱乐部”在山西正式成立。

案：“辛亥俱乐部”成立时60余人，成立后很快发展至数百人；总部设在北京，各省均建有支部。它以“促政治改良，谋国利民福”为目的，以

---

① 刘静庵（1875—1911），原名贞一，又名大雄，字敬安，亦作敬庵、静庵。湖北潜江人。幼承父教，习诸子百家之学，有大志。1903年至武昌从军，入湖北新军马队营。1904年任武昌新军护军马队第一营管带黎元洪的文案。不久加入革命团体科学补习所，密谋与长沙华兴会同时起义，事泄被逐出营。1905年，以担任美国教会圣公会阅报室日知会司理为名，积极购置新书刊，组织演讲会，联络同志，宣传革命思想。次年2月，与曹亚伯等人发起成立革命组织日知会，被推为总干事。1907年1月，因密谋支援萍、浏、醴起义，被叛徒告密指认为哥老会首领刘家运，遭逮捕入狱。在狱中备受酷刑，坚贞不屈。1911年6月12日在狱中被折磨致死。

“阐扬立宪帝国之精神”、“提倡军国民教育”、“发展地方自治能力”、“主张保护政策，以振兴实业”、“整理财政，以增进富力”、“审度公私经济能力，以谋交通之发达”、“整饬军备，以充实国力”、“体察内外情势，确定外交方针”为其政纲。

五月二十一日（6 月 17 日），川汉铁路股东代表在四川成都召开会议，反对铁路国有，组成“保路同志会”。

五月二十四日（6 月 20 日），“中央教育会”成立，张謇任会长，张元济、傅增湘任副会长。

六月初六日（7 月 1 日），孙洪伊、汤化龙、谭延闿、雷奋等在北京成立“宪友会”（又称“民党”）。

六月二十八至二十九日（7 月 23 日—7 月 24 日），《帝国日报》连续刊登《辛亥俱乐部规约》。

闰六月初六日（7 月 31 日），宋教仁、陈其美、谭人凤等人在上海北四川路湖北小学校成立“中国同盟会中部总会”。

闰六月十一日（8 月 5 日），上海晋昌、长纶、锦华、协和四丝厂工人为反对减工举行联合罢工。

闰六月十五（8 月 9 日），田桐与续西峰、景定成①、井勿幕、熊克武②

---

① 景定成（1882—1959），字梅九，别号无碍居士，山西运城人。早年入晋阳书院、山西大学堂、京师大学堂学习。1903 年赴日留学。1905 年加入同盟会，致力于民主革命活动。1907 年毕业回国，至青岛任教，暗中则秘密联络同志。武昌起义爆发，由京返晋，任军政府政事部部长。后历任山西稽查局局长、国会众议院等职。因反袁曾被捕入狱。1917 年参与护法运动。1924 年参与“北京政变”。1927 年参与反蒋活动。全面抗战爆发后，至西安办报，宣传抗日。解放战争时，一直追随共产党。解放后曾任陕西省政协委员，1959 年病逝于西安。工诗文。著有《罪案》、《入狱始末记》、《石头记真谛》、《葵心》等；译有名著《神曲》。

② 熊克武（1885—1970），字锦帆，四川井研人。1904 年赴日留学，入东京大成中学，结交志士，倾向革命。1905 年加入同盟会，任评议员。同年回国，入上海中国公学继续学业。1907 年初，奉命返回四川，任四川同盟分会主盟人，负责联络同志，组织武装起义。曾发动多次起义，均未成功。1911 年赴广州参加“黄花岗起义”。1912 年出任蜀军北伐总司令、第五师师长。“二次革命”失败，逃亡日本。1915 年赴云南参加护国战争。1916 年随蔡锷入川，再任第五师师长兼重庆镇守使。1918 年出任四川督军。1923 年任四川讨贼军总司令。后相继出任国民党中央执行委员、国民党政府委员、中央监察委员等职。新中国成立后，历任西南军政委员会副主席、全国人大第一、二、三届代表及常委，中国国民党革命委员会中央副主席等职。

等人在北京西革厂胡同筹办《国光新闻》报，以“倡导立宪，排斥官僚政治”①为掩护，宣传革命思想；并暗中联络北方革命志士，拟伺机起事，袭据北京。

闰六月二十一日（8月15日），朝命陈宝琛充任弼德院顾问大臣。

闰六月二十六日（8月20日），经过短暂、紧张的筹备，《国光新闻》正式出版；于是，《国光新闻》报社很快就成为同盟会在北京的活动基地；因其极力隐喻嘲讽当权者，大力提倡军民教育，故其影响力不断扩大②。

七月初一日（8月24日），四川成都举行万人保路大会，决定全省罢市、罢课，抗纳捐税，不认外债；重庆、嘉定、荣县等数十州县的保路分会纷纷响应。

七月初九日（9月1日），四川川路股东大会决定实行抗粮抗捐。

七月十二日（9月4日），经过数月的磋商，武昌的文学社和共进会终于达成联合的意向。

七月十五日（9月7日），四川总督赵尔丰在成都逮捕谘议局、保路同志会、铁路公司及股东会负责人。

七月十六日（9月8日），四川保路同志会举行武装起义，包围成都，全省响应。

七月二十二日（9月14日），文学社、共进会举行联席会议，组成统一的起义领导机构，决定总动员计划，推蒋翊武为革命军总司令、孙武为参谋长，刘复基、彭楚藩等为军事筹备员；并在汉口设立政治筹备处，负责将来建立革命军政府的准备工作。

大约在七月间，经宁调元等友朋的介绍，田桐曾加入辛亥俱乐部③。

八月初三日（9月24日），南湖炮营同志“为同袍退伍者祖饯”，与队官发生冲突，随又与附近马队冲突；蒋翊武、孙武等人“闻之大惊”，立即商议对策：李翊东等人主张乘机举义，先发制人；刘复基等人以太过仓促，所购枪支又未到，不宜举义，且瑞澂“昏庸胆怯，今日之事，必不敢究”，“主缓发”。众人赞成刘复基意见。待“瑞澂得报，果以兵士酗酒滋事，开除一二人军籍寝事”（见《辛亥札记·炮营之变》，《居正文集》第38页）。

---

① 郑天挺、荣孟源主编:《中国历史大辞典·清史卷》(下),上海辞书出版社1992年版,第450页。

② 王学庄、杨天石:《南社史长编》,中国人民大学出版社1995年版,第290页。

③ 宗方小太郎:《一九一二年中国之政党结社》,章伯锋、顾亚主编:《近代稗海》第12辑,四川人民出版社1988年版,第71页。

同日，鉴于湖北日趋紧张的局势，文学社与共进会再次举行联席会议，决定于 10 月 6 日（旧历中秋节）在武昌举行起义。

八月初四日（9 月 25 日），同盟会员吴玉章和王天杰率领起义军占领四川荣县，宣布独立，建立了革命党人领导的第一个地方政权。

八月上旬，“汉口机关得炮营事变之讯，恐阅久而锐气消沉，乃召集会议，决定中秋起事”，并给重要党人均安排了任务，规定了起义信号和标志（见《辛亥札记·中秋起事》，《居正文集》第 38～39 页）。

八月十五日（10 月 6 日），按原计划，今日举义；但因“及期，以戒备森严，无隙可乘，乃改期十八日”（见《辛亥札记·中秋起事》，《居正文集》第 39 页）。

八月十七日（10 月 8 日），孙武在汉口俄国租界宝善里二十二号赶制炸药引起爆炸；孙武等人受伤，躲入医院；潘公复、邢伯谦、谢石钦、梅宝玑等人皆走避。“俄警迹声而至，阒其无人”，只是“将所有名册文告旗帜印信弹药等，概行搜去”，起义机关被破坏（见《辛亥札记·孙武炸伤》，《居正文集》第 39 页）。

八月十八日（10 月 9 日），蒋翊武等在武昌小朝街总部讨论形势，于下午五时发出起义的紧急命令，决定当晚十二时以中和门（今起义门）的炮声为号举义。

同日夜十一时半，武昌小朝街起义总部被清朝军警破坏，刘复基、彭楚藩等人被捕，蒋翊武等人逃脱。

邓玉麟等人“负有传达命令之责”，然“武昌特别戒严”，“交通断绝”，命令“无由投递”，故延误“十八日举事之期”（见《辛亥札记·熊炳坤第一枪》，《居正文集》第 41～42 页）。

八月十九日（10 月 10 日）早晨，宪兵营革命党代表彭楚藩、军事参谋刘复基、交通员杨洪胜在武昌督署门外被杀害。军中的革命同志闻知消息，皆“悲愤填膺，急思与三烈士复仇，乃各自为谋，决定即夕起事”（见《辛亥札记·熊炳坤第一枪》，《居正文集》第 41～42 页）。

晚九时，武昌新军的革命士兵在第八镇工程第八营革命党总代表熊秉坤的指挥下，打响了起义的第一枪，并率众冲出营房，武昌起义（辛亥革命）爆发。

随即，众兵士“拥其哨官吴兆麟至楚望台”，与“倒戈”的守台士兵会合，占领楚望台（见《辛亥札记·熊炳坤第一枪》，《居正文集》第

42 页）。

武昌陆军测绘学堂“邻近工程营，突闻枪声，全堂震惧，莫知所措”；革命党人李翊东挺身而出，立即组织同学，与向讦谟、朱次璋和刚从工程营赶来的方兴带领大家赶到楚望台，拿起枪支，响应起义，负责“守楚望台军械及宾阳门各要隘”（见《辛亥札记·熊炳坤第一枪》，《居正文集》第 42～43 页）。

是夜，南湖炮营“闻城内枪声四起”，遂与“乘机集合，举枪响应”马队会合，一起“入城增援”。炮队在徐万年的指挥下，“置炮于蛇山及楚望台”，“开炮轰击督署”（见《辛亥札记·徐万年挥炮兵入城》，《居正文集》第 43 页）。

湖广总督瑞澂、新军第八镇统制张彪见情形难以遏制，遂弃城逃至汉口，率残部继续顽抗。

八月二十日（10 月 11 日），蔡济民、杨选青、阙龙等率革命军，在南湖炮兵的配合下，一举攻克湖广总督衙门，武昌城光复；时“粤汉铁路督办岑春煊微服逃，官吏自臬司以下皆逃走”（见《辛亥札记·攻克督署·武昌全城光复》，《居正文集》第 44～45 页）。

因原党人内部推举之都督刘仲文“在汉口避匿未出”，“众望所推之黄克强未到鄂”，而“各军将校，又以资望浅，且均不能相下”；不得已，吴兆麟与蔡济民、张振武、李翊东等人在楚望台集议，商量建立军政府问题，乃推举第二十一混成协协统黎元洪为“中华民国军政府”鄂军都督（见《辛亥札记·武昌全城光复》，《居正文集》第 45 页）。于是，即日告示安民，宣布废除清朝年号，中国为“中华民国”，“中华民国湖北军政府”成立。

同日里，都督既举出，“即以谘议局为都督府，推举职员”；其时因“党人多亡匿在外”，故“草创之际，不暇因事择人”，乃“就其在场者，各尽其所能，互相推举。以张景良为参谋长，杨开甲副之，皆降将也。方定国为司令官，蔡济民、吴醒汉、张廷辅、邓玉麟、高尚志、王宪章、徐达民、王文锦、陈宏浩等任谋略。李翊东为叙赏长，张振武副之。冯昌言长文书，向讦谟长会计，邢伯谦长军装科，其余分隶各部署，盖无一不得其用也”（见《辛亥札记·都督府推举职员》，《居正文集》第 45～46 页）。

八月中旬，田桐得知“党人运动湖北新军之计划已臻成熟，亟拟回鄂督促进行，正摒挡间，而武昌义师已起，遂星夜买舟南下”（见冯自由《田桐事略》，《张难先集》第 121 页）。

八月二十一日（10 月 12 日），汉阳、汉口相继光复；湖北军政府通电全国，宣告武汉三镇光复，电促黄兴、宋教仁速赴湖北；并请转电孙中山先生从速回国，主持大计。

同日，孙中山在美国科罗拉多州的典华城（今译作丹佛）旅途中，从美国报纸上获知武昌起义消息，遂决定转赴英国进行外交活动，并取道法国东归。

八月二十二日（10 月 13 日），司令官方定国及同谋张振标、蔡登高因暗通张彪，被李翊东等当场抓获、枪毙（见《辛亥札记・方定国通敌》，《居正文集》第 48 页）。

同日，军政府组建约法起草委员会，刘公任主席，成员尚有居正、胡瑛、陶德崐、王正廷、汤化龙、陶凤集 6 人，开始起草制定《鄂州约法》。

同日，刘仲文、蒋翊武、胡瑛等人先后聚集武昌都督府，以"刘仲文在参谋处主持，蔡济民、蒋翊武主各军之联络"；经商议，一致认为"佥以兵不建制，无以应战"，"乃请都督下命"，"先成立五协"，并"以夏振奎任第一协统领，张廷辅任第二协统领，窦秉钧任第三协统领，杨载雄任第四协统领，熊秉坤任第五协统领。胡廷佐、杨选青、耿丹、单道康、王国华、杜武库等各任标统"，以应战时所需（见《辛亥札记・新成五协》，《居正文集》第 49 页）。胡瑛则"命任外交，奔走汉口，与各国领事交涉"（见《辛亥札记・汉口领事团开会》，《居正文集》第 49 页）。

八月二十三日（10 月 14 日），清政府重新起用袁世凯，任命其为湖广总督；又任命岑春煊为四川总督，对抗起义军。

八月二十四日（10 月 15 日），由原省谘议局局长汤化龙主持起草了《军政府暂行条例》。条例规定，军政府下设军令、军务、参谋、政事四部，各部皆受命于都督。而在任命的四位部长中，革命党人仅孙武 1 人，其余 3 人均是立宪派或前清军官。

八月二十六日（10 月 17 日），湖北军政府公布《中华民国军政府条例》。

八月二十七日（10 月 18 日），沙俄唆使外蒙叛国集团宣布"独立"。

八月二十八日（10 月 19 日），革命军大败清军于汉口刘家庙（今黄埔路到丹水池一带）。

八月下旬，当田桐抵达上海时，适遇同乡好友李书城亦来到上海；他们得知“谭人凤……居正等已先期赴鄂”（见冯自由《田桐事略》，《张难先集》第 121 页），只得稍作停留，等候黄兴等人的到达。

九月初一日（10 月 22 日），湖南革命党人焦达峰、陈作新率领新军、会党起义，占领长沙，焦、陈二人被推为正、副都督。

同日，陕西新军、会党发动起义，攻占西安，张凤翙被推为都督。

九月初二日（10 月 23 日），江西九江的新军发动起义，成立九江军政分府。

同日，黄兴偕夫人徐宗汉自香港安全抵达上海，当天就在《民立报》社与宋教仁相见；两人“久别重逢，倾谈竟夕。商定由柏文蔚、范鸿仙等往南京策动新军反正”，自己则与宋教仁赴武昌支撑全局[①]。

同日，黄兴亦与先已来沪等候自己同去湖北的田桐、李书城等人相会。

同日，黄兴、宋教仁、柏文蔚、李书城、田桐等人一起至陈其美家会议，商议办法。

柏文蔚后来曾回忆说：“九月初二日，黄克强（黄兴）归自南洋，即会议于英士家，决定克强担任武汉，余担任南京。”[②]

九月初三日（10 月 24 日）晚，黄兴、宋教仁、李书城、田桐等人在红十字会女医师张竹君率领的战地救伤队的掩护下，自上海赶赴武汉。随黄兴同行的尚有刘揆一、陈果夫、马伯援、朱家骅等人。

九月初四日（10 月 25 日），革命军与清军激战于刘家庙，以蔡济民、吴醒汉、高尚志之力荐，任张景良为前线总指挥；“初与敌战，我军获胜，向前力追”；岂料“张景良以总指挥名义，下令烧毁刘家庙子弹及辎重”，致使“前方战士，闻后方子弹被焚，大恐，相率退下”，“刘家庙阵地丧失”，直退至汉口大智门车站；兵士将张景良缚送汉口军政分府，詹大悲遂将其“毙之，以抒公愤”（见《辛亥札记·张景良火烧刘家庙》，《居正文集》第 56 页）。

同日，鉴于首义后领导权旁落的状况，在孙武、刘公、张振武、居正等人提议下，军政府再次开会，改订了《军政府暂行条例》，将原来的军令、军务、参谋、政事四部改成军令、军务、参谋、内务、外交、财政、交通、司法、编制九部，而在所任命的九名部长中有四名是革命党人，其他为立宪

① 黄一欧：《辛亥革命杂忆》，政协全国文史资料委员会编：《辛亥革命回忆录》七，文史资料出版社 1982 年版，第 154 页。

② 柏文蔚著、文明国编：《柏文蔚自述·五十年大事记》，人民日报出版社 2011 年版，第 26 页。

派2人、前清军官2人，留日学生1人。

九月初六日（10月27日），清政府任命袁世凯为钦差大臣，节制湖北水陆各军；袁世凯自彰德（今河南安阳市）出发，抵达孝感督师。

九月初七日（10月28日），清廷颁发停战文告，但整个南京城仍然在张勋等旧军的控制之下。

同日，焦达峰派遣王隆中率湖南革命军的主力自长沙出发，援助湖北。

同日上午，田桐偕黄兴、宋教仁、李书城①一行安全抵达汉口，并一同前往视察前线部队作战情况。

当天下午，黄兴、田桐、宋教仁、李书城等一行人抵达武昌（即夏口），与居正等人相会，共“商出兵反攻事”（见《辛亥札记·七日之战》，《居正文集》第58页）。

当黄兴等人抵达军政府时，受到黎元洪和革命同志的热烈欢迎。黎元洪当即下令做了一面大旗，“上写‘黄兴到’三个大字，派人举着大旗，骑马在武昌城内和汉口没有被清军攻陷的地方跑了一圈。前线将士听到黄兴来了，士气高涨，军心大振，居民铺户也纷纷鸣放鞭炮，表示欢迎”②。

当天晚上，黄兴不顾旅途劳累，在田桐、李书城等人的陪同下，率领督战队赶赴汉口视察、督战。还让人特制了两面大军旗，旗长一丈二尺，上书斗大一“黄”字，“由领队人手执前进，使沿途人人知道黄兴到汉督战”③。

---

① 李书城(1882—1965)，字晓园，又作小渊、筱垣，湖北潜江人。小随父读，少时曾中秀才。后入武昌经心书院深造。1902年赴日留学，先后入东京弘文学院、振武学校、陆军士官学校学习。参与创办《湖北学生界》，协助孙中山创立中国同盟会，积极宣传民主革命思想。1911年回国，任汉阳总司令部参谋长。民国成立，任总统府军事秘书。临时政府北迁后，任南京留守府总参议。袁世凯窃国后，随黄兴逃亡日本和美国。1916年回国。曾任北京摄政内阁陆军部总长，北伐军总司令部顾问，山西冯阎讨蒋军顾问。1932年先后任湖北省建设厅、民政厅厅长。抗战时期，出任湖北通志馆馆长。1948年始，奔走两湖和河南，呼吁停止内战，主张民主建国。1949年9月，赴京出席中国人民政治协商会议第一届全体会议。新中国成立后，曾任农业部部长、全国人大常委会委员、全国政协常委会委员。1965年8月6日在北京逝世。

② 周武彝:《陆军第三中学参加武昌起义经过》，政协全国文史资料委员会编:《辛亥革命回忆录》七，文史资料出版社1982年版，第17页。

③ 李春萱:《辛亥革命纪事本末》，《辛亥首义回忆录》第2辑，湖北人民出版社1980年版，第192～193页。

同日，“成都血案”发生，四川局势濒于失控。

宋教仁一到武昌，即被邀请参加军政府的法律工作，参与起草《鄂州临时约法草案》。

九月初八日（10 月 29 日），山西宣告独立，山西军政府成立，阎锡山任都督。

同日，清军攻陷循礼门，革命军向南退却，退往汉口华埠商住区；黄兴、李书城、田桐等一行赶往汉口六渡桥满春茶园，指挥汉口军民与北洋军进行街市巷战。

九月初九日（10 月 30 日），云南同盟会联合新军起义，次日成立云南军政府，推蔡锷为都督。

同日，田桐陪同黄兴、李书城等人曾在汉口六渡桥组织溃败的革命军反攻，想要夺回循礼门，但未成功。

九月初十日（10 月 31 日），江西南昌新军举行起义，并于 11 月 2 日成立江西军政府，吴介璋为都督。

同日，清军 2 万多人进逼汉口市中心区，革命民军则在市区中心的北面和西面与清军展开激烈的争夺战；清军每前进一步，都要付出巨大的代价。清军统帅冯国璋见民军以居民房屋作屏障顽强抵抗，竟丧心病狂地“纵令军士，放火焚烧，肆行抢劫，并不准保安会救火。有救火者，当场被枪毙三人，连烧三昼夜，自硚口以至蔡家巷，统计不下数万家”。

居正晚年曾回忆说：冯国璋“以连日在汉口受创，迁怒汉口市民，竟将长江经济中心之汉口付之一炬”，“至十三日”，“火犹未灭，繁盛市区，化为焦土”（见《辛亥札记·冯国璋火烧汉口》，《居正文集》第 59 页）。

黄兴等人见汉口上空“烟雾蔽天，咫尺莫辨”①，遂指挥革命军有序向四官殿、龙王庙一带撤退。

同日，湖南革命发生变局，都督焦达峰、副都督陈作新先后被自邵阳赶到长沙的新军杀害，原立宪派人物谭延闿被推举为湖南都督。

同日，鉴于军政府由黎元洪掌握最高权力、其他领导人半数为立宪派和旧军事官僚的格局，宋教仁曾召集居正、田桐、蒋翊武、杨王鹏、吴兆麟、刘公、孙武等人集议，提出推举黄兴为“湖北湖南大都督”的建议，遭到吴兆麟、孙武、刘公、蔡济民、杨玉如等人的强烈反对，故事未成。

① 李春萱：《辛亥革命纪事本末》，《辛亥首义回忆录》第 2 辑，湖北人民出版社 1980 年版，第 193 页。

九月上旬，孙中山自美国抵达伦敦，会见英、法、德、美四国银行团主任，要求停止对清政府借款，未获结果；又委托维加炮厂经理就此问题向英国外交大臣格雷（E. Grey）进行交涉。

九月十一日（11 月 1 日），皇族内阁辞职，清政府任命袁世凯为内阁总理大臣，负责组织责任内阁。

同日，“西北风暴作，汉镇火愈烈”；清军则继续进攻，“每攻一段，冒火蹈险，又为‘匪’（案：指革命民军）暗击，艰苦不可言状”[①]。而民军在玉带门、双洞门一带顽强阻击，逐渐不支，陆续向汉阳撤退。

九月十二日（11 月 2 日），江南新军第九镇统制徐绍桢与协统沈同午等在南京城外发动起义，被推为江浙革命联军总司令。徐氏率军进攻雨花台，被江南提督张勋击退。

同日下午，经过“四昼夜”激战，北洋军攻陷湖北汉口，民军终于“众寡不敌”（见《辛亥札记·黄兴反攻汉口》，《居正文集》第 59 页）；黄兴、李书城、田桐等人遂指挥革命军从龙王庙渡船过汉江，在南岸嘴上岸，占领龟山和汉阳铁厂（今琴台大道南侧）。

于是，都督立即派人迎接黄兴、李书城、田桐等人渡江入都督府，“议守汉阳方略”（见《辛亥札记·黄兴拜将》，《居正文集》第 60 页）。

当天晚上，湖北军政府召开紧急会议，商讨今后的应敌之策。黄兴报告了汉口的整个战况，并分析了革命民军失败的原因。会上，有人提出，黄兴在汉口督战，没有正式名义，全凭个人威望，因此有不服从命令的情况，并提议推举黄兴为民军战时总司令，全权负责汉阳的战守。这一提议立即得到大家的赞同，并接受居正的建议，采用刘邦拜韩信为将的方式，明天就举行拜将典礼。

九月十三日（11 月 3 日），上海革命党人占领县城，起义胜利。三天后成立“沪军都督府”，陈其美任都督。

同日，为了“号令严肃，收指挥统一之效”，湖北军政府在武昌阅马场举行了隆重的拜将仪式，黄兴“登台拜将”，被“授以全权”，就任中华民国军政府战时总司令（见《辛亥札记·黄兴拜将》，《居正文集》第 60 页）；同时任命李书城为参谋长，王孝缜为副官长，田桐为秘书长参赞军机，王安澜为总粮台。日本友人萱野长知等人也应邀进入总司令部，担任顾问之职。

---

① 《袁世凯致内阁请代奏电》,《近代史资料》1954 年第 1 期。

其时，田桐的同乡好友、留日同学蔡汇东①则被任命为战时总司令部军法官。

其间，田桐曾再一次登上黄鹤楼，并写了《登黄鹤楼》一诗（见《田桐集》第103页），以表达其不灭清朝誓不罢休的决心和抒发其革命取得胜利后的喜悦心情。

随即，黄兴、李书城、王孝缜、田桐等将战时总司令部设于汉阳的琴台，下设参谋、副官、秘书三处和侦探、间谍两科，开始全面部署保卫汉阳的阳夏战役；消息顷刻传遍武汉三镇，使得革命军的军威立时大振。

同日，内阁总理大臣袁世凯自河南信阳抵达湖北孝感督战；清军首领冯国璋宣布："休战十日，掩死吊亡。"②

同日晚，受原湖南都督焦达峰的派遣，王隆中率领的湖南援鄂军先头部队抵达武昌。

九月十四日（11月4日），浙江杭州新军起义，次日成立浙江军政府，推汤寿潜为都督。

同日，贵州新军发动起义，次日成立贵州军政府，举杨荩诚为都督。

同日早晨，黄兴、李书城、王孝缜、田桐等人登上龟山，观察汉口清军阵地，随后沿着河边防线视察，见与汉口相隔太近，枪弹可及，遂将战时总司令部由汉阳琴台迁至汉阳归元寺附近的昭忠祠；居正遵黄兴所嘱，带领学生团前来作总司令部的卫队（见《辛亥札记·伯牙台·昭忠祠》，《居正文集》第60页）。

同日，袁世凯招冯国璋至黄陂滠口会晤，商议派兵遣将之事，将攻克汉

---

① 蔡汇东(1881—1938)，字达生，号文炳，湖北蕲州人。1899年廪生。1903年考入武昌文普通中学堂，不久自费赴日留学，先入东京弘文学院普通科，继入早稻田大学。不久与黄兴、宋教仁、田桐结识，思想倾向革命。1905年参与《二十世纪之支那》杂志的创办和发行。所撰《日本政客之经营中国谈》一文，引起日本警方的查禁，险遭拘捕。不久，加入同盟会。著有《死法》一书，轰动一时。1906年回国，先后在黑龙江全省调查局、邮传部任职。1911年参加武昌起义，出任战时总司令部军法官。南京临时政府成立，任南京中央造币厂厂长。1913年进入张绍曾的绥远将军府为幕僚；"西蒙王公会议"时任接待处总理，编有《西蒙会议始末记》一书。1913—1922年间，两次被选为国会议员。后长期在中国银行任职。抗战期间赴重庆，任司法院参事。1938年5月，再任中央造币厂厂长；同年冬卒于重庆。另著有《筹藏刍言》等。

② 王树枏：《武汉战纪》，中国史学会主编《辛亥革命》（中国近代史资料丛刊）五，上海人民出版社1981年版，第233页。

阳作为下一步的战略目标①。因为他们认识到："昔日之势，重在武昌，武昌以洪山为扼塞，洪山失则武昌不守，顺流以取汉阳、汉口，如破竹耳。今日之战，则重在汉阳，汉阳之大别（即龟山）诸山，俯瞰武汉，如釜底一丸，下掷则全城瓦碎，不待攻而自破矣。为今之计，惟有先取汉阳，为攻心之上策。"②

九月十五日（11 月 5 日），江苏巡抚程德全在苏州起义，江苏独立，军政府成立，拥程德全为都督。

同日，黄兴偕李书城、王孝缜、田桐、吴兆麟等人前往巡视防御阵地，并请侦察科长胡鄂公多派侦探、间谍潜伏汉口侦察敌情，刺探情报。

九月十七日（11 月 7 日）凌晨，袁世凯以二万银圆收买马步周，在直隶石家庄车站刺杀革命党人、新军第六镇统制吴禄贞③。

同日，广西独立，成立军政府，先举巡抚沈秉堃为都督，随后改举陆廷荣为都督。

九月十八日（11 月 8 日），安徽独立，成立军政府，举巡抚朱家宝为都督。

九月十九日（11 月 9 日），福建新军起义，成立军政府，举统制孙道仁为都督。

同日，广东独立，成立军政府，举胡汉民为都督。

广东光复后，冯如带着自制的两架飞机参加革命，被广东革命政府任命为飞机队飞机长。

自武昌起义爆发起，至九月二十三日，湖北、湖南、陕西、山西、云南、江西、上海、贵州、浙江、江苏、广西、安徽、福建、广东、山东等省先后发动起义，宣布独立。

同日，湖北军政府都督黎元洪通电各省，请派代表至武昌，商议组织全

---

① 公孙訇：《冯国璋年谱》，河北人民出版社 1989 年版，第 12 页。

② 王树枏：《武汉战纪》，中国史学会主编：《辛亥革命》五，上海人民出版社 1981 年版，第 234 页。

③ 吴禄贞（1880—1911），字绶卿。湖北云梦人。家境贫寒。光绪二十三年（1897 年）至武昌入伍，旋进湖北武备学堂。次年赴日留学，入士官学校骑兵科。不久，接受孙中山民主革命思想，加入兴中会。光绪二十八年（1902 年）春毕业归国，先后任武昌普通中学堂教习、清军练兵处骑兵监督、东三省总督徐世昌的军事参议、延吉边务帮办、陆军协都统、镶红旗蒙古副都统、陆军第六镇统制。宣统三年（1911 年）武昌起义爆发，秘密组织清军倒戈反清，被袁世凯派人杀害。能诗词，所作多散佚，今存有《吴绶卿先生遗诗》二卷。

国统一的临时中央政府。

九月二十日（11月10日），奉袁世凯之命，刘承恩再次“来武昌求妥协，冀得缓兵”（见《辛亥札记·袁世凯派员议和》，《居正文集》第64页）。

九月二十一日（11月11日），汤寿潜、陈其美、程德全三都督联名通电各省，倡议在上海召开各省代表会议。

同日，孙中山自美国纽约抵达英国伦敦开展外交活动。

同日，冯国璋对进攻汉阳作了具体部署：派“六镇镇统李纯率混成十一协及混成十九标的炮一队，分甲、乙两支队，渡襄河（即汉水）出击民军的左侧；王遇甲率四镇直渡襄河，进攻民军正面”。另以步队二十一标统带吴金标为甲支队长，以步队十一协统领马继曾为乙支队长；甲支队自孝感分水、旱两路进发，同至新沟渡河；乙支队自大智门出发，至驼螺口（舵落口），与甲支队联系，相助渡河。又抽调第八协步队一标，为甲、乙两支队的后援。江边要地则排列炮队，以牵制襄河沿岸民军。各队既渡之后，则次第向四平山、黑山、大别山、兵工厂、梅子山、伯牙台诸要塞发起攻击①。

清军的这一险恶居心就连局外之人也看出来了。当时的英文《汉口日报》就记载说：“孝感附近的清军部队的装备良好，士气很高。一场进军正在进行，一大批部队正准备乘船前往汉口，计划从这里再向汉阳发动袭击。”②

九月二十三日（11月13日），山东独立，成立军政府，推举巡抚孙宝琦为都督。

同日，海军舰船十三艘在九江起义，加入革命行列。

同日，宋教仁见自己在武昌事情不多，便给黄兴留下一便笺，就与日人北一辉等离汉返沪。

同日，陈其美通电各独立省派代表赴沪，商组临时政府之事。

九月二十四日（11月14日），内阁总理大臣袁世凯自湖北回到北京，晋谒隆裕太后，誓言效忠清室。

---

① 张联棻（时任冯国璋参谋长）：《记辛亥武汉之战》，政协全国文史资料委员会编：《辛亥革命回忆录》六，文史资料出版社1981年版，第370～371页。

② 英文《汉口日报》编辑：《革命日记》（1911年11月14日），辛亥革命史丛刊编辑组编：《辛亥革命史丛刊》第9辑，中华书局1991年版，第147页。

同日，黄兴在获得“冯国璋将绕硚口以上黑山，偷渡汉水”①的密报后，立即在司令部召开了各部长官参加的军事会议，决定反攻汉口。

九月二十五日（11 月 15 日），已光复各省代表会议在上海召开，定名为“各省都督府代表联合会”。

同日白天，黄兴偕李书城、王孝缜、田桐等人赴龟山及各防区巡视，检查反攻汉口的准备情况。

当天晚上九时，黄兴发布命令：各部队明日对汉口的清军发起进攻。并指挥驻扎汉阳的革命军绕过清军在南岸嘴设下的重防，从琴断口（今江汉二桥汉阳桥头东侧琴断口街）搭建浮桥渡过汉江，埋伏在汉水的北岸（今汉口宗关水厂一带）。

九月二十六日（11 月 16 日），内阁大臣袁世凯组成责任内阁。

同日晚 10 时，武昌民军各部队全部渡过汉水，向汉口清军发起全面攻击。

九月二十七日（11 月 17 日），黄兴亲自率领反攻部队向汉口城区发起攻击，由西至东，沿着今天解放大道的古田片向东行进，攻占博学书院（今武汉市第四中学）和既济水火公司水厂（今汉口宗关武汉市自来水公司，江汉二桥汉口桥头）。 先头部队直逼玉带门。

同日下午，清军援军乘火车陆续赶到，运来不少机关枪和大炮，敌军力量顿时得到极大增强。

九月二十八日（11 月 18 日），革命军向清军发起进攻，立即遭到大批清军猛烈的抵抗和反击；不久，革命军两翼亦受到清军的重创，而此时湘军带头溃退，影响友邻，不可遏止。 黄兴等人见状，不得不放弃汉口，下令撤回汉阳，并派李书城赴武昌向黎元洪报告。 黎元洪当天即派蒋翊武至汉阳慰问，希望大家不要灰心，坚守汉阳，等待各省援军，再图恢复。

九月二十九日（11 月 19 日），黄兴侦知清军占领新沟，有攻取汉阳的意图，立即命湘军第二协派一部赴蔡甸方向侦探敌情，并阻止敌人架桥渡河。 同时请求黎元洪增派援军，黎元洪当即派邓玉麟率领所部第七协前往汉阳增援。

九月三十日（11 月 20 日），各省代表在上海的江苏教育总会会商，决议“承认武昌为民国中央政府，以鄂军都督执行中央政务”。

---

① 居正：《辛亥札记 · 袁世凯派员议和》，《居正文集》（上），华中师范大学出版社 1989 年 10 月版，第 64 页。

同日，北洋军派出一支精锐队伍，由孝感抵达新沟（古镇，位于汉水与汉北河汇合处，今属武汉市东西湖区），渡过汉水占据蔡甸，遂从蔡甸进逼三眼桥。黄兴得知消息，立即调动军队西向迎敌。

案：汉阳三眼桥位于蔡甸到汉阳王家湾之间的汉蔡高速公路上。隋唐时汉阳通往京城的驿道，曾经有一座桥，桥下有三孔，故有此称。后来此桥被毁，却留下了这个地名；今新建之钢筋水泥桥，遂亦名“三眼桥”。

同日晚，黄兴接到各处情报，断定清军即将向汉阳发起攻击，立即召集各部队长官至司令部开会，商讨应对清军的策略。

十月初一日（11 月 21 日），孙中山自英国伦敦抵达法国巴黎开展外交活动，会见法国内阁总理克里孟梭（G. Clemenceau）和外长毕恭（S. Pichon），争取他们同情中国革命。

同日，清军甲支队在吴金标的率领下，从蔡甸出发，分两路向三眼桥进攻；与此同时，清军乙支队在马继曾的率领下，强渡汉水，猛攻琴断口。

案：三眼桥横跨琴断河，长约数十米，是蔡甸通向汉阳的孔道，形势险要。现在的汉（阳）蔡（甸）公路，就从三眼桥上通过。琴断口位于琴断河入汉水处，在汉阳城区西北的米粮山下，北临汉水，是一个人口近万的小集镇。

同日，黄兴指挥革命军与北洋军在三眼桥展开激战；尽管敌军“炮弹落下，如陨雹一般”①，由于革命军的顽强抗击，清军受挫，被迫停止前进；革命军则迅速占领三眼桥以东的高地——仙女山、米粮山（美娘山）、锅底山、汤家山、磨子山、扁担山，以阻挡清军的入城之路。琴断口则由湘军第一协王隆中率部驻守，经过一个多小时的激战，民军伤亡很大，被迫后撤，琴断口西岸被清军占领。

此次进攻汉阳的北洋军系冯国璋部的精锐，不仅装备精良，而且战斗力极强；战斗打响后，敌军火力猛烈，弹如雨下，其势难当；田桐当即建议“尽取汉阳兵工厂钢板置壕堑间，以御铳弹”（见冯自由《田桐事略》、田桓《先兄梓琴先生行状》，《张难先集》第 121、125 页），黄兴觉得很有道理，立即下令照办，使将士的伤亡率大大降低，士气亦未受到影响。

十月初二日（11 月 22 日），四川重庆独立，成立军政府，推张培爵为都督。

---

① 张联棻：《记辛亥武汉之战》，政协全国文史资料委员会编：《辛亥革命回忆录》六，文史资料出版社 1981 年版，第 373 页。

同日，清军的汉口炮队向仙女山、锅底山猛轰，策应甲支队向三眼桥进攻；而清军的工程队在琴断口西岸乙支队的掩护下，在汉水的黄金口架设浮桥，使清军大队及辎重得以连夜渡河，向汉阳扑来，又一场恶战即将来临。

黄兴迫于当时的形势，也是为了加强指挥，不得不将司令部由昭忠祠移至靠近前线的十里铺。

十月初三日（11 月 23 日），渡河清军向米粮山（美娘山）发起猛烈进攻，美娘山一度失守；几支民军立即组织敢死队顽强拼杀，将美娘山夺回；而清军立即大举反攻，民军敢死队终因势单无援，美娘山再一次失守，只得边战边退，退守仙女山。而清军一路追击，“张敬尧率部攻其左翼，吴长植率部攻其右翼，炮队在长码头以快速巨炮射击四平山，并助步兵进攻，击败了仙女山的民军”①，仙女山亦失守。

同日，黄兴见民军几天来的伤亡严重，预料汉阳难保，遂派李书城过江向黎元洪报告，请其设法挽救。黎元洪得报，连夜召开会议，商议对策。与会者听说汉阳失利，极为愤慨。张振武决定带领学生军前往助战。

十月初四日（11 月 24 日），上海各省都督府代表联合会决定赴武昌开会。

同日，清军“甲支队仍列阵于三眼桥，牵制汤家山的民军，以掩护乙支队右侧进攻。张敬尧率右翼队伍奔驰炮火中，肉搏登山，挺刃而斗；民军溃退，撤往锅底山，凭着堡垒扼守要隘。清军跟踪追击，攻坚不下”②；黄兴立即派广东先锋队前往，协助金兆龙所率之敢死队作战。双方拼死对抗，皆伤亡严重。下午 4 时，民军终于力竭败退，清军乘机夺取堡垒，占领锅底山，民军只得退守扁担诸山。

十月初五日（11 月 25 日），两路清军在扁担山一带会合，合力进攻汉阳的革命军，锅底山和扁担山相继失守；随即，清军从王家湾、十里铺长驱直入，进逼归元寺（中南名刹，清光绪建筑，今汉阳翠微横路 20 号）和汉阳铁厂（张之洞湖北工业基地之一，遗址在今汉阳区琴台大道旁边）。

十月初六日（11 月 26 日），清军从琴断口、十里铺、五里墩、古琴台、南岸嘴沿河多处登岸，汉水堤防全线溃散，困守汉阳城的革命军虽拼死

① 张联棻：《记辛亥武汉之战》，政协全国文史资料委员会编：《辛亥革命回忆录》六，文史资料出版社 1981 年版，第 374 页。

② 张联棻：《记辛亥武汉之战》，政协全国文史资料委员会编：《辛亥革命回忆录》六，文史资料出版社 1981 年版，第 374～375 页。

抵抗，然“汉阳连日血战”，民军“伤亡枕藉，士气颓丧”（见《辛亥札记·汉阳失守》，《居正文集》第65页），纷纷由十里铺向汉阳方向撤退。

这天黎明，张振武和杨玺章率领奋勇队自武昌前来助战，向敌军的防线发起反攻；经过几小时激战，奋勇队死伤大半，渐渐不支，开始边战边向十里铺撤退。张振武被枪弹击中，落入水中，为卫兵救起，送到后方，三标管带王殿甲则战死；杨玺章率剩余奋勇队员退至十里铺继续抵抗。

午后，黄兴遂下令将总司令部撤至昭忠祠，自己则留在十里铺“前线督战，敌军炮弹，落近数武，亦不少动，辄由随从人员强曳以避。其英勇之气，令人感佩不忘”①。至下午4时，十里铺失守，杨玺章在前线督战时阵亡。

下午6时，黄兴从前线回到昭忠祠总司令部。这时，除随从人员外，留在身边的部队已经不多。黄兴见此情状，悲痛地说：“战事一败至此，官兵无一人用命。眼见汉阳已失，我亦无面目见一般同志，惟有一死以谢同胞。”②

秘书长田桐和日本友人均劝黄兴“退守武昌，再作后图”（见《辛亥札记·汉阳失守》，《居正文集》第65页）。黄兴见众寡悬殊，只得边战边组织队伍渡江向武昌撤退。

此时，黎元洪亦亲自打电话来催促，请黄兴速回武昌商议善后防守之策。于是，同人强行“环拥公（指黄兴）退出汉阳。当江轮渡至中流时，公目睹汉阳城，忽急走船舷，纵身投水，使非副官长曾昭文与揆一追随左右，合力抱持之，恐即与波臣为伍矣”③。

晚11时，黄兴等一行自汉阳撤退回到武昌；而尚留在汉阳的敢死队队长甘绩熙于子夜之时曾抱病率领敢死队发动夜袭，一度夺回磨盘山和扁担山；终以孤军无援，得而复失。

汉阳保卫战虽然失败，然黄兴对田桐在此次保卫战中表现出的军事才能则颇为赞赏。事后，黄兴曾对同人称赞说：“以前，我认为梓琴乃一文人，今才知其智谋计略亦有过人之处。”（见田桓《忆先兄田桐》，《田桐

---

① 胡祖舜：《武昌开国实录》上，（汉口）建国书局1948年版，第109页。

② 曹亚伯：《武昌革命真史·正编》，《曹亚伯集》（中），华中师范大学出版社2019年版，第600页。

③ 刘揆一：《黄兴传记》，中国史学会主编：《辛亥革命》（中国近代史资料丛刊）四，上海人民出版社1981年版，第304页。

集》附录，第583页；又见冯自由《田桐事略》、田桓《先兄梓琴先生行状》，《张难先集》，第121、125页）。

十月初七日（11月27日），冯国璋率清军占领汉阳各地，并将龟山炮台的炮口对准蛇山头上的奥略楼。此时的袁世凯，再一次命令冯国璋按兵不动。

同日上午，湖北军政府在阅马场红楼召开紧急会议，商讨今后的对策，意见十分对立：黄兴认为汉阳守不住，武昌同样守不住，主张放弃武昌，顺江撤至南京，再图恢复；湖北革命党人则坚决表示："头可断，武昌不可丢！"

同日下午，黄兴见意见不可调和，自己留在武昌无益，遂在田桐等人的陪同下，从武昌的草埠门（即今武昌北门武胜门，在武昌积玉桥得胜桥街口，毁于1927年）乘船过江，至汉口的松之屋旅馆下榻。

同日，时任清政府川汉、粤汉铁路督办大臣的端方，奉朝命率湖北新军第八镇第十六协第三十一标及三十二标一部，经宜昌入川，前往镇压保路运动。

同日，四川成都独立，成立军政府，举谘议局议长蒲殿俊为都督。

十月初八日（11月28日）早晨，黄兴率领萱野长知、田桐等随从人员数十人，乘坐日轮"岳阳丸"离开汉口去上海，根据情况再作打算①。

十月初九日（11月29日），黎元洪任命蒋翊武为战时总司令，湖北军政府决定："坚守武昌，城在人在，城亡人亡！"

十月初十日（11月30日），各省都督府代表联合会代表抵达汉口英租界顺昌洋行楼上开会，推湖南代表谭人凤为临时议长，讨论组织临时中央军政府问题。

十月十一日（12月1日），沙俄策动外蒙反动王公、上层喇嘛宣布"独立"，分裂中国领土。

同日，在萱野长知、田桐等人的陪同下，黄兴等一行人抵达上海，寓居日本人经营的"胜田"旅馆；"英士及上海同志"，"竭诚欢迎之"，"全力拥护之"（见《辛亥札记·黄兴抵沪》，《居正文集》第67页）。

同日，受袁世凯的委托，英国驻汉口领事葛福受英国驻华公使朱尔典的派遣，经与汉黄德道协商，提出局部停战条件，并派盘恩赴武昌洪山革命军司令部接洽，征得双方同意，停战三日。后三日停战期满，袁世凯见南京

① 萧致治：《黄兴评传》，南京大学出版社2001年9月版，第212页。

已被革命军攻占，需要组织力量防止江浙联军北伐，而无余力图攻武昌，便又提出停战三日；三日期满，遂再提出停战十五天，并将主战的冯国璋调回北京，而将段祺瑞调来接替他的职务，一味主和，故武昌遂不再有战事。

十月十二日（12月2日），江浙革命联军攻克江宁，南京光复，张勋败走徐州；两江总督张人骏和江宁将军铁良①登上日本军舰逃往沪上，革命中心乃由湖北转移到长江下游。

十月十三日（12月3日），“各省都督府代表联合会”经讨论修改，通过了《中华民国临时政府组织大纲》。

十月十四日（12月4日），英国领事告诉与会代表，南京已被江浙联军攻克；“各省都督府代表联合会”遂决定以南京为临时政府所在地。

同日，各省留沪代表在上海江苏教育总会举行会议，推举黄兴、黎元洪为正、副元帅。

十月十五日（12月5日），上海各界人士假江苏教育总会隆重集会，欢迎临时政府大元帅黄兴莅临上海；程德全、陈其美和各省留沪都督府代表以及田桐、萱野长知等人均出席。

十月十六日（12月6日），隆裕太后懿旨，准监国摄政王载沣引咎辞职。

十月十七日（12月7日），在汉开会代表得知在沪开会代表推举黄兴、黎元洪为正、副元帅的消息，甚为不满，遂决定赴南京开会。

十月十八日（12月8日），内阁总理大臣袁世凯派唐绍仪为全权代表南下与革命军议和。

岑春煊在其《乐斋漫笔》中说：“是时袁世凯出任组阁，发起和议，南北代表群集于沪上。实则世凯手握强兵，直压武汉，外挟民意，以制朝廷，使双方皆受其指挥，而坐收渔人之利，计诚狡矣！”②

同日，原在汉口出席各省都督府代表会议的代表离汉同船赴南京。

---

① 铁良（1863—1938），字宝臣，穆尔察氏，满洲镶白旗人。幼家贫，少即弃文习武，后入荣禄幕，深得信任，荐举入兵部，历官至兵部侍郎、会办京旗练兵。光绪二十九年（1903年），赴日考察军事，回国后擢升户部尚书、总理练兵处襄办大臣，光绪三十二年（1906年），升军机大臣。次年，专任陆军部尚书。宣统二年（1910年）调任江宁将军。辛亥革命后，寓居天津。张勋复辟，命其为弼德院顾问。复辟失败，再居天津。1931年参与成立伪满洲国。1938年在天津去世。

② 岑春煊：《乐斋漫笔》，荣孟源、张伯锋主编：《近代稗海》（第一辑），四川人民出版社1985年版，第107页。

十月十九日（12 月 9 日），各省都督府联合会亦派伍廷芳为代表与清方代表相聚汉口英租界，由英国领事葛福安排在顺昌洋行（英商轮船公司，旧址在今汉口沿江大道），举行南北调停谈判。

十月二十日（12 月 10 日），原在沪出席各省都督府代表会议的代表亦离沪同船赴南京。

十月中旬，南京光复后，革命党人督促黄兴立即赶赴南京应对有关事宜，黄兴遂在田桐等人的陪同下自上海赶赴南京。

十月二十四日（12 月 14 日），汉口、上海两地各省军政府的代表齐集南京继续开会。

十月二十七日（12 月 17 日），各省都督府代表联合会改举黎元洪为大元帅，黄兴为副元帅。

十月二十八日（12 月 18 日），南北议和代表伍廷芳和唐绍仪由汉口转至上海，在上海公共租界工部局（今位于上海江西路、河南路、汉口路、福州路之间）继续会议；英、日、美、德、法、俄六国驻沪总领事及上海外商代表李德立出席，并采取一致行动，督促南北双方代表“停止现行冲突”，尽快成立共和政府。

十一月初二日（12 月 21 日），同盟会总理孙中山自法国抵达香港。

十一月初六日（12 月 25 日），同盟会总理孙中山从香港抵达上海。

同日，奉黄兴之命，作为湖北同盟会代表已先期抵达上海的田桐和时功玖①、居正前往迎接，并向孙中山汇报武昌起义的全过程。

十一月初七日（12 月 26 日），以黄兴、陈其美、宋教仁为首，革命党人齐聚哈同花园“公宴总理”（见《辛亥札记・公宴总理》，《居正文集》第 71 页）。

同日晚，黄兴、陈其美、宋教仁、胡汉民、汪精卫等人至孙中山寓所讨论成立临时政府的相关问题；其间，宋教仁与孙中山就是建立内阁制还是总统制发生尖锐冲突。

---

① 时功玖(1879—1940)，字季友，湖北枝江人。1903 年 5 月，与其兄时功璧及吕大森、李书城等人积极参加花园山聚会活动。不久，自费赴日留学，入东京弘文学院，继续参加革命活动。1905 年加入同盟会，被推为湖北分会主盟人。南京临时政府成立，当选为临时参议院议员。1913 年被选为国会议员。1917 年参加护法运动，任广州大元帅府参议。后曾任清理汉冶萍湖北债捐处主任、荆南中学董事长、国民政府湖北省政府委员等职。1940 年在武昌病逝。

十一月初八日（12 月 27 日），黄兴乘专车抵达南京，并参加晚上召开的“各省都督府代表联合会”，提出三案交会议讨论通过：“一、改用阳历，二、起义时以皇帝纪元，今应改为中华民国纪元，三、政府组织取总统制。”（见《辛亥札记 · 中华民国纪元》，《居正文集》第 72 页）

十一月初十日（12 月 29 日），十七省军政府代表在南京会议，选举孙中山为中华民国临时大总统，并决议改用阳历。

同日下午 4 时，由中国同盟会本部发起，在黄浦滩汇中旅馆召开欢迎中华民国临时大总统孙中山大会。

十一月十一日（12 月 30 日），北洋军撕毁停战协定，开始炮击武昌。

十一月十二日（12 月 31 日），“各省都督府代表联合会”决定修改临时政府组织大纲，实行内阁制，增设副总统。

十一月十三日（1912 年 1 月 1 日）下午，在上海督军陈其美和湖北代表田桐、时功玖等人的陪同下，孙中山自沪抵宁，于当晚 10 时宣誓就任中华民国临时大总统，发表《临时大总统就职宣言》和《告全国同胞书》，宣告中华民国成立。

同日，袁世凯撤销唐绍仪的议和代表资格，宣布由他与伍廷芳直接电商和谈事宜；段祺瑞、冯国璋、段芝贵等北洋将领联名通电反对共和，主张立宪。

十一月十四日（1912 年 1 月 2 日），十七省代表举行会议，决定以代表会代行参议院职权，并推举赵士北①为临时议长，马君武为临时副议长；孙中山、黄兴参加会议，与代表们商讨副总统及各部部长人选（见《辛亥札记 · 选举副总统》，《居正文集》第 73 页）。

同日，依据《中华民国临时政府组织大纲》，“各省或选或推之参议员”三人，“组织临时参议院，为监督政府之机关”（见《辛亥札记 · 同盟大会》，《居正文集》第 75 页）；田桐被推选为湖北的参议员。

---

① 赵士北(1871—1944)，字孔南，号于朔，广东新会人。少赴美国留学，毕业哥伦比亚大学，获法学博士学位。1896 年结识孙中山，成为挚友，后加入同盟会。1907 年回国，江西省从事教育工作，暗中从事革命工作。南京临时政府成立，被推为临时议会议长。后曾任唐山路矿学校校长、粤汉铁路管理局局长。1917 年南下，任广州军政府司法部司长。1919 年任广东省高等法院首席推事。1923 年孙中山重组广州大元帅府，任大理院院长兼管司法行政事务。1926 年在江门当律师。1928 年被选为立法院立法委员。1936 年调任广州市地方法院院长。1938 年广州沦陷，赴香港闲居。香港沦陷后被日军拘捕，1944 年死于狱中。

十一月十五日（1912年1月3日），中华民国南京临时政府成立，各省代表推举黎元洪为副总统，通过孙中山提出的各部总长、次长任命名单。

同日，田桐被任命为南京临时政府内务部参事，协助盟兄、内务部次长居正开展工作。

十一月十六日（1912年1月4日），章太炎与张謇等人在上海成立中华民国联合会，嗣发刊《大共和日报》。

十一月中旬，在参与南京临时政府建立期间，田桐与留日同学、代表湖北出席各省都督府代表联合会的好友杨时杰、马伯援、胡瑛等人往来相聚。

案：杨时杰（1881—1956），原名志铭，字舒武，湖北沔阳人。1905年赴日留学，先入东京弘文学院，继入东斌学校警宪科。1906年加入同盟会。1909年加入共进会。1910年回国谋划武昌起义，不久赴京参加朝廷同意组织的考试，授法科举人。1911年出任各省都督府代表联合会代表。1912年任湖北军政府内务部长，并被推为国会议员。参加"二次革命"，失败后逃往日本，加入中华革命党。1915年回汉口创办《大中华日报》，抨击袁政府。1917年南下出席非常国会，支持孙中山护法。旋回鄂运动军队独立。1923年拒绝曹锟贿选。1926年赴沪创办《江南晚报》，参与反蒋活动。1932年任国民党中央惩戒委员会委员。全面抗战爆发后，回洪湖组织游击自卫军，参加抗日斗争。抗战胜利后，闲居武昌。1946年被推选为辛亥首义同志会监事。新中国成立后，被聘为湖北省文物保管委员、文史馆馆员。

马伯援（1884—1939），亦名发祥，字吉楷，湖北枣阳人。1905年考入新军左旗学习军事，不久留学日本，入早稻田大学，同年加入同盟会。1910年毕业回国。武昌起义后，曾率红十字会员护送黄兴、宋教仁等由上海赴武昌，参加汉阳战役，任黎元洪顾问。南京临时政府成立，任孙中山大总统秘书、内务部会计主任，兼马警总队总队长。1913年赴美国芝加哥西北大学深造。1915年回家乡筹办求实小学和蚕桑公司。1917年参与护法战争。1918年奉孙中山之命赴日开展联络工作。1922年奉召回国，负责与冯玉祥等北方将领联络。1924年北京政变后，任冯玉祥的名誉顾问，奔走各地，开展联络工作。1932年出任枣阳县长，又创办实业中学，并倡议枣阳各界捐资兴办私立复兴初级中学一所。不久出任湖北省农村合作委员会委员兼干事长。全面抗战爆发后，回家乡创办初级实用农业中学。1938年携眷至成都，不久旅居香港。

胡瑛（1884—1933），原名祖懋，字敬吾，后改名瑛，字经武，号宗琬。祖籍浙江绍兴，父候补湖南，遂迁居桃源。1898年赴长沙求学。1903年入经政学堂，黄兴弟子。同年冬刺杀劣绅王先谦未遂，逃避武昌，不久入工程营当兵。参与组建科学补习所。1904年与王汉等刺杀铁良未遂，赴日留学，入早稻田大学。1905年参加同盟会，被推为评议员。1906年奉命回国参加萍浏醴起义，至武昌，与张难先同时被捕。武昌起义爆发，获释。旋与詹大悲等组织汉口军政分府，任外事部部长。不久，以湖北军政府都督名义参加南北议和。1912年被任命为山东都督。袁世凯篡权，辞都督职。1915年与杨度等成立筹安会，为袁世凯复辟帝制效劳。后曾参加护法战争、北伐战争。1933年病逝于南京。遗著被汇编为《胡都督选集》。

十一月二十三日（1912年1月11日），中华民国临时大总统孙中山宣布自任北伐军总指挥，派黄兴为北伐军陆军参谋长，制定六路北伐计划。

十一月二十五日（1912年1月13日），根据孙中山的提议，参议院通过设立法制院，由宋教仁出任院长。

十一月二十六日（1912年1月14日）凌晨，光复会领袖、浙江临时参议会议长陶成章，被刺死于上海广慈医院。

十一月二十七日（1912年1月15日），孙中山致电南方和谈代表伍廷芳，再次明确表示："清帝如实行退位，宣布共和，则临时政府决不食言，文即可正式宣布解职，以功以能，首推袁氏。"①

同日，当川汉、粤汉铁路督办大臣端方一行抵达资州（今内江市资中县）时，新军突然哗变。端方与其弟端锦遂为起义新军军官刘怡凤所杀。

十一月下旬，四弟田桓自家乡赴南京，与居正和田桐相聚，并由居正带着前往拜见了孙中山先生；当中山先生听了有关田桓在蕲州参加同盟会革命活动和辛亥起义的事迹后，很高兴地称赞他是"少年英雄"。

十一月间，公务闲暇之时，田桐时与盟兄居正和盟弟张九维②等往来宴

---

① 广东省哲学社会科学研究所历史研究室编：《孙中山年谱》，中华书局1980年版，第111页。

② 张九维（1886—1962），谱名烈昌，字予昕，号聘卿，湖北蕲州人。1903年考入武昌文普通中学堂。同年赴德国留学。1904年在巴黎与孙中山相聚，加入兴中会。1905年加入同盟会。1910年回国，供职陆军部。曾奉派赴意大利"万国竞骑会"，获金质奖章。1911年参加黄花岗起义。南京临时政府成立，任总统府参军。曾参加"二次革命"、护法战争、护国战争。1923年国民党改组，拥护孙中山的三大政策。1926年任北伐军政治部交际处主任。蒋介石执政后，张不满其独裁统治，辞官不出，以卖字为生。全面抗战爆发后，主张团结一致对外。晚年旅居上海。上海解放后，被聘为上海文史研究馆馆员。1962年卒于上海。

游相聚。

十二月初一日（1912 年 1 月 19 日），教育部颁发《普通教育暂行办法》十四条，规定初等小学可以男女同校，要求教科书合乎民国宗旨，旧教科书和小学读经科一律废止。

十二月初四日（1912 年 1 月 22 日），孙中山发表声明，如清帝退位，袁世凯宣布赞成共和，就马上辞职，推袁为总统。

同日，朱志尧、徐企文等在上海成立中华民国工党。

十二月初五日（1912 年 1 月 23 日），清政府免去张人骏两江总督职务，以江南提督张勋接任两江总督。

十二月初八日（1912 年 1 月 26 日），同盟会京津保支部负责人彭家珍，在光明殿胡同良弼家门口将宗社党骨干良弼炸成重伤（二日后死亡），自己则中弹片当场死亡。

十二月初九日（1912 年 1 月 27 日），北洋军将领段祺瑞、姜桂题等 48 人通电全国，要求清廷“明降谕旨，宣示中外，立定共和政体”[①]。

同日，由宋教仁主持起草、拟定的《中华民国临时组织法草案》（共 7 章 55 条）完成。

十二月初十日（1912 年 1 月 28 日），南京临时参议院成立，林森当选议长。

由湖北省推荐，田桐当选为南京临时参议院参议员。

十二月十一日（1912 年 1 月 29 日），沈佩贞在上海创办女子尚武会。

十二月十六日（1912 年 2 月 3 日），清隆裕太后命内阁总理大臣袁世凯与民军磋商退位优待条件。

十二月十八日（1912 年 2 月 5 日），南京临时政府改大清银行为中国银行。

同日，由袁世凯策划、以段祺瑞为首的第一军将领再次致电清廷，声称若国体问题再不解决，将“谨率全体将士入京，与王公剖陈利害”[②]。

十二月二十一日（1912 年 2 月 8 日），中华民国工业建设会在上海公布草章。

十二月二十三日（1912 年 2 月 10 日），南京临时参议院通过优待清室条件八款。

---

① 李新等编:《中华民国大事记》,中国文史出版社 1997 年 2 月版,第 180 页。

② 李新等编:《中华民国大事记》,中国文史出版社 1997 年 2 月版,第 183 页。

十二月二十五日（1912 年 2 月 12 日），宣统皇帝[①]奉隆裕太后懿旨，颁发退位诏书，授权内阁总理大臣袁世凯组织临时共和政府，有清二百六十八年之国运暨华夏二千余年的帝制时代正式终结，中华民国肇兴。

岑春煊在其《乐斋漫笔》中说："以数千年专制政体，一变而为共和之国，犹复优待清室，不失尊荣，以视前朝易姓诛夷之惨，相去何止天渊。昔日委质为臣者，今且与故君同为国之公民，而区区效忠一姓之狭义，皆当随潮流以俱去，抑世界大势之所趋耶。于是共和告成，改用阳历纪岁，以明年为中华民国元年云。"[②]

十二月二十六日（1912 年 2 月 13 日），内阁总理大臣袁世凯通电宣布：承认"共和为最良国体，世界之所公认"，并保证"永不使君主政体再行于中国"[③]。孙中山向临时参议院辞职，荐举袁世凯为临时大总统。

十二月二十八日（1912 年 2 月 15 日），南京临时参议院选举袁世凯为临时大总统。

同日，孙中山率文武百官至明陵，举行了隆重的祭拜明太祖陵墓大典（见《辛亥札记·祭明孝陵》，《居正文集》第 84～85 页）。

是年底，田桐见孙中山辞去临时大总统职务，由袁世凯接任，亦准备辞去内务部参事和临时参议院参议员职务，前往上海闲居。

民国元年壬子(1912 年)　三十四岁

年初，田桐与张继、冯自由、于右任等友朋寓居南京，时相往还。

案：张继（1882—1947），原名溥，字溥泉，直隶沧县（今属河北省沧州市）人。早年曾随父亲在保定莲池书院学习。1899 年赴日留学，先入善

---

① 宣统皇帝(1906—1967)，即清朝末代皇帝溥仪，爱新觉罗氏，字浩然。醇亲王载沣之子，光绪帝之侄。登基时不足三岁，由其父摄政。退位后仍住皇宫内，享受民国临时政府议定的清室退位优待条件。1917 年张勋曾拥其复辟，旋即失败。1924 年冯玉祥等发动北京政变时，废除大清皇帝称号，溥仪被迫迁出皇宫。次年初潜居天津日租界，继续从事复辟活动。"九一八"事变后，在日本侵略军的保护下潜往长春。1932 年 3 月，出任伪满洲国傀儡政权"执政"。1934 年 3 月，改称"满洲帝国皇帝"。1945 年日本投降，他下诏宣布退位，被苏联红军逮捕，押至赤塔，后转入伯力监狱。1950 年由苏联政府移交中国，监禁于抚顺。1959 年特赦释出，回到北京。1963 年起在文史资料研究委员会任职。1967 年 10 月 17 日病逝于北京。著有《我的前半生》。

② 岑春煊：《乐斋漫笔》，荣孟源、张伯锋主编：《近代稗海》(第一辑)，四川人民出版社 1985 年版，第 107 页。

③ 白蕉：《袁世凯与中华民国》，中国史学会主编：《辛亥革命》八，上海人民出版社 1957 年版，第 136 页。

邻书院，继入早稻田大学，学习政治经济。1903 年因与邹容等剪去中国留日学生监督姚文甫发辫，被逐回国，在上海与章太炎、邹容相处，任《苏报》参议。《苏报》被查封后，与章士钊创办《国民日日报》。同年底应邀赴长沙任明德学堂教习，参与创立华兴会。与谋长沙起义，事泄逃往上海，旋与黄兴等受王之春刺杀案牵连拘于上海捕房。获释后赴日本，被推为留日学生总会干事。1905 年加入同盟会，任司法部判事兼直隶主盟人。1908 年赴法国，与李石曾等创办《新世纪》杂志，一度倾向无政府主义。1911 年回国，任同盟会交际部主任兼河北支部长、国民党参议。1913 年出任第一届参议院议长。“二次革命”失败，逃亡日本，加入中华革命党。后回国赴广东，参加护法运动。1922 年受孙中山委派至北京主持北方部工作，与俄苏代表越飞会谈。国民党一大召开，当选中央监察委员。不久，公开反对孙中山的三大政策，受到孙中山斥责。1925 年起支持西山会议派，投靠蒋介石，历任立法院副院长、党史史料编纂委员会主任委员及国史馆馆长等职。著有《张溥泉先生全集》及《张溥泉先生全集补编》等。

正月初一日（2 月 18 日），南京临时参议院派蔡元培、宋教仁、汪精卫等人为专使，前往北京，迎接袁世凯南下就职。

正月初三日（2 月 20 日），南京临时参议院选举黎元洪为副总统，同时又兼任湖北军政府都督。

正月初五日（2 月 22 日），南京临时参议院委派景跃月、张一鹏、吕志伊、王有兰、马君武为审查员，开始修改《临时政府组织大纲》（即《中华民国临时约法》）。

正月初六日（2 月 23 日），田桐与黄兴、胡汉民、蔡元培、王鸿猷、马君武、汪精卫、蒋作宾、张继、冯自由、胡瑛、石瑛、于右任等 35 人发起创办《中华民报》，并撰写了《创办〈中华民报〉通告书》一文（见《田桐集》第 104～105 页）刊载于当天的《申报》上。

正月初八日（2 月 25 日），前辈诗人丘逢甲[①]病逝于广东镇平县（今蕉

---

① 丘逢甲(1864—1912)，字仙根，又字吉甫；号蛰庵、蛰仙，又号仲阏、华严子；别署仓海、沧海、沧海君、南武山人等。祖籍广东嘉应，生于台湾苗栗。1889 年进士，授工部主事。因不乐仕宦，以亲老告归，主讲台湾衡文书院、台南府罗山书院、嘉义崇文书院。曾入巡抚唐景崧幕。1895 年得知清政府将台湾割让给日本，大愤，召集士绅驰电抗议，并倡议自救，亲率义军抵抗日寇登台。兵败后内渡回原籍定居，以讲学兴学为务。曾任韩山书院山长。1901 年至汕头设立岭东同文学堂，任总理。1904 年被两广总督岑春煊聘为学务公所参议。1908 年任广东谘议局副议长。1911 年广州光复，任都督府教育司司长。1912 年南京临时政府成立，被推为临时参议院议员。著有《岭云海日楼诗钞》、《仓海先生丘公逢甲诗选》等。

岭县）淡定村。

正月十一日（2月28日），袁世凯会见专使团团长蔡元培，表示不日即南下，先至武汉会见黎元洪副总统，然后同黎副总统一道乘船赴宁参加就职典礼。

正月十二日（2月29日），袁世凯指使曹锟的第三镇制造“北京兵变”，次日波及天津、保定等地，并以此作为拒绝南下就职的借口。

正月十五日（3月3日），英军一千多人，美、法、德、日军各二百多人抵京“保卫”其使馆。

正月十六日（3月4日），鉴于眼前局势，专使团致电南京称：“速建统一政府，为今日最为重要，余尽可迁就，以定大局。”①

正月十八日（3月6日），南京临时参议院允准袁世凯在北京就任临时大总统之职。

正月二十日（3月8日），南京临时参议院通过《中华民国临时约法》。

正月二十二日（3月10日），袁世凯在北京宣誓就任临时大总统，北洋军阀统治开始。

正月二十三日（3月11日），南京临时政府在南京宣布《中华民国临时约法》。

正月二十五日（3月13日），临时大总统袁世凯提名唐绍仪为国务总理。

正月二十七日（3月15日），《中华民国暂行新刑律》公布。

正月间，经孙中山先生的提议和推荐，田桐的四弟田桓赴日本东京志成中学读书，遂告别家人赴日本留学。

二月初一日（3月19日），南京女子代表至参议院要求参政权。

二月初七日（3月25日），田桐与汤化龙、石瑛、杨时杰、时功玖、张伯烈、欧阳启勋、白逾桓、吴昆等被推选为众议院湖北省代表议员。

二月十一日（3月29日），唐绍仪亲来南京出席参议院会议，“发表政见及提出阁员名单”并介绍了十部总长的情况交会议议决（见《梅川日记·唐绍仪组阁》，《居正文集》第97～99页）。

同日会后，居正与田桐一起回到内务部。居正“告诸同事曰：我们政府交袁家新政府接收，大家散伙，此其时也”。田桐则曰：“三哥说那里话来，我们不做袁家官，还是要我们同志同声相应，同气相求，拿我们同盟会一贯精神，监督政府。此次教猱升木，也想他们搞好，我们享太平福。

① 凤冈儿门弟子编：《三水梁孙燕先生年谱》上册，1946年铅印本，第114页；转引自李新、李宗一主编：《中华民国史》第二编第一卷，中华书局1987年版，第6页。

但恐搞不好，还要变相，我要借此机会，到北京办报，发挥我的本领去。”（见《梅川日记·唐绍仪组阁》，《居正文集》第101页）

二月十二日（3月30日），唐绍仪的内阁获参议院通过，正式组成。

同日，南京临时政府在总统府公宴国务总理唐绍仪，并由“孙公签字主盟”，黄兴和蔡元培做介绍人，唐绍仪签字、宣誓，“加入同盟会”（见《梅川日记·唐绍仪入同盟会》，《居正文集》第101页）。

同日，田桐和内务部诸同人在居正的带领下，“全部签字，提出总辞职”（见《梅川日记·内务部总辞职》，《居正文集》第101～102页）。

二月十三日（3月31日），临时大总统袁世凯任命黄兴为南京留守。

二月十四日（4月1日），孙中山正式宣布解除临时大总统职务，将政权交给袁世凯。

同日，由谷钟秀、殷汝骊、彭允彝和吴景濂发起，将共和统一党、国民共进会、政治谈话会三个团体合并，在南京组成统一共和党。

二月十五日（4月2日），南京临时参议院议决：民国临时政府迁往北京——“南京临时政府不幸夭折，辛亥革命宣告失败”①。

二月十八日（4月5日），南京临时参议院议决该院迁往北京。

二月二十一日（4月8日），女子参政同盟会在江苏南京成立。

二月二十四日（4月11日），马伯援、居正等十人发起成立烈士遗孤教养所，田桐为赞成人员。

二月中下旬，“中国同盟会自东京移归南京，初设事务所于北极阁下成贤街”；总理孙中山请居正、田桐等人“筹备召开大会”（见《梅川谱偈》，《居正文集》第526页）。

其时，盟兄石瑛②已经回国，在南京临时政府中总办禁烟事宜，故时常

① 尚明轩：《孙中山传》，北京出版社1979年版，第174页。

② 石瑛（1879—1943），字蘅青，湖北阳新人。1903年考中举人。1904年公派赴欧洲留学，初至比利时，继往法国，受歧视，转赴英国。1905年加入孙中山组织的欧洲同盟会，并负责筹款。武昌起义爆发后归国，至南京临时政府总办禁烟事宜。孙中山辞大总统职，奉命回鄂主持同盟会鄂支部；不久，加入国民党；又被推选为湖北省众议员、国会议员。“二次革命”失败，在赴英国，入伯明翰大学，习采矿冶金。1922年归国，历任北京大学教授、上海兵工厂厂长、武昌师范大学校长等职。1928年出任湖北省政府委员兼建设厅厅长。1929年出任武汉大学工学院院长。1932年出任南京市市长。1935年出任国民政府铨叙部部长。全面抗战爆发后，复任湖北建设厅厅长，曾创办棉麻纺织合作社；1938年因病辞厅长职，被推选为湖北临时参议会议长。1943年初赴重庆就医，次年病逝于重庆。其讲话、文稿被汇编成《石蘅青先生言论集》。

与居正、田桐等盟友往来、相聚饮宴。

三月初三日（4 月 19 日），鉴于“本部又无组织，人事纷乘，变相百出”，“几不利于人口”的现状，中国同盟会在“南京三牌楼第一舞台召开全体大会，制订会纲，选举职员”：总理，孙文；协理，黄兴、黎元洪；干事，胡汉民、汪兆铭、张继、宋教仁、刘揆一、平刚，田桐、居正、马和（君武）、李肇甫（见《梅川日记·同盟会》，《居正文集》第 94 页）。另推选有各省支部长（略）。

此次中国同盟会在南京召开第一次会员代表大会，“到者数千人，空前之盛，得未曾有”①。

案：同盟会本部在会前所发的宣言中亦认为：此时同盟会内部“意见不相统属，议论歧为万途”的现象十分严重，必须从思想、组织上进行整顿②。

三月初四日（4 月 20 日），国务院在北京正式成立，蔡元培（教育总长）、王宠惠（司法总长）、宋教仁（农林总长）、陈其美（工商总长）等同盟会骨干赴京就职。

同日，中国同盟会举行干事会议，由“总理指定汪兆铭、张继任总务，马和、田桐任文书，居正任财务。本部组织既成，初在南京，继移上海，后迁北京”（见《梅川日记·同盟会》，《居正文集》第 94 页）。

三月十三日（4 月 29 日），临时参议院在北京原清廷资政院旧址举行开院仪式。

三月中旬，中国同盟会本部由南京迁至北京兵部湾织云公所，由魏宸组（唐绍仪内阁秘书长）代理总干事，负责本部的具体事务；因于右任和段光融的介绍，唐内阁的内务总长赵秉钧亦加入同盟会。

三月二十三日（5 月 9 日），由统一党、民社联合国民协进会、民国公会、国民党（非同盟会系统）等在上海合并组成共和党。

三月二十四日（5 月 10 日），英国侵略军再次侵占西藏的亚东、江孜。

三月二十六日（5 月 12 日），五族合进会在北京成立，推举姚锡光为会长。

三月二十九日（5 月 15 日），南京举行了隆重的黄花岗起义一周年纪

---

① 居正：《记民元同盟会之波折》，《居正文集》上册，华中师范大学出版社 1989 年版，第 228 页。

② 邹鲁编著：《中国国民党史稿》第一册，中华书局 1960 年版，第 80 页。

念会。

三月三十日（5 月 16 日），同盟会总理孙中山“自宁抵沪”，“各省欢迎往游者，函电盈尺”；“寓上海一星期，席不暇暖”（见《梅川日记·总理游鄂》，《居正文集》第 102 页）。

四月上旬，“武昌黎副总统兼鄂军都督宋卿先生，首电促驾”，并“特派田桐、李基鸿两同志，如沪敦请，陈明种切。总理允之，克期启行”（见《梅川日记·总理游鄂》，《居正文集》第 102 页）。

四月九日至十二日（5 月 25 日—5 月 28 日），应副总统兼鄂军都督黎元洪之邀，中国同盟会总理孙中山等一行赴湖北武汉访问（见《梅川日记·总理游鄂》，《居正文集》第 103～108 页）。

四月十一日（5 月 27 日），由黄兴、程德全、黎元洪、唐绍仪、伍廷芳等党团领袖发起的政见商榷会，在上海成立。

四月中旬，孙中山先生访问湖北结束后，田桐遂离汉至京，应同乡好友李基鸿[①]之请，在同乡好友、盟弟陈侠文[②]的襄助下，出任《国光新闻》的主笔，同时兼任《国风日报》的编辑，彼此相互呼应，积极倡导民权和立宪，对袁世凯政府的专制独裁予以揭露和抨击。一时间，《国光新闻》“斥袁政府阙失，挝揭隐谋，不少容藉”（见冯自由《田桐事略》、田桓《先兄梓琴先生行状》，《张难先集》第 121、125 页），成为北京城里抨击

---

① 李基鸿（1881—1973），湖北应城人。1903 年赴日留学，入东京法政学校。1904 年加入同盟会。1906 年回国，从事革命活动。1911 年参加武昌起义，任湖北军政府参议。首义成功后，赴北京任《国光新闻》总编辑，抨击袁世凯的倒行逆施。1914 年加入中华革命党，担任上海通讯社编辑。后在粤军许崇智部任秘书兼粤汉铁路总局监督、广东筹饷总局局长、广东财政厅厅长等职。北伐开始，任国民政府财务委员会秘书长。1930 年后出任鄂、豫两省财政特派员，湖北省榷运局长、缉私局长，以及河南盐务局长等职。1932 年起任全国禁烟委员会委员兼秘书长、广东禁烟特派员等职。1946 年当选为第一届国民大会代表。不久退出政界出家，笃信佛教。1949 年春去台湾。著有《圣揆录》、《西安事变纪事诗》、《百年一梦记》等。

② 陈侠文（1883—1933），原名士文，字亚文，湖北蕲春人。清末廪生。曾入武昌文普通中学堂深造，并接受革命思想，秘密从事革命活动。1911 年与其兄陈蛰存回乡组织乡兵团，以响应武昌起义。南京临时政府成立，出任蕲春县国民党分部部长。1912 年赴京襄助田桐办《国光新闻》，抨击袁世凯的独裁统治。1913 年参加“二次革命”，失败后回乡隐居，致力于家乡的教育事业，先后出任县立中学校长、乙种工业学校校长。后曾出任黄冈地方法院书记官，卒于任上。

袁世凯政府最激烈的报纸之一，影响颇大。

面对如此情状，袁世凯恨惧交加，遂着意拉拢，并派田桐的老友、现任农商部次长的张仲华，带着一张 10 万元的银票，前去劝说、收买田桐，希望他今后转变论调，不要再刊发抨击袁氏政府的文章。田桐知其用意，遂对张仲华的造访避而不见；又明确通告报社经理李基鸿拒收银票，予以坚决回绝（事见冯自由《田桐事略》、田桓《先兄梓琴先生行状》，《张难先集》第 121、125 页）。

袁世凯终于忍耐不住、恼羞成怒，于一天夜里派杀手潜入田桐的寓所，企图乘田桐睡熟后开枪行刺，神不知、鬼不觉地除掉这颗眼中钉。所幸那天深夜田桐尚在报社工作未回家，才躲过了这次劫难。朋友知道这件事情之后，都劝告他要多加防范，田桐却笑着感谢说："死生有命，吾何惧哉！"（见冯自由《田桐事略》、田桓《先兄梓琴先生行状》，《张难先集》第 121、125 页）

四月二十三日（6 月 8 日），临时参议院决议国旗为五色旗。

四月二十九日（6 月 14 日），临时大总统袁世凯下令撤销南京留守府，解除黄兴的职务。

五月初二日（6 月 16 日），唐绍仪辞去国务总理之职；十几天后，以陆徵祥为国务总理。

五月二十一日（7 月 5 日），中国同盟会发出通告，本部自北京织云公所迁至彰仪门大街的广东学堂。

五月二十二日（7 月 6 日），共和党机关报《国民公报》发文诬称南京临时政府为"假政府"，田桐和白逾桓、仇亮等同志读后非常气愤，当天就带领一帮同志去诘问总经理徐佛苏，并将该报馆砸毁，成为轰动一时的新闻[①]。

五月二十四日（7 月 8 日），上海《申报》在"专电 · 北京电"载："今日（六日）傍晚，同盟会会员田桐率众二十余人驰往'国民公报'社，先以名片拜会总经理徐佛苏君，一见面即蜂聚痛殴，并即进入内室痛殴主笔蓝公武公及某君，余众将馆中机器什物等件捣毁一空，并有仇亮在内。时议员李国珍君方在馆座谈，亦几不免。殴毕，即率众簇拥徐、蓝等三君往

① 徐辉琪：《田桐》，宗志文、朱信泉主编：《民国人物传》（第 3 卷），中华书局 1981 年版，第 55 页。

巡警厅硬求管押，现在业已释出。此因该报指斥同盟会，积恨触发致出此野蛮手段。”

六月初七日（7 月 20 日），田桐等人参与发起的《中华民报》在上海正式创刊；该报由邓家彦任经理，刘民畏主持笔政，抨击袁世凯，拥护孙中山。

六月初八日（7 月 21 日），中国同盟会本部举行夏季大会，与会者八百余人。此次会议除报告工作外，因人事变动，尚投票补选宋教仁为总务干事、孙毓筠为财政干事、张耀曾为政事干事。

六月上、中旬，田桐与杨杏佛[①]等人见在京南社社友越来越多，遂积极联络，筹划成立南社社友在京通讯处。

六月十九日（8 月 1 日），《太平洋报》刊登了《北京之南社通讯处成立》的一则报道：

> 南社社友，在北京二十余人，内以参议院、报界同盟会、统一、共和党两本部为多。前由田梓琴、杨杏佛发起，附设通讯处于《国光新闻》内，现已成立，稍缓当召集社员，举行茶话会，以期联络情谊，俾社务日臻发达云。[②]

案：此处之“南社通讯处”应该是后文南社北京事务所正式成立的筹备处，南社北京事务所则是南社的分社，与越社、广南社、淮南社类似。

六月二十八日（8 月 10 日），临时大总统袁世凯公布参议院制定的《国会组织法》和《议员选举法》，并下令在全国进行国会议员选举。

同日，北京同盟会本部召开评议员和全体职员联席会议，听取宋教仁报告联合、改组同盟会的经过及结果。

---

① 杨杏佛(1893—1933)，名铨，谱名宏甫，字杏佛，江西清江人。1908 年入上海公学就读。1910 年加入同盟会。1911 年参加武昌起义。南京临时政府成立，在总统府秘书处任职。南北议和后不久，即辞职赴美国留学，先后入康奈尔大学、哈佛大学学习，获硕士学位。1918 年回国，历任南京高等师范学校教授、东南大学工学院院长。1924 年任孙中山的秘书。曾与恽代英等组织中国济难会。1927 年出任国民党上海市党部常委，从事策应北伐军的工作。1928 年任国民党政府中央研究院总干事，与蔡元培等主张学术自由，改革教育。1932 年，与宋庆龄、何香凝等人组织中国民权保障同盟，任副会长兼总干事。坚决反对蒋介石的专制、独裁统治，主张停止内战，一致抗日。1933 年 6 月 18 日在上海被国民党特务暗杀。

② 王学庄，杨天石：《南社史长编》，中国人民大学出版社 1995 年版，第 53 页。

六月三十日（8月12日），五党合并改组前，同盟会投票选举临时干事办理合并事宜，田桐得36票，与宋教仁并列第四位。

七月初一日（8月13日），田桐邀请好友宋教仁、景耀月、陈蜕庵、杨杏佛、仇亮等人联名在《民主报》上发表《告在京南社诸社友》，宣告南社北京事务所的正式成立：

> 本社为中国文学界之中心，自成立来，蒸蒸进步。近日在京社员正众，聚首无从，同人为联络情谊起见，暂设事务所（于）国光新闻社内，谨此布闻。①

案：景耀月（1881—1944），字太招，别署大招、帝召、瑞星、秋绿、秋陆。山西芮城人。出身贫寒，然极聪慧。后入县学，不久选入太原令德堂读书。1902年再选入山西大学堂。1903年乡试中副榜。1904年被选送赴日留学，入早稻田大学攻读法律。1905年加入同盟会。曾与友朋创办《晋乘》、《夏声》等杂志，宣传革命思想。1909年回国，至上海与于右任等办《民呼日报》、《民吁日报》，抨击时弊，揭露日寇侵华阴谋，宣传"排满"思想，影响甚大。后报社被查封，人亦遭清廷通缉，遂逃往日本、南洋等地。1911年回国，参加筹组南京临时政府，被推举为参议院议员。1912年任南京临时政府教育次长（代总长）兼南京政法大学校长。同盟会改组国民党，被推举为参议。后脱离国民党，组织政友会，拥护袁世凯，历任大总统府高等政治顾问、众议院议员、经济调查局参议等职。1917年在山西、河南组织靖国讨逆军，被推举为总司令。1922年国会恢复，继任参议院议员。北伐之后，执教于上海中国公学、北平大学法学院、东北大学各大院校，专心著述，培育人才，弟子遍于南北。全面抗战爆发后，拒绝出任伪职，受到日伪迫害。1944年4月28日在北京病逝。

七月初四日（8月16日）凌晨，田桐的同乡好友张振武②在北京被袁世凯下令杀害。

---

① 王学庄，杨天石：《南社史长编》，中国人民大学出版社1995年版，第291页。

② 张振武（1877—1912），原名尧鑫，后更名竹山，字春山，湖北罗田人。早年入湖北省立师范学校。后自费赴日留学，入早稻田大学，研习政治法律。1905年加入同盟会。归国后创办体育会及公立学堂，进行革命的联络与宣传。1909年参加共进会，负责财务，准备筹款购运军火。1911年参与领导武昌起义。湖北军政府成立，被推为军务部副部长，临前线督师，与清军激战。汉阳失守后，力主坚守武昌。次年1月在上海与孙武等人发起组织民社本部，推黎元洪为首领。旋返湖北，分别在武昌、汉口设立民社支部。他居功自傲，藐视黎元洪。8月，黎劝其进京任总统府顾问，暗中则勾结袁世凯将其杀害。

此日与张振武同时遇害的尚有同乡好友、湖北将校团团长方维①。

七月初六日（8 月 18 日）下午，应临时大总统袁世凯的邀请，在魏宸组、居正等人的陪同下，孙中山及家属离沪登船北上。

七月十一日（8 月 23 日），上海《申报》在《要闻二·五党合并之小波折》载："五党合并事现已成熟，惟中间仍不免小有风潮。同盟会内向不主张组派如田桐、白逾桓诸人颇以宋教仁等为专制，主张于昨日另开同盟会大会讨论其事，现已经会员某君劝止，允俟孙、黄北来后再决。"

七月十二日（8 月 24 日）下午，应袁世凯之邀，孙中山偕魏宸组、居正等人及家属一行抵达北京（见《梅川谱偈》，《居正文集》第 527 页）。

七月十三日（8 月 25 日），孙中山、黄兴、陈其美、宋教仁等人在北京象坊桥的湖北会馆以同盟会为基础，联合统一共和党、国民共进会、共和实进会、国民公党等党派，成立国民党，公推孙中山为理事长（随后由宋教仁代理），田桐被推为参议。

田桐对将同盟会改组为国民党，开始极力反对，在改组会上甚至"拍案痛骂"，声言要"以性命维护同盟会三字，与国民同休"，致使会议无法继续进行；后见孙中山和黄兴态度都比较坚决，才不再坚持（见田桓《先兄梓琴先生行状》，《张难先集》第 125 页）。

七月十五日（8 月 27 日），民主党成立，拥自日本归国的梁启超为首领。

七月二十八日（9 月 9 日），临时大总统袁世凯授孙中山以"筹划全国铁路全权"，督办全国铁路。

八月初三日（9 月 13 日），为日本明治天皇的殡葬之日；在殡葬结束后，被日本人誉为"军神"的陆军大将乃木希典②，遂偕其妻子剖腹殉节。

---

① 方维（？—1912），早年入湖北新军，升任正目。后加入文学社，从事革命活动。1911 年参加武昌起义。湖北军政府成立，任军令部调查员、参议等职。后随张振武赴前线督战，升将校团长。南北议和后，随张振武赴北京任职，在旅店被黎元洪勾结袁世凯派人杀害。

② 乃木希典（のぎ まれすけ，1849—1912），曾用名源三郎、文藏，出生于东京，出身长州藩藩士家庭。1871 年毕业于陆军士官学校。1877 年参加西南战争。1885 年以功升为少将。1886 年赴德国研究军事。回国后任驻名古屋第 5 旅旅长。中日甲午战争中，任第 2 军第 1 旅旅长，率军攻占旅顺、辽阳等地。1895 年率第 2 师入侵台湾，并出任台湾总督。1904 年日俄战争时，任第 3 军司令，被日人奉为"军神"。1905 年参加奉天之战。战后任军事参议，晋伯爵，是皇孙裕仁的导师。1912 年天皇病逝，与其妻剖腹殉节。喜作汉诗，又喜书法。遗有《乃木希典日记》。

“二次革命”失败后，田桐逃往日本，曾撰有《扶桑诗话》一书，其中收有《乃木大将》一则，专门记载其“文章道德”，并“伤其愚而不伤其厚”，且作有二绝赞其军功（见《田桐集·扶桑诗话》第516页）。

八月初七日（9月17日），田桐陪同孙中山赴山西太原，宣扬三民主义及兴建铁路事宜。

其间，在车过山西娘子关时，田桐想起许多往事，乃作《民国元年秋日，车过娘子关》一诗以抒其感慨（见《田桐集·诗存》第496页）。

八月初九日（9月19日），在太原欢迎孙中山的大会上，田桐与景耀月、马家鼎先后发表演讲。

八月十五日（9月25日），临时大总统袁世凯任命赵秉钧为国务总理。

八月十八日（9月28日），临时参议院决议10月10日为中华民国国庆纪念日。

八月二十二日（10月2日），田桐与张继、陈家鼎等人发起革命纪念会，参与筹备事宜。

九月初一日（10月10日），全国各地举行盛大的国庆庆祝活动。

居正晚年曾回忆说：“元年国庆，武昌、北京、天津及各省会均大举庆祝，要以上海为最热烈。盖由余在上海交通部，联合各界以张其盛，萃数百万之市民，鼕乎鼓，轩乎舞，爆竹与灯彩齐飞，火炬共旌旗一色。不仅举国若狂，大有新兴气象。”（见《梅川谱偈》，《居正文集》第526页）

九月初五日（10月14日），孙中山在上海成立中国铁路总公司，正式对外办公。

九月十五日（10月24日），在“共和纪念会送迎大会”上，众推陈家鼎和田桐致辞。

九月二十一日（10月30日），上海《申报》在《要闻一·共和纪念会送迎大会纪盛》载：“二十四晚六钟，共和纪念会在东安门外东兴楼设宴欢迎吴稚晖、姚雨平、徐固卿、林述庆、吴寿天五位先生，并饯送甘珠活佛及诸大喇嘛回蒙。首由陈家鼎代表致饯送活佛词，次由吴稚晖先生代表林、姚、徐、吴四君答词。由田桐致欢迎词，略谓姚雨平去年为七十二雄鬼之先锋，其未死者亦幸免耳。并述吴君高尚之志及当年被逮出亡各节，其他与陈君家鼎所说略同。最重要者即祝告活佛，谓诸大伟人创造民国，以平等、博爱、自由、幸福为目的，活佛掌教亦以此数项为目的，将来五族一家，则活佛及诸伟人之志愿均达到矣。”

九月二十五日（11月3日），沙俄强迫外蒙库伦傀儡当局签订《俄蒙协定》，规定俄国“帮助”外蒙“自治”。

九月二十六日（11月4日），北京国民党新闻团开讨论会，田桐与吴昆、陈家鼎被推为该团章程起草员，限三日交稿。

同日晚七时半，田桐与吴景濂、贡桑诺尔布、胡瑛、姚锡光等人在锡拉胡同孙毓筠府邸招待日本众议院议员。

九月二十九日（11月7日），中国政府严正声明，不承认《俄蒙协定》。

十月初八日（11月16日），邀集同志及共和党中民社一部分重要人物，在德昌饭店聚会，商议对于国家前途，尤其是有关库伦密约问题所应共同进行的种种办法。一致认为：这些问题必须各政党全力合作协助政府才能解决。

十一月初七日（12月15日），晚上六时，田桐应邀出席雷光宇、孙延龄、乌泽生等发起的宪法研究会的宴会。

十一月二十九日（1913年1月6日），孙中山、黄兴、宋教仁等赞同筹建民国国史馆，撰修《中华民国史》。

十一月间，中华基督教青年会全国协会在上海成立。

十一、十二月间，田桐的同乡好友王家驹①在攻打内蒙古萨城、托斯等地时，中弹身亡。

十二月十一日（1913年1月17日），宋教仁抵达湖南进行竞选活动；随后，经武汉前往上海。

十二月二十九日（1913年2月4日），北京参、众两院复选，宋教仁主持的国民党获392席，占压倒性多数，拥护袁世凯的共和党、统一党、民主党仅获223席。

十二月（1913年1月）间，田桐的好友陈蜕庵在上海病逝。

案：陈蜕庵即陈范（1860—1913），原名彝范，字叔柔，号梦坡、退僧、退翁，别号梦通、忆云、锡畴、瑶天等，晚年更名蜕庵，原籍湖南衡山，生

---

① 王家驹(1878—1912)，字柏轩，一作伯先，原籍湖北枣阳，后落籍随州环潭。少好读书兼习武术。曾在随州中秀才。1904年赴日留学，入东京振武学校习陆军，1906年转入陆军士官学校第四期。1908年回国，相继任北京军官学校教官讲习所教员、四川督练公所提调。1911年应召赴保定任陆军第六镇参谋。吴禄贞遇害后转任阎锡山部行军参谋，以功升总参谋兼第四标统带。后奉命由虎谷渡河，进攻内蒙古萨城、托斯等地，凡十余战，皆身先士卒，中弹身亡。南京临时政府成立后，按左将军例抚恤。

于江苏阳湖（今常州市）。1889年中秀才。曾任江西铅山知县。1894年以教案遭劾罢官，退居上海。1900年购得《苏报》产权，聘章士钊为主笔，积极宣传改良思想，倾向革命。1903年因先后刊发章太炎等《驳康有为论革命书》和章太炎、章士钊为邹容《革命军》所作序言及评介文章，酿成“苏报案”，轰动全国，遭清廷追捕，逃往日本，结识孙中山等人。1904年回国，在上海被捕。1906年获释，走依湖南醴陵知事汪文溥。武昌起义爆发，曾加入湘桂援鄂联军。湖南光复后再赴上海主持《太平洋报》、北京《民主报》笔政。1913年初病逝于上海。著有《映雪轩初稿》、《烟波吟航诗存》、《卷帘集》、《庚中集》、《蜕僧余稿》等。去世后，汪文溥将其遗著编为《陈蜕庵先生文集》、《蜕翁诗词刊存》、《蜕翁诗词文续存》等。

是年，留日友朋邓尔雅在上海与来沪献艺的日本伎女天胜娘相遇，应邀曾作有七绝一首相赠；田桐曾在其《扶桑诗话》的《戏赠天胜娘》中记有其事（见《田桐集·扶桑诗话》第546页）。

案：邓尔雅（1884—1954），乳名贺春，原名溥霖，后更名万岁，字季雨，号尔雅、尔疋、宠恩；别署绿绮台主、风丁老人。广东东莞人。幼承家学，治小学，攻篆刻、书法和文字训诂。少时就读广雅书院。1905年赴日学医，后改学美术。1910年回国任小学教员。1912年与黄节等创办贞社广州分社。1914年参加南社。1915年始，游桂多年。1919年入滇参李根源军幕。1921年至东莞中学任教。次年居香港。1926年与友人组建国会研究会香港分会、艺观学会和南社书画社。1932年任中山大学顾问教授。日军侵占香港，匿名隐居。抗战胜利，曾刻印“幸民”、“历劫不坏”。1954年逝于港。工诗文，擅书画、篆刻，精鉴赏，富收藏。著有《篆刻危言》、《文字源流》、《艺觚草稿》、《绿绮台琴史》、《绿绮园诗集》、《漪竹园诗》、《郑斋诗集》、《邓斋印谱》等；另出版有《篆书千字文》、《印斋印赏》等。

是年，田桐的好友刘凤鸣①在广东率众剿匪时阵亡。

是年，日本汉学家稻田君山在日本刊行明末清初中国学者朱之瑜的遗著——《朱舜水全集》；其中载有《游仙诗》十二首，因诗“朴茂而俊逸，可以想见其志行”，故田桐在其《扶桑诗话》的《游仙诗》一则中，一一录之（见《田桐集·扶桑诗话》第556～557页）。

① 刘凤鸣（1868—1912），字岐山，广东顺德人。早年在安南（今越南）边防为商，渐致富。同盟会成立，入会，并尽以财支持会务。1907年参加镇南关起义。1911年参加辛亥革命，授官统领。1912年奉命率兵剿匪，奋勇当先，阵亡。

民国二年癸丑(1913年)　三十五岁

正月初五日（2月10日），孙中山偕马君武、何天炯、戴季陶等人自上海启程，赴日本访问，并考察实业、铁路等。

正月上旬，宋教仁结束在南方各省的竞选活动，抵上海稍事休整，即准备北上。

正月十七日（2月22日），隆裕太后[①]在紫禁城驾崩。

正月间，孙中山以全国铁路督办的身份赴日本考察，田桓则作为留日学生代表前往欢迎中山先生。

同月里，国会正式选举，田桐被推选为众议院议员，乃居京履任；与自云南北上就任的好友李根源相会于京城。

李根源是云南有名的大孝子，去年在云南时，曾将其先祖、明代都指挥使李钟英的墓茔重修，不少名流时贤曾应邀为其题咏。李根源[②]知道田桐是党内的才子，故邀其为先祖墓茔题咏；田桐乃欣然挥毫，作《题明都指挥使李钟英先生墓》（有序）一首相赠（见《田桐集·诗存》第497页）。

在北京参加参、众两院会议期间，比较清闲，故田桐和李根源两位老友过从甚密。李根源曾邀请田桐为其收藏的贺竺生山水、张戴的红梅山水合卷题跋；田桐乃欣然命笔，作有《为印泉题贺竺生山水卷》、《为印泉题张戴红梅山水合卷》等诗相赠（见《田桐集·诗存》第509页）。

---

① 隆裕太后(1868—1913)，叶赫那拉氏，慈禧太后侄女。光绪十五年(1889年)慈禧强制立为光绪皇帝皇后。八国联军侵入北京，随慈禧和光绪逃往西安。光绪二十八年(1902年)初回到北京。光绪三十四年(1908年)，光绪和慈禧相继去世，立醇亲王载沣三岁幼儿溥仪为皇帝，改年号"宣统"，她被尊为皇太后，垂帘听政，而以载沣为监国摄政王。武昌起义爆发，内阁总理大臣袁世凯乘机要挟她交出政权。她被迫于1912年2月12日宣布清帝退位。

② 李根源(1879—1965)，字印泉，又字养溪、雪生，号曲石，别署高黎贡山人。祖籍山东青州，出生滇西腾冲。1898年中秀才。1903年考入昆明高等学堂。1904年赴日留学，入东京振武学校，后转入陆军士官学校。1905年加入同盟会。1909年任云南讲武堂监督，旋升总办。武昌起义后，与蔡锷等发动新军响应，成立大汉军政府，任军政总长兼参议院院长，继任云南陆军第二师师长。1913年当选为众议院议员。"二次革命"失败，逃往日本，入早稻田大学，与黄兴组织欧事研究会。1915年回国，参加反袁。1917年出任陕西省省长。1918年赴广州，出任驻粤滇军总司令兼第四师师长。1922年出任北洋政府农商总长，不久代理总理。"七七"事变爆发，组织老子军，主张抗日。1939年任云南监察使。解放后历任西南军政委委员、全国政协委员、全国政协文史资料研究委员会副主任等职。著有《曲石文录》、《曲石诗录》等。

二月十三日（3月20日），在袁世凯的授意下，赵秉钧、洪述祖指使凶徒枪击国民党代理理事长宋教仁于上海车站（老北站，现上海铁路博物馆）；当时在车站的黄兴、于右任、廖仲恺等人立即将其送往沪宁铁路医院急救。

二月十五日（3月22日），因伤势过重抢救无效，宋教仁①在沪宁铁道医院去世。

田桓在《先兄梓琴先生行状》中说：“当是时，国民党议员之在京者，率奉教仁为魁率，欲组政党内阁，推教仁为总理。袁诇悉，使贼刺杀教仁于上海，狱不决。”（见田桓《先兄梓琴先生行状》，《张难先集》第125页）

二月十九日（3月26日），江苏都督程德全通电公布刺杀宋教仁案主要证据，使真相大白于天下，大总统袁世凯的阴谋败露。

二月二十日（3月27日），孙中山得悉宋教仁被刺消息，立即自长崎返沪，提出了“联日”、“速战”的对策，主张先发制人。

二月二十二日（3月29日），瞿鸿禨、樊增祥、陈三立、沈曾植、缪荃孙等人在上海倡立超社（原名“超然诗社”）。

同日，为悼念亡灵，声讨暗杀凶犯，伸张正义，湖南同乡会在上海湖南会馆召开了宋教仁的追悼大会。

二月二十七日（4月3日），隆裕皇太后的灵柩移至西陵梁格庄暂安殿，好友梁鼎芬、沈瑜庆专程北上参加了丧礼。

三月初二日（4月8日），中华民国第一次国会开会。因“参议院国民党占绝对多数，又以同盟会为中坚”，“故议长副议长当选，皆国民党人”；但“众议院由袁氏一手造成之进步党，以汤化龙为领袖，与国民党竞选，结果国民党完全失败”（见《梅川谱偈》，《居正文集》第528页）。

三月初七日（4月13日），国民党上海交通部在张园举行了隆重的宋教

---

① 宋教仁（1882—1913），字得尊，别号渔父。湖南桃源人。1899年入漳江书院学习，喜政治、法律、地理等学。1903年入武昌文普通中学堂，受吴禄贞等人影响，倾向革命。1904年起，先后与黄兴、刘揆一等发起成立“华兴会”，与吕大森、刘静庵等组织科学补习所。密谋在长沙发动武装起义失败后，逃亡日本，相继入东京法政大学和早稻田大学，钻研西方资产阶级政治学说。自1905年起，积极参加同盟会等革命团体，宣传革命思想，组织反清起义。1911年与谭人凤、陈其美等人在上海成立同盟会中部总会。武昌起义爆发，赴武昌协助湖北军政府办理外交。南京临时政府成立，任法制院院长。临时政府北迁后，出任农林总长。旋辞职，协助孙中山将同盟会改为国民党，任代理理事长；主张成立责任内阁，反对袁世凯专权，并赴各地进行竞选演说。1913年3月20日，被袁世凯派人暗杀，同月22日逝世。遗著被汇编为《宋教仁集》。

仁追悼会，大会由陈其美主祭，居正、徐血儿、吴玉章、于右任、马君武（代表孙中山）等十余人亦相继致辞哀悼。

三月二十日（4 月 26 日），民国大总统袁世凯与英、法、德、日、俄五国银行团签订《善后借款合同》，准备发动内战，消灭南方革命力量。

三月二十一日（4 月 27 日），为缅怀被袁世凯派人暗杀的战友宋教仁，南社北京事务所在京城畿辅先哲祠举行第二次雅集①。雅集时，首先由陈去病传达了宋教仁的遗言，各位社友则表示了对宋教仁去世的哀悼；其中不少社友还写有诗文沉痛悼念故友。田桐与宋教仁更是十多年的挚友，故亦作有诗表达自己的缅怀之情：

春风荡豪兴，联袂来仙苑。旷代集奇才，襟怀各悠远。

雅集中，由于种种原因，与会社友竟“不顾在上海已经存在的南社本部，而且在尚未与上海方面有过商议的前提下，擅自通过决议，推举陈去病为主任，田桐与高旭、柳亚子、吕天民、雷昭性等十二人为编辑员，张继、马君武、景耀月等十八人为评议员，马小进、吴修源为会计员，宋琳、江顽磐为书记”②；并计划“在北京设立总机关，征集明季以来迄于光复前后诸先烈之逸闻轶事，分类编纂，刊布杂志，以为民史馆之预备”③。

案：南社北京事务所的第一次雅集在 1912 年的 9 月间。其时，受大总统袁世凯邀请，孙中山和黄兴先后进京与袁世凯会谈。在京的南社社友为欢迎黄兴的到来，在黄兴的临时寓所举行了南社北京事务所成立后的首次雅集。出席此次雅集的有高旭等二十三人（详见栾梅健：《民间的文人雅集：南社研究》，东方出版社 2006 年版）。

三月下旬，田桐见袁世凯包藏祸心，竟敢暗杀宋教仁，乃电召同乡好友方觉慧④立即进京，接替自己负责的工作，自己则愤而出京，前往上海敦请

---

① 王学庄，杨天石：《南社史长编》，中国人民大学出版社 1995 年版，第 323 页。

② 张伟：《田桐与走向终结的南社》，《南京理工大学学报》（社会科学版）2015 年第 4 期。

③ 王学庄，杨天石：《南社史长编》，中国人民大学出版社 1995 年版，第 498 页。

④ 方觉慧（1886—1958），字子樵，湖北蕲春人。早年曾考入黄州府中学堂，秘密从事革命活动。武昌起义爆发，任都督署参议兼《中华民国公报》编辑、《震旦报》经理兼总编辑。“二次革命”失败，逃亡日本，入早稻田大学，加入中华革命党。1914 年任中华革命党驻汉特派员。1917 年随孙中山南下从军。历任广州政府北伐军大本营宣传处新闻主任、特派宣传员、国民革命军第十一军党代表、国民政府军事委员会总训练部副主任等职。1928 年被选为中央执行委员，并为南京市特别党部常委、立法委员等职。1931 年任党务工作人员甄别审查委员。1941 年出任国民党湖北省党部主任委员。1946 年当选为“国大”代表。1949 年赴台。著有《两汉学案》，编著有《明太祖武功记》。

孙中山兴师讨袁；哪知几位国民党都督多缺乏勇气，不敢轻动，田桐见状遂大骂。

冯自由在《田桐事略》中说：“梓琴知袁包藏祸心，势将摇动国本，乃南下谒孙总理，力主兴兵讨贼之议。总理早有此意，以民党诸都督多乏勇气，一时未敢轻动。一日，总理招民党各将领于自宅，商讨进行方略。黄兴等多主持重，梓琴起而怒骂曰：‘是不足与有为也！’”（见冯自由《田桐事略》、田桓《先兄梓琴先生行状》，《张难先集》第121、125页）

四月上中旬，好友宁调元来到上海，寓居黄兴家；时孙中山主张速起兵反袁，黄兴等则主张派人暗杀袁世凯，相持未决。适广东都督胡汉民来电邀请宁调元①赴粤，主持“广三”铁路事。宁调元打算前往。临行前，来与好友田桐辞别；田桐对其说：“近一二日内将有决定，你可能不能去广东了。”宁调元说：“我已买了船票，怎办？”田桐说：“不急，请稍等！”第二天，黄兴果然让他留下，不去广东。不久，便派宁调元和熊樾山赴汉口一带组织反袁（见《革命闲话·宁调元》，《田桐集》第407～408页）。

其间，田桐曾应邀赴南京，与张汇滔、范光启、郑芳荪、龚振鹏、凌毅等人在南京龙宅开会，议定由张汇滔返回安徽，召集旧部，准备在淮上举义，武力讨伐袁世凯。会后仍回上海等待消息。

四月十五日（5月20日），上海国民党机关刊物《国民》月刊正式出版。

四月二十四日（5月29日），统一、共和、民主三党合并，组成进步党，推举黎元洪为理事长，梁启超、汤化龙、张謇等为理事。

兴师讨袁的决策确定后，田桐持黄兴的手令来到武汉②，促成湖北改进团的成立，准备举行武装起义。

---

① 宁调元(1883—1913)，字仙霞，号太一，笔名有辟支、屈魂，化名林士逸，湖南醴陵人。早年入渌江书院、明德学堂学习。1904年加入华兴会，长沙起义失败，入经正学堂学习。1905年赴日留学，入早稻田大学；同年加入同盟会；因抗议日本政府颁布取缔留学生规则，退学回国，主持渌江中学。1906年赴上海创办《洞庭波》(后改名《汉帜》)杂志，宣传革命，遭通缉，复至日本。1907年回国参加萍浏醴起义，被捕。1909年出狱后至北京主编《帝国日报》，抨击时政。武昌起义后，奔走两湖间，从事革命活动。1913年参加“二次革命”，被湖北都督黎元洪逮捕杀害。死后诗文辑为《太一遗书》。

② 湖南省社会科学院编：《黄兴集》，中华书局1981年版，第314～315页。

五月初五日（6 月 9 日），大总统袁世凯免去江西都督、原同盟会会员李烈钧之职。

五月初十日（6 月 14 日），大总统袁世凯下令调广东都督、原同盟会会员胡汉民为西藏宣抚使。

五月十七日（6 月 21 日），孙中山与胡汉民、陈炯明在澳门附近停泊的军舰上会晤，商议武力讨袁事宜。

五月十八日（6 月 22 日），袁世凯发布尊孔令，吹捧孔子为“万世师表”，孔教“放之四海而皆准”。

五月二十一日（6 月 25 日），湖北革命党人在武昌城举行武装起义，因事先为黎元洪侦知，起义很快被平息。策动起义的詹大悲、蒋翊武、季雨霖、蔡济民、熊秉坤等人纷纷逃往他处，田桐则赴安徽入淮军张汇滔幕，策划和鼓动张汇滔率淮军宣布独立，与袁世凯相抗衡。

五月二十二日（6 月 26 日），宁调元与熊樾山在汉口德租界的宝贵旅馆同时被捕。

五月二十五日（6 月 29 日），孙中山回到上海，与李烈钧等人密议武装反袁事宜。

五月二十六日（6 月 30 日），大总统袁世凯调安徽都督、原同盟会会员柏文蔚为陕甘筹边使。

五月间，曹树勋与黄兴、李烈钧等暗中相约，正准备回陕西组织讨袁军，不料消息泄露，在汉口被湖北都督黎元洪逮捕；后经友朋奔走相救，方始获释，遂赴杭州养病。

同月里，国民党发表宣言，反对袁世凯政府违法借款。

六月初九日（7 月 12 日），原江西都督李烈钧在江西湖口宣布独立，被推举为江西讨袁军总司令，发布《讨袁军总司令檄文》、《布告天下文》、《讨袁军对外通电》等文告，“二次革命”爆发。

六月十二日（7 月 15 日），川汉铁路督办黄兴潜入南京，与江苏都督程德全秘密会见，随后宣布江苏独立，并被推举为江苏讨袁军总司令。

六月十四日（7 月 17 日），安徽宣布独立，柏文蔚任安徽讨袁军总司令；张汇滔则出任讨袁皖军前敌总司令兼第一支队长，田桐则留在军中参赞军务。

六月十五日（7 月 18 日），陈炯明在广东宣布独立讨袁，被推为粤省大都督兼讨袁军总司令。

同日，袁世凯下令免去在京从事反袁活动的工商总长刘揆一职务。

同日，陈其美率领上海讨袁军开始攻击制造局，居正率部占领吴淞口炮台。

六月十七日（7 月 20 日），福建宣布独立、讨袁。

六月十九日（7 月 22 日），岂料袁世凯早有准备，并发布“讨伐令”：“使冯国璋进据浦口，李纯下九江，倪嗣冲奔命淮北。”（见冯自由《田桐事略》、田桓《先兄梓琴先生行状》，《张难先集》第 121、125 页）

同日，各省议会联合会公举岑春煊为中华民国讨袁大元帅。

六月中旬，孙中山在上海发表讨袁通电，号召各方促袁辞职，以息战祸。

六月二十日（7 月 23 日），大总统袁世凯下令撤销孙中山筹办全国铁路全权。

六月二十二日（7 月 25 日），江西讨袁军战败，湖口易帜。

六月二十六日（7 月 29 日）凌晨，黄兴登上日本“龙田”舰，被迫自南京出走，江苏都督程德全宣布取消独立。

六月二十八日（7 月 31 日），大总统袁世凯任命熊希龄为国务总理。

六月二十九日（8 月 1 日），袁军张勋所部在攻陷徐州、清江后，进抵江北重镇扬州。

七月初三日（8 月 4 日），熊克武在重庆宣布独立，自任四川讨袁军总司令。

同日，孙中山偕胡汉民自福州马尾乘日轮再次逃亡日本。

七月上旬，田桐曾赴吴淞要塞巡视军务，适遇北洋舰队来袭，遂与好友居正率军炮击敌舰（见居正《梅川谱偈》，《居正文集》第 530 页）。

七月十七日（8 月 18 日），袁军攻陷南昌，占领江西。

七月二十六日（8 月 27 日），黄兴在日本友人的帮助下自南京辗转抵达日本。

七月二十七日（8 月 28 日），袁军倪嗣冲所部攻占安徽安庆。

七八月间，“倪嗣冲将悍卒万人，奔命淮北，连下颍州、亳州。淮军孤立，众不支，遂溃”（见田桓《先兄梓琴先生行状》，《张难先集》第 125 页）。

八月初一日（9 月 1 日），袁军张勋所部攻陷江苏南京。

八月初九日（9月9日），田桐的好友蒋翊武①在广西桂林被袁世凯下令杀害。

八月十一日（9月11日），进步党名誉理事熊希龄的“第一流人才内阁”组成。

八月十二日（9月12日），四川讨袁军总司令熊克武放弃重庆，“二次革命”失败——“这次斗争的失败，标志着辛亥革命的最后失败”②。

冯自由在《田桐事略》中说：“民党诸军以准备未周，缺乏联络，先后不支。”（见冯自由《田桐事略》，《张难先集》第121～122页）

八月十五日（9月15日），大总统袁世凯下令通缉孙中山、黄兴、李烈钧、柏文蔚、廖仲恺、朱执信等人。

八月十八日（9月18日），大总统袁世凯授意成立公民党，以梁士诒为党魁，叶恭绰为副，收罗北洋官僚、政客加入。

八月中旬，田桐亦遭到北洋政府的通缉，不得不经杭州、镇江辗转至上海，再由上海赴日本，与四弟田桓及党人相聚。

初至东京时，因人太多，孙中山遂从华侨捐款中拿出一部分钱，专门开办了一个“招待所”，接待革命党人。在招待所附近又租了两栋房，一栋房子由田桐负责，称“大田寓”；毗邻大田寓的另一栋房子，以田桓的名义租下，称“小田方”，由田桓主其事。“大田寓”后来改作“民国社”。孙中山先生亲切地称田桐和田桓为“大田先生”和“小田先生”（见田儁《忆我的父亲——孙中山秘书田桓》）。

其时，好友戴季陶亦在东京，租房另居；一日，田桐去戴季陶家有事，见其家大厅所悬挂之中堂为日本友人犬养毅所书，乃知犬养毅“通汉籍”，

---

① 蒋翊武(1884—1913)，原名保襄，亦作保湘，字伯夔，湖南澧县人。1903年考入常德的湖南西路师范学堂，因参与革命活动被学校开除。1905年抵上海，次年入中国公学学习，参与创办《竞业旬报》，宣传反清革命。1909年加入湖北新军。1910年加入革命团体振武学社。1911年初主持将振武学社改组为文学社，被推为社长。文学社与共进会联合组成起义领导机构时，被推为临时总指挥，部署新军起义。旋起义机关遭破坏，潜匿新沟。武昌起义爆发后，返回武昌，任湖北军政府军事顾问、军务部副部长；后曾代黄兴出任战时总司令，主持武昌防务。1912年被袁世凯调到北京，任临时大总统府高等军事顾问，又授予陆军中将，加上将衔，均峻拒不受。同盟会改组国民党，被推为参议兼汉口交通部部长。“二次革命”爆发，被任命为鄂豫招讨使，回湖南策动反袁。失败后赴广西，在全州被捕。同年10月在桂林被陆廷荣杀害。

② 尚明轩：《孙中山传》，北京出版社1979年版，第189页。

工书，亦“能诗”，故在其《扶桑诗话》的《犬养木堂》中纪其事（见《田桐集·扶桑诗话》第537页）。

案：戴季陶（1891—1949），初名良弼，后名传贤，字季陶，又字选堂，晚号孝园，笔名天仇。原籍浙江吴兴（今浙江湖州），生于四川广汉。1902年入成都留日预备学校。1905年赴日，入师范学校；1907年考入东京日本大学法科。1909年回国，任江苏地方自治研究所教习。次年赴上海，因在《中外日报》、《天铎报》撰文抨击时政遭清廷通缉，逃往南洋槟榔屿，主办《光华报》，并加入同盟会。1911年武昌起义爆发回国，在沪军都督陈其美部下任职。1912年任孙中山秘书，受命进行“二次革命”的军事联络活动。“二次革命”失败，逃往日本。1916年随孙中山离日赴沪。1917年赴广州，任大元帅府法制委员会委员长兼秘书长。1919年至上海主编《星期评论》，并与蒋介石等人经营证券交易所。1922年南下广州，再任孙中山的秘书。1923年力劝孙中山不要改组国民党，亦反对国共合作。国民党一大召开，当选为中央执行委员，出任中央宣传部部长兼黄埔军校政治部主任。孙中山逝世后，参与西山会议派的反革命活动，主张所谓“纯正的”三民主义和“单纯的”国民党运动，反对孙中山提出的三大政策。其谬论被称为“戴季陶主义”，并成为蒋介石反革命的理论根据。1926年出任中山大学校长。1927年南京国民政府成立，长期担任国民政府委员和考试院院长，充当蒋介石的谋士。1948年改任国史馆馆长。1949年在广州服毒自尽。著有《孙文主义之哲学基础》、《国民革命与中国国民党》、《青年之路》、《日本论》、《学礼录》等。

八月二十五日（9月25日），好友宁调元、熊樾山在武昌抱冰堂以“内乱罪”被杀害。

八月间，孙中山与黄兴在政见上发生严重分歧，田桐以大局为重，曾奔走其间，努力调和双方矛盾。

萧致治在《黄兴评传》中说：“二次革命”失败、孙中山与黄兴逃往日本后，“第一次会晤就发生意见分歧，此后尽管两人都住在东京，彼此却很少见面。宫崎寅藏、萱野长知、张继、何天炯、田桐、胡汉民等人为了调和双方矛盾，弥缝裂痕，虽然经常奔走于孙、黄之间，但没有什么效果”①。

九月初五日（10月4日），宪法会议通过并公布《大总统选举法》。

① 萧致治:《黄兴评传》,南京大学出版社2001年版,第398页。

九月初七日（10 月 6 日），临时大总统袁世凯派军警包围国会，强迫国会开会，选其为正式总统。

九月初八日（10 月 7 日），国会选举黎元洪为副总统。

同日，英、俄、法、日等十三国以袁世凯公开承认一切不平等条约为条件，承认袁记“民国”。

九月十一日（10 月 10 日），袁世凯在紫禁城太和殿正式就任大总统。

同日，孙中山在秘书宋霭龄的陪同下拜访黄兴，孙、黄仍然意见分歧，关系开始恶化。

十月初六日（11 月 3 日），田桐的好友曹树勋[①]在杭州的韬光寺病逝。

十月初七日（11 月 4 日），大总统袁世凯为进一步扫清复辟帝制的障碍，下令解散国民党，并取消国民党籍国会议员资格。

十月初八日（11 月 5 日），大总统袁世凯另组“行政会议”（后改名“政治会议”），行使议会职权。

同日，袁世凯政府同沙俄签订《中俄声明》，承认外蒙自治权及沙俄在外蒙的一切侵略特权。

十一月十二日（12 月 9 日），副总统黎元洪及其亲信数十人在陈宧的“陪同”下，自武昌乘车入京；第二天，其兼任的湖北都督之职被罢免，而由陆军总长段祺瑞暂代。

十一月十六日（12 月 13 日），光绪皇帝和隆裕太后的灵柩落葬崇陵。

十一月十八日（12 月 15 日），大总统袁世凯御用的“政治会议”开会，篡夺国会职权。

十一月十九日（12 月 16 日），大总统袁世凯调张勋为长江巡阅使，冯国璋为江苏都督。

十二月十五日（1914 年 1 月 10 日），大总统袁世凯下令解散国会，停止参、众两院现有议员的职务。

在旅居日本期间，田桐与日本汉学家户田静学往来唱和颇多，曾写有

---

① 曹树勋(1882—1913)，字印侯，一作寅侯、音吼，陕西临潼人。1902 年拜本县包海涵受业。1904 年转入横渠书院就读。1908 年常赴西安丽泽馆与郭希仁等人交往，从事革命活动。1910 年被立宪派的请愿团推为代表，同年加入同盟会。1911 年四川保路运动兴起，密约同志准备武装起义；西安光复后，率民团攻占临潼；后又组织敢死队，协助万炳南等收复柳林镇。1912 年以宏图难展，离陕至外地经商。1913 年夏，应黄兴、李烈钧之约，参加反袁，在汉口为黎元洪捕押；因友人营救获释；随即赴杭州，11 月病逝于杭州。

《次韵答户田静学》、《又答静学》（二首之一）等诗纪其交往（见《田桐集·诗存》第 503 页）。

田桐又在其《扶桑诗话》中的《答静学》一则中，则录有其与户田静学唱和的《又答静学》（二首之二）一绝（见《田桐集·扶桑诗话》第 524 页）。

田桐还在其《扶桑诗话》的《户田静学》一则中，记载有自己游爱知县中南部城市丰桥时与户田“畅谈再四”，相互唱和的情景（见《田桐集·扶桑诗话》第 549 页）。

案：户田静学名忠正，字德文，号静学，日本汉学家，生卒年不详，日本茨城县水户市人。曾任韩国总督府法官，著有《静学词存》等。

其间，田桐曾应邀为某日本人的寿诞题诗祝贺，作有《题日本人寿》一诗（见《田桐集·诗存》第 509 页）。

田桐曾得到已故日本幕府时期名儒佐藤一斋（名坦，1772—1859）所题《太公垂钓图》一绝，固在《扶桑诗话》的《佐藤一斋》中录之（见《田桐集·扶桑诗话》第 520 页）。

田桐又曾前往爱知县田原町瞻谒渡边华山的墓茔，并写有《谒渡边华山墓》一诗纪其事（见《田桐集·诗存》第 503～504 页）。

渡边华山“善书和画，尤精汉学”，田桐颇钦慕其人，在往游爱知县田原町时，曾“往寻先生遗迹”；后在其《扶桑诗话》一书中，专门写有《渡边华山》一则，以表达其缅怀之情（见《田桐集·扶桑诗话》第 549 页）。

案：渡边华山原名渡边定静（1793—1841），字子安，一字伯登，通称登，号华山，多以此号行世；别署昨非居士、随安居士。斋名寓绘堂、全乐堂、金瞰居。日本三河国（爱知县）田园町人。著名学者、政治家、社会活动家、儒学家、画家、幕府末年藩士。其门下有名的传人有福田半香、青木翠山、角田静竹等。

在爱知县的三河旅舍时，田桐还发现了渡边华山的一首题壁诗，故在其《扶桑诗话》的《三河题壁》中录之（见《田桐集·扶桑诗话》第 524～525 页）。

田桐又曾前往日本群马县的馆林市观桃花，途中购得下野新闻，上载有日本著名汉学家久保天随（本名久保得二，自署秋碧庐主人，1875—1934）之诗十数首，“甚喜”；不料后来下车时“新闻遗失，至今怏怏”，故特作《久保天随》一则纪其事（见《田桐集·扶桑诗话》第 526 页）。

是年，田桐在日本留学期间的好友杨勉之①在上海病逝。

是年，已故日本博古通今、德才兼备的汉学家、被誉为日本“诗书画三绝”的艺术家秋月种树（号古香，1833—1904）的汉诗集——《古香诗钞》刊行；田桐得到一本，细细读之，颇为赞赏，在其《扶桑诗话》的《秋月古香》中曾录有古香之诗多首（见《田桐集·扶桑诗话》第517～518页）。

是年，田桐得到被称为“日本二千余年之第一汉学家”和著名历史学家赖襄（字子成，号山阳，又号三十六峰外史，1780—1832）的诗集——《山阳诗钞》，读后对其评价甚高，故在其《扶桑诗话》的《赖山阳》中录有数首（见《田桐集·扶桑诗话》第518～519页）。

对于赖山阳一族，祖孙三代皆“学问精纯，诗亦深稳”，田桐颇为钦佩，故专门在《扶桑诗话》中写有《赖氏一门》一则以纪之（见《田桐集·扶桑诗话》第523～524页）。

赖山阳曾作有《佛郎王歌》，咏叹拿破仑在莫斯科战败之事，田桐曾在其《扶桑诗话》的《咏拿破仑》中录其歌，纪其事（见《田桐集·扶桑诗话》第528～529页）。

赖山阳喜读《郑延平传》，曾作有《读郑延平传》一律，田桐在其《扶桑诗话》的《读郑延平传》中记有其事（见《田桐集·扶桑诗话》第541页）。

赖山阳喜作咏史诗，曾作有咏中国先秦管仲、子产、晏婴、伍子胥、商鞅等十二人、三国刘备、孔明、关羽、赵云、张飞等十二人，且“皆新颖”，故田桐特地在其《扶桑诗话》的《咏史》中记之（见《田桐集·扶桑诗话》第546～547页）。

是年，田桐得到日本倒幕志士、著名画家藤本铁石（别号铁寒士，1817—1863）的几首题画诗，故在其《扶桑诗话》的《藤本铁石》中录之（见《田桐集·扶桑诗话》第524页）。

是年，田桐得到十八世纪日本著名书法家、诗人龙草庐（名公美，又名元亮，字君玉，号草庐，1714—1792）的书法对联和汉诗各一，遂作《扶桑诗话·龙草庐》一则以纪之（见《田桐集·扶桑诗话》第528页）。

是年，田桐意外得到日本近代著名启蒙思想家、汉学家、明治时期杰出

---

① 杨勉之（？—1913），字冕卿，湖南会同人。早年赴日留学，入东京法政大学。曾与陈天华合组东新译社。1905年加入中国同盟会。辛亥革命时回国，至上海任小报记者。1913年病逝。

的教育家福泽谕吉（1835—1901）所写之诗和书法作品，故在其《扶桑诗话》的《福泽遗墨》一则中记有其事（见《田桐集·扶桑诗话》第532页）。

是年，田桐得到被称为"日本企业之父"、"日本金融之王"、"日本近代经济的领路人"、"日本资本主义之父"、"日本近代实业界之父"的涩泽荣一（号青渊，1840—1931）的二首游美绝句，颇为欣赏，并在其《扶桑诗话》的《涩泽青渊》中录之（见《田桐集·扶桑诗话》第532～533页）。

是年，田桐曾得到日本幕府末期尊攘、倒幕运动的志士、著名政治家和军事家高杉晋作（1839—1867）的一首七言绝句，遂在其《扶桑诗话》的《高杉晋作》中录之（见《田桐集·扶桑诗话》第535页）。

是年，田桐得到一本日本弟子井上陈政（原名楢原陈政，字子德，1862—1900）为其中国老师、著名学者、文学家、经学家俞樾（1821—1907）七十寿诞在日本征诗所编之《东海投桃集》，上有俞樾第二年所写之序；田桐颇爱之，特地在《扶桑诗话》的《东海投桃集》一则中录其文（见《田桐集·扶桑诗话》第535～536页）。

是年，田桐获得日本江户末期思想家，兵法家和汉学家佐久间象山（幼名启之助，通称修理，字子明，号象山，别号国忠；1811—1864）的数首诗作，遂在其《扶桑诗话》的《佐久间象山》中记其事迹并录其诗（见《田桐集·扶桑诗话》第536页）。

是年，田桐得到被称为"东洋的俾斯麦"——日本明治维新的第一政治家大久保利通（幼名正助，后改利通，字甲东，萨摩藩高丽町人，1830—1878）的游历中国的两首绝句，遂在其《扶桑诗话》的《甲东游华作》中录之（见《田桐集·扶桑诗话》第538页）。

民国三年甲寅（1914年） 三十六岁

是年，田桐和四弟田桓仍居日本东京，与党人一起从事民主革命活动。

正月十八日（2月12日），大总统袁世凯解除熊希龄本兼各职，以孙宝琦代理国务总理，"名流内阁"倒台。

正月中旬，田桐与前来日本东京顺天堂疗室就医的好友苏曼殊相聚，苏曼殊偶于旅途中得遇老友，甚是高兴，乃作有《憩平原别邸赠玄选》一诗赠田桐[①]。

① 李蔚：《苏曼殊评传》，社会科学文献出版社1990年版，第473页。

好友多年不见，如今偶然相遇，田桐亦颇为高兴，遂作《答曼殊平原别邸见赠原韵》一诗回赠（见《田桐集·诗存》，第497页）。

二月初四日（2月28日），大总统袁世凯宣布“各省省议会一律解散，所有一切行政事务，由各该省行政长官力负完全责任”①。

二月十九日（3月15日），全国商会联合会在上海召开。

二月二十九日（3月25日），上海《申报》“译电”载：“据《北京日报》，党人领袖在东京、横滨等处设立秘密会十所，取名三求党（译音），志在推翻政府，效尤法国革命进行一切，其领袖为孙逸仙、何海鸣、陈其美、方声涛、田桐等诸人。闻日本共有党员二百人，总机关设于东京内，分三大部，组织颇为完备。”

三月间，田桐居日本江户（东京的古称），与亦居江户的杨庶堪②往来颇多，田桐曾在其《革命闲话》中撰有《杨庶堪对》一则笔记纪其事（见《田桐集》第390页）。

同月里，田桐见同乡好友居正眼下正携眷居住在西京，遂函召其前来东京，参与《民国》杂志和“中华革命党”的筹建工作（见《梅川谱偈》，《居正文集》第531页）。

在江户时，田桐曾得到日本江沪时代（1603—1868）名儒、著名汉学家市河宽斋（名世宁，字子静、嘉祥，号西野、半江、宽斋，1749—1820）的数首诗作，遂在其《扶桑诗话》的《市河宽斋》中录之（见《田桐集·扶桑诗话》第521页）。

又得到日本江户时代著名诗人梁川星岩（1789—1858）夫人红兰女史（名景婉、芝兰，字道华、月华，号红鸾、红兰，1804—1879）的数首诗作，遂在其《扶桑诗话》的《红兰女士》中录之（见《田桐集·扶桑诗话》第521页）。

---

① 袁世凯：《解散各省议会令》，章伯锋等编：《北洋军阀》资料第2卷，武汉出版社1990年版，第519页。

② 杨庶堪（1881—1942），字沧白，号邠斋，四川巴县人。1900年中秀才。1903年与朱之洪组织公强会。1905年加入同盟会，为负责人。1906—1910年，以中学教员、监督为掩护，秘密从事革命活动。1911年与党人组织保路同志会，并与张培爵等领导重庆和平起义，组织蜀军政府；任四川军政府外交司司长。“二次革命”失败，亡命日本。1914年加入中华革命党。1918年出任四川省省长。1920年任国民党本部财政部部长。1922年任大元帅府秘书长。1924年任广东省省长、北京北洋政府司法总长。1930年任国民政府委员。全面抗战爆发后居重庆。工诗文。著有《沧白诗抄》、《杨庶堪诗文集》等。

又得到日本佐贺藩第十代藩主锅岛正直（号闲叟，1814—1871）绝句一首，遂在其《扶桑诗话》的《锅岛闲叟》中录之（见《田桐集·扶桑诗话》第 521～522 页）。

又得到日本倒幕志士日柳燕石（名政章，赞岐人，？—1868）在狱中所写的两首诗，故在其《扶桑诗话》的《日柳燕石》中录之（见《田桐集·扶桑诗话》第 525 页）。

田桐的战友沈翔云①在上海被袁世凯的亲信杨善德秘密杀害。

四月初六日（4 月 30 日），孙中山鉴于国民党组织涣散无力，有如一盘散沙，而党员的革命意志淡漠，遂决定将国民党改组，酝酿筹备组织“中华革命党”，以谋“第三次革命”。田桐则首先响应，全力支持，成为中山先生的得力助手，还草拟了一份《中华革命党各省重要人物一览表》（见《田桐集》第 106～108 页），进呈孙中山参考。

居正晚年曾回忆说：中山先生“本其二十年之学问，二十年之阅历，手草中华革命党章程，制定入党誓约，日召陈英士、田梓琴、范鸣仙等，更翻商议”②。

四月初七日（5 月 1 日），袁世凯颁布《中华民国约法》，废除《中华民国临时约法》；又撤销国务院，设立政事堂，任命徐世昌为国务卿。

四月初十日（5 月 4 日），政事堂正式成立，裁撤总统副秘书长，以杨士琦、钱能训为左、右丞；又任命袁思亮为政事堂印铸局局长，易顺鼎为印铸局副局长。

四月十一日（5 月 5 日），孙中山在萱野长知的陪同下前往拜访黄兴，两人进行了长谈，曹亚伯、章勤士、章士钊、陈方度等人相继参与交谈；结果，孙、黄发生激烈争吵，关系几乎破裂。

四月十六日（5 月 10 日），根据孙中山的指示，为了扩大革命宣传，以

---

① 沈翔云（？—1914），字虬斋，浙江乌程（今吴兴市）人。早年肄业于武昌自强学堂。1899 年以优异成绩被派赴日留学。同年与戢翼翚、吴禄贞等人赴横滨拜访孙中山，加入兴中会。1900 年春，与戢翼翚、吴禄贞、沈邦平、章宗祥、吴振麟、傅慈祥等组织发起励志会。同年 8 月，回国参加自立军起义；起义失败后，仍逃亡日本。1901 年与秦力山、戢翼翚、冯自由等在东京创办《国民报》（月刊）。1902 年办报诸人星散，遂回湖州故里隐居数年。1911 年 11 月上海都督府成立，始出参帷幄。1912 年南北议和告成，又遁迹乡间。“二次革命”失败后，迁居上海。1914 年，袁世凯令护军使杨善德大兴党祸，将其杀害。

② 居正：《中华革命党时代的回忆》，《居正文集》上册，华中师范大学出版社 1989 年版，第 206 页。

壮大革命队伍，《民国》杂志在东京创刊。社址就设在田桐负责的大田寓。胡汉民任杂志总编辑，居正任经理，田桐与朱执信、廖仲恺、汪精卫、戴季陶、杨沧白、苏曼殊、邵元冲、邹鲁、叶夏声、张士麒等人参加编辑工作。

田桐为维护革命大局，消除部分党员的偏见和动摇，在《民国》杂志第1期上发表《名誉论》一文（见《田桐集》第109～116页）。这是一篇重要的理论文章，洋洋七千余言。它从"名誉"一词的内涵和外延，详细论述了名誉、名誉心与虚荣心、尊大心的关系、名誉的种类、名誉与名声的关系以及名誉与人格、道德的关系等问题，指出名誉、人格对于革命党人的重要性；并对革命党内部"知有名誉，不知有人格"的变节、动摇分子进行了谴责；最后强调：只有让那些不仅具有"慧敏之观察"能力，而且具有"宏富之思想"的"睿知之天才"出来领导，才有大"贡献于社会"，革命才会取得成功。

四月二十日（5月14日），田桐奉孙中山之命，起草、发出了《关于中华革命党筹备委员会人员名单的通告》（见《田桐集》第117页）。

同日，中华革命党筹备委员会在民国社召开第一次筹备会议，田桐与柏文蔚、陈其美、胡汉民、居正、周应时等15人出席。

《辛亥著名人物传记丛书——陈其美》中记载："到1914年4、5月间，加入中华革命党的党员已达四五百人。为此，孙中山很欣慰地说：吾党分崩之象悉已消灭。他指示陈其美、居正、胡汉民、田桐、杨庶堪、周应时等人成立筹备委员会，讨论组织机构、干部选举、党员大会等问题，为成立中华革命党总部作准备。"

《孙中山年谱长编》（上）中记载："根据先生指示，14日由田桐发出通告：在中华革命党干部未成立以前，组织一筹备委员会，并由先生委任以下人员组成：柏文蔚、周应时、陈其美、刘承烈、邓家彦、胡汉民、杨庶堪、居正、侯度生、张肇基、凌钺、文群、陈扬镳、张伯麟、田桐，并于是日在民国社开第一次筹备委员会。"

四月二十二日（5月16日），受孙中山约见，田桐与陈其美、胡汉民、居正等人在民国杂志社商讨中华革命党干部人选。

五月初二日（5月26日），参政院在北京正式成立，黎元洪出任第一任院长；樊增祥与汪大燮、李家驹、张国淦等七十余人被聘为参政。

五月初六日（5月30日），讨袁军第一路司令蒋介石设在上海闸北的机关被破获。

五月、闰五月间，因好友黄兴与中山先生之间意见分歧，相处颇不愉快；田桐与黄兴多有往来，时相劝慰，保持着良好的关系。

五月二十三日（6月16日），好友黄兴致函田桐称：

前见尚留有祝世禄字在弟处，并徐天池画。弟因有他行，请来取，以免遗失。①

五月二十九日（6月22日），中华革命党在东京举行预备会议，推孙中山为总理。

闰五月初四日（6月26日），黄兴在即将离日赴美之时，特给挚友田桐送去一封函札：

田桐兄鉴：弟将远适，特于明日（27日）午刻备小酌，恭请中山先生叙别（不谈国事），乞届时驾临寄寓，借慰离绪，此颂大安，弟兴启。6月26日。②

闰五月初五日（6月27日），田桐如约前往黄兴寓所赴宴，并与挚友告别；参加作陪的尚有宫崎寅藏、萱野长知、邓家彦、杨庶堪等人。宴毕，孙中山曾集古句书联，为战友黄兴赠行："安危他日终须仗，甘苦来时要共尝"③。

闰五月初七日（6月29日），袁世凯命由参政院代行立法院职权。

闰五月初八日（6月30日），袁世凯废除各省都督，在北京设立将军府，立将军名号。

同日，挚友黄兴在李书城、石陶钧、邓家彦、徐申伯等人的陪同下，自横滨启程前往美国旧金山，从此，黄兴成为离群孤雁，飘零海外。

案：孙中山和黄兴是亲密战友，革命党人的卓越领导人。自同盟会成立以后，两人同心同德，并肩战斗，屡败屡战，再接再厉，终于领导革命党人推翻清王朝，建立了中华民国。但在"二次革命"失败后，革命党人大多逃往日本。此时黄兴情绪低落，在再举义旗的路线和策略上与孙中山产生分歧。而在筹建中华革命党时，孙中山要求每个加入组织的人都要宣誓，而《誓约》中有"服从孙先生再举革命"一句，且规定入党要有党员一人或二人介绍，由党的上级人员主盟，宣誓结束后还须在《誓约》上打手印。黄兴对"服从孙先生再举革命"一句和"打手印"一事表示异议。田桐作为中山先生的忠实信徒，对中山先生的决定率先赞成和支持；作为黄兴的挚友，又

① 湖南社会科学院编:《黄兴集》,中华书局1981年版,第362页。

② 湖南社会科学院编:《黄兴集》,中华书局1981年版,第362页。

③ 此联原件今藏中国革命博物馆;又见(美)薛君度著:《黄兴与中国革命》卷首插页,杨慎之译,湖南人民出版社1980年版。

不希望他与中山先生为此事激化矛盾，曾居中调解、斡旋，希望二人能化解矛盾，和好如初。然孙中山坚持不改，更有陈其美、胡汉民等人从中挑拨，致使孙、黄二人的矛盾进一步加剧。黄兴遂拒绝加入中华革命党，且决定出走美国。

闰五月十六日（7 月 8 日），国民党员三百余人在东京筑地精养轩召开中华革命党的成立大会，孙中山出任总理。协理一职，虚悬以待黄兴。同时公布孙中山手书的《中华革命党总章》（共计三十九条）。

按照《总章》中《誓约》的规定，中山先生当天就任总理之职时，亦“当众宣誓（自立誓言，由胡汉民主盟，陈其美、居正介绍，号数为一百六十一号。一百六十一号以前誓约，总理自为保管；以后誓约，交党务部部长保管。）”（见《中华革命党时代的回忆》，《居正文集》上册，第 208～209 页）。

案：在孙中山的《誓约》中，“服从孙先生再举革命”中的“服从孙先生”五字则不写；而五项要求中除“服从命令”改为“慎发命令”之外，其他依旧。

中华革命党成立后，依据《总章》第十九条的规定，下设总务、党务、财政、军事、政治等五部展开全面工作。

又依据《总章》第十七条的规定，由总理委任各部正、副部长。其具体委任为：陈其美、谢持为总务部正、副部长；居正、田桐为党务部正、副部长；张人杰、廖仲恺为财务部正、副部长；许崇智、邓铿为军事部正、副部长；胡汉民为政治部长（副部长空缺）①。

中华革命党成立后，田桐便偕盟兄居正一起负责党务部的领导工作。田桐的四弟田桓则出任总务部印铸局局长兼党务部干事，成为中山先生的侍从秘书；当时的孙文之印、中华革命党本部之印等所有重要印鉴，都是由田桓所篆刻。

而根据《总章》第十二条的规定，田桐被指定为湖北支部的主盟人，而委刘英为筹备处长（筹建中华革命党湖北支部）②。

闰五月十八日（7 月 10 日），田桐在《民国》第三期上发表《品性论》

---

① 居正：《中华革命党时代的回忆》，《居正文集》上册，华中师范大学出版社 1989 年版，第 211 页。

② 居正：《中华革命党时代的回忆》，《居正文集》上册，华中师范大学出版社 1989 年版，第 212 页。

一文（见《田桐集》第 118～120 页），在对品性内涵进行论述后强调指出："品性之影响，及于终身"；因此，革命志士遂有历练"品性"的必要。

同日，田桐整理完成已故日本明治时期自由民权运动理论家、政治家、唯物主义哲学家、无神论者、汉学家中江兆民汉译的《民约论》，并撰写了《重刊中江先生汉译〈民约论〉叙》一文（见《田桐集》第 121 页）。

案：《民约论》全称《共和原理民约论》（又称《社会契约论》），法国卢梭原著，日本中江兆民汉译，田桐校点，1914 年东京民国社刊行。

中江兆民（1847—1901），幼名竹马，改名笃介，后又有青陵、秋水、南海仙渔、木强生、火之番翁等名，最后定名为"兆民"。出身于高知城下（今高知县）土佐藩一个下级武士家庭。自幼学习汉文，特别爱读《庄子》和《史记》，1871 年被政府派往法国留学，潜心研究哲学、史学和文学，深受法国民主主义思想的影响。1881 年参加自由党，投身于政治斗争，当选为众议院议员。精法文，又通英、荷文。又工诗文，善书法。著有《政理丛谈》、《自由新闻》、《一年有半》和《续一年有半》（一名《无神无灵魂》）、《理学钩玄》（意即《哲学概念》）等。

田桐后来在其所撰之《扶桑诗话》中亦写有《中江兆民》一则，简述有其事迹（见《田桐集·扶桑诗话》第 532 页）。

六月初十至十三日（8 月 1 日—8 月 4 日），德国对俄、法、英国宣战，第一次世界大战爆发。

六月十五日（8 月 6 日），袁世凯政府宣布对"欧战"（第一次世界大战）保持中立。

六月中下旬至七月上旬（8 月），李烈钧、李根源、熊克武、钮永建、陈炯明、邹鲁、程潜、陈独秀、谷钟秀、张耀曾等国民党元老对加入中华革命党必须加盖指印、绝对服从领袖等规定不满，遂另外在东京成立欧事研究会；他们推时在美国的黄兴为名誉主席，实际负责人则为李根源。

六月二十四日（8 月 15 日），田桐与居正受孙中山函命，详细面询、审察金一清，因金氏熟悉南洋情况，可联络筹款。

七月初三日（8 月 23 日），日本政府正式宣布对德作战。

七月十二日（9 月 1 日），《中华革命党宣言》发表，通告海内外。

七月十三日（9 月 2 日），日本派兵在中国山东半岛的龙口（今烟台市龙口市）登陆。

七月中下旬至八月上旬（9 月），孙中山经常与廖仲恺、胡汉民、田桐、居正等人商讨组织革命军等问题。

尚明轩在《孙中山传》中说："中华革命党本部组成后不久，同年九月，孙中山仿照一九〇五年亲自为同盟会制定军事规章办法，又亲拟了中华革命党《革命方略》，并花费二个半月的时间同廖仲恺、胡汉民、田桐、居正等讨论组织革命军等问题。"①

八月初一日（9月20日），孙中山在东京主持召开会议，讨论中华革命党的《革命方略》。

八月初四日（9月23日），田桐的好友程家柽②潜至北京谋刺袁世凯，因事泄被捕，惨遭杀害。

八月初六日（9月25日），袁世凯正式颁发祭孔令，公开恢复祭孔典礼。

八月初九日（9月28日），袁世凯率领文武百官亲往孔庙参加祭孔典礼。

八月十七日（10月6日），日军占领山东济南车站，胶济铁路为日军控制。

八月十八日（10月7日），中华革命党湖北支部正式建立，田桐被推选为支部长。

八月间，经袁世凯批准设立清史馆，以赵尔巽为馆长，正式启动《清史稿》的编纂工作。

九月二十日（11月7日），日本侵略军占领山东青岛，德国的在华权益全部被日本夺取。

九月间，上海招商局、太古、怡和三轮船公司中国海员举行总同盟罢工。

---

① 尚明轩：《孙中山传》，北京出版社1979年版，第192页。

② 程家柽（1874—1914），字韵荪，又作润生、润孙，一字下斋。安徽休宁人。早年入武昌两湖书院学习。1899年赴日留学，入东京帝国大学农科。结识孙中山，接受革命思想。1903年组织发起"拒俄义勇队"。1905年与宋教仁等创办《二十世纪之支那》杂志。中国同盟会成立，被推为外交部部长。1906年归国，任北京大学教授和肃亲王善耆幕僚，营救同志多人。1909年任陆军部陆军中小学教科书编辑，秘密从事革命宣传。武昌起义后，与吴禄贞谋发动北方新军攻取北京，因吴被刺未果。1912年1月参与谋炸袁世凯，未果，逃亡南京。后任安徽军政府高等顾问。宋教仁被刺后，举起反袁大旗，在其主办的《国风日报》上发文揭露袁氏阴谋和卖国行径。1914年潜至北京，密谋反袁活动，事泄被捕，于同年9月23日遇害。

十月中旬，朱执信等策动驻防广州观音山（今越秀山）的炮兵内应讨伐龙济光，失败。

十一月初七日（12 月 23 日），为冬至节，袁世凯在文武百官的陪同下，亲至天坛出席祭天仪式。

同日，田桐所撰之《革命之首领》由东京民国社刊行。这是一篇长文，共十节，约一万二千言（见《田桐集》第 122～135 页）。它以大量中外古今例证，从“首领之发生”、“首领之假借”、“首领之种类”、“首领之资格”、“首领与党员之信仰心”、“首领之威严”、“首领之宰制力”、“传布主义之方法”、“运用党徒之方法及特征”等方面论述了首领的“人格”魅力和权威，并强调了“服从首领”的重要性。

十一月上旬，为了将四散的、失去联系的党人重新组织起来，孙中山、田桐等在东京成立通讯机关，调查登记亡命者的地址和具体情况，给最困难的同志每人做两件衣服，每月发放日币津贴十五元，“使一大批衣食无着、告贷无门的革命党人，精神为之一振”[①]。

十一月初十日（12 月 26 日），田桐给财务部部长谢持[②]去函（即《致谢持函》）一封（见《田桐集》第 136 页），谈救济困窘党人事。

十一月十三日（12 月 29 日），袁世凯公布《大总统选举法》，任期十年，且得连任，继任候选人由总统提名。

十一月十五日（12 月 31 日），上海《申报》“专电·北京电”载：“官中消息，孙文在东组织总统府，田桐、居正主军事，田并称主盟大元帅，并选举各省部正。”

十一月十六日（1915 年 1 月 1 日），田桐制作《新年明信片》散发同志，恭贺新年（见《田桐集》第 137 页）。

十一月间，孙中山主持制定了《中华革命党方略》，决定组建“中华革

---

① 王杰：《中华革命党略论》，中南地区辛亥革命史研究会、湖南省历史学会编：《纪念辛亥革命七十周年青年学术研讨会论文选》（下），中华书局 1983 年版，第 653 页。

② 谢持（1876—1939），原名振心，字铭三，一字慧生，四川富顺人。诸生。1907 年加入同盟会，任富顺县分部长，与同志谋在成都起义，事泄逃往上海。1909 年任中国公学学监，旋赴河南、陕西从事革命活动。1911 年 2 月至重庆，任教巴县女子师范学校，从事革命活动。1911 年 11 月重庆独立，任军政府总务处长。1912 年任四川军政府参赞。1913 年宋教仁被刺，与黄复生自上海至北京，谋炸袁世凯，事泄被捕。出狱后，避居日本。1914 年加入中华革命党。1917 年赴广州任大元帅府参议、代理秘书长。1924 年当选为中央监察委员。1925 年发起西山会议，反对联共政策，成为国民党右派。1939 年病逝于成都。

命军”，自任大元帅，实行武力推翻袁世凯的专制政府，建设完全之民国。

十二月初四日（1915 年 1 月 18 日），日本公使日置益代表日本政府向袁世凯提出阴谋灭亡中国的“二十一条”要求。

十二月初六日（1915 年 1 月 20 日），田桐给财务部部长谢持去函（即《致谢持函》），商议有关济困事宜（见《田桐集》第 138 页）。

在逃亡日本期间，田桐在从事中华革命党的公务之余，亦曾与朋友有游览日本名胜之行，并相继写有《荒川观樱》、《三过琵琶湖》等诗作纪其行踪（见《田桐集·诗存》第 500 页）。

案：荒川是日本国内的一条重要河流，发源于埼玉县、山梨县、长野县的三县交界，流经关东平原，最后由江户川区注入东京湾，全长 169 公里，流域面积 2940 平方公里，流域两岸多樱花。

琵琶湖位于日本的滋贺县，是日本中西部山区的淡水湖，面积约 674 平方公里，是日本的象征、国家公园和最大湖泊，《日本湖沼水质保全特别措置法》指定湖泊，被列入湿地公约国际重要湿地名录中。

田桐又曾游览日本高知县的五台山和山顶的名刹竹林寺，并写有《游五台值雨》一诗纪其行踪（见《田桐集·诗存》第 501 页）。

田桐在游览日本高知县土佐时，不仅受到土佐侠士横山又吉（字黄水，号黄木）的热情款待，而且还得到他的馈赠。横山喜作汉诗。田桐在其《扶桑诗话》中作有《横山黄水》一则，收有横山的诗作三首（见《田桐集·扶桑诗话》第 517 页）。

在土佐时，田桐又曾与其地名士高桥天门（名豹）往还，在其《扶桑诗话》的《高桥天门》中，曾记载有高桥的汉诗数首（见《田桐集·扶桑诗话》第 518 页）。

在土佐时，偶遇好友中江兆民的弟子野村真彦（字柳彦，号柳洲），故两人相聚谈“中江先生遗事”，“至夜半不倦”；野村亦有“乃师风”，也是一个汉学家，田桐在其《扶桑诗话》的《野村柳彦》中录有其汉诗多首（见《田桐集·扶桑诗话》第 519 页）。

田桐又意外获得土佐人、日本明治维新志士间崎哲马（号沧州，1834—1863）的二首汉诗，故在其《扶桑诗话》的《间崎哲马》中录之（见《田桐集·扶桑诗话》第 523 页）。

田桐又曾前往日本名古屋著名景点——清洲城天主阁，观赏壮丽的日出和梅花，并写有《登天主阁》一诗纪其行踪（见《田桐集·诗存》第 501 页）。

田桐在往游山口县长门市时，获得日本明治维新时期著名政治家、武士木户孝允（1833—1877）的数首汉诗，故在其《扶桑诗话》的《木户孝允》中录之（见《田桐集·扶桑诗话》第523页）。

田桐在日本游历期间，曾舟过土阳（案："土阳"在日本何地待考），受到当地居民的热情款待，并写有《舟入土阳口占》（二首）纪其事（见《田桐集·诗存》第501页）。

在日本，"樱最艳，岚山之樱，又樱之最艳者"；而田桐曾"五过京都，皆不在花时"，故引为"恨事"；遂在其《扶桑诗话》的《岚山樱》中，录日本赖山阳的名家咏岚山之樱6首以为"补偿"（见《田桐集·扶桑诗话》第529页）。

是年，田桐的同乡好友鲁鱼①去世。

是年，田桐在日本获得南明鲁王朱以海（巨川，号恒山，又号常石子，朱元璋第十子荒王朱檀九世孙；1618—1662）在绍兴监国后，给亡命日本的朱之瑜（字楚屿，又作鲁屿，号舜水，浙江余姚人；1600—1682）所发来的敕令；于是专门在其《扶桑诗话》一书中写了《鲁王敕》一则录其敕文并纪其事（见《田桐集·扶桑诗话》第551页）。

是年，田桐获得日本江户时代（又称德川时代）末期政治家、教育家、改革家和阳明学派思想家吉田松阴（名矩方，字义卿，号松阴，通称寅太郎；1830—1859）的遗诗两首，遂在其《扶桑诗话》的《吉田松阴》中录之（见《田桐集·扶桑诗话》第553页）。

是年，田桐获得日本幕府末期志士桥本左内（1834—1859）的题画诗二首，遂在其《扶桑诗话》的《桥本左内》一则中录之（见《田桐集·扶桑诗话》第553页）。

是年，田桐获得日本明治时期著名书法家、汉学家长三洲（名炗，又名荄；字世章、秋史，大分县人；1833—1905）游华所作汉诗若干首，遂在其《扶桑诗话》的《长三洲》中录之（见《田桐集·扶桑诗话》第555页）。

1914年，国内曾有"广西省会之争"（此前一直在桂林，后不少人主张

① 鲁鱼（1874—1914），原名克彬，字学藻，亦字忍庵，号雯青，一作文卿，湖北嘉鱼烟墩鹅塘人。鲁肃后裔。1893年中秀才。早年赴日留学，与田桐、刘公等人创办《二十世纪之支那》杂志。1905年加入同盟会，与宋教仁、陈天华等同办《民报》。武昌起义时任都督府顾问。1912年当选为参议院议员。南北议和时，曾与彭家珍等人北上刺杀铁良和良弼。孙中山辞职后，担任其私人秘书。1914年去世。

迁南宁——1915 年 5 月北洋政府正式决定迁往南宁），田桐则写有《广西省治刍议》一文，认为“梧州”作广西省会为最佳（见《田桐集》第 569 页）。

民国四年乙卯(1915 年)　三十七岁

是年，田桐仍旅居日本，与盟兄居正负责中华革命党党务部工作。

是年初，四弟田桓①奉孙中山之命，先行回国，创办《民意报》，联络同志。

正月十二日（2 月 25 日），田桐给中华革命党总务部去函（即《致中华革命党总务部函》），洽谈救济困窘党人相关事宜（见《田桐集》第 139 页）。

正月二十五日（3 月 10 日），孙中山指示中华革命党党务部发布通告，揭露“二十一条”交涉真相，号召党人坚决进行反袁斗争。

同日，田桐给陈其美、谢持去函（即《致陈其美、谢持函》），谓自己与山崎将去土佐（案：日本高知县的旧称）一星期，洽谈救济困窘党人相关事宜（见《田桐集》第 140 页）。

正月二十七日（3 月 12 日），湖南乾城（今湘西土家族苗族自治州吉首市）大王岩煤矿工人举行罢工。

正月三十日（3 月 15 日），田桐曾给军事部去一函（即《致军事部函》），洽谈湖北党人相关事宜（见《田桐集》第 141 页）。

正月间，田桐曾应日本友人山本先生之请，为其书五言律《无题》一首（见《田桐集》第 142 页）。

同月里，田桐曾应友人之邀，前往日本熊本县熊本市北区植木町丰冈的田原坂观赏桃花，并作有《田原别桃花》一诗纪其行踪（见《田桐集·诗存》第 501 页）。

又曾有日本静冈县滨松市之游，田桐曾写有《登曳马城望天龙川》一诗

---

① 田桓(1893—1982)，字寄苇，号苇道人。湖北蕲州人。幼随父读。1907 年考入蕲春高等学堂学习。1908 年加入同盟会，因“藐视朝廷”被学校开除，遂在蕲春联络同志，从事革命活动。1911 年参加光复蕲州。1912 年考入日本东京志成中学。1914 年转入东京美术学校。同年加入中华革命党，任总务部印铸局局长兼孙中山的侍卫秘书。1915 年回国办《民意报》，秘密联络同志。孙中山赴广州护法，南下任孙中山侍从秘书直至孙中山去世。1925 年起，先后在广东、上海、河南、北京、湖北等地军政部门任职。1953 年任上海市文史馆馆员、政协常委。1958 年调任上海市人民政府参事室参事、民革中央委员。工书法，擅篆刻，亦善画，有作品收入《近代名书家集》(1924 年)和《书法大成》(1948 年)。

纪其行踪（见《田桐集·诗存》第503页）。

案："曳马城"又称"引马城"、"出世城"，今称"滨松城"，是日本静冈县滨松市中区的一座城堡。江户时代为滨松藩藩主的居城。

天龙川是日本的一条河流，流经长野县、爱知县与静冈县，总长度213公里，流域面积5050平方公里；长野县的天龙峡是由天龙川长年侵蚀横贯伊那山地的岩石形成的峡谷，是一处胜景。田桐在其所撰之《扶桑诗话》一书的《登曳马城》中，曾记有此事（见《田桐集·扶桑诗话》第525～526页）。

在滨松时，田桐曾与酷嗜汉诗、"至老不辍"的法月对山（名龙教，字对山）"为促膝之谈"，获其诗8首，"皆见禅心"，甚是高兴，遂在其《扶桑诗话》的《法月对山》中录之（见《田桐集·扶桑诗话》第554页）。

同月里，田桐的好友、孙中山的胞兄孙眉①在澳门寓所病逝。

二月初三日（3月18日），上海数万民众组织"国民对日同志会"，召开群众大会，决议拒用日货。

三月中旬，田桐曾有德岛县德岛市之游，在游览德岛市德岛公园时，曾作有《德岛公园口占》一绝纪其行踪（见《田桐集·扶桑诗话》第552～553页）。

案：德岛公园是在原德岛城废址上修建的一座花园，在今日本德岛县德岛市（旧名"东郡"）中心，是市民休憩、赏樱的绝佳之地。

三月二十四日（5月7日），日本政府致北京政府外交部最后通牒，限48小时完全应允"二十一条"，否则"将执认为必要之手段"。

三月二十六日（5月9日），北京袁世凯政府正式承认丧权辱国的"二十一条"修正案，史称"五九国耻"。

四月十二日（5月25日），北京政府外交总长陆徵祥与日本驻华公使日置益签订草约。

---

① 孙眉（1854—1915），字德彰，号寿屏。广东香山（今中山市）人。早年赴檀香山谋生，后至茂宜岛经营畜牧业，又在茄荷雷埠设立商店，几年后即成为当地首富，被称之为"茂宜岛王"。1894年加入兴中会，积极支持孙中山从事民主革命活动。自1904年起，因夏威夷政府改订租地年限条例，经营颇受损失。1907年归国，居九龙。1908年始，奔走湛江、香港等地，从事反清活动。1909年参加谋划广州新军起义失败。1910年被香港当局驱逐出境。1911年移居广州湾，组织民军响应武昌起义，并收复雷州半岛各地。反对袁世凯窃国。1913年迁居澳门。1915年2月在澳门病逝。

四月二十五日（6 月 7 日），《中俄蒙协约》签订。

四月二十七日（6 月 9 日），田桐的好友仇亮①在北京被袁世凯杀害。

五月初四日（6 月 16 日），大总统袁世凯以“妨碍邦交”为名，再次申令禁止抵制日货。

六月十八日（7 月 29 日），田桐留日时的好友、民国元勋董修武②在成都被四川巡按使陈宧杀害。

六月二十三日（8 月 3 日），大总统袁世凯的宪法顾问、美国政客古德诺（Frank Johnson Goodnow，1859—1939）在《亚细亚日报》发表《共和与君主论》，极力提倡帝制。

六月下旬，孙中山在日本东京曾多次主持召开军事会议，讨论研究组建国内四大中华革命军的相关问题。同时，密令陈其美、居正、胡汉民和于右任等人，在上海、青岛、广州和陕西三原等地筹设中华革命军东南、东北、西南及西北军总司令部。

七月初四日（8 月 14 日），杨度、孙毓筠、严复、刘师培、李燮和、胡瑛等人发表组织筹安会宣言，时称“筹安六君子”。

七月十三日（8 月 23 日），以研讨“共和政治得失”为名，筹安会在北京正式成立，杨度和孙毓筠出任正、副会长，公开鼓吹帝制。

七月二十二日（9 月 1 日），参政院开会，审查各省变更国体的“请愿书”。

---

① 仇亮(1879—1915)，原名式匡，字韫存，湖南湘阴人。16 岁中秀才，入长沙求实书院深造。1903 年赴日留学，入弘文学院，两年后转入陆军士官学校，与宁调元等创办《汉帜》，秘密从事革命活动。1905 年加入同盟会。1909 年回国，赴朝廷朝考，授步兵科举人，分至清政府军咨府任职。1910 年调任山西太原督练公所督练官。武昌起义爆发，积极策划新军响应。南京临时政府成立，任陆军部军衡司长。南北议和后，辞职，创办《民主报》，针砭时弊。宋教仁被刺后，刊文抨击袁世凯，遭军警迫扰，报社被封，潜逃回湘。1915 年春，再次潜入京，谋联络同志，东山再起，被袁世凯侦知，逮捕入狱。同年 6 月 9 日被杀害。

② 董修武(1879—1915)，原名发科，字特生，四川巴中人。16 岁中秀才。1902 年考入成都东文学堂。1904 年赴日留学，入东京明治大学。1905 年光复会领袖章太炎在上海出狱，董修武奉命赴沪迎接其至日本东京。同年加入同盟会，被推为评议部评议员，曾任同盟会四川主盟人。又参与《民报》、《鹃声》等杂志的创办。1911 年奉命回川主持同盟会分会工作。四川光复后，任军政府总政处总理兼财政部部长。同盟会改组为国民党，任国民党驻川负责人。宋教仁被杀，在成都召开盛大追悼会。1915 年袁世凯阴谋复辟帝制，视董修武为心腹大患；派心腹陈宧任四川巡按使，陈宧到任后即将董修武逮捕。几天后，陈宧在狱中将董修武杀害。

同日，田桐与戴天仇、覃振、文群、陈家鼎、李根源在日本神田出席留日学界侨商演说会，声讨袁世凯，并相继发表演说，都主张非革命不可。

七月二十四日（9月3日），梁启超在北京英文《京报》上发表《异哉所谓国体问题者》一文，对复辟帝制的种种谬论作了淋漓尽致地驳斥。

七八月间，经过充分的酝酿讨论、并根据军事部长许崇智拟定的《中华革命军委任通则》，国内四大中华革命军正式组建：中华革命军东北军，以居正为总司令，总部设山东青岛；中华革命军东南军，以陈其美为总司令，总部设上海；中华革命军西南军，以胡汉民为总司令，总部设广州；中华革命军西北军，以于右任为总司令，总部设陕西三原。同时分派党人到各省去运动会党及军队，兴兵讨袁。

八月初七日（9月15日），陈独秀主编的《青年杂志》（次年9月改名为《新青年》）在上海创刊。

八月十一日（9月19日），总统府秘书长、交通银行总理、财政部次长梁士诒等人成立全国请愿联合会；第二次向参政院递交请愿书，要求召开国民会议解决国体问题。

八月十七日（9月25日），孙中山与即将回国举行反袁革命的田桐、廖仲恺、居正、胡汉民、陈其美、许崇智、郑鹤年、邓铿等同志在东京国民社合影留念。

八月二十四日（10月2日），参政院根据“民意”，制定《国民代表大会组织法》。

八月三十日（10月8日），大总统袁世凯公布《国民代表大会组织法》。

九月初二日（10月10日），田桐与戴天仇、覃振、詹大悲等人出席海外学界、侨商举行的中华民国国庆日庆祝会，并相继发表演讲。

九月初七日（10月15日），筹安会改组为宪政协进会。

九月初八日（10月16日），田桐与居正、周震鳞、谢持等人以国会议员的名义通电反对袁世凯的帝制活动（此日上海《申报》“公电”栏载有此电）。

九月十七日（10月25日），袁世凯导演的“全国国民代表”选举开始，即所谓“国体投票”。

同日，在日本著名律师和田瑞的主持下，孙中山与宋庆龄在日本东京结婚。

同日，徐世昌因不赞成帝制，辞去国务卿职务。

九月二十九日（11月6日），中、俄会订《呼伦贝尔协约》签字，沙俄强行将中国黑龙江省的一部分划为“特别区”，实行“自治”。

十月初一日（11月7日），孙洪伊等发表《进步党反对帝制之通电》一文，完成了由拥袁到反袁的转变。

十月初四日（11月10日），革命党人王明山、王晥峰等刺杀袁世凯的爪牙、上海镇守使郑汝成于外滩白渡桥。

十月十三日（11月19日），蔡锷秘密离开北京，由天津乘船赴日本。

十月十四日（11月20日），袁世凯御用的各省区“国民代表大会”国体投票结束，全体代表“赞成君主立宪”。

十月二十九日（12月5日），中华革命党成员陈其美受孙中山之命在上海策动肇和兵舰起义，炮轰上海制造局。

十一月初五日（12月11日），参政院推戴袁世凯为皇帝，各省的推戴书上也一律写着：“恭戴今大总统袁世凯为中华帝国皇帝，并以国家最上完全主权奉之于皇帝，承天建极，传之万世。”

十一月初六日（12月12日），袁世凯宣布承受帝位，改国号为“中华帝国”，以明年为“洪宪元年”；并加紧筹备翌年的“登基大典”。袁世凯的倒行逆施行为，遭到举国上下的反对与声讨。

十一月初七日（12月13日），袁世凯在紫禁城居仁堂接受百官的朝贺。

十一月上旬，袁世凯复辟帝制的消息传到日本，田桐与居正等同志以国会议员的名义发表通电，表示要“誓与共和同休戚”；又多次参加留日各界举行的反帝制大会，发表演讲，抨击袁世凯的倒行逆施。

十一月初十日（12月16日），黎元洪辞参政院院长职，由溥伦继任。

十一月十一日（12月17日），李烈钧、熊克武、龚振鹏等人奉孙中山之命自香港抵达云南昆明，准备反袁起义。

十一月十五日（12月21日），被袁世凯软禁在北京的原云南都督蔡锷，在梁启超等人的帮助下，由北京潜往日本，再由日本经台湾，转香港，过越南，抵达云南昆明。

同日，日本友人西山荣九著、田桐译编的《伦理通论》一书，在东京出版发行。

案：西山荣九，日本学者，除著有《伦理通论》一书外，尚主编有《改订最新支那分省图》等，与孙中山、田桐等关系密切。其生卒年月及生平事迹不详，待考。

十一月十五至十六日（12 月 21 日—12 月 22 日），唐继尧与李烈钧、蔡锷等人举行秘密军事会议，商议讨袁事宜。

十一月十七日（12 月 23 日），云南开武将军唐继尧、巡按使任可澄联名致电袁世凯，要求取消帝制，惩办祸首。

十一月十八日（12 月 24 日），唐继尧、蔡锷等人联名致电袁世凯，要求立将杨度、段芝贵等人“明正典刑，以谢天下”①。

十一月十九日（12 月 25 日），蔡锷与已来昆明参加护国运动的原江西都督李烈钧和现任云南督军唐继尧通电全国，宣布云南独立，组织护国军讨伐袁世凯，护国运动开始。

同日，孙中山亦发表《讨袁檄文》，痛斥袁世凯的倒行逆施罪行。

十一月二十三日（12 月 29 日），上海《申报》“要闻二 · 国体问题之各面观”栏载：据 12 月 20 日《大阪朝日新闻》称，岑春煊、孙文、黄兴等纠合海外各处党员组织中华民党联合会，各省内地分设秘密机关，田桐与蔡济民、杨时杰为湖北省干事。

十一月二十五日（12 月 31 日），袁世凯仍宣布改明年为“洪宪元年”。

十一月二十六日（1916 年 1 月 1 日），云南军政府正式成立，唐继尧任都督，并组成护国军总司令部，以蔡锷、李烈钧分别担任第一、第二军总司令。 护国军在昆明校场誓师，发布讨袁檄文，历数袁氏十九大罪状，实行武力北上讨袁。

十二月初一日（1916 年 1 月 5 日），袁世凯下令近滇各省“严筹防剿”，并派曹锟督师进扎。

十二月初二日（1916 年 1 月 6 日），广东中华革命军在惠州淡水、白芒花等地起义讨袁，旋失败。

十二月初十日（1916 年 1 月 14 日），蔡锷率领云南护国军第一军主力自昆明出发，向四川泸州挺进。

十二月十七日（1916 年 1 月 21 日），云南护国军第一军左翼纵队在刘云峰率领下，攻占叙州（今宜宾市），护国战争正式开始。

十二月二十三日（1916 年 1 月 27 日），贵州省宣布独立，赞成共和。原护军使刘显世任都督，戴戡任护国军第一军右翼司令，并出师会攻川南，

① 蔡锷：《与唐继尧等致袁世凯电》，毛注青等编：《蔡锷集》，湖南人民出版社 1983 年版，第 375 页。

开辟湘西战场。

十二月二十九日（1916 年 2 月 2 日），四川第二师师长刘存厚在纳溪宣布独立，改称护国川军总司令。

十二月间，田桐“以为国事危急，非举义不足拯民水火”，遂向孙中山“请行”，孙先生“许之”，并任命其为中华革命军湖北军总司令。于是，田桐离日回鄂，四处奔走，联络各派力量，进行武装讨袁斗争（见田桓《先兄梓琴先生行状》，《张难先集》第 125～126 页）。

是年，田桐在日本江户与日本友人西山荣九往来密切，并将其所著之《伦理讲义》一书译为汉文出版，刊行前写了《叙〈伦理通论〉》一文（见《田桐集》第 143 页）。

是年，因积劳成疾，曾留学日本的湖南女革命志士张汉英①在醴陵老家病逝；田桐得知消息，颇为惋惜，遂在其《扶桑诗话》的《张汉英》中记其事迹和留日时期所作之四首绝句（见《田桐集·扶桑诗话》第 539 页）。

是年，田桐获得其南社旧友奚侗②赴日留学途经马关时所作之七律一首，遂在其《扶桑诗话》的《奚度青》中录之（见《田桐集·扶桑诗话》第 539 页）。

是年，田桐获得日本明治时期著名的报人和思想家陆羯南（幼名巳之太郎，后改名为实，号羯南，青森县弘前市人，1857—1907）的诗作数首，遂在其《扶桑诗话》的《陆羯南》中录之（见《田桐集·扶桑诗话》第 539～540 页）。

是年，田桐曾有横滨之游，当他见到立宪党人梁启超（1873—1929）当年为成昌楼题写的一副对联时，很自然地想到驻日公使黎庶昌（1837—

---

① 张汉英(1872—1915)，湖南醴陵人。1904 年赴日本东京实践女校学习。1905 年后加入同盟会。1906 年冬一度回醴陵，首创女子学堂并兼任校长，后复至日本。1910 年回国，在上海从事革命活动。1912 年南京临时政府成立。参议院制定《中华民国临时约法》，提议将女子参政权载入，并据理力争，语惊四座，议案最终获得通过。旋与留日同学回湖南创立湖南女子参政同盟会，创办《女权日报》。1914 年回醴陵女子学堂任教。1915 年因咯血而死。工诗文，作品多散佚。

② 奚侗(1878—1939)，字度青，号无识，安徽当涂人。清末附生。早年赴日留学，如入明治大学。1910 年回国，获法学士。1911 年起先后任镇江审判庭推事、清河、吴县地方审判厅厅长。其间加入“南社”。1914 年考取知事。后历任海门、江浦、崇明等县知县。为官清廉，所到有政绩。1933 年参与修纂《当涂县志》。全面抗战爆发后，拒绝出任伪政府之职，回乡避难。1939 年病逝。通经史，工诗文。著有《庄子补注》、《老子集解》、《说文采正》等。

1898）为神户中国领事馆所题一副对联和李鸿章（1823—1901）在英国为驻华公使馆所题的一副对联，认为都是“殊妙”之联，可以“东西辉映”，故在其《扶桑诗话》一书的《联语》一则中录之（见《田桐集·扶桑诗话》第552页）。

是年，田桐曾有水户之行，与友朋相聚，不仅在其《扶桑诗话》的《游水户》中记有其事（见《田桐集·扶桑诗话》第555～556页）；而且还写有《赠水户同人》一诗纪其行踪（见《田桐集·诗存》第502页）。

案：水户市是日本茨城县中部的城市，在关东平原的东北部，也是茨城县的县府所在地。昔日是东茨城郡，现在为日本特例市。市内偕乐园的梅花远近闻名。

在水户时，日本已故著名汉学家藤田东湖（1806—1855）的再传弟子得知田桐来游，俱来相见，聚谈甚欢；近年田桐四处觅藤田文集不得，仅从友朋口中闻其二绝，故在《扶桑诗话》的《藤田东湖》中记之（见《田桐集·扶桑诗话》第520页）。

水户的背后有湖名“长州川”，长州川西南数十里有小市名“土浦”，土浦之旁即“霞浦”（大湖）——日本当时的风景名胜之地。在友朋的陪同下，田桐曾前往霞浦游览，后不仅在其《扶桑诗话》的《游水户》中记有此事（见《田桐集·扶桑诗话》第555～556页），还写有《宿霞浦》一诗纪其行踪（见《田桐集·诗存》第502页）。

是年，田桐曾有熊本县熊本市之游，在告别熊本市的田原坂回东京时，有“姫人桃花者”请其为她书扇，田桐遂为其书绝句一首相赠，并在其《扶桑诗话》的《题扇》中记有此事（见《田桐集·扶桑诗话》第543页）。

是年，田桐曾写有《我之对日态度》一文（见《田桐集》第565～566页），阐明“吾人”对“日人”应持之态度：对于“国交”，“宜持君子交”；对于“人交”，“宜持晏子交”。

民国五年丙辰（1916年）　三十八岁

正月初三日（2月5日），护国军第一军董鸿勋部与刘存厚部陈礼门支队会攻泸州，护国战争进入高潮。

正月初六日（2月8日），中华革命军东北军在山东起义讨袁。

正月初七日（2月9日），朱执信等率部攻打广州，未克。

正月十六日（2月18日），蔡济民等人发动北洋二师炮兵团部分官兵，谋在湖北武昌举事，事泄失败。

正月十八日（2 月 20 日），护国军第二军总司令李烈钧自昆明出发，经蒙自向广南进军，东击犯滇粤军龙觐光部。

正月二十三日（2 月 25 日），中华革命党发布讨袁通启，号召“海内外同胞，各竭才力，共筹饷款，尽匹夫之责，竟救亡之功”①。

正月间，张汇滔、章太炎、田桐等人组织的上海制造局起义因事泄失败。

二月初九日（3 月 12 日），护国军第二军、第三军和桂军马济部在广西百色逼令龙觐光部缴械投降。

二月十二日（3 月 15 日），陆廷荣、梁启超等宣布广西独立，赞成共和，陆廷荣任都督。

二月十六日（3 月 19 日），护国军各军全线突破敌军防线，捷报频传。

同日，江苏将军冯国璋、江西将军李纯、长江巡阅使张勋、山东将军靳云鹏、浙江将军朱瑞发表“五将军密电”，要求袁世凯取消帝制。

二月十九日（3 月 22 日），袁世凯见大势已去，被迫宣布取消帝制，仍称大总统。

二月二十日（3 月 23 日），黎元洪、徐世昌、段祺瑞致电蔡锷、唐继尧等人，请求停战，商议善后。

二月二十六日（3 月 29 日），蔡元培等人在巴黎发起成立华法教育会，蔡元培与法国人欧乐被推举为会长。

二月二十八日（3 月 31 日），北京与云南双方达成协议：停战一星期。

案：停战一星期期满，双方又协定停战延长一个月；一个月期满，再协定延长一个月；因此，直至袁世凯一命呜呼，双方都没有发生战事。

二月间，田桐在鄂省经过短暂、紧张的组织、联络，“起兵者已十数辈，袁将王占元闻之大怖，伏不出”（见冯自由《田桐事略》、田桓《先兄梓琴先生行状》，《张难先集》第 122、126 页）。

三月初四日（4 月 6 日），广东省宣布独立，赞成共和，龙济光任都督。

三月初十日（4 月 12 日），浙江省宣布独立，赞成共和，朱瑞任都督。

三月十七日（4 月 19 日），陆廷荣、梁启超等在广东肇庆成立护国军两广都司令部，以岑春煊为都司令，梁启超为都参谋，李根源为副参谋，开府

---

① 《中华革命党本部号召全国同胞讨袁通启》，云南省历史所等编：《护国文献》上，贵州人民出版社 1985 年版，第 49～50 页。

办事。

三月十九日（4 月 21 日），袁世凯宣布恢复内阁制。

三月二十一日（4 月 23 日），徐世昌辞国务卿职，袁世凯任命段祺瑞为国务卿兼陆军总长，同时任命其他各部总长。

三月二十九日（5 月 1 日），孙中山偕廖仲恺、戴季陶离开日本，抵达上海。

四月初三日（5 月 4 日），居正、吴大洲等在山东起义，攻占潍县、周村，三围济南，宣布独立。

四月初七日（5 月 8 日），已宣布独立各省在广东肇庆成立中华民国军务院，遥戴黎元洪为大总统，推唐继尧为抚军长，岑春煊为副抚军长，梁启超、蔡锷、陆廷荣、李烈钧等为抚军，与袁世凯政府形成对峙。

四月初八日（5 月 9 日），孙中山在上海发表《第二次讨袁宣言》。

四月十一日（5 月 12 日），黄兴自美洲抵达日本后，发表《致全国各界讨袁通电》，号召各界人士团结一致将袁世凯赶下台①。

四月十七日（5 月 18 日），袁世凯派贴身卫士袁继良带李海秋在上海将陈其美②杀害。

四月十九日（5 月 20 日），为了团结各派力量，尽快取得反袁斗争的胜利，孙中山在与黄兴商议后，随即致电中华革命军各地讨袁军的负责人田桐、居正、朱执信等人，强调“一切事宜务求与讨袁各派协同进行，以收群策群力之效。至于旗帜，云、贵、桂、浙均已一致遵用五色旗，吾党亦宜一律沿用，俾不致同一讨贼之军而有猜疑”③。

---

① 黄兴:《致全国各界讨袁通电》,湖南省社会科学院编:《黄兴集》,中华书局 1981 年版,第 427 页。

② 陈其美(1878—1916),字英士,号无为,浙江吴兴人。1906 年赴日,入东京警察学校,加入同盟会。1907 年改入东斌学校习军事。1908 年回国,往来京津沪浙联络党人。1909 年策划浙江起义,事泄未果。此后创办《中国公报》、《民声丛报》等宣传革命。加入上海青帮,为大头目之一。1911 年同盟会中部总会成立,被推为庶务部部长。上海光复后,被推为沪军都督。“二次革命”失败,亡命日本。1914 年加入中华革命党,任总务部长。1915 年袁世凯复辟帝制,奉命赴上海组织机关,派人刺杀袁党上海镇守使郑汝成。发动肇和兵舰起义,受挫。护国讨袁事起,谋江浙响应,屡起屡败。1916 年 5 月,被冯国璋买凶刺杀于上海寓所。

③ 孙中山:《致田桐等电》,广东省社会科学院历史研究所等编:《孙中山全集》第 3 卷,中华书局 1981—1986 年版,第 292 页。

四月二十一日（5月22日），袁世凯的亲信、四川将军陈宧宣布独立，改称都督。

四月二十五日（5月26日），陕西将军陆建章宣布独立。

四月二十八日（5月29日），湖南将军汤芗铭宣布独立。

四月间，田桐的同乡好友、留日同学华煜①被袁世凯逮捕杀害。

五月初六日（6月6日），袁世凯在全国人民的一片唾骂声中惊惧而死，年五十八岁。

案：袁世凯（1859—1916），字慰亭，又作慰庭，号容庵。河南项城人，故世称“袁项城”。少时至济南、南京、北京读书。光绪七年（1881年）弃文投奔吴长庆，任“庆军”营务处会办。次年，随吴长庆入朝鲜，因功擢“驻扎朝鲜总理交涉通商事宜大臣”。光绪二十一年（1895年）回国至天津小站训练新军，从此声誉鹊起，扶摇直上，历任直隶按察使、工部右侍郎、山东巡抚、直隶总督兼北洋大臣、练兵处会办大臣、督办铁路大臣、军机大臣兼外务部尚书等职。武昌起义爆发，出任内阁总理大臣。民国元年（1912年）初，逼清帝逊位，出任中华民国临时大总统，随后当选为中华民国大总统。民国四年（1915年）悍然称帝，建立“中华帝国”。次年3月，被迫取消帝制；6月，忧惧而死。

袁世凯去世后，田桐曾写有《经验篇》一篇，以警醒此后的当政者（见《田桐集》第564页）。

五月初七日（6月7日），黎元洪以副总统出任代理大总统。

五月初九日（6月9日），孙中山发表规复约法的宣言。

五月二十九日（6月29日），黎元洪宣布遵行《临时约法》，恢复国会，裁撤参政院，任命段祺瑞为国务总理。

六月初七日（7月6日），民国政府改各省军事长官为督军，民政长官为省长。

同日，在党人和各方社会要人的一再敦促下，黄兴自日本返回上海。于是，“沪上各重要人物及国会议员均陆续前往相访，霞飞路一带车水马

① 华煜（1891—1916），字胜模，湖北蕲州马贩乡（今蕲春县横车乡）人。1905年赴日留学，入东京弘文学院。受田桐、居正等同乡影响，思想倾向民主革命，加入同盟会。回国后秘密从事革命活动。1911年参加武昌起义，出任鄂军总监察政事参议官。入民国，袁世凯窃国，愤而归乡组织自由党，谋划武装反袁活动，事泄被逮捕入狱，不久被杀害。黎元洪任总统后，赠予以褒奖。

龙，络绎不绝”[1]。

六月十三日（7 月 12 日），1698 名华工自天津大沽口乘船赴法，参加第一次世界大战。至大战结束，赴欧华工已达 20 万人，其中在法国境内的就达 15 万人。

六月十八日（7 月 17 日），孙中山在张园举行茶话会，邀请驻沪议员、各界名流及新闻记者出席，并就地方自治问题发表了长篇演说，强调“地方自治为建国基础”，“础坚而国固，国固则子子孙孙同享福利”[2]。

六月下旬，田桐接到北京政府通知，“乃解兵”北上赴京出席即将召开的国会（见冯自由《田桐事略》、田桓《先兄梓琴先生行状》，《张难先集》第 122、126 页）。

据时人记载：“袁死，黎元洪继，（田桐）乃解兵复入国会，于时政多所献替，而倡废盐引以利民一事，尤反复不厌，格于众议未行。”（见冯自由《田桐事略》、田桓《先兄梓琴先生行状》，《张难先集》第 122、126 页）

六月三十日（7 月 29 日），黎元洪大总统任命李根源为陕西省省长。

七月初三日（8 月 1 日），中华民国国会正式复会。

七月初九日（8 月 7 日），大总统黎元洪批准四川督军兼省长蔡锷请假治病。

八月初三日（8 月 31 日），田桐与马君武、居正等人在京发起成立丙辰俱乐部，国会议员中的中华革命党党员和原同盟会会员 70 余人加入。

八月初四日（9 月 1 日），《青年杂志》自第二卷第一号起改名为《新青年》。

八月十二日（9 月 9 日），蔡锷自上海赴日本九州福冈医科大学医院治疗。

同日，在孙洪伊的倡导下，丙辰俱乐部与客庐系、韬园系三派议员 300 余人在北海公园集会，联合组成宪法商榷会。

八月二十七日（9 月 24 日），田桐赴北京徐园参加南社在京议员举行的临时雅集；与此同时，南社在上海愚园举行第十五次雅集。

九月初四日（9 月 30 日），中、美订立《铁路借款合同》。

---

① 毛注青：《黄兴年谱长编》，中华书局 1991 年版，第 478 页。

② 孙中山：《在沪举办茶话会上的演说》，广东省社会科学院历史研究所等编：《孙中山全集》第 3 卷，中华书局 1981—1986 年版，第 326、330 页。

九月二十四日（10 月 20 日），天津人民集会反对法国侵占老西开为租界。

九月三十日（10 月 26 日），外交部抗议日、俄无视中国主权，将松花江以南的北满铁路出让给日本。

十月初四日（10 月 30 日），总统选举会补选冯国璋为副总统。

十月初五日（10 月 31 日）凌晨，田桐的挚友、民族民主革命家黄兴①在上海医院病逝，年仅 42 岁。

同日，孙中山、林森、岑春煊、褚辅成、白逾桓、马君武、居正、田桐等人在北京举行丙辰俱乐部集会，反对段祺瑞的独裁专制政治。

十月初九日（11 月 4 日），《德宗景皇帝本纪》全书告成，陈宝琛因功被授予“太保”。

十月十三日（11 月 8 日）上午，民族民主革命家蔡锷②在日本福冈医院因喉疾病逝。

十月十六日（11 月 11 日），大总统代表及上海各界人士至黄兴灵前举行公祭。

---

① 黄兴（1874—1916），原名轸，字廑午，一字克强，湖南善化人。早年入城南书院读书，曾中秀才。后保送进两湖书院学习。1902 年赴日留学，入东京弘文学院。与杨笃生等创办《游学译编》杂志。次年参加拒俄义勇队，不久回国策动反清革命。1904 年与陈天华、宋教仁等在长沙成立华兴会。同年发动长沙起义失败，复逃往日本。1905 年协助孙中山创立中国同盟会。1907 年起，参与领导或直接领导多次反清起义。武昌首义爆发后，赶赴武昌，被推为湘鄂革命军战时总司令，指挥对清军作战。南京临时政府成立，任陆军总长。临时政府北迁后，任南京留守。1913 年协助孙中山发动“二次革命”，出任讨袁军总司令。失败后流亡日本。1914 年与孙中山意见分歧，出走美国，揭露袁世凯帝制野心。1916 年 7 月回国，与孙中山重新和好。同年 10 月 31 日在上海病逝。遗著被汇编为《黄兴集》。

② 蔡锷（1882—1916），原名艮寅，字松坡，湖南邵阳人。14 岁中秀才。1898 年入长沙时务学堂，师事梁启超。变法失败，入南洋公学。1899 年赴日留学。1900 年回国参加自立军起义，失败后赴日本，先后入成城学校和东京陆军士官学校。1904 年毕业回国，历任江西、湖南、广西军事学堂教官、监督及广西新军总参谋官、标统、协统等职。1911 年初调云南任新军第十九镇第三十七协协统。武昌起义后，被革命党人推为总指挥；昆明光复后，任云南军政府都督。“二次革命”时，曾暗中援助四川熊克武讨袁。1913 年被袁世凯调至北京，任全国经界局督办、陆军部编译处副总裁、参政院参政等职。1915 年袁氏谋划称帝期间，逃出北京，潜至云南，通电反袁，与唐继尧、李烈钧等组织护国军，任第一军总司令。袁世凯死后，任四川督军兼省长。同年赴日就医，逝于日本福冈医科大学医院。遗著被编为《蔡松坡先生遗集》。

十月十七日（11 月 12 日），南社在京社员在京城中央公园举行临时雅集。

十月二十三日（11 月 18 日），北京国会通过《国葬法》，同时决定国葬黄兴和蔡锷。

十月二十四日（11 月 19 日），由李根源出面联络，国民党籍 450 多位议员在北京出席了政学会成立大会。该会的骨干，多系原欧事研究会的成员，皆支持段祺瑞对德宣战的主张。

十月二十七日（11 月 22 日），天津法租界华工团举行示威游行。

十一月初二日（11 月 26 日），上海江南造船厂全体工人千余人因反对巡警的搜身殴辱，举行罢工。

十一月十八日（12 月 12 日），田桐出席众议院会议，因近来有宣传欧洲战争、中国受劝诱将加入协约国之议，特要求段祺瑞、伍廷芳出席，就有无此事、若有其事其交涉情形等问题在会上作出说明。

十二月初二日（12 月 26 日），蔡元培被任命为国立北京大学校长。

十二月初八日（1917 年 1 月 1 日），胡适在《新青年》二卷五号上发表《文学改良刍议》一文。

十二月十六日（1917 年 1 月 9 日），安徽督军张勋及各省督军代表应安徽省省长倪嗣冲之邀，赴徐州会议，提出修改约法，解散国会，改组内阁等主张。

年底，田桐在京度岁。

民国六年丁巳（1917 年）　三十九岁

年初，田桐仍寓居京城。

正月初十日（2 月 1 日），陈独秀在《新青年》二卷六号上发表《文学革命论》。

二月初二日（2 月 23 日），副总统冯国璋入京，调停黎（元洪）段（祺瑞）之间的争端。

同日，同盟会员张光奎的妻子卢慧卿在西安病逝；田桐在西安时曾去墓地凭吊她，十多年后还在《革命闲话》中作《慧卿女士墓》一则缅怀她（见《田桐集》第 412 页）。

案：卢慧卿（1890—1917），原名毅侠，字慧卿，陕西长安人。父早亡，少时随母在藩台衙门做佣工。15 岁时被衙差傅二娶为妻。傅二在长安西南关开茶馆，逼慧卿卖茶、卖笑供其挥霍。1909 年与同乡、革命党人张光奎结识，相互爱慕，将茶馆建为革命党的秘密联络点。1910年与张光奎结为夫妻，积极为革命党工作。1911年西安光复，张光奎任陕西省实业司司长，慧卿积极协助丈夫兴办实业；又捐资兴建学校，自己亦努力学习。1915年，积极协助张钫、张光奎等从事反袁活动。1917年初，因积劳成疾，病逝于西安。

张光奎（1879—1937），字聚庭，陕西长安人。家殷富，性豪爽，喜交游。早年考入陕西武备学堂，毕业后充新军队官，与张钫、彭仲翔等人友善，同时加入同盟会，参与组织军事研究社。1910年与卢慧卿结为夫妻，从事革命活动。辛亥光复，出任秦陇复汉军大统领府参政兼东路筹饷大使。1912年任陕西省实业司司长。1914年改任全省清乡会办，以职务之便掩护革命党人。不久，被逼出走天津。1917年妻子去世，得彭仲翔等友朋安葬。1925年赴开封，在河南省署襄办军务。1933年被聘为陕西省政府顾问。1937年病逝于西安。

张凤翙（1881—1958），字翔初，祖籍河南沁阳，落籍陕西长安。早年曾中秀才。1902年考入陕西武备学堂。1904年选送赴日留学，入东京振武学校，1906年转入陆军士官学校。1909年回陕。1910年任新军督练公所委员，不久任第三十九混成协参军官、管带；与同盟会员张钫、钱鼎、郭希仁等友善。武昌起义后，被推为起义军首领；西安光复后，任陕西都督。“二次革命”中曾镇压革命党人。1914年授予扬威将军，召赴北京。反对张勋复辟。后寓居北京、上海等地。“七七”事变后，回到陕西，任国民参政会参政员，主张抗战。1945年曾率团赴豫西慰问抗战将士。1949年拒绝赴台。新中国成立后历任西北军政委员会委员、陕西省政府副主席、陕西省副省长、全国第一届人大代表。

张钫（1886—1966），字伯英，号友石，河南新安人。1902年赴陕。1904年考入陕西陆军小学堂。1907年进保定陆军速成学堂，1908年加入同盟会。毕业后赴陕，在新军张凤翙部任职，与张凤翙等共谋西安起义。1910年与井勿幕、钱鼎等与哥老会首领在大慈恩寺歃血结盟，共同反清。武昌起义爆发，推张凤翙为总指挥，任秦陇复汉军政府东路征讨大都督。1912年任陕军第二镇统制、陆军第二师师长。1914年任陕南镇守使。1915年调北京任将军府参军。后回陕参加护国战争。1918年出任靖国军副总司令。1921年回新安守父丧。1924年授“略威将军”。1925年起参加北伐战争。1930年出任河南省民政厅厅长。曾参加“围剿”红军。西安事变后，出任第十九集团军总司令。1938年解军权，在陕办实业，救助难民。1945年任国民党中央执行委员。1947 年任国府顾问，授陆军上将衔。1949 年 12 月，策动国民党第二十兵团在四川起义。新中国成立后入京，历任中央文史馆副馆长、全国政协委员、民革中央团结委员会委员等职。1966 年病逝于北京。善书法，喜收藏志石、书画。著有《风雨漫漫四十年》。

二月初五日（2 月 26 日），田桐在京出席宪法第二十二条及其修正案的讨论会。

二月初八日（3 月 1 日），德国潜艇将一艘法国邮轮击沉，船上的 450 名华工葬身海底。

二月初十日（3 月 3 日），北京政府召开内阁会议，决定与德国绝交。

二月十七日（3 月 10 日），上海商界联合会通电反对参加世界大战，全国各地商会纷纷响应。

二月十八日（3 月 11 日），田桐出席众议院秘密会议，就对德外交经过提出质问。

二月十九日（3 月 12 日），田桐出席两院宪法会议，主张以第一次国会开会会期为先例，十月召开国会常会。

同日，上海《申报》在“专电 · 北京电”栏载：“昨日众议院下午二时开秘密会，出席四百五十四人。二时半，段总理偕范、陈、张、谷四总长暨伍朝枢莅院，先报告外交经过与政府决心，请国会赞助。议员挂号质问者有唐宝锷、吴宗慈、王乃昌、叶夏声、田桐、白逾桓等，段答后偕陈、张赴参议院。”经讨论投票，赞成与德断交方针者三百三十一票，反对者八十七票，弃权者二十余票。

同日，俄国二月革命爆发，推翻沙皇专制政体，建立临时政府。

二月二十一日（3 月 14 日），北洋政府外交部照会德国驻华公使，宣布与德国绝交。

二月二十六日（3 月 19 日），英、法、日、俄、意、比、葡七国驻华公使致函外交部，劝中国加入协约国。

同日，田桐出席两院宪法会议，讨论第五章标题国会委员会及修正案，主张全删。

田桐与众议院 87 位议员就中德断交问题致电各省，呼吁爱国群众极力坚持，勿使民国断送在政府少数人之手，反对对德宣战。

闰二月十九日（4 月 10 日），田桐代表在沪数十名国会议员，为非常国会改组之事给孙中山去电（即《致孙中山电》），请其认真斟酌，不要遽然退让（见《田桐集》第 144 页）。

闰二月二十二日（4 月 13 日），田桐出席两院宪法会议，讨论第一百〇四条及五个修正案，乃动议全删，附议者三十余人，由议长提请讨论。

闰二月二十七日（4 月 18 日），田桐出席两院宪法会议，讨论表决宪法案第一百〇四条修正案，仍主张全删，赞成者一百一十九人，不足法定数；又临时动议修正第一百〇七条之修正案。

三月初五日（4 月 25 日），段祺瑞推行宣战政策，在京召开各省督军会议，讨论参战问题，获得多数支持。

三月二十一日（5 月 11 日），田桐在去众议院开会途中被请愿团殴伤。

同日，上海《申报》“专电・北京电”栏载：“众院一时开审查会，门首即有请愿团二千余人，各有学界、商界、军界、公民等旗帜围绕院外，见议员来则分以传单，有不取者即群殴之，议员受伤数人，田桐受伤尤重。”

三月二十四日（5 月 14 日），田桐出席两院宪法会议，就大总统解散众议院问题提出修正案，主张删除并说明理由。主席提请表决，列席者五百九十一人，四百四十四票赞成，一百五十五票少数否决。

三月间，“段祺瑞欲开边衅以詟众，向国会提出参战案。民党议员咸反对之，梓琴坚持尤力。段大怒，令所部组织公民团包围两院，断绝供给以胁之，继又授意督军团，使联名电请解散国会”（见冯自由《田桐事略》、田桓《先兄梓琴先生行状》，《张难先集》第 122、126 页）。

四月初二日（5 月 22 日），安徽督军张勋与安徽省省长倪嗣冲等召开第四次徐州会议。

四月初三日（5 月 23 日），黎元洪的总统府与段祺瑞的国务院之间因对德参战问题而矛盾激化，黎元洪下令免去段祺瑞国务总理职务，而命伍廷芳暂代。

四月初八日（5 月 28 日），北洋政府任命前审计院长李经羲为国务总理兼财政总长。

四月初九日（5 月 29 日），安徽省省长倪嗣冲等宣布与中央政府脱离关系。

四月初十日（5 月 30 日），浙江宣布独立。

四月十一日（5 月 31 日），山东、黑龙江相继宣布独立。

四月十二日（6 月 1 日），福建宣布独立。

同日，大总统黎元洪招安徽督军张勋入京共商国是。

四月十七日（6 月 6 日），田桐与褚辅成、吴景濂、李肇甫、凌钺等十六人密查议员中的暴烈分子。

四月十八日（6 月 7 日），安徽督军张勋率 5000 辫子军自徐州北上。

同日，上海《申报》“外电 · 北京电”栏载：“天津电云：张勋预定七日晨由徐州启行，是夜至天津。天津方面拟俟张勋到后，令张勋先行取消其所持复辟之说，并捕议员中之暴烈分子。褚辅成、吴景濂、李肇甫、田桐、凌钺等十六人目下正在密查该议员之所在。（六日）”

四月十九日（6 月 8 日），张勋带领 5000 辫子兵抵达天津，限黎元洪 3 日内解散国会，否则将动用武力。

四月二十三日（6 月 12 日），黎元洪正式宣布解散国会。

四月二十五日（6 月 14 日），安徽督军张勋率 5000 辫子军抵达北京，准备复辟帝制。

夏间，孙中山口授朱执信撰成《中国存亡问题》一书；书中从国家与战争的关系等方面，论述中国绝不能参战。

五月初一日（6 月 19 日），各省陆续通电取消脱离中央宣言。

五月初，因国会已解散，田桐与部分国民党议员南下赴沪。

五月初四日（6 月 22 日），旅沪各省人士举行国会议员南下欢迎大会，田桐在会上发表演说。

五月初五日（6 月 23 日），上海《申报》“本埠新闻 · 欢迎两院议员纪事”栏载：“各省旅沪公民定于二十二日假青年会开会欢迎两院解散议员，昨界开会之期，各省公民到会者计百余人，两院旅沪议员到四十余人，于午后二时许入席。马君武、张伯烈、田桐、张我华等相继演说，一时掌声雷动。”

五月初七日（6 月 25 日），李经羲正式就任国务总理。

五月上、中旬，孙中山在沪积极运动海军护法。

五月十三日（7 月 1 日）凌晨，张勋带领刘廷琛、康有为、沈曾植、王士珍、江朝宗、陈光远、吴炳湘等清朝旧臣，拥年仅 12 岁的清废帝宣统溥仪复位。

五月十四日（7 月 2 日），大总统黎元洪避入日本驻华公使馆，任命段祺瑞为国务总理，出面处理善后事宜。

五月十五日（7 月 3 日），浙江、江西、湖南、湖北等省通电反对复辟。段祺瑞亦在天津马厂誓师，组成讨逆军总司令部，自任司令，率讨逆军入京讨伐张勋。

五月十八日（7 月 6 日），孙中山为进行护法活动，偕廖仲恺、朱执信、何香凝、章炳麟等人乘“海琛号”军舰，自上海启程前往广东。

五月二十日（7 月 8 日），副总统冯国璋在南京宣布代行大总统职权。

五月二十四日（7 月 12 日），段祺瑞率讨逆军攻入北京，张勋仓皇逃入荷兰公使馆，“丁巳复辟”（亦称“张勋复辟”）的丑剧仅上演了12天就破产了。

五月二十六日（7月14日），黎元洪通电全国，辞去大总统职务。

同日，田桐与张继、马君武、王正廷等发表《致唐继尧电》，希望其“会合两粤黔湘，克日出师，靖难护法”。

五月二十九日（7月17日），孙中山一行抵达广州，随即发表护法演说。

六月初一日（7月19日），孙中山在广州倡议召集国会，组织护法军政府。

六月初四日（7月22日），海军总长程璧光发表拥护护法的宣言，率领第一舰队南下广州护法。

六月初九日（7月27日），新出刊的《上海青年》第16卷第26期上载有田桐撰写的《听讲中国耶稣教会小史记》①一文：

本月十五日，谢武衡君在殉道堂演讲《中国耶稣教会小史》，兹记其大略，云：耶稣教会在中国已有一百十年之历史，鄙人年幼识浅，今日所讲恐不能详尽，无以副诸君之望。今所用演讲之资料皆以广学会季里斐先生所著《中国教会百年史》及青年会全国协会谢洪赉先生所著《中国耶稣教会小史》二书为依据。

耶稣教会在华之历史可分五大时代，自纪元初世纪中国汉代时至十九世纪之初叶即前清乾嘉时为预备时代，自一八〇七年至一八四二年为立基时代，自一八四二年至一八六〇年为萌芽时代，自一八六一年至一八九〇年为扩张时代，自一八九一年至一九〇七年为进步时代。

耶稣未降生以前，有施洗约翰为其先行耶稣教会，未至中国以前有犹太、回回、景教、罗马、希腊五教会为其先行。犹太教在汉代已东来，中国吾国之人见其食肉不食股腱，故称之曰“挑筋教”。其会堂在开封，面向西，所以对耶路撒冷也。堂之中央有椅曰“摩西座”，梁上悬额勒希伯来文曰“上帝惟一”。迨十七世纪之末，犹太遗民大半似以回教所化，转入彼中，云“回教之人”。吾国北循陆而南循海，第一礼拜寺建于西安，其后元代入主中华，亚洲之交通大辟，回教之徒遂遍布于各省。景教入华在梁武帝天监四年，迨唐太宗贞观九年，景教僧阿罗本持经像诣长安献于阙下，自为公然传教之权舆。德宗之代，大臣贵人

① 此文载于《上海青年》(1917年7月27日)第16卷第26期;因不见收入《田桐集》中,故全文移录于此。

亦有信仰者如郭子仪是也。明治崇祯年间，有人于唐之旧都陕西西安府掘出大秦景教流行中国碑，实为关于东方基督教传道最古之遗物。一三六八年，元亡明兴，景教亦灭，罗马教东来，第一教士为意大利人约翰。其人入中国，见元世祖得其欢心，传道十一年，得信徒六千人。后于明嘉靖年间又有法里那尼氏等来，驻澳门，寻遣利玛窦氏抵京华与士大夫游，与之结交者颇众，因而信道者亦不乏人，其中以徐光启为最著。后有汤若望、南怀仁来华，二人素明天文，清世祖命为钦天监监正。希腊教由俄罗斯传来，日俄战役之前，俄人有大举布道之议，俄既为日所败，其势亦衰也。

中国直沐耶稣之教化始自一八〇七年始，是年有英国伦敦传道会马礼逊氏来华，彼时中国风气未开，传教颇为不易，故马公来华七年之后，始得信徒一人曰蔡阿耇。马公在华二十七年，常驻南洋从事翻译《圣经》及英、华各文典，其间英美二国教士陆续来华者颇不乏人，然以海禁未开，传道之工尚难见效。于此时代所成就者，《华英字典》与《汉文典》以及各种小册子之印行，广州施医局及香港印刷局成立，英文杂志之刊布，而所有之中国教友共只六人而已。

六月十四日（8月1日），副总统冯国璋从南京抵达北京，正式出任大总统。

六月二十七日（8月14日），段祺瑞政府宣告，正式对德、奥两国宣战。

七月初八日（8月25日），田桐与章太炎、吴景濂[①]等国会议员响应孙中山的倡议，一起南下，赴广州出席国会非常会议（又称“非常国会”）。

七月初十日（8月27日），鉴于南社内部出现的激烈矛盾，田桐与叶楚

---

① 吴景濂（1873—1944），字莲伯，晚年自署抱冰老人，号述唐，奉天宁远（今辽宁兴城）人。1895年举人。1897年副贡。后曾在家设馆授徒，培育人才。1902年考入京师大学堂优级师范科。1907年赴日留学。1909年回国，任奉天谘议局议长兼奉天师范学堂监督。1911年加入革命党，遭清廷通缉，逃往上海。1912年任南京临时政府临时参议院议员。袁世凯窃国后，任参议院议员、议长。1913年加入国民党，任理事，一度任代理事长。国会解散后，于1916年率部分议员南下上海，反对袁世凯复辟帝制。1917年率国民党议员赴广东，参加护法运动，召开非常国会，任非常国会议长。后又勾结滇桂军阀排挤孙中山。1922年投靠直系军阀，出任北京政府众议院议长。1923年帮助曹锟贿选总统，被称为“猪仔国会”，遭到全国抨击。同年退出政坛，潜居天津。抗战期间，多次拒绝出任伪职。1944年1月24日病逝于天津。

伧、谢良牧、胡朴庵、景定成、陶伯荪、姚鹓雏、胡寄尘、周芷畦等34名旅沪社员，联名在上海《民国日报》上刊发《南社旅沪同人启事》（见《田桐集》第145页），不仅对那些攻击柳亚子、破坏社员团结、企图分裂南社的行为予以坚决反对，而且支持柳亚子继续担任南社主任，“处置南社一切”社务。

案：袁世凯称帝失败后，南社社员因失去共同声讨的目标，致使内部原有的各种矛盾越来越激烈，且终于因为对同光体的态度不同而爆发了一场争论，即蔡守和朱玺等崇尚同光体者与柳亚子等人就同光体的利弊展开了大辩论，史称“唐宋诗之争”。适值此时发生了张勋率辫子兵入京拥戴废帝溥仪复辟的突发事件，而有些同光体诗人却出来为复辟倒退摇旗呐喊。柳亚子甚是气愤，乃作《斥鸳雏》一文，仗义执言云：“吾侪身为民国之民，何苦为彼亡国大夫作辩护士耶？今之鼓吹同光体者，乃欲强共和国民以学亡国大夫之性情，宁非荒谬绝伦耶？”而朱玺却还在不断辩驳，并继续吹捧同光体，甚至于谩骂、诋毁柳亚子。柳亚子一怒之下，遂宣布驱逐朱玺出社。成舍我同情朱玺，指出柳亚子仅凭个人决断就驱逐社友的做法不妥，并号召社友抵制，也被柳亚子驱逐出社。于是，蔡守等人就在上海成立了“南社临时通讯处”，发表紧急通告，提议恢复三主任的旧制，又擅自发出选票，通知社员重选主任，使此时的南社内部处于一片混乱之中。①

七月十二日（8月29日），国会非常会议通过《国会非常会议组织大纲》。

七月十四日（8月31日），国会非常会议通过《中华民国军政府组织大纲》。

七月十五日（9月1日），“非常国会”第四次会议选举孙中山为中华民国军政府大元帅，唐继尧、陆廷荣为元帅。

七月二十四日（9月10日），孙中山就任中华民国军政府大元帅，宣告军政府成立，以恢复《临时约法》和拥护国会为号召，史称“护法运动”。

八月初四日（9月19日），田桐被任命为广州大元帅府参议。

八月十一日（9月26日），田桐与陈去病等204名南社社员就南社改选事宜联名发表公启，指责上海南社临时通讯处冒名造谣，提请社员认清选票，建议仍选柳亚子连任。

田桐初至广州，在公务之余，时常与同乡、武昌起义时的战友、时亦在

① 参见王学庄、杨天石：《南社史长编》，中国人民大学出版社1995年版，第514页。

广州大元帅府担任参军的吴醒汉[1]往还。

在大元帅府任职期间，田桐与时任大元帅府参军长的许崇智相聚往来甚多。

案：许崇智（1886—1965），字汝为，广东番禺人。闽浙总督许应骙侄孙。1903 年赴日留学，入东京陆军士官学校第三期步科。1906 年加入同盟会，曾与蒋介石结拜为把兄弟。1911 年 11 月，参与福州起义，任起义军前敌总指挥，率部克复福州。南京临时政府成立后，任陆军第 14 师师长和福建北伐军总司令，挥师北伐。1913 年参加“二次革命”，失败后逃往日本。1914 年加入中华革命党，任军事部部长，兼中华革命军福建司令长官。1915 年 11 月，任中华革命军东北军参谋长。袁死后回到上海，任中华革命党军务部部长。1917 年孙中山南下开展护法运动，随行并主持军事，任大元帅府参军长，不久任中华民国军政府陆军总长。1924 年任国民党中央军事部部长、建国粤军总司令。1925 年任民国军事部长兼广东省政府主席。同年遭蒋介石设计排挤，不少亲信被抓，乃躲入上海英租界避难。1927 年冬，蒋介石令其先后到美洲、欧洲等地旅行两年多。1929 年返回上海闲居。1939 年迁居香港。1965 年 1 月 25 日病逝于香港。

同月里，田桐与湖北同乡、时在大元帅府任参事的郭泰祺结识、往来较多。

案：郭泰祺（1888—1952），字保元，号复初，湖北广济（今武穴）人。与居正、饶汉祥、刘文岛、张导民合称“广济五杰”。1903 年考入武昌南路高等小学。1904 年保送赴美留学。1911 年获宾夕法尼亚大学优秀学生，进研究生院社会学系深造。1912 年回国，加入国民党，任湖北省都督府外交股股长。1913 年入京担任黎元洪的英文秘书。1916 年黎氏任总统后，兼任

---

① 吴醒汉（1883—1938），原名基培，字厚斋，湖北黄陂人。早年入湖北新军当兵。后被选拔入湖北陆军特别小学堂和将校讲习所参谋班学习。毕业后充下级军官。1906 年加入同盟会。同蔡济民参与组织将校研究团、振武学社，积极运动新军。后又加入共进会。武昌起义爆发，参加进攻督署，历任湖北军政府军务司司长、军备司司长、战时总司令部作战主任参谋、都督府参谋长兼护军司令等职。国民党成立，任党部评议员。参加“二次革命”，失败后赴日本，加入中华革命党。1915 年返汉，谋划起兵反袁，任参谋长。袁死后，任黎元洪总统府顾问。1917 年南下，任广州大元帅府参军。1918 年与蔡济民赴鄂，运动荆襄独立。1921 年被孙中山任命为鄂军总司令。1923 年出任建国军第九军总司令兼湖北宣抚使。南京国民政府成立，历任国民政府参事、国民党湖北省党部委员、西康视察专员、国民党党史编纂委员会编纂等职。

外交部参事、总统府顾问。1917年赴广州任孙中山大元帅府参事。1919年出席巴黎和会。1923年任外交部次长。1926年参加北伐。1927年曾代理外交部部长。1928年出任驻意大利公使。1932年任外交部政务次长，同年任驻英公使。1934年兼任国际联盟大会中国代表。1936年兼任互换《中爱(爱沙尼亚)友好条约》全权代表。1941年回国，任外交部部长兼国际最高会议常务委员。同年底免外交部部长职，就任最高国防会议外交委员会主席。1945年当选中央监察委员。1946年赴伦敦，出任联合国安理会首席中国代表。1947年底出任驻巴西公使。1949年侨居圣巴巴拉，宾夕法尼亚大学赠其法学博士。1952年病逝于美国。

八月十八日(10月3日)，孙中山通令宣布冯国璋、段祺瑞政府乱国盗权罪状。

八月二十一日(10月6日)，湖南护法军与北洋军在湖南衡山、宝庆一带展开战斗，“护法战争”正式开始。

八月二十二日(10月7日)，孙中山通电全国，否认冯国璋、段祺瑞政府，并下令南方革命军开始北伐。

八月二十四日(10月9日)，孙中山主持军事会议，讨论出师北伐讨逆护法问题。

九月十八日(11月2日)，美、日《蓝辛—石井协定》订立，美国承认日本在中国有“特殊利益”，日本则不否认美国对中国的权益。

九月二十三日(11月7日)，俄国爆发伟大的十月革命。

案：1917年11月7日为俄国旧历十月二十五日，故史称“十月革命”。俄国“十月社会主义革命改变了整个世界历史的方向，是一次具有划时代意义的伟大革命运动。十月革命对中国革命产生了极其巨大而深远的影响。它给中国人民送来了马克思列宁主义，它使中国革命自此成为世界无产阶级革命的一部分”①。

九月二十五日(11月9日)，北京政府外交部发表声明，不承认《蓝辛—石井协定》对中国的约束。

九月二十七日(11月11日)，《申报》、《时报》、《晨钟报》等皆向中国民众报道了俄国十月革命的消息。

九月间，在公务之余，田桐经常与时亦在大元帅府担任参议的同乡好友

① 尚明轩：《孙中山传》，北京出版社1979年版，第222页。

曹亚伯[1]相聚。

十月初六日（11 月 20 日），段祺瑞被迫辞去国务总理职务。

十月十七日（12 月 1 日），冯国璋任命王士珍为内阁总理兼陆军总长。

十一月上中旬，孙中山以大元帅名义任命陈炯明为援闽粤军总司令，另派许崇智、邓铿等人协助。

十一月三十日（1918 年 1 月 12 日），陈炯明在广州东郊举行援闽誓师大会，出发东征。

十二月初二日（1918 年 1 月 14 日），北洋政府追随协约国的外交政策，拒不承认苏俄。本日，北洋政府派军队封锁中俄边境，阻绝中俄交通，以防范"过激党人"。

十二月二十日（1918 年 2 月 1 日），中日合办的中华汇业银行成立。在北京设立总行，旋在北京、天津、上海、奉天设立分行，是日本对华进行经济侵略的金融机构。

年底，田桐与众同志留在广州度岁。

民国七年戊午(1918 年)　四十岁

年初，田桐在广州过年，继续担任大元帅府参议之职。

正月十六日（2 月 26 日）下午，海军总长程璧光[2]在广州遇刺身亡。

---

① 曹亚伯(1875—1937)，原名茂瑞，字庆云，因信奉基督教，礼名亚伯，也作亚白，湖北兴国州人。早年肄业两湖书院。1904 年与吕大森等创办科学补习所，为掩护革命，遂加入基督教。被聘为长沙宁乡驻省中学堂教师。长沙起义失败后，掩护黄兴等出走。1905 年赴日，加入同盟会。1906 年赴英国，向外人宣传中国革命。1912 年归国，入黎元洪幕府，赞商机要。1914 年加入中华革命党，奔走各党派之间。1917 年筹资南下，参加护法运动。不久退居昆山，在上海创办亚林臭水厂。1921 年任总统府顾问，随孙中山北伐。因与胡汉民等不协，回昆山经营农业。1926 年起兵响应北伐，曾被白崇禧关押，获释后愤而著《武昌革命真史》。晚年厌倦世事，专心向佛，曾创办良山佛教道社。"九一八"事变后，呼吁抗日救国。1937 年卒于昆山。著作还有《战中世界旅行记》、《游川日记》等，今人整理有《曹亚伯集》(上、中、下)。

② 程璧光(1861—1918)，字恒启，号玉堂，广东香山人。1875 年考入福建船政学堂。后任广东舰队广甲舰管带。因会操之需被任命为领队，率舰赴北洋水师。1894 年参加黄海海战。北洋水师覆灭后，在家闲居。后经李鸿章保荐，起用为建造军舰专员，累迁至海军部第二司司长。1911 年奉命随载振出使英国、美国、墨西哥、古巴等国。1912 年回国。1913 年任陆海军统率处参议。袁死后任海军总长。后因不满段祺瑞专权而辞职。反对张勋复辟。1917 年随孙中山南下护法，被任命为广东军政府海军总长。次年 2 月 26 日在广州被刺身亡。

正月十八日（2月28日），上海轧花厂工人要求增加工资并举行罢工。

正月二十五日（3月7日），代总统冯国璋通电辞职，并电各省筹商解决时局办法。

正月二十七日（3月9日），孙中山发布《鼓励义军作战电》，勖勉进讨北方非法政府。

正月二十八日（3月10日），段祺瑞、徐树铮、王揖唐等人在北京安福胡同成立俱乐部，极力推行“武力统一”政策。

正月间，苏俄政府发布通告，废除中俄不平等条约。

大元帅孙中山下令海军炮轰在观音山的广东督军府，直至“莫荣新表面输诚中止”（见《梅川谱偈》，《居正文集》第534页）。

二月十一日（3月23日），段祺瑞再任国务总理，确定对川、湘、粤各省用兵计划，主张“武力统一”。

二月十三日（3月25日），日本政府为反对新生的苏维埃政权，与段祺瑞政府互换《中日共同防敌军事协定》公文。

二月中旬，田桐曾致函邹鲁，就其离开援闽粤军总司令陈炯明而独立办事、拨款等事项提出疑问。

二月中下旬，广东督军莫荣新对孙中山颇为不满，遂“暗中煽动吴景濂议长提案”，“由国会改组军政府，大元帅制变为总裁制”，以达到排挤孙中山先生的目的。

其间，田桐与张汇滔受孙中山之命，代表中华革命党北上入京，与北洋政府国务总理段祺瑞谈判。

二月二十日（4月1日），邹鲁经广州军政府交通总长胡汉民之手复函田桐。

二月二十九日（4月10日），在桂系军阀和政学系政客的收买、操纵下，国会非常会议第十七次会议通过了改组军政府的《中华民国军政府组织大纲修正案》，决定改组军政府，取消大元帅一长制，改为“七总裁合议制”，排挤孙中山。

同日，田桐致电孙中山，劝其仔细斟酌情势，遽勿退让而辞大元帅之职。

三月二十一日（5月1日），上海英、美烟公司烟厂工人罢工。

三月二十二日（5月2日），上海英商祥生船厂工人罢工。

同日下午，田桐的好友、著名诗僧苏曼殊①在上海广慈医院病逝。噩耗传来，田桐深感痛惜。后来，田桐在其所撰之《扶桑诗话》一书中，专门写有《曼殊大师》一则，记述苏曼殊的生平事迹和二人在旅居日本时的交往以及苏曼殊所写之《东居杂诗十九首》，以表达其缅怀之情（见《田桐集·扶桑诗话》第549～551页）。

三月二十四日（5月4日），因受西南各省军阀排挤，孙中山向广东“非常国会”请辞大元帅职。

三月间，田桐见张汇滔在北京与国务总理段祺瑞交涉毫无进展，而孙中山在广州又遭西南军阀排挤并已向广东“非常国会”请辞，颇感灰心，不愿再去广东，遂与张汇滔离京南下返沪。

四月初三日（5月12日），留日学生罢学回国，反对中、日“共同防敌”军事协定。

四月初六日（5月15日），周树人首次用笔名“鲁迅”在《新青年》四卷五号上发表小说《狂人日记》。

四月初七日（5月16日），《中日陆军共同防敌军事协定》订立。

四月初九日（5月18日），广州国会非常会议议决改大元帅制为总裁制。

四月初十日（5月19日），《中日海军共同防敌军事协定》订立。

同日，田桐与赵世钰、周震鳞等一百八十六位旅沪国会议员联名致书各国公使，谓段祺瑞北京政府无代表民国之资格，故段氏与日本所签之约没有效力。

四月十一日（5月20日），军政府改组为总裁制，“非常国会”选举孙中山、唐绍仪、伍廷芳、岑春煊、陆廷荣、唐继尧、林葆怿七人为军政府总

---

① 苏曼殊(1884—1918)，原名戬，字子谷；小名三郎，更名玄瑛，亦作元瑛，号曼殊，另号燕子山僧、南国行人等；法名博经，世称曼殊上人。广东香山人。父为旅日华侨，母为日本人。1889年返回香山老家。1895年在广州出家。1898年随表兄赴日，入横滨大同学校。1902年入东京早稻田大学，同年加入革命团体青年会。1903年转入成城学校，加入拒俄义勇队；回国任教苏州吴中公学，又至上海，任《国民日日报》翻译。不久至番禺出家。1904年漫游南方、南洋，后至长沙实业学堂任教，加入华兴会。1905年游上海、苏杭，至南京陆军小学任教。1907年再赴日本，与章太炎同居民报社。1909年赴爪哇任教。1912年回上海，加入南社。1913年至安庆任教，同年底赴日就医。1916年游历山东、苏杭。1917年回上海，病情日渐严重。1918年病逝。通英文、日文及梵文。工诗词文，又擅小说。友人辑有《苏曼殊全集》刊行。

裁，并推岑春煊为主席总裁。

四月十二日（5月21日），孙中山离粤赴汕头、日本而转沪，护法运动失败。

同日，北京大学、北京高等师范学校等校学生二千余人赴总统府前请愿，要求废除中、日“共同防敌”军事协定。

五月二十三日（7月1日），李大钊在《言志季刊》第三册发表《法俄革命之比较观》，介绍俄国十月革命。

五月二十四日（7月2日），协约国决定由中、日、美、英、法及捷克等国共同出兵西伯利亚。

六月间，同乡好友但焘①在家乡处理完父亲的安葬事宜，亦来到上海，为父亲守孝，并与章太炎、田桐、何香凝等友朋赋诗吟词、研究书画，时相过从。

七月初二日（8月8日），于右任回陕西出任靖国军总司令。

七月初六日（8月12日），由皖系军阀操纵的安福国会在北京开会。

七月初七日（8月13日），上海日商日华纺织公司千名女工发动罢工，要求改善待遇。

七月十五日（8月21日），直系军阀吴佩孚等通电反对段祺瑞的“武力统一”，南方军政府复电赞成和平，段祺瑞被迫命前线各军暂时保持守势。

七月十六日（8月22日），美国驻华公使向北京政府抗议俄政府将中东铁路长春至哈尔滨段让与日本。

七月中旬，为革命军东征的相关事宜，奉中山先生之命，田桐与邹鲁离沪前往广东、福建等地考察形势。

七月下旬，援闽粤军打败福建督军李厚基的北洋军，占领了闽西南汀州、漳州、龙岩等二十多个县，建立了闽南护法区。

---

① 但焘(1881—1970)，字植之，湖北蒲圻人。1898年中秀才。1903年肄业湖北经心书院，赴日留学，入中央大学。1905年加入同盟会，从事革命活动。1911年冬回国。南京临时政府成立，任总统府秘书兼公报局局长。南北议和后，出任国务院秘书。“二次革命”期间辞职，避居上海。1917年南下广州，出任国会非常会议和护法军政府秘书长。1919年国会正式成立，认为参议院秘书长兼宪法会议秘书长。1927年回湖北，曾任省政府委员、汉口市市政委员等职。1934年至1945年期间，一直担任国民政府秘书。1946年任国史馆筹备委员会总干事、国史馆副官长并主持馆务。1948年辞职赴广州，后赴台湾定居。著有《观物化斋诗集》、《日语古微》、《海外丛谈》等，译有《正则英文教科书》、《蒙台梭利教育法》、《清朝全史》等。

七月二十四日（8 月 30 日），孙中山通告海外革命党人，准备重订党章，整理党务。

七月二十六日（9 月 1 日），前众议院议长汤化龙在加拿大维多利亚港中华会馆门前，遭国民党人王昌行刺，当场毙命。

案：汤化龙（1874—1918），字济武，湖北蕲水（今浠水）人。1904 年中进士，授法部主事。1906 年赴日留学，入法政学校肄业。1908 年秋回国，任湖北咨议局筹办处参事。1909 年被推选为咨议局议长，曾参与国会请愿运动，与谭延闿等人发起组织宪友会。武昌起义后，参与组织湖北军政府。南京临时政府成立，被任命为法制局副总裁。袁世凯篡权，当选为参议院副议长；参与组织民主党，任干事长。1913 年当选为众议院议长，与梁启超等合组进步党，以对抗国民党，支持袁世凯专制独裁。1914 年任北京国民政府教育部总长兼学术委员长。1916 年见袁世凯大势已去，遂辞职赴上海，参加护国讨袁。袁死后，国会重开，转附段祺瑞，复任众议院议长。1917 年任段祺瑞内阁内务总长，成为立宪派的头面人物；不久被黎元洪免职。张勋复辟，再任内务总长，不久失意，辞职。1918 年 3 月出国考察。著有《违警律释义》、《游美日记》、《蕲水汤先生遗念录》等传世。

七月二十七日（9 月 2 日），田桐致函孙中山，向其汇报广东、福建地面形势，安慰孙中山静候时机，并为谋求将来政治地位提出个人看法。

七月二十九日（9 月 4 日），北京国会选举徐世昌为大总统。

同日，田桐在汕头给孙中山去函（即《致孙中山函》），告知其将去潮州处理革命军东征的有关问题，向其献平闽浙之策，并劝中山先生今后要善于待客（见《田桐集》第 147 页）。

《邹鲁年谱》（上卷）记载："闽南进入护法势力范围后，闽督军李厚基分三路大举反攻入闽粤军。见此局势，孙中山命令先生（邹鲁）和田桐入闽，对李厚基部下进行游说策反工作，结果浙军童保暄声明中立，造成李厚基不敢再进攻。"

八月十五日（9 月 19 日），上海《申报》在"外电・广东电"栏载："民友会系议员赴闽省方面者甚多，议员田桐、邹鲁等十五名，目下亦赴闽省旅行，或谓因该省之陈炯明军现颇得势，故有此现象。"

八月二十四日（9 月 28 日），中、日签订满蒙、山东铁路借款各两千万元合同；而北京陆军部与日本银行团订立两千万元参战借款合同。

八月二十五日（9 月 29 日），田桐在厦门鼓浪屿医院给孙中山去函（即《上孙中山书》），禀报与浙军交涉情况以及与邹鲁至厦门与陈炯明会晤情形，并就福建省省长人选发表个人意见（见《田桐集》第 148 页）。

九月初六日（10 月 10 日），徐世昌宣布正式就任中华民国大总统。

九月十一日（10 月 15 日），李大钊在《新青年》五卷第五号上发表《庶民的胜利》和《布尔什维主义的胜利》两篇文章。

九月二十六日（10 月 30 日），协约各国驻华公使向北京政府递交声明，指责北京政府忙于内争，参战不力。

十月初九日（11 月 12 日），第一次世界大战结束。

十月初十日（11 月 13 日），北京庆祝战胜德国，拆除纪念 1900 年被清军所杀的德国驻华公使克林德的纪念碑。

十月十三日（11 月 16 日），大总统徐世昌发布停战令。

十月十八日（11 月 21 日），田桐的好友井勿幕①在陕西兴平的南仁堡，被段祺瑞的爪牙陈树藩勾结靖国军郭坚部营长李栋材杀害。

十月十九日（11 月 22 日），“广州军政府”亦下令停战；双方商定在上海举行南北和议谈判。

十月间，孙中山就美国政府通过驻广州领事对南方政府施加压力，促其与北方政府妥协事，致电美国总统威尔逊，申明坚持护法的立场。

十一月二十日（12 月 23 日），陈独秀、胡适等人主编的《每周评论》在北京创刊。

十一月间，田桐奉命前往援闽粤军总司令部处理相关事宜；其间，曾在朋友的陪同下游览了厦门的鼓浪屿，并写有《雪中游日光》一诗纪其行（见《田桐集·诗存》第 500 页）。

案：日光岩又称“晃岩”，俗称“龙头山”，在今福建省厦门市思明区鼓浪屿岛的中部，为鼓浪屿的最高处。山麓有日光寺，每当太阳初升，阳光正好射到山石和寺内，故名。

---

① 井勿幕（1888—1918），原名井泉，字文渊，后通用井勿幕，笔名侠魔，陕西蒲城人。1903 年由四川赴日本，入东京大成中学。1905 年加入同盟会，旋奉孙中山之命，回陕西建立同盟会支部，任支部长。第二年再赴日本，与赵世钰等在东京建立同盟会陕西分会。1907 年又回陕联络会党。1908 年赴日本参与创办《夏声》杂志。同年 10 月，回陕参加并领导了席卷全省的学生运动（即“蒲案”）。1911 年 10 月西安光复，出任陕西北路安抚招讨使，曾率军增援山西与陕西西路。1912 年同盟会改组国民党，任陕西副支部长。“二次革命”失败后，避居日本。1915 年赴云南参加护国战争。1916 年 3 月，联合民党人士发表反袁宣言。1918 年被推举为陕西靖国军中指挥；同年 11 月，至兴平犒师，被李栋材杀害。后孙中山追赠井勿幕陆军中将衔。

十二月十七日（1919年1月18日），帝国主义分赃的巴黎和会开幕。

十二月二十日（1919年1月21日），北洋政府派陆徵祥等五人为参加巴黎和会全权代表。

十二月二十七日（1919年1月28日），中国代表在巴黎和会上要求取消“二十一条”，归还山东、取消列强在华特权等。

同日，同乡好友蔡济民[①]在利川被川军旅长方化南杀害；消息传来，田桐甚是悲痛，遂撰挽联一副，以表达其悼念之情（见《革命闲话·挽蔡济民》，《田桐集》第402页）：

高唐竟尔坏长城，诘朝衅起萧墙，衷甲忍残擒虎将；

阿斗那堪当大局，八载病遗麻木，捧冠错畀沐猴人。

是年，田桐在东奔西走的紧张公务之余，尚写有组诗《南征十首》以壮行旅（见《田桐集·诗存》第505～506页）。

民国八年己未(1919年)　四十一岁

年初，田桐办理完有关事情，遂自福建回到广州。

其间，适好友宋镜宙将离开广州去新加坡，任《国民日报》的总编，田桐等好友遂相聚为其送行。

正月初八日（2月8日），上海日商日华纺织公司工人罢工；上海美商美孚油洋行工人罢工。

正月十二日（2月12日），中国赴巴黎和会代表公布中、日各项密约。

正月二十日（2月20日），南、北和平会议代表唐绍仪和朱启钤在上海会议。

正月二十八日（2月28日），田桐赴广州东园俱乐部出席国会议员谈话会，就提请巴黎和会各国按照国际公理，废止自护法战争以来日本与中国签订的一切契约条款问题陈述解决办法，并和吴宗慈、董昆瀛一起被众议院主席指定为起草员。

---

① 蔡济民(1887—1919)，原名国桢，字香圃，又字幼香，湖北黄陂人。19岁投湖北新军，后入湖北陆军特别小学堂，毕业后任二十九标司务长、排长。曾参加日知会、将校研究团、群治学社、共进会、军队同盟会等革命组织。1911年10月10日晚，率二十九标士兵起义；军政府成立，任谋略处负责人。后历任军政府军务部参议长、副部长、军务司司长等职。袁世凯篡权后授陆军中将。“二次革命”失败后逃往日本。1915年任湖北讨袁军司令长官。1917年任护法军政府鄂军总司令。后入川进行护法斗争，被川军方化南杀害。

二月初三日（3 月 4 日），列宁领导的第三国际（共产国际）在莫斯科正式成立。

二月中旬，副议长褚辅成偕田桐因要事有离粤赴沪之行。

二月十二日（3 月 13 日），上海《申报》“要闻 · 粤闻纪要”栏载：“众议院褚副议长辅成偕众议员田桐昨日赴港，搭‘春洋丸’于今日赴沪，闻系因有重要事务拟与旅沪要人协商，并由在粤两院托以劝促赴沪同人从速返粤，并嘱诸君须在沪一礼拜即行。”

二月十四日（3 月 15 日），上海印刷工人两千余人发动罢工。

二月十七日（3 月 18 日），田桐与张伯烈、刘成禺、白逾桓、高振霄、陈廷飏、吴崑、张知本、时功玖、居正等 23 名鄂籍国会议员联名在《申报》上发表《关于方化南杀害蔡济民的公电》，谴责方化南杀害蔡济民的暴行，要求护法军政府“扶持正义”，“秉公讯办”（见《田桐集》第 149 页）。

二月间，中国第一批勤工俭学留学生启程赴法国。

三月初一日（4 月 1 日），中国代表抗议巴黎和会三国会议解决山东问题的办法。

三月初六日（4 月 6 日），田桐与姚光、王德钟、朱少屏、邵力子等二十六人在上海徐园举行南社的第十七次雅集。

《南社史长编》中记载：“与会者鉴于朱玺事件，修订了《南社条例》，规定‘入社须赞成本社之宗旨’‘得社友三人以上介绍’，同时规定：‘社友如有违背本社宗旨，损害本社名誉者，得于正式雅集时提议，公决削除社籍。’附则说明本社上海通讯处暂设于‘寰球中国学生会’和民国日报馆。”

案：由于南社内部矛盾重重，且越来越激烈，致使活动经费亦非常困难。此次雅集结束，傅尃将参加雅集者的作品（即《南社丛刊》第二十一集）编辑出来后，系由姚光个人出经费刊印，且迟至本年的十二月才印出。在此次雅集后的两年多时间里，南社的社务就基本上处于瘫痪状态。

三月十一日（4 月 11 日），驻日公使章宗祥启程回国，留日学生持“卖国贼”旗痛斥之。

三月中旬，田桐与居正等旅沪鄂人发起湖北善后工会，通告暂设通讯处于上海法租界霞飞路三百五十八号，择日举行成立大会。

三月二十九日（4 月 29 日），巴黎和会决定将德国在山东的权利让予日本。

四月初四日（5 月 3 日），北京各大专学校代表在北大开会，决定于 5 月 7 日在中央公园召开国民大会；当晚七时，又在法科礼堂开会，决定提前在明日举行爱国示威游行。

四月初五日（5 月 4 日），北京学生三千余人在天安门前集会，高呼“外争国权，内惩国贼”、“取消二十一条”、“拒绝合约签字”等口号；会后举行爱国示威游行，火烧赵家楼外交次长曹汝霖的住宅，痛殴驻日公使章宗祥。警察赶赴现场镇压，逮捕学生三十二人。五四运动爆发。

四月初六日（5 月 5 日），北京各学校学生代表集会决定：为要求释放被捕学生，各学校同时举行罢课；致电巴黎和会中国代表，请对青岛问题死力抗争，万勿签字。

四月上、中旬，田桐曾发表《告罢课学生》一文（见《田桐集》第 152～153 页），对学生的反帝爱国运动持反对意见，希望学生“惜寸惜分”，闭门读书。

四月二十九日（5 月 28 日），孙中山在上海发表《护法宣言》。

五月初二日（5 月 30 日），田桐与居正、杨铭源等旧国会议员就外交问题联名通电，谓眼下之青岛问题关系全国生死存亡，要求抵抗日本，声讨国贼，勿为日本及卖国政府所愚弄。

五月十三日（6 月 10 日），北京军阀政府被迫免去曹汝霖、章宗祥、陆宗舆的职务。

五月十四日（6 月 11 日），新文化运动的领袖陈独秀因起草、散发《告北京市民宣言》而被捕，全国震动。

六月初一日（6 月 28 日），中国代表在举国人民的严厉谴责和中国旅欧学生、工人的强烈要求下，拒绝在《凡尔赛和约》上签字。

同日，田桐在《民国日报》上发表《致徐世昌函》（亦名《田桐为陈独秀事与徐世昌书》，见《田桐集》第 150～151 页），对其下令逮捕北大文科学长陈独秀之事予以谴责，希望他顺应民意，“即日释之”，还其自由。

六月十三日（7 月 10 日），广东人民举行国民大会，并罢工、罢市、罢课，要求废除对外密约和反对桂系统治。

六月二十八日（7 月 25 日），苏俄政府发表第一次对华宣言，表示废除在华特权和一切密约。

七月初六日（8 月 1 日），奉孙中山之命，朱执信、廖仲恺等人在上海创办《建设》杂志。

七月初十日（8 月 5 日），田桐与曹慕管、邹静斋、张子廉等人陪同孙中山出席全国学生联合会评议部会议，并在会上发表演说，谓："现在大可乐观，即教育未始毫无能力。此次学生举动，乃其觉悟。此后，须打破旧时阶级，为统一思潮，不外乎有一极大之共同目的为之标准云。"

七月下旬，中山先生决定对中华革命党进行改造，遂召集同志讨论、"修订党章"（见《梅川谱偈》，《居正文集》第535页）。

闰七月中旬（9月上中旬），由田桐、焦易堂、谢良牧、光云锦等人从中牵线，孙中山在上海接见了徐世昌、段祺瑞的代表、前来上海进行南北议和的许世英，郑重地向他提出了释放陈独秀的问题；许世英答应马上致电，向北京报告。

闰七月二十三日（9月16日），在全国各方的压力下，北京政府将陈独秀释放。

闰七月二十九日（9月22日），孙中山接见北方和议总代表王揖唐，告知必须恢复旧国会，否则和议"无可商量"。

八月初八日（10月1日），田桐的战友黎仲实①在上海病逝。

八月十七日（10月10日），孙中山在上海宣布将中华革命党改组为中国国民党，本部设于上海，并公布规约三十二条。

九月十三日（11月5日），北洋军阀政府以靳云鹏为总理组织内阁，总统仍为徐世昌。

九月十八日（11月10日），由全国学联和天津各界联合会发起与筹备的"全国各界联合会"在上海成立。

十月间，田桐应邀离沪赴粤出席"非常国会"。

十一月初三日（12月24日），田桐出席广州宪法会议，参与讨论表决宪法条款及修正案。

十一月初九日（12月30日），田桐出席广州宪法会议，继续讨论地方制度第十一条。

十一月三十日（1920年1月20日），中国出席巴黎和会首席代表陆徵

---

① 黎仲实(1886—1919)，广东高要人。早年考入广州时敏学堂。1902年由学堂选拔自费赴日留学，肄业于同文学校。结识孙中山，倾向革命，加入兴中会。1903年加入拒俄义勇队。1905年加入同盟会，任会计部部长。1906—1908年，往来于日本、中国内地、香港及南洋等地，为南方各地的武装起义筹备枪械弹药、粮饷、军用券，成为黄兴的得力助手。1910年与汪精卫等人潜入北京谋刺载沣等人未遂。1911年参与广州黄花岗起义。辛亥革命后，奔走于越南、泰国、日本等地，继续为未竟的民主革命事业奋斗。因积劳成疾，1919年在上海病逝。

祥返抵上海，数千市民举着“欢迎不签字代表”前往迎接。

十二月初九日（1920 年 1 月 29 日），安徽督军倪嗣冲派刺客在上海刺伤张汇滔。

同日，天津请愿学生遭军阀镇压，酿成流血惨案。天津学联和各界联合会被查封，周恩来等请愿代表被捕。

十二月十一日（1920 年 1 月 31 日），田桐的好友张汇滔[①]在上海广慈医院抢救无效去世。

十二月十八日（1920 年 2 月 7 日），国务院电令东北各省对俄苏内战严守中立。

十二月二十日（1920 年 2 月 9 日），因部分议员公然不出席广州的制宪会议，导致会议不足法定人数而使宪法被迫停顿，田桐、居正等参、众两院议员联名通电予以谴责。

年底，田桐自觉继续留在广州没有必要，遂离粤返沪度岁，开始闭门读书。

是年，田桐尚写有《代国民主政会宣言》、《敷教社起源》等文章（见《田桐集》第 154、155 页）。

是年，日本江户后期著名儒学家、教育家、汉文学作家、明治天皇的老师三岛毅（字中洲，爱媛县人；1830—1919）在东京去世；田桐得知消息，特地在其《扶桑诗话》的《三岛长洲》一则中记述其事迹及汉诗数首，以表达其敬佩之意（见《田桐集·扶桑诗话》第 555 页）。

民国九年庚申(1920 年)　四十二岁

年初，田桐在上海陪家人过年，并开始在家闭户读书。

其间，曾前往坟山路故友张汇滔被刺的地方致祭，并撰有长联一副以表达其缅怀之情（见《革命闲话·张汇滔》，《田桐集》第 402 页）：

钝初之死可无伤，克强之死可无恨，英士之死可无惨。闻道斯得

---

① 张汇滔(1882—1920)，字孟介，安徽寿州人。1899 年考入安庆武备学堂，因倡言革命，遭官府通缉。1905 年赴日留学，入东京警监学校；同年加入同盟会，任江淮分会副会长。1906 年潜回国，奔走安徽各地从事革命活动。1911 年武昌起义爆发，与寿州士绅王庆云谋响应，击败寿州镇总兵，促成安徽独立。1912 年任混成旅旅长。“二次革命”失败，逃往日本。中华革命党成立，任安徽支部长和中华革命军江北、皖北司令长官，奔走于东京、上海、汉口等地。1917 年赴广州，任大元帅府参军。1920 年初在上海遇害。

道，求仁斯得仁，肝胆有书生。凭孤郡，抗顽胡，大器推尊颜太守；

金陵共事见厥智，淮上共事见厥勇，汉皋共事见厥仁。惟我能识君，亦君能识我，男儿尚意气。观数奇，知骨梗，穷途痛哭李将军。

正月初十日（2 月 29 日），国务总理靳云鹏以“病迫才拙”为由提出辞职。

正月二十七日（3 月 17 日），因滇桂之争，破坏大局，田桐曾与部分旅沪国会议员联署拟请各军出师，讨伐莫荣新、李根源；并电诘陆荣廷，要求限时答复。

正月间，列宁领导的共产国际派维金斯基（伍廷康）来华，与李大钊、陈独秀等人联系，帮助建立中国共产党。

同月里，有传闻说田桐已回到武汉，与军中人物往来，有谋不利于王占元之事；王占元颇恐惧，指斥田桐为“乱党”。田桐遂致电（即《田桐致王占元电》）王占元，予以澄清：“窃桐自二月由粤回沪，闭门著书，在沪密友且少有往还，何由飞身回汉？北洋军人，惟与阁下曾见于都门，他如吴光新者，并未谋面。且乱党名词，不知作何解释。”

二月初七日（3 月 26 日），苏俄发布《俄罗斯苏维埃联邦社会主义共和国对中国人民和中国南北政府的宣言》，宣布废除中、俄不平等条约。

二月十三日（4 月 1 日），收到好友邹鲁书函，函中大致陈述其在潮梅地区动员义勇军声援陈炯明的情况。

二月二十一日（4 月 9 日），曹锟在保定召集直系五督（直督曹锟、苏督李纯、赣督陈光远、鄂督王占元、豫督赵调）和奉系三督（奉督张作霖、吉督包贵卿、黑督孙烈臣）组成反皖八省联盟。

二月二十四日（4 月 12 日），田桐的同乡好友刘仲文在上海病逝。

案：刘仲文（1881—1920），谱名耀瑸，一名炳标、树湘，又名湘，后改名公，字仲文，以字行，湖北襄阳人。1902 年赴日留学，入东亚同文书院，积极从事反清革命活动，毕业后则入东斌学校学军事。1904 年，捐资与田桐、程家柽、宋教仁等创办《二十世纪之支那》杂志。1905 年加入同盟会，并为创办《民报》捐献巨资。1906 年回国响应萍浏醴起义，失败后复至日本，入明治大学习政治经济。1907 年与张百祥、焦达峰等组织共进会，为第三任会长。1910 年毕业回国。1911 年至武汉谋划、部署新军起义。武昌起义爆发，任湖北军政府总监察，并统率北伐左军，进驻襄阳。不久辞职，赴京就任总统府高等顾问。“二次革命”时离京赴上海。袁世凯称帝，通电反对。护法战争中，策动湖北襄陨镇守使黎天才率所部起兵，宣告脱离段祺瑞政府；后随军退守川鄂边界。后因肺病日益严重，遂赴沪就医。1920年病逝上海。

三月初六日（4月24日），田桐的好友谭人凤[①]在上海病逝。

三月十二日（4月30日），北京政府下令撤回派驻西伯利亚的军队。

三月十三日（5月1日），北京和上海、广州等地的工人和知识分子相聚一起，举行国际劳动节的纪念活动。

四月初六日（5月23日），章太炎、田桐等革命党人在上海为张汇滔举行了追悼大会；是日，田桐为亡友手书的挽联特别引人注目。

四月下旬至五月上旬，奉孙中山之命，朱执信、廖仲恺赴福建漳州，敦促陈炯明率粤军返粤驱逐桂系军阀。

五月初八日（6月23日），田桐的留日同学、好友雷铁崖[②]在四川自贡老家病逝。

五月十四日（6月29日），中国加入国际联盟，北京政府派王正廷、顾维钧为委员。

五月二十五日（7月10日），段祺瑞对"直奉联军"下达总攻击令。

五月二十七日（7月12日），曹锟、张作霖联名通电讨段，"直皖战争"正式爆发。

六月初四日（7月19日），皖军被"直奉联军"击败，段祺瑞被迫通电辞职，北京政权遂为直、奉军阀主要是直系军阀所支配。

---

① 谭人凤(1860—1920)，字石屏，号符善，晚年自号雪髯，人称"谭胡子"，湖南新化人。早年加入哥老会，为首领。1906年赴日，加入同盟会。后曾回国参加镇南关和河口起义。1911年初，参与策划黄花岗起义；同年7月，与宋教仁等在上海组织同盟会中部总会。武昌起义爆发，任武昌防御使兼北面招讨使。南京临时政府成立，任川粤汉铁路督办、长江巡阅使。"二次革命"失败，逃往日本。1916年回国参加护国、护法运动。1920年病逝于上海。著有《石叟牌词》、《谭人凤集》等。

② 雷铁崖(1873—1920)，原名昭性，字泽皆，后改名铁崖，别名铁铮、啼红，四川自贡人。弱冠始入炳文书院读书。1900年中秀才。1905年1月赴日留学，先后入大成学校、弘文学院。同年加入同盟会，积极从事革命活动。1906年与董修武等人筹办《鹃声》杂志，宣传革命思想。1907年参与编辑《四川》杂志。1908年奉命回上海主办中国公学。1909年加入南社。1910年赴南洋主办《光华日报》，与保皇派论战。1912年曾任孙总统秘书，不久进京任稽勋局审议员，兼任国民党驻北京喉舌《民主报》主笔。袁世凯欲加害之，逃至新加坡，任《国民日报》主笔，从事反袁宣传。护法运动期间，见国事日非，忧愤成疾。1919年回上海养病。次年病情加重，被同志送回自贡，不久病逝。工诗文，今人编有《雷铁崖集》。

六月二十五日（8月9日），顾维钧被北京政府任命为驻国际联盟全权代表。

六月二十八日（8月12日），陈炯明举行誓师大会，随即率粤军分三路回师广东，驱逐桂系军阀。

七月二十二日（9月4日），居正、田桐等革命党人在上海四川路青年殉道堂为刘仲文举行了追悼大会。

七月间，田桐留日期间的好友、民国元勋匡一①在前往黑龙江赴任途中病逝。

八月初三日（9月14日），田桐前往湖北会馆参加湖北自治协会全体大会，讨论鄂人治鄂的进行办法——因湖北督军引用其姻戚孙振家任湖北省省长之事，引发湖北省议会、各团体以及京津同乡会的坚决反对。

八月初十日（9月21日），田桐的好友朱执信在广东东莞的虎门被桂系军阀杀害。

案：朱执信（1885—1920），原名大符，字执信，祖籍浙江萧山，出生广东番禺。1902年入广州教忠学堂学习，曾参与组织进步组织群智社。1904年赴日留学，入东京法政大学速成科攻读经济。1905年加入同盟会，被推为评议部议员，积极为《民报》撰稿。1906年回国，先后在广东高等学堂、法政学堂及两广方言学堂等校任教，暗中从事革命宣传和策划武装起义。1911年参与黄花岗起义，失败后逃往香港。广东光复后，出任广东都督府总参议，编练军队，筹划北伐。“二次革命”失败后，随孙中山赴日本。1914年奉命返粤，在广州及东莞、阳江、雷州等地组织反袁斗争。1915年奉命赴日本筹商讨袁军事，正式加入中华革命党；12月受命为中华革命军广东司令长官。1917年参加护法斗争，并协助孙中山撰写《建国方略》等著作。又著文称颂俄国十月革命，赞扬五四新文化运动。1920年在虎门被桂系军阀杀害。著有《朱执信集》。

八月十二日（9月23日），北洋政府下令取消苏俄政府驻华公使、领事

---

① 匡一（1876—1920），原名孙纪，字范回，号云观，一作云官，又号群观，湖北罗田人。早年聪慧，考入湖北经心书院。1904年赴日留学，入东京法政大学。留日期间，品学兼优，被推为东京中国留日学生会会长。1905年加入同盟会，被推为内务总长。1907年毕业回国，曾任北京大清总银行法律教员、黑龙江省高等审判厅推事等职。1912年，任直隶省检察厅厅长。1913年参加反袁斗争，失败遭通缉，辗转潜至黑龙江，联系组织革命人士继续与袁氏斗争。1916年宣布黑龙江独立。袁氏死后回京，历任北京法政大学校长、北洋大学教授、天津律师会会长等职。1920年被任命为黑龙江省督军，于赴任途中病逝。

特权，关闭其馆。

八月十六日（9 月 27 日），苏俄政府发布第二次对华宣言，重申第一次宣言的原则，表示将竭力促成中俄友谊条约的缔结。

八月十八日（9 月 29 日），好友李鸣凤①在陕西渭南十里铺被阎锡山买凶杀害。

九月二十四日（11 月 4 日），孙中山在上海主持召开中国国民党本部会议，作《修改章程之说明》。

十月初一日（11 月 10 日），孙中山委任陈炯明为广东省省长兼粤军总司令。

十月上旬，陈炯明率粤军驱逐桂系军阀，占领广州。

十月十六日（11 月 25 日），孙中山应粤军许崇智的请求，偕唐绍仪、伍廷芳等人自上海启程赴广州。

十月二十日（11 月 29 日），孙中山偕唐绍仪、伍廷芳自上海抵达广州，在观音山重组“护法军政府”。

十月间，田桐奉命自上海抵达广州，协助居正开展党务工作；四弟田桓此时亦在广州，担任孙中山的秘书兼军政府参议。

十一月二十五日（1921 年 1 月 3 日），鉴于中国国民党本部在上海，“对广东照顾不易周密”，经请示总理、大元帅同意，特在广州的广西会馆设立办事处，并委任张继为干事长，“田桐为党务兼宣传主任”（见《梅川谱偈》，《居正文集》第 536 页）。

十一月间，田桐在公务之余，曾有珠江之游，并写有组诗《珠江杂诗》（六首）纪其行踪（见《田桐集·诗存》第 499～500 页）。

十二月二十四日（1921 年 2 月 1 日），田桐撰写的《人生问题》一书（见《田桐集》第 158～290 页），由上海中华书局出版刊行。该书自 1915 年秋天开始动笔撰写，直到 1920 年夏天才完成。它是田桐倡导为“哲学救国论”而创作的一部哲学著作。全书分为“生命之由来”、“社会发展与

---

① 李鸣凤（1878—1920），字岐山，山西安邑（今运城市）人。少有大志，曾中秀才。1907 年经景定成介绍加入同盟会，从此奔走各地从事革命活动。1912 年任河东军政分府民军总司令兼混成旅长；不久遭阎锡山陷害，入北京监狱。出狱后赴陕参赞军务。1915 年与景定成、续桐溪等举兵讨袁。袁死后任陆军部少将咨议。1918 年再次为阎锡山抓捕入狱。1919 年经友人营救出狱。1920 年 9 月，阎锡山收买了陕西督军陈树藩，派人将李鸣凤杀害于渭南十里铺。

文明”、“自由之本质”、“理性与人生”、“人格精神之发达”、“社会之共同一致”、“人生与爱”、“人类进化之原因”、“人生理想之要素”、“现代文明历史之渊源”、“人间进步与女性”、“社会改良问题”、“近代社会的理想”十三章，十二万余言。作者鉴于袁世凯在世时“欲使党人离精神本位，倡为经验说，既得多数之同情”以及袁世凯去世后又“遗全国大乱之根”的现状，“为国家富强计”、“为社会长治久安计”、“为人生发达向上计”，遂创“哲学救国论”。作者认为，“物无精神则腐”，国家应该重视国民的“精神生活”和“精神教育”，只有这样才能“维持国内人心”。

年底，田桐和弟弟田桓等家人均在广州度岁。

是年，田桐曾就湖北同仁策划“鄂人治鄂”、“驱逐王占元”的活动发表《答湖北同志书》，表明自己的看法和态度（见《田桐集》第156～157页）。

是年，田桐曾撰有《我之日英同盟观》一文，阐明自己对日、英同盟的看法（见《田桐集》第567～568页）。

是年，田桐的同乡、后辈友人丁人杰①在随许崇智军路过梅州时，因办公室内电灯线失修，触电身亡。

民国十年辛酉(1921年)　四十三岁

年初，田桐与弟弟田桓在广州过年，继续在国民党广州特设办事处开展党务工作。

正月初七日（2月14日），广州军政府举行讨论收回海关管理权的政务会议，决议为便利对外交涉，组织正式政府。

---

① 丁人杰(1891—1920)，亦名恺元，字景梁。湖北房县人。14岁投入湖北新军当兵。1906年考入武昌湖北陆军小学堂。参与发起组织文学研究社、自治团等团体，从事革命活动。1910年加入振武学社(后改为文学社)，同时加入共进会，参与秘密筹划湘鄂两省新军起义。武昌起义时，在九江联络新军率部反正，声援武昌。不久回武昌，任军政府内务部总稽查长、都督府参议。1912年3月曾作为湖北代表赴南京参加中国同盟会代表大会。不久，被选送赴美留学，途中闻宋教仁被刺杀，遂返鄂与同志策动湖北军队倒黎反袁。随即参加“二次革命”，失败后逃往日本，参加中华革命党。1915年回沪组织武装起义，策动诛杀上海镇守使郑汝成及肇和舰起义，遭通缉，再赴日本。1917年随孙中山南下护法。1919年应粤军许崇智邀请，任该军总参议。不久被粤军总司令陈炯明任命为长汀县知事，次年辞职，再入许崇智军。

二月二十二日（3 月 31 日），田桐的好友蓝天蔚[①]在夔州（今奉节）自杀身亡。

二月二十九日（4 月 7 日），国会参、众两院联合在广州举行非常会议，制定、通过了《中华民国政府组织大纲》；孙中山以二百一十八票当选为中华民国非常大总统。

三月初三日（4 月 10 日），国会非常会议发表宣言，并敦请孙中山就职，建立正式政府。

三月十五日（4 月 22 日），驻京公使团致电驻粤领事，不承认广州选举总统。

三月二十八日（5 月 5 日），孙中山在广州就任中华民国非常大总统，并发表宣言，反对南北军阀统治。

四月初五日（5 月 12 日），田桐给国民党总部去函（即《致中国国民党总部函》），询问有关问题（见《田桐集》第 291 页）。

四月初七日（5 月 14 日），北京政府内阁改组，靳云鹏第三次任国务总理。

四月中旬，好友马君武因不堪忍受陈群、查光佛、徐苏中干涉总统府中的人事，愤而辞去总统府秘书长之职，田桐与居正、胡汉民连日前去看望、安慰。

五月初五日（6 月 10 日），田桐的朋友易白沙在广东新会县陈村蹈海自杀，以身报国。田桐曾就易白沙之死写了《易白沙自杀观与我之自杀观》一文（见《田桐集》第 574～575 页），分析其自杀原因，表达自己对其自杀的看法。

案：易白沙（1886—1921），原名坤，因钦敬明儒陈献章（字公甫，别号石斋；因家居白沙里，故又称“白沙先生”，世称“陈白沙”；1428—1500），改名白沙。湖南长沙人。少通儒家经典，16 岁主持永绥（今湖南花垣县）师范学校，17 岁主持安徽怀宁中学，既而出任旅皖湖南中学校长。

① 蓝天蔚（1878—1921），字秀豪，湖北黄陂人。1896 年入湖北新军工程营当兵，次年考入湖北武备学堂。1899 年赴日留学，入东京陆军士官学校第二期。1903 年参加拒俄义勇队，被推为队长。旋回国，任新军统带兼湖北将弁学堂教员。1910 年调任陆军第二混成协统领，驻奉天。武昌起义爆发，与吴禄贞、张绍曾等拟发动北方新军响应，事泄后赴上海，任北伐军总司令，驻烟台。南北议和后辞职，赴欧美各国游历。1917 年回国参加护法运动。1919 年至鄂西，率靖国军讨伐王占元。1920 年任鄂西联军总司令。次年，所部被军阀孙传芳击溃，退入四川时，被川军拘捕，被迫自杀。

武昌起义时，曾游说皖中将领响应。安徽独立后，曾组织学生青年军，维持地方治安。1913 年参加反袁斗争，失败后逃往日本。1916 年回国，在《新青年》发表《孔子平议》（上），影响颇大。1917—1918 年，曾任湖南第一师范学校教员，天津南开大学、上海复旦大学教授。1919 年回长沙，著《帝王春秋》一书，抨击君主专制。1921 年 4 月潜伏北京，谋刺北洋军阀头目未果；随即南下广州，面见孙中山，要求组队北上杀贼，被同志劝阻。因对前途绝望，遂于端午节那天前往陈献章出生地——新会县白沙里蹈海自杀。

五月十一日（6 月 16 日），田桐曾给彭素民去函（即《致彭素民函》），洽谈有关事情（见《田桐集》第 292 页）。

五月十三日（6 月 18 日），大总统孙中山下命讨伐桂系军阀陆荣廷。

五月间，粤军平定广西，好友、前总统府秘书长马君武[①]被任命为广西省省长；田桐、居正等友朋曾为其设宴赠行，其盟兄居正更是专程送好友“至南宁赴任”（见《梅川谱偈》，《居正文集》第 536 页）。

是年夏，为《槟城书报社》（实为同盟会的宣传机关）创办十三周年之际，适好友、原主政者陈新政作《槟城书报社十三周纪事》一书以纪之，并飞书羊城，请田桐为其书作序；田桐颇感其诚意，乃作《槟城书报社十三周纪事·序》寄赠（见《田桐集》第 293 页）。

其间，吕万、任堇、洪庶安等人在上海发起创立停云书画社，后田桐亦成为其骨干成员。

六月初二日（7 月 6 日），中国劳动组合书记部（即中国工会办事处）在上海成立并发表宣言。

六月初八日（7 月 12 日），田桐曾致函蒋介石，转告大总统希望他能南下任职之意。

《蒋介石年谱》中记载：“田桐来函说，孙中山‘常与诸同志谈及我兄，欲援古人金革夺情之义，趣台旆南来，共襄大举。即祈秣马遄发，以慰霖雨苍生之望’。”

---

① 马君武(1881—1940),原名道凝,又名同,后改名和,字厚山,号君武,以号行。祖籍湖北蒲圻,出生于广西桂林恭城县。1901 年赴日留学,学习工艺化学。1905 年加入同盟会,任广西主盟人。1906 年回国,在上海参与创办中国公学,任教务长。不久遭通缉,逃亡德国,入柏林工业大学。武昌起义后,以沪军都督府代表出席各省代表会。南京临时政府成立,任实业部次长,后被推举为参议员。1915 年在柏林获工学博士学位。1917 年赴广东参加护法运动。1921 年任孙中山非常大总统府秘书长。后历任广西省省长、国民政府最高国防会议参议、广西大学校长等职。工诗文,尤以诗名。著有《马君武诗稿》等。

六月十六日（7 月 20 日），奉孙中山之命，廖仲恺、何香凝赴梧州劳军。

六月十九日至二十七日（7 月 23 日—7 月 31 日），中国共产党第一次全国代表大会在上海举行。全国各地共产主义小组选派的代表毛泽东、何叔衡、董必武、陈潭秋、王烬美、邓恩铭、李达、李汉俊、张国焘、刘仁静、陈公博、周佛海以及陈独秀指派的代表包惠僧、共产国际的代表马林、赤色职工国际代表尼科尔斯基出席了会议。

七月初一日（8 月 4 日），收到日本友人萱野长知代购的相关书籍后，田桐立即给他回函（即《致萱野长知函》），向他表示感谢，并向他报告了粤军驱逐桂军的进展情况（见《田桐集》第 488 页）。

案：萱野长知（1873—1947），日本高知县人。1895 年结识陈少白和孙中山，多方支持他们从事民主革命活动。1905 年加入同盟会，出版《革命评论》，与《民报》遥相呼应。1907 年赴广东参加黄冈起义，失败后逃往香港。后回日本，想方设法购买枪械支持中国南方的武装斗争。1911 年武昌起义爆发，应黄兴之邀，前往武汉协助黄兴筹划战事。南京临时政府成立，应邀出席观礼。1914 年全力支持孙中山组建中华革命党。1915 年被任命为中华革命军东北军顾问。1923 年被委任为调查戒烟事宜委员。1925 年 3 月孙中山病危，专程赴北京看望。1929 年应邀参加在北平举行的孙中山治丧活动和奉安大典。1947 年病逝。著有《中华民国革命秘笈》。

七月初七日（8 月 10 日），国会非常会议通过出师北伐的决定，并咨请孙中山宣布徐世昌罪状，明令出师讨伐，以谋求国家的统一。

七月二十二日（8 月 25 日），田桐曾给孙镜①等人去函（即《致孙镜等函》），洽谈党务（见《田桐集》第 294～295 页）。

同月里，粤军奉命攻入广西，田桐曾写有《广西国民军檄》一文（见《田桐集》第 570～571 页）。

八月初八日（9 月 9 日），广州国会发出通电，反对吴佩孚倡议的庐山

① 孙镜（1883—1958），字铁人，湖北京山人。1906 年加入同盟会，人湖北支部干事。武昌起义后，在湖北军政府总监察处任职。“二次革命”失败，逃往日本，入东京法政学校。1914 年加入中华革命党。1927 年参加护法运动，任广东军政府内政部佥事。1923 年任国民党党务部副部长。1924 年出席国民党一大，曾任代理国民党宣传部部长。1927 年任候补中央执行委员。1928 年任湖北省政府秘书处长。1929 年至上海从事新闻工作。1936 年任国民党中央党史史料编纂委员会纂修。1945 年任主任秘书。1949 年去台湾。1958 年病逝于台湾。著有《刘铁事略》。

“国是会议”。

九月初六日（10 月 6 日），北京政府派施肇基、顾维钧、王宠惠，广州政府则派伍朝枢为全权代表，应邀启程赴美出席太平洋会议。

九月初八日（10 月 8 日），孙中山提请非常国会通过了“北伐案”。

九月十五日（10 月 15 日），孙中山乘军舰出巡广西，准备北伐；北伐军三万将士亦于是日启程。

九月间，田桐曾给陈安仁①去函（即《致陈安仁函》，亦名《中国国民党特设办事处代理干事长田桐先生函》），通知有关事宜（见《田桐集》第 296 页）。

十月十三日（11 月 12 日），美、英、日、法、意、中、荷、葡、比等九国召开了华盛顿会议（亦称“太平洋会议”）。这是帝国主义国家在第一次世界大战结束后，重新划分远东及太平洋区域势力范围的一次会议（会议于 1922 年 2 月 6 日，即正月初十结束）。

十月十四日（11 月 13 日），田桐与冯自由、邓泽如、谢英伯等国民党代表及省中各要人、香港工团代表前往石围塘车站迎接陈炯明凯旋。

十月二十五日（11 月 24 日），广州国会宣布徐世昌、吴佩孚祸国殃民罪状。

冬间，根据北伐的需要，孙中山任命田桐为北伐军大本营宣传处长。

田桐晚年曾回忆说：“民国十年冬，先总统师出桂林，谋北伐也。将由永州出湖湘，余时在大本营任宣传处长。”（见《革命闲话 · 囚车抵黄沙》，《田桐集》第 411 页）

十一月初二日（11 月 30 日），上海《申报》“国内专电 · 香港电”栏载：“俭日，国议各总、次长均列席，一为通过林修梅、鲁梓材国葬案；一为国员田桐等质问李燮阳在滇被诬通匪，为顾拘禁，请电顾省释案。”

十一月初六日（12 月 4 日），孙中山抵达桂林，受到群众热烈欢迎；在桂林建立北伐军大本营。

---

① 陈安仁（1889—1964），字仁甫，广东东莞人。早年入两广师范、香港皇家书院学习，并加入同盟会。1911 年曾参加广州黄花岗起义。后退伍，考入私立广东大学。1913 年后相继参办《大光日报》、《民生日报》、《觉魂日报》等，出任东莞培正学校校长。1918 年至星洲养正学校任教，兼任南洋七州府教育总会议长。1923 年被聘为岭南大学秘书兼侨务出版事宜。1932 年起，至中山大学执教数十年。勤奋好友，笔耕不辍，编著有《革命先进的书牍》、《中西历史新研》、《秦汉时代学者之人生哲学》、《中国历史之转变与动向》、《王阳明学术思想之研究》、《中国近代史》等数十种。

十一月二十五日（12月23日），经李大钊的介绍，共产国际代表马林和孙中山在桂林会谈，孙中山赞同马林提出的关于组织一个能联系群众的政党和建立革命武装核心的建议。

十二月十五日（1922年1月12日），香港海员在中国共产党的影响和推动下，为反对港英当局的压迫，争取改善待遇，举行了大罢工，史称“香港海员大罢工”。

十二月二十四日（1922年1月21日），共产国际举行的远东各国共产党及民族革命团体第一次代表大会在莫斯科开幕（此会于1922年2月2日闭幕），中共代表王烬美、邓恩铭、张国焘、邓培等人出席会议。

十二月间，孙中山以大总统名义宣布徐世昌、梁士诒罪状并下令通缉，号召全国民众共诛“危害民国者”。

同月里，孙中山将北伐军整编组成七个军团，共四万余人，待命出发。

民国十一年壬戌(1922年)　四十四岁

年初，田桐随孙中山先生率领的北伐大本营驻扎广西桂林。

正月初七日（2月3日），孙中山以大元帅名义发布动员令，命令各军分路出师北伐。

正月十六至二十四日（2月12日—2月20日），张作霖、段祺瑞先后派代表到粤，与孙中山商议合作讨伐直系事宜。

正月间，北伐军的先头部队分别进入湘境。

二月上、中旬，田桐随孙中山先生率北伐军大本营准备自桂林向湖南进军。

其时，孙中山所率之各省革命军正在广西桂林集结，准备北伐。时袁祖铭奉吴佩孚之命率军自沅水入黔，抵达铜仁，谋攻贵阳，因兵力不足，未敢轻动。其时，黔军总司令谷正伦、旅长王天培、彭汉章所率之师，均属大本营；王、彭二人与直系谈判代表有旧谊，曾多次在一起密谋。一日王天培至孙中山处跪求，谓贵阳危急，请求让黔军先归贵阳，待歼灭敌军后，再将所有黔军开来与大本营会合；且我们归时仅两个旅，再出黔时就会有两个师了。孙中山听后，颇为高兴，表示同意。同人均觉此策不妥，恐其中有诈。田桐乃前去孙中山处直言谏阻，谓今日若放黔师归去，他日黔师将不出来矣。孙中山不听，放其行。结果，黔军离桂林未远，王天培和彭汉章就发动兵变，解除了谷正伦卫队的武装，致使贵州又落入北洋之手（见《革命闲话·宽仁之过》，《田桐集》第407页）。

其间，田桐在公务之余，时常与同乡好友张伯荄①相往还。

二月二十三日（3月21日）傍晚，辛亥革命元勋、粤军总司令部参谋长兼第一师师长邓铿自香港返回广州，在广九车站被人刺伤。

二月二十五日（3月23日）上午，因医治无效，邓铿在广州中法韬美医院去世。

案：邓铿（1886—1922），原名士元，字仲元，祖籍广东梅县（今梅州市），落籍惠阳淡水（今惠州市惠阳区淡水镇）人。出身富商家庭。早年求学于崇雅书院。1905年考入广东将弁学堂，毕业后留校任教，暗中加入同盟会。1909年出任黄埔陆军小学堂学长。1910年加入广州新军，曾参加广州起义，失败后出走香港。1911年参加黄花岗起义，失败后逃亡海外。同年9月潜回广东，与陈炯明等率军夺取惠州；不久广东光复，出任广东都督府陆军司长兼稽查局长、都督府参谋长等职。1913年任琼崖镇守使，起兵反袁，失败后亡命日本。1914年加入中华革命党，任军事部副部长。1917年回国参加护国战争，出任粤军总部参谋长兼第一师师长。1921年留守广州，负责筹集响械，尽心尽力支持孙中山北伐。治军严谨，廉政不阿，疾恶如仇。1922年3月被仇人刺杀身亡。

三月十二日（4月8日），由于陈炯明和湖南督军赵恒惕暗中勾结，极力阻扰，北伐军只得回师广东，改设大本营于韶关，决定改道北伐。

三月二十日（4月16日），孙中山返回梧州，召开军事会议，商讨北伐问题。

三月二十二日（4月18日），陈炯明在广州拒不来梧州出席会议，并电辞本兼各职。

三月二十五日（4月21日），因在北伐等问题上存在严重分歧，又闻邓铿遇刺身亡，“震怒异常”，孙中山遂撤销陈炯明粤军总司令、广东省省长、内务总长职务，只留其陆军总长一职；陈炯明则乘机退居惠州，不问时事（见《梅川谱偈》，《居正文集》第536页）。

---

① 张伯荄（1885—1940），原名绍葵，字次壬，又字国维，湖北蕲州人。早年曾学于蕲州官立高等小学堂。1905年赴日，入东京明治大学学习。不久与田桐、居正等结识，受其思想影响颇大。1906年加入同盟会。1907年回国从事革命活动，不久赴南洋诸岛国，至新加坡南洋中华大学任教，暗中联络革命同志。1911年回乡组织力量，声援武昌起义。民国建立后，任孙中山先生警卫多年，深受孙先生信任。孙中山去世后，悲痛万分，辞官归乡，以行医为生。1940年卒于乡。

四月初三日（4 月 29 日），第一次直奉战争爆发，奉军大败。战后，张作霖退往关外，宣布东北三省自治；从此，北京政府完全由直系军阀控制。

四月初五至初十日（5 月 1 日—5 月 6 日），中国劳动书记组合部在广州主持召开了第一次全国性的工会代表大会，史称第一次全国劳动大会。

四月初九日（5 月 5 日），中国社会主义青年团第一次全国代表大会在广州召开。

四月初十日（5 月 6 日），孙中山自广州亲赴韶关督师；其时，田桐正在北伐军大本营担任宣传处处长。

当时，粤军第一军第二师师长洪兆麟留守广州，同人对其颇不放心。田桐遂劝孙中山将洪氏调到前线来，一方面可以增强前线兵力，一方面可以消除后患。孙中山没有接受田桐的建议。不久，洪兆麟果然伙同叶举等在广州发动叛乱，炮击总统府，使孙中山蒙难（见《革命闲话·宽仁之过》，《田桐集》第 407 页）。

四月十二日（5 月 8 日），孙中山任命李烈钧为北伐军总司令，许崇智为前线总指挥。

同日，为了稳定粤军以示信任，孙中山委任陈炯明的部将叶举为粤桂边督办。

四月十三日（5 月 9 日），孙中山在韶关举行三军北伐的誓师大会；随即在大本营下达总攻击令，北伐军分三路向江西进军。

为配合北伐军入赣作战，田桐特作《通告江西各界文》，告知“全赣人士”，了解“政府出师意旨”，以免生“疑虑”（见《田桐集》第 299～300 页）。

四月二十四日（5 月 20 日），叶举打着迎陈（炯明）复职的旗号，率领六十多营粤军，突然开进广州，控制了广东省城。

四月中下旬，为北伐军挺进湖湘作准备，田桐派宣传员张焕穆赴湘省开展宣传联络活动。

四月二十八日（5 月 24 日），《大公报》（长沙版）载有《田桐派员来湘宣传》消息一则：略谓田桐已派宣传员张焕穆来湘，并有致某厅长电文，希望其能“俯赐接洽”，且“通告全省各界，一致会商”，“使吾党主义”能够“深入人心”，从而得到广大民众的支持，以完成“北伐事业”。也希望能将湘省的做法“推展各省”。

同日，《大公报》（长沙版）所载之《田桐派员来湘宣传》一文中附有田桐致某厅长的一封电文（即《致某厅长电》[1]）：

〇审厅长钧鉴：时局俶扰，翘首湘云，曷胜慕恋，〇东来电。长沙赵总司令吴〇务厅长李高道者北伐急进，兵力之外，各省均派宣传员辅助进行。兹本处特派张焕穆君来湘，专办贵省宣传事宜，到后祈尊处俯赐接洽，并祈通告各省各界，一致会商。贵省为民党发源（地），复为南北枢纽。务使吾党主义从此深入人心，由湖南以推展各省。庶几北伐事业，思过半矣，古有不战而屈人者，此类是也。惟执事图之。

大本营宣传处长田桐叩。皓印。

五月初六日（6月1日），孙中山率领两个营的警卫，匆匆忙忙从韶关返回被粤军重重包围的广州。

五月初七日（6月2日），北洋总统徐世昌在各方巨大的压力下，宣布辞职。

五月初八日（6月3日），蔡元培、胡适、高一涵等两百多位各界名流，联名致电孙中山和广州非常国会，呼吁孙中山实践与徐世昌同时下野的宣言。

五月十一日（6月6日），孙中山就徐世昌退职发表对外宣言，警告帝国主义不得干涉中国内政。

五月十三日（6月8日），广州非常国会通电，反对黎元洪复任总统职位。

五月十五日（6月10日），田桐以同乡之谊，致电（即《致黎元洪电》）黎元洪，劝其不要做他人的傀儡，违法复任总统（见《田桐集》第297～298页）。

同时，为反对黎元洪复任总统，田桐曾发表《书湖北议员皓电后》一文以表明态度（见《田桐集》第572～573页）。

五月十六日（6月11日），黎元洪就任北洋军阀政府大总统职务，特任颜惠庆署理国务总理。

同日，为了恢复南社的社务，由胡朴安出面召集，高旭、徐自华、徐梦鸥等二十三位社友在上海半淞园举行了南社的第十八次雅集。柳亚子再次被推选为社长，却遭到柳亚子的严词拒绝。田桐此时因正在韶关北伐军大本营，未能参加雅集。

---

① 此电文见于1922年5月24日《大公报》（长沙）所刊之《田桐派员来湘宣传》；因不见收入《田桐集》中，故全文移录于此。

五月十七日（6 月 12 日），孙中山举行记者招待会，不点名地斥责陈炯明的反对北伐，希望通过舆论压力迫使陈氏将军队退回原防区。

五月十八日（6 月 13 日），北伐军一路势如破竹，一举攻占江西南部重镇赣州。

同日，陈炯明不知悔改，竟在惠州下达了对孙中山的总攻令。

五月十九日（6 月 14 日），陈军部将在石龙诱捕了财政次长廖仲恺，又逐走了国会议员，并杀害总统府职员。

同日，田桐和张继给老友陈安仁去函（即《与张继致陈安仁函》，又名《中国国民党本部特设办事处张继、田桐两先生函》），商谈华侨与北伐军的有关事宜（见《田桐集》第 301 页）。

五月二十日（6 月 15 日），中共中央发表对时局的主张，反对军阀的“联省自治”和“武力统一”，主张打倒一切封建军阀。

五月二十一日（6 月 16 日），叶举与留守广州的洪兆麟联合叛变革命，率所部四千多人围攻孙中山的总统府；孙中山事先得知消息，登上楚豫舰避难。

五月二十二日（6 月 17 日），孙中山转登永丰舰，亲率海军各舰讨伐广州城内的叛军。

五月二十四日（6 月 19 日），孙中山电令李烈钧等入赣北伐军迅速班师回粤，讨平叛逆。

五月二十五日（6 月 20 日），叶举的代表、参谋长徐军鹏和孙中山的代表、海军总长汤廷光在文澜书院举行会议，商讨解决办法。

叛乱期间，陈炯明①曾指令叶举派部队将韶关北伐军大本营全部职员逮捕，并指明捕获田桐；田桐遂在韶关行营被捕，一路大骂陈炯明，最后被押

---

① 陈炯明（1878—1933），原名捷，字赞之，又字竞存，广东海丰人。1899 年中秀才。1906 年就学于广东法政学堂。1909 年加入同盟会，被推为广东谘议局议员。1911 年参加广东光复，被推为广东副都督、都督。1913 年参加“二次革命”，失败后逃亡海外，在新加坡组织中华水利促成社。1915 年回国参加护国反袁，组织粤军，自任总司令。袁世凯去世后，表示拥护孙中山，被任命为援闽粤军总司令。1920 年底回师广东，出任广东省省长。1921 年任广州军政府陆军部部长兼内务部长，暗中勾结北洋军阀，企图霸占广东，标榜“保境息民”、“联省自治”，反对孙中山的北伐主张。1922 年 6 月，公然发动叛乱，炮轰总统府。1923 年 1 月，孙中山领导的讨贼军攻占广东，他通电下野，逃至惠州，勾结英帝国主义和南北军阀，多次进犯广州，均未得逞。1925 年，所部被广东革命政府东征军彻底击败。晚年寓居香港，病逝于香港。

解至广州；陈炯明一向敬服田桐的才华与为人，也不想开罪外省民党，遂下令将其释放。

冯自由在其《田桐事略》中记有此事："时陈炯明已通款于吴佩孚，遽于六月十六日举兵叛变，且令叛将叶举等逮捕韶关大本营职员；变兵搜查韶关行营时，指名严索田桐。梓琴厉声应之曰：'老子即是田桐！'遂就捕。有书一巨箧，叱使变兵负之，或迟疑，乃责之曰：'尔等捕我，即应为我负物。'变兵笑相顾曰：'田先生真倔强人也。'及解送至广州，炯明不欲开罪他省民党，遂令释之。"（见冯自由《田桐事略》，《张难先集》第122页；田桓《先兄梓琴先生行状》亦记有此事，见《张难先集》第126页）

五月二十八日（6月23日），田桐的前辈友人、同僚伍廷芳①因陈炯明叛变惊愤而逝。

五月下旬，在各界人士的极力调停下，广东的时局开始缓和，陈炯明亦在粤军众将领的拥戴下回到广州，重掌广东军政大权。

闰五月初一日（6月25日），鉴于当前形势，田桐特发《为外交问题告国人书》，提醒国人（见《田桐集》第302～303页）。

闰五月初三日（6月27日），入赣北伐军奉命班师回粤，遭到叛军的阻击和直系军阀的攻击。

闰五月十三日（7月7日），《德宗景皇帝实录》全书告成并举行首函呈进仪式，陈宝琛因功加"太傅"衔。

闰五月十六日（7月10日），孙中山亲率舰队攻击车歪炮台，冲越叛军炮火封锁而进泊白鹅潭。

闰五月十六日至六月初六日（7月10日—7月29日），北伐军与叛军和直系军阀激战于韶关及翁源一带；因长期征战，疲惫不堪，弹粮供给困

---

① 伍廷芳(1842—1922)，字文爵，号秩庸，广东新会人，生于新加坡。1861年毕业于香港圣保罗书院。1874年赴英留学，攻读法律。回国后，曾在香港担任律师。1882年起，充当李鸿章幕僚。1896年后历任清政府修订法律大臣、会办商务大臣、外务部和刑部侍郎以及驻美、西班牙、秘鲁、古巴等国公使。武昌起义后，宣布赞成共和，被南方起义各省推为临时外交代表及议和全权代表，参与南北议和。南京临时政府成立，任司法总长，协助孙中山制定并颁布一系列法律、法令、法规。袁世凯篡权后，退居上海。1916年11月被黎元洪任命为外交总长，次年代理国务总理。不久南下广州，跟随孙中山开展护法运动，被任为护法军政府外交总长、财政总长、广东省省长等职。1922年6月病逝于广州。著有《伍廷芳命集》、《中华民国图治刍议》、《美国视察记》、《伍秩庸先生公牍》等。

难，遭到重大挫折，不得不分途向江西、湖南边境退却。

闰五月二十二至二十九日（7 月 16 日—7 月 23 日），中国共产党第二次全国代表大会在上海举行。陈独秀、蔡和森、李达、邓中夏、张国焘、张太雷、向警予等十二名代表出席了会议。会议的中心任务是制定党的革命纲领。

六月十七日（8 月 9 日），孙中山因孤军无援，领导的北伐失败，遂离粤赴沪，第二次护法运动失败。

六月二十二日（8 月 14 日），孙中山乘英舰“摩轩号”抵达上海。

六月二十四日（8 月 16 日）晚，吴佩孚以重金收买上海侦察长杨玉堂，将北伐军鄂军第一路军司令、汉口军事特派员金华衮绑架。

六月二十五日（8 月 17 日），经法国巡捕房判决引渡，金华衮自上海解送湖北武昌。

六月下旬，田桐见北伐失败，孙中山离粤，自己亦与宋渊源等人乘日轮离粤去沪。

六月三十日（8 月 22 日），上海《申报》“本埠新闻·航业要讯”栏载：“国会议员宋渊源挈带夫人宋林淑贤等与田桐同乘日轮‘鹿岛丸’来沪。宋居于四川路利商公司，田居于法界道德一里十号。”

七月初一日（8 月 23 日），李大钊自北京赴上海，与孙中山多次交谈，讨论“振兴国民党以振兴中国”的问题；于是，孙中山和张继介绍李大钊加入国民党。

七月初三日（8 月 25 日），苏联代表越飞在李大钊的陪同下赴上海与孙中山会晤，商谈合作事宜。

七月上旬，遵照共产国际的指示，中国共产党中央委员会总书记陈独秀以个人身份加入中国国民党；随后，蔡和森、张太雷、毛泽东、张国焘等一大批共产党员以个人身份陆续加入国民党。

其间，田桐曾赴上海伶德储蓄会参加由胡朴安发起的南社临时雅集，与姚光等人表示仍需请柳亚子出任社长，并发表演说，言辞激昂。

《南社史长编》引朱剑芒《南社旧感录》云：“余之参加第二次临时雅集，记在沪上伶德储蓄会，亦由胡朴安所召集……田梓琴氏亦当众演说，谓‘南社有革命历史，万不可废，我人当再请亚子取消辞意，如亚子仍以身弱事繁为说，则姚君之辅助亚子，亦不可少。’田氏躯虽短小，而言辞激昂，闻者均为鼓掌。然此次雅集，南社之陷于停顿如故，于是长沙之南社湘集遂代之而兴。”

七月上中旬，得知金华衮被解送武昌的消息，田桐和居正、孙伯兰、章太炎、蒋作宾、方了樵等在上海的革命党人，立即致电鄂督萧耀南，请其予以释放。

七月十三日（9 月 4 日），孙中山有鉴于“广州事变”的现实，而“察社会心理之要求，政治潮流的趋势”，决定对中国国民党进行改组；遂召集在沪各省同志，交换意见，得到大家的“一致赞同”（见《本党改进大凡》，《居正文集》上册，第 160 页）。

七月十五日（9 月 6 日），孙中山“指定丁惟汾、茅祖权、覃振、张秋白、吕志伊、田桐、陈独秀、管鹏、陈树人九人为起草委员”（见《本党改进大凡》，《居正文集》上册，第 160 页）。

《孙中山年谱长编》（下册）载：“6 日，先生指定丁惟汾、管鹏、茅祖权、陈独秀、覃振、田桐、张秋白、吕志伊、陈树人等九人为规划国民党改进方略起草委员，自 7 日起开会集议，筹商起草改进计划。黎元洪违法复职后，旧国会于北京开会，丁（惟汾）、吕（志伊）、覃（振）、田（桐）赴京，争国会应继承广州 1919 年之法统。”

七月二十三至二十七日（9 月 14 日—9 月 18 日），江西安源煤矿和株萍铁路工人一万七千多人，发表罢工宣言，高呼“从前是牛马，现在要做人”的口号，提出保障政治权利、改善待遇和增加工资等十七项要求，举行了大罢工。罢工取得重大胜利。

七月下旬，因原指定的起草委员丁惟汾、田桐、吕志伊、覃振“先后辞赴北京”，经起草委员们“讨论审查”，并呈请中山先生同意，另委派叶楚伧、刘芷芬、孙科、彭素民四人接替（见《本党改进大凡》，《居正文集》上册，第 160 页）。

八月初二日（9 月 22 日），田桐的同乡好友金华衮①在武昌被鄂督萧耀

① 金华衮(1894—1922)，号愚清，湖北崇阳人。早年就读于湖北省第二中学堂。武昌起义爆发，率领学生军守卫武昌城，保护官钱局。同年考入湖北陆军小学堂。毕业后任黎元洪卫队排长、连长等职。1917 年曾与田桐、蔡济民等人组织护法军，出任靖国军第一支队司令。1920 年，孙中山委任其为汉口军事特派员。1921 年赴湘率领旧部回鄂，驱赶鄂督王占元，被任命为湖北省自治军第二挺进军督带官，给予吴佩孚大军以沉重打击。1922 年，吴佩孚以重金收买上海侦探刘玉堂，将其绑架，旋送武昌，金华衮被鄂督萧耀南杀害。

南杀害。

八月中下旬，田桐曾接受记者采访，就陈炯明叛变事及西方记者的言论，谈广州政变观。

八月二十日（10 月 10 日），《民国日报》刊载《广州政变观》一则云："有人类，斯有竞争；竞争者，乱之道也。曷以治之，置人类与共同游行之理域，罔敢逾越，则天下之乱源清矣！国民有此共同游行理域之观念，是即所谓国民伦理思想也。破坏伦理思想之坚城者，必见利忘义之一念也。……是则公理之伸，出自武力之屈，中国前途，有其太平之象乎？舆论可凭而不可凭，舆论不可凭而可凭。舆论之不可凭者，以其随势力以为转移也；舆论可凭者，以其当世道人心之变而有中流砥柱之力也。"

八月二十四日（10 月 14 日），田桐与居正、杨永泰、汤漪、张大昕、曾彦、郭春森、李肇甫等人接受大总统颁发的二等宝光嘉禾章。

八月下旬至九月上旬，孙中山将驻扎福建的北伐军改名为"讨贼军"，任命许崇智为东路讨贼军总司令。

九月初七日（10 月 26 日），河北开滦煤矿工人举行大罢工，要求增加工资，改善待遇。

九月十二日（10 月 31 日），田桐致函国会议长吴景濂，因要事（母病）请假二十一天。

九月十三日（11 月 1 日），"粤汉铁路总工会"在长沙新河成立。

九月二十七日（11 月 15 日），中国国民党召开会议讨论新修改的《党纲》和《总章》；随后请汪精卫、胡汉民起草《中国国民党宣言》（见《本党改进大凡》，《居正文集》上册，第 161 页）。

九月二十七日至十一月十四日（11 月 15 日—12 月 31 日），《民国日报》连载"田桐鬻书"的广告，联系地址为：上海哈同路民厚北里四百二十三号。

十月初七日（11 月 25 日），孙中山偕田桐、居正、章太炎、胡汉民等 114 人联署追悼前辈亡友伍廷芳。

十月十二日（11 月 30 日），紫禁城里举行了盛大的册封候补道、世袭六世贵族荣源之女婉容为皇后的"册封礼"。

十月十三日（12 月 1 日），溥仪在紫禁城乾清宫举行隆重的大婚典礼。

同日，田桐出席欢迎自闽来沪的黄大伟[1]的宴会，并发表《好军人之模范》的演说。

十月十八日（12月6日），田桐的日本好友、中国民主革命的忠实支持者、参与者宫崎寅藏[2]在日本病逝。

十月二十二日（12月10日），孙中山联络驻留广西的滇军杨希闵、桂军刘震寰和梧州及西江的部分粤军，组成了西路讨贼军。并任命杨希闵为讨贼军滇军总司令、刘震寰为讨贼军桂军总司令，两军联合向广东发起进攻。

十月二十八日（12月16日），中国国民党召开会议讨论由汪精卫、胡汉民起草的《中国国民党宣言》（见《本党改进大凡》，《居正文集》上册，第161页）。

十一月初一日（12月18日），中国国民党的改组工作基本就绪，原中国国民党总务部部长居正、党务部部长谢持、宣传部部长张继、总务部副部长陈树人、财政部副部长林业明联名向孙中山提出辞职（见《本党改进大凡》，《居正文集》上册，第162页）。

于是，孙中山任命“彭素民为总务部部长，陈树人为党务部部长，林焕庭为财务部部长，叶楚伧为宣传部部长”；而居正、田桐等“二十人为参议，备总理咨询”（见《梅川谱偈》，《居正文集》第537页）。

---

① 黄大伟(1886—1944)，字子荫，号毅孙，湖北黄陂人。早年毕业于比利时皇家军官学校、日本明治大学。留学欧洲时加入同盟会。1911年回国参加辛亥革命。1912年任总统府参军。1917年任大元帅府参军；不久代理大元帅府参军长。1920年任粤军第一路司令。1922年随许崇智入闽，被任命为潮汕督办、闽粤边防军总指挥。陈炯明叛变，被任命为东路讨贼军第一军军长。1923年初授伟威将军。同年叛投陈炯明，嗣任陈军第七军军长。陈炯明兵败后，黄大伟隐居香港。全面抗战爆发后，投降日寇成为汉奸。1939年出任汪伪国民党中央委员，并组建伪和平建国军第一集团军，自任总司令。1940年任汪伪政府军委会委员，原伪和平建国军番号被撤销，改组为伪闽粤边区绥靖总司令部，任总司令。1944年在上海被军统特工击毙。

② 宫崎寅藏(1871—1922)，原名虎藏，别号白浪庵滔天，日本熊本县人。1897年结识陈少白、孙中山，成为至交。对兴中会的革命活动支持颇多。1898年戊戌政变发生，曾去香港迎接逃亡中的康有为赴日。1900年曾参加惠州起义，失败后回国，积极支持孙中山等革命派与保皇派进行斗争，公开与康有为绝交。1902年撰《三十三年落花梦》，介绍、宣传孙中山的革命事迹。1905年同盟会成立，任该会日本委员。1906年创办《革命评论》，声援中国革命。1912年南京临时政府成立，应邀出席孙中山就职典礼；同年至上海创办《沪上评论》，以增进中日友谊。1922年病逝。遗著被汇编为《宫崎滔天全集》。

十一月上中旬，田桐曾向孙中山先生提出“设置团练，肃清盗源”的建议，并接受了起草“设置团练”草案的任务。

十一月十三日（12月30日），《民国日报》载有《田桐建议设置团练》一则：“匪之所至，城邑为墟，不但中央行政势力不能及，地方自治亦莫由施。以兵治匪正如救火以薪，不但不能使之灭，并且使之燃。……为今之计，莫如设置团练，以地方之人保卫其地方，所费者寡且暂，所获者多且长，不言剿而得剿，不言抚而自抚。化匪为民，正非难事。”

十一月十五日（1923年1月1日），苏维埃社会主义共和国联盟正式成立。

十一月十五至十七日（1923年1月1日—1月3日），孙中山相继发表《中国国民党宣言》、《中国国民党党纲》、《中国国民党总章》。

十一月十八日（1923年1月4日），王正廷辞北京政府国务总理职务，黎元洪特任张绍曾为国务总理兼署陆军总长。

同日，孙中山通电广州、汕头、香港各报馆转广东全省民众，声讨陈炯明。

十一月二十二日至二十三日（1923年1月8日—1月9日），《民信日报》上连载田桐起草之《设置团练及其组织法》（又名《众议员田桐提出之设置团练案》，见《田桐集》第304～305页）。

十一月二十六日（1923年1月12日），共产国际执行委员会通过《关于中国共产党与国民党的关系问题的决议》，对第一次国共合作起到了促进作用。

十一月三十日（1923年1月16日），讨贼军滇军、桂军一起夺回广州，陈炯明率部退往惠州。孙中山发表和平统一宣言。

十一月间，田桐应邀自上海赴京，出席即将召开的参、众两院会议。

十一月下旬至十二月上旬，共产国际作出关于中国共产党与孙中山领导的中国国民党合作的决定。

十二月初五日（1923年1月21日），孙中山以总理名义任命中国国民党本部各部部长；旋又任命廖仲恺、陈独秀等21人为参议。

十二月初十日（1923年1月26日），孙中山与苏联代表越飞在上海联合发表宣言，史称“孙文越飞宣言”。

十二月十三日（1923年1月29日），大总统黎元洪宴请张绍曾、吴景濂、张伯烈、白逾桓、田桐、焦易堂、哈汉章等政府政要和两院要员。

十二月十五日（1923年1月31日），因粤中事变，田桐与政学派议员通电滇桂粤诸将领，劝他们要和衷共济，协同奠定粤局。

十二月中旬，田桐向两院会议提交关于“改良盐政，主张废引设场”的提案，受到湖北省议会的全力支持。

十二月十六日（1923年2月1日），京汉铁路工人在郑州举行京汉铁路总工会成立大会，遭到北洋军阀吴佩孚的武力阻挠。

十二月十七日（1923年2月2日），上海《申报》“国内专电·汉口电”栏载：“省议会议决通电赞成田桐《废引设场案》。”

十二月十九日（1923年2月4日），京汉铁路全体工人开始总罢工。

同日，田桐赴虎坊桥湖赓会馆参加鄂省旅京同乡会，具体讨论改良盐政的方法，对其《改良盐政废引设场案》作出说明。

十二月二十二日（1923年2月7日），吴佩孚在帝国主义的支持下，命令其部下肖耀南等，在江岸、郑州、长辛店及其他各站对工人进行残酷镇压。工人领袖、江岸分会委员长、共产党员林祥谦，湖北工团联合会和京汉铁路总工会法律顾问、共产党员施洋与其他四十余名工人惨遭杀害，史称“二七惨案”。

十二月二十三日至三十日（1923年2月8日—2月15日），《顺天时报》在“广告”栏连载田桐所撰之《田桐特别启事》①：

> 桐此次入都，重玷议席。慨乎中国之乱，非兵力之所难平。求之于国人，有共同目的而已。有共同目的，不期平而自平。故问政见不问政争，问政治不问政权。二三为团，四五为体，目的复杂，尤所痛心。前后提案皆积年所蓄，及今表而出之者也。最近有改良盐政废引设场一案，一般人民认为善举，而怀疑之士正复不然。京津之间，耳之所过，置若罔闻，至有以书示，以不能坚持到底相责者，复百居九十。不能逐答，谨以一次报之。夫关于一人之命运，可以待之他日，复可以待之百年，若毁誉及于桐之本身者，容敢置辩。惟关于亿兆民生之生活，不可以待之他日，更不可以待之百年者。既有碍于进行，不能不为直告。盐政改革案中，以公之见，有自私自利之着想，独无国计民生之着想乎？有刁棍小人之见存，独无仁人志士之见存乎？天下只宜防人为恶，独不宜劝人为善乎？坚持到底，在天下视为难事，在桐则视为寻常。自前清癸卯以还，廿余年无日不与我之主义相反者、破坏约法者也，曾与坚持到底。与我主义相反者，十二年来盛衰消长之。一般权贵也，曾与坚持

---

① 《田桐特别启事》一文载于1923年2月8日—2月15日出版的《顺天时报》，因不见收录于《田桐集》中，故全文移录于此。

到底，置身于刀锯鼎镬之中可以坚持到底，岂有置身周行大道之上而不可以坚持到底者乎？平生尚意气，不为境遇之挫折而变更，不为年龄之老大而消沮。天下之方寸皆动摇，乱象所以至于此极，为其天下方寸皆在动摇之中，独有一二坚定不摇者屹立于其间，乃有望治之。日与其逆，料将来盍亦观诸。既往，桐之生命自命非玉帛、菽粟，人间烟火所能养而成者。当危疑震撼之秋，正豪杰生存之日，敢以国人之勉我者，共勉之而已。

年底，因要出席两院会议并准备提案，田桐仍留在京城度岁。

是年，田桐公务之余，曾写有《怀人八首》，以表达其对朋友的思念之情（见《田桐集·诗存》第 504～505 页）。

是年，田桐的日本友人、著名书法家、汉学家日下部东作（鸣鹤）①在日本东京去世。

民国十二年癸亥(1923 年)　四十五岁

年初，田桐留在京城过年，准备提案、出席国会两院会议。

正月初六日（2 月 21 日），孙中山在谭延闿等人的陪同下自上海重返广州，组织陆海军大元帅府。

正月初七至初九日（2 月 22 日—2 月 24 日），《顺天时报》在“广告”栏继续连载田桐所撰之《田桐特别启事》。

正月十四日（3 月 1 日），孙中山在广州陆海军大元帅府就任大元帅，以廖仲恺、伍朝枢、谭延闿分任财政、外交、内务部长。

二月初一日（3 月 17 日），蒋介石被孙中山任命为大本营参谋长。

二月初五日（3 月 21 日），田桐、景定成、彭养光等附议刘盥训关于查办吴佩孚的提议。

二月初十日（3 月 26 日），全国各地人民举行反日集会游行，要求取消“二十一条”及收回旅顺、大连租借地。

二月二十六日（4 月 11 日），北洋政府派王宠惠等抵沪，与孙中山的驻

① 日下部东作(1838—1922)，字子旸，号鸣鹤，又号东屿、翠雨、野鹤、老鹤、鹤叟，别署兰石山房、墨皇室等。日本彦根城(滋贺县彦根市)人，为藩士之子。杨守敬赴日为使馆随员，曾拜杨氏为师学习中国文化及书法。曾来中国游历，与俞樾、吴大瀓、吴昌硕等名流交谊甚深。为日本近代书道之父、鸣鹤流派的创始人、日本明治时代最著名的书法家之一。与中林梧竹、严谷一六并称为“明治三笔”。

沪代表胡汉民等洽谈统一问题。

三月初三日（4 月 18 日），乃传统的上巳节，陈汉阅组织参、众两院议员至法源寺观赏丁香花；田桐乃吟诗一首以纪其事（见《革命闲话·赏丁香》，《田桐集》第 395 页）：

元龙湖海惯徜徉，春满都门兴倍狂。人去三山繁甲帐，天留一局看丁香。步兵无意侯官内，节度何妨纵范阳。千载兰亭振奇响，水流花放悟禅堂。

三月二十一日（5 月 6 日），山东发生震惊中外的临城劫车案。

案：在山东峄县抱犊岗落草的土匪孙美瑶，率号称“山东建国自治军”的众匪，把津浦线临城至沙沟之间的铁轨拆毁，拦劫国际联运京沪快车，将中外旅客 70 余人（其中外国旅客 39 人，1 名英国人被打死）掳掠至地势险要的匪巢抱犊岗。6 日案发后，北京政府无比惊恐；英、意、法、比、美 5 国驻华公使连续向北京政府提出最严厉抗议；美国甚至提出要向中国出兵，日本报纸更是挑唆各国组织联军共管中国铁路。9 日，5 国驻华公使发出照会，限北京政府 3 日内解决人质问题，否则将每隔 24 小时要求加赔款若干。小小的抱犊岗一时竟成为中外瞩目的焦点。北京政府无奈，只得将山东都督田中玉撤职，另委派时任苏鲁皖豫剿匪总司令的陈调元前往处理此案。陈调元接案后，遂动用各种关系、采取软硬兼施的手段，终于 6 月 13 日，将此劫案妥善解决：所有人质被释放，外国旅客全部送至上海；孙美瑶所率之匪徒则被改编为一个旅。陈调元亦因处理此案而名闻中外。

四月十四日（5 月 29 日），出席宪法会议，在会上发言时间甚长；时为防止有人故意逃会，实行会议出席费，故到会非常踊跃。

四月十六日（5 月 31 日），出席宪法会议，讨论地方制度，发言反对省宪。

四月二十八至五月初七日（6 月 12 日—6 月 20 日），“中国共产党第三次全国代表大会”在广州举行。 陈独秀、李大钊、毛泽东、瞿秋白、陈潭秋、蔡和森、张太雷、张国焘、谭平山、向警予等三十多位代表出席了会议。 大会着重讨论了与孙中山领导的国民党建立革命统一战线的问题。

四月二十九日（6 月 13 日），北洋政府发生内讧，取代徐世昌成为大总统的黎元洪，又被直系军阀首脑曹锟赶下台，被迫向国会辞职，离京赴津。

四、五月间，为讨伐叛军沈鸿英部，孙中山亲赴广东各地巡视和劳军。

五月初二日（6 月 15 日），因黎元洪被迫离京、张绍曾内阁解体，国会议员 475 人电请孙中山“复总统职”。

五月初四日（6 月 17 日），孙中山特任蒋介石为大元帅行营参谋长。

五月初六日（6月19日），部分两院议员赴天津，在黎元洪府邸举行谈话会，公推田桐、吕志伊、章士钊三人先行南下。

五月初七日（6月20日），田桐、吕志伊、章士钊三人乘坐“新铭”轮离京南下。

五月十二日（6月25日），田桐与吕志伊、章士钊抵沪，接待记者采访，就反曹议员各派组成情况、在津计议情形及三步计划作出具体说明。

五月十三日（6月26日），北京故宫突发大火，燃烧6个小时，焚毁存放珍宝房屋130多间，损失巨大。

同日，田桐与吕志伊、章士钊积极筹备各派要人来沪、接洽开会地点及招待事宜。

五月十四日（6月27日），田桐与章士钊等人赴杭州，拜访卢子嘉，与其协商有关事宜。

五月十五日（6月28日），由杭州返回沪上；借定南市湖北会馆作为筹备机关，住所一层，尚在洽谈中。

五月十九日（7月2日），田桐与吕志伊、章士钊在一品香宴请各方名流，以资联络。

经多方联络，田桐与吕志伊、章士钊在民国路租定房屋，设立招待所，开始接待南下来沪议员。

五月二十三日（7月6日），田桐与吕志伊、章士钊等在国会议员通讯处召开已到沪议员谈话会，通报通讯处经费情况，并当众宣读杨度阴谋电文，揭露曹锟的伎俩。

五月二十四日（7月7日），田桐在收到杨度①电报后，复电杨度（即《复杨度电》），催其本人、并劝其他议员尽快南下（见《田桐集》第306页）。

同日，上海《申报》“本埠新闻·昨日国会议员之谈话会”栏载：“昨日下午二时，国会议员通讯处开谈话会，议员到场者四十一人。首由李希莲报告通讯处经费拮据，前由谢慧生担任按月筹发，但现在因粤省财政困

---

① 杨度(1875—1931)，字皙子，湖南湘潭人。1893年中举人。1902年赴日留学，与杨笃生等创办《游学译编》。1906年为清政府出洋考察宪政五大臣起草报告，任宪政编查馆提调。1907年主编《中国新报》，倡导君主立宪。武昌起义后，受袁世凯指使，与汪精卫组织国事共济会。1914年任袁世凯政府参政院参政。1915年8月发起成立筹安会，策划复辟帝制。晚年寓居上海，思想发生变化，加入进步团体，倾向革命。1929年加入中国共产党，不畏艰险，积极为党工作。1930年参加鲁迅等组织的自由大同盟。1931年病逝于上海。

难，至今未寄。田桐谓此事同人在津亦曾商议，现略有款项，茅祖权不日来沪，即可递到。……田桐云：'曹锟见议员南下，运动大选失败，于是想用种种方法破坏。其一为运动沪团体反对国会，借此阻议员南下；其二为制造孙、曹携手，以为如此议员即不南下，此甚可笑，须知孙、曹携手，必有一种契约，绝非在报纸上宣传，任意造谣所可成功。'又云：'赞中山兵、工政策，曹果赞成，早应实行，何待至今日？吾人决不受骗，至此种诡计，全为温世霖与杨度主谋。'言毕，并报告杨度关于此事已来电运动议员，当宣读电文，众皆失笑。田桐又云：'鄙人敢谓同人决不为所骗诱，此后应分三步进行，一拆台，二开会，三分别奋斗。'云云。"

同日，看到《申报》报道后，杨度复电田桐，否认并指斥其"孙曹联手说"，谓"危邦不入，乱邦不居"。

同日晚八时，田桐与章士钊、褚辅成、杭辛斋、吕志伊等应浙督（卢永祥）代表邓汉禅之邀，出席其宴请，就内部问题进行讨论。

五月二十五日（7月8日），田桐与褚辅成、杭辛斋等人前往参观程璧光墓碑。该墓碑文二千余字，系章太炎所撰，由田桐三弟田桓书丹。

同日晚，应唐绍仪之邀，田桐与褚辅成、杭辛斋等人至一品香出席宴请，并就有关事情交换意见。

五月二十六日（7月9日），田桐偕于右任、叶楚伧、彭素民、李大钊等赴上海大学出席美术科图音、图工两组的毕业典礼，并在会上发表演说。

五月下旬，因南下议员人数日众，报到进行不甚有序，田桐与褚辅成等建议划分办事处地点，以利于统一进行。

六月初三日（7月16日），移沪两院议员在斜桥南首筹备处举行谈话会，由大会主席凌鸿寿指定，田桐与褚辅成、覃振、潘大道、凌钺、张知本、张树森为办事处大纲起草员。

六月初四日（7月17日），办事处布置基本就绪，一律迁入。田桐与褚辅成、张知本等六人开始起草《办事处组织大纲》，将提交下次会议正式通过。

六月十二日（7月25日），田桐为外交问题发文辟顾维钧就职通电之谣言，谓中国外交家不应为外人作宣传家。

六月十四日（7月27日），苏俄代表团通告大元帅府外交部，撤回越飞，以加拉罕为远东总代表。

六月十六日（7月29日），田桐与叶楚伧、彭素民、陈德征、唐豪等应邀出席全国学生总会举行的茶话会，并相继发表演说。

六月十七日（7 月 30 日），田桐赴国会议员筹备处出席谈话会，决议即日起不再给未到沪议员发放工费、对甘心附逆之原留京议员择尤除名、认真考勤办事职员等事项。

六月中旬，田桐与柏文蔚、于右任、钮永建、马君武、傅熊湘、胡蕴玉、姚光、吴梅、叶楚伧、柳亚子等 24 人在报纸上刊发《为陈去病五秩征文启》（又名《为陈佩忍先生五秩征文启》），通知同仁届时献上为其贺寿的诗文作品（见《田桐集》第 311 页）。

其间，田桐因曾在报上登过“鬻书”的广告，故向其求字的人日多；为还“书债”，田桐只得每天上午在家作书，下午则去国会议员筹备处办公。

六月十九日（8 月 1 日），为前辈好友、艺术大师吴昌硕的八十华诞，田桐写了《昌硕先生八秩华旦，谨次自寿三章原韵以祝之》为其贺寿（见《田桐集·诗存》第 508 页）。

六月二十一日（8 月 3 日），田桐出席在半淞园四面厅召开的恳亲会，决议设立接洽总枢。

六月二十三日（8 月 5 日），田桐等人在半淞园邀宴本埠各团体，并发表演说，希望共同组织健全之政府。

六月二十五日（8 月 7 日），为好友陈去病的五十寿诞，田桐与众多社友一起前往南雍（位于南京路四牌楼）为其祝寿。

七月初五日（8 月 16 日），蒋介石偕李章达、张太雷率孙逸仙博士代表团由上海启程，赴苏俄考察。

七月初六日（8 月 17 日），就湘省护宪事，致电长沙省议会诸君。

七月初八日（8 月 19 日），田桐在《时报》上刊发《田桐致湘省议会》（亦名《致湖南省议会函》），就立法问题表达个人看法和意见（见《田桐集》第 307 页）。

同日，上海《申报》在“本埠新闻”栏载有《田桐论铁路共管通电》：“近者湘中有故，贵会主张护宪。省宪问题，桐在国会，别有主张，姑就湘中宪法以问诸公，湘宪产于人权耶？抑亦产于兵权耶？产于人权，宜乎人民护宪；产于兵权，宜乎军人护宪。立法之地，不可以稍蒙受命之嫌，国会省会，同一辙也。”

七月十三日（8 月 24 日），田桐就英人所谓“铁路共管”之事，致电各省执事，强调不可退让示弱，要相信国民的力量。

七月十五日（8 月 26 日），田桐在《民国日报》上刊发《田桐论铁路共管通电》（又名《为铁路共管事致各省电》），就“铁路共管”问题发表个人意见，并抨击“直系无能误国，罪不容诛”（见《田桐集》第308页）。

同日，上海《申报》在“本埠新闻”栏刊载《田桐论铁路共管通电》：“报载北京外交团会议，英人提出‘铁路共管案’，各使无否认者。此事根系于直系无能误国，罪不容诛。然以桐视之，英人此举不过作万一之尝试，非有决心也。如此有之，直儿戏耳，乌足惧？……专制国之外交恒在君主，民主国之外交恒在国民。……官僚之弱不能为人民之弱之表示也。民强之外交，即国民的外交也，国民之力不可限量。”

七月十八日（8月29日），田桐在《民国日报》上刊发《田梓琴与章太炎书》（又名《致章太炎书》），就章太炎对民党不满、反对孙中山和平统一的主张，发表个人意见，奉劝章太炎不要被人利用，“变为武人入幕之宾客”（见《田桐集》第309～310页）。

七月中旬，经过一段时间的筹办，田桐在上海创立华化学会，比较研究中西哲学，并创刊有《华化杂志》。

七月十八日（8月29日），上海《申报》“本埠新闻”栏载有《田桐造立华化学会》的新闻：“七年以来，新文化之说甚行。田桐平日不研究哲学则已，研究哲学则只有中国哲学，而无外国哲学。不研究文化则已，研究文化则只有华化而无欧化。今日造立华化学会，特即成立，附刊杂志一种，曰《华化杂志》。并将中西理论事实依哲学方式比较，为文凡十篇，颜曰《华化论》，中分义理篇、法治篇、科学篇、社会主义篇、白话诗文篇、政府篇、精神生活篇，现已着手付梓。其事务所社则设在民厚里北三弄西一家。”

同日下午，田桐与褚辅成、徐谦、张秋白等两院议员曾应邀赴一品香，参加萧炳章①与陈家英的婚礼。

---

① 萧炳章（1880—1946），字驭繁，号云帆，江西万安人。13岁中秀才。1903年赴日留学，入东京法政大序学。1905年加入同盟会。1909年毕业回国，任万安县立高等小学堂执事，暗中从事革命活动。中华民国成立，被推选为国会议员。曾参与“二次革命”，失败后逃往日本，加入中华革命党。1916年回国，参加反袁斗争。袁死，任江西省议员。1917年南下，出任孙中山秘书。1921年任江西省政府财政厅厅长1926年任江西省教育厅厅长。蒋介石叛变革命后，坚持孙中山的三大政策，反对蒋介石独裁，并参加了南昌起义，任革命委员会秘书。1930年参与组建中国国民党临时行动委员会（农工党前身），为25位中央干部会干事之一。1936年回江西，历任上饶地区督察专员、国民党军事委员会军法处长、第一战区长官司令部参议、成都行辕中将参议、江西省政府委员、江西省战后事业计划委员会委员等职。1946年3月病逝。

七月二十日（8月31日），上海《申报》“本埠新闻·婚礼汇志”栏载：“江西萧炳章君与湖南陈家英女士于前日午后二时在一品香举行结婚礼，来宾有徐谦、褚辅成、田桐、张秋白及两院议员共三百余人。”

七月中旬，孙中山迁大本营于石龙，亲自督战，东征陈炯明。

七月二十一日（9月1日），湖南省省长兼湘军总司令谭延闿率北伐军攻占长沙，原北洋军阀政府湖南省省长赵恒惕逃至醴陵；田桐闻知消息，曾致电好友表示祝贺。

同日，日本横滨至东京一带发生里氏8.1级地震，损失巨大。

七月二十三日（9月3日），上海《晨报》、《民国日报》、《申报》等都刊发社论，呼吁民众献出爱心，积极参与赈济救灾。

田桐与汪精卫、张继、章士钊等在沪留日学生立即行动起来，四处联络，发起成立“赈日灾会”，并假汉口路、广西路口明明医院楼上为通讯处；又商定于八月初四日（9月14日）下午在西藏路、宁波路同乡会集会筹商赈济办法。

七月三十日（9月10日），上海《民国日报》“本埠新闻”栏载有《田桐电贺谭延闿》：“以军奋起，旬日格顽，今者小敌，以怯取之。师克在和，民不可失，假窃名义，奸何能售？君子喻义，于兵亦然。……以桐观之，今兴亡成例，大抵小可大，弱可强，惧克骄，衰克暴，屡败克常胜，儒将克武夫，人心厌乱，善战者将服上刑。”

八月初五日（9月15日），《国华》月刊在上海创刊，章太炎任社长兼主编，章门弟子汪东、黄侃等任编辑。

八月初七日至初八日（9月17日—9月18日），田桐在《民国日报》上连载所撰之《社会主义篇》（又名《社会主义华化论》、《田桐之社会主义华化论》）一文，表达了他对“社会主义”的不正确的理解和看法（见《田桐集》第312～314页）。

八月十六日（9月26日），直系军阀首领、直鲁豫巡阅使曹锟在保定公园剧场遇刺，幸免于难。

八月十七日（9月27日），田桐与杭辛斋、焦易堂、王源瀚、褚辅成等移沪国会议员假法租界蒲柏路国会筹备处特设西筵，宴请来沪的各省代表，并邀请旅沪名流、政客作陪。

八月中旬，田桐得知“曹锟谋以金钱贿选总统”的消息，非常气愤，遂对诸议员说：“君等欲贪利受污，则乾坤正气几乎息矣。”并毅然退出即将举行的选举，立马出京赴沪，与相继前来的“议员之拒贿者”，“假上海湖北会馆开会”，以表示抗议（见冯自由《田桐事略》、田桓《先兄梓琴先生行状》，《张难先集》第122、126页）。

八月二十一日（10月1日），内务部发表通告，将每年的10月7日定为“孔子圣诞节”，所有文武团体机关均放假庆祝。

同日，设在北京甘石桥的总统选举筹备处，向在京参会议员分赠支票一张，面额5000元，应允总统选出3日后即行兑现。

八月二十三日（10月3日），众议院议员、南社社员邵瑞彭向京师地方检察厅控告高凌霨、吴景濂等人为曹锟谋任总统向议员行贿的丑行，并将曹锟的贿选支票拍照发表；于是，在全国范围内掀起了轩然大波，各地纷纷兴起了反对曹锟贿选的群众运动。

案：时高凌霨为北京政府的内务总长，吴景濂则是北京政府的众议院议长。参议院院长王家襄此前已辞职。国会5日正式选举，由吴景濂主持会议。

八月二十五日（10月5日），直鲁豫巡阅使曹锟逼迫总统黎元洪辞职下台后，以五千银圆一张选票贿赂国会议员，当选为“总统”，世称“贿选总统”。

同日，田桐与丁超五①闻知消息，当即致电各省、各县议会、教育会、商会等，反对曹锟贿选，并奉劝各位议员好自为之。

八月二十六日（10月6日），俄苏政府代表鲍罗廷抵达广州，同孙中山讨论改组国民党及组建军队等问题，被孙中山聘为国民党组织教练员，具体指导和帮助国民党改组。

同日，《申报》在“本埠新闻·汇纪反对贿选电”栏刊出《众议院田

---

① 丁超五（1884—1967），字立夫，福建邵武人。1903年中秀才。1910年毕业于福州格致书院，先后参加同盟会、国民党。1913年当选为国会议员。积极参与反袁斗争。1917年追随孙中山护法、护国。1924年出席国民党一大，拥护孙中山三大政策。1926年当选国民党候补中央执行委员。后曾任福建省党部筹备处主任、福建省政府委员兼建设厅厅长等职。1931年出任华东大学校长。抗战爆发后力主抗日，曾任华联通讯社董事长。抗战胜利后，曾任福建省参议会议长，坚持反对内战。福建解放前夕，拒绝去台湾。解放后，历任华东军政委员会委员，福建省人民政府副主席（后改称副省长），民革上海市分部筹备委员会召集人，第一、二届民革上海市委主任委员，第三、四届民革中央委员和第二、三届全国政协委员。

桐、丁超五通电》（即《致各省议会电》[1]）全文：

各省省议会、教育会、商会、各县县议会、劝学所保卫团商会钧鉴：

迩者曹氏举行大选，不肖议员重集燕市，致身于安史之庭，公然自卖，丑声所播，四海恶闻。我国有史以来，无此奇辱。沪上人士，有虑及选举成功、终为国家之害，固也。夫贿赂公行之结果，罔不灭亡，受贿者有罪，贿之者亦同。历代贿案，一经言官之察觉，群起攻治（之），虽权奸当道，静待制裁。今者举国共见，举国即有共同攻治之责，岂但不承认而已哉！六月以前，选举若成，尚得以民意相抵赖。今则罪恶暴露，遍及陬隅，受贿者何词？行贿者何词？共见夫受贿、行贿者，亦有何词？

数年以来，国人容纳奸邪，刚正之士，恒不理于人口。我辈早知有此变局，惟亡羊补牢，未始（时）为晚。不肖议员，既自绝于国人，国人应予以重惩。国无斧钺加之，民有耒耜之便。得罪于政治者，尚有社会可容；得罪于社会者，尚有何地可容耶？为今之计有二：一则不问良莠，一体解散，是为上策；二则召集其不肯从贼者，及原有候补人，作为解决时局之关键，是为中策。至于自好议员，能与国人共休戚者，亦宜有集合之表示，安可缄默，自谋进退之便耶。

众议院议员田桐、丁超五叩豪。

八月二十九日（10 月 9 日），孙中山大元帅府下令讨伐曹锟，通缉贿选议员。

八月三十日（10 月 10 日），直系军阀首领曹锟在北京宣誓就任大总统。

同日，上海《申报》“本埠新闻”栏载有《谭延闿复田桐电》，谓“诸位相机合剿，肃清之望或不远也”。

九月初十日（10 月 19 日），孙中山委派廖仲恺、李大钊、汪精卫、张继、戴季陶为国民党改组委员，负责办理改组事宜；并致电国民党上海事务所，令其密电北京李大钊赴沪会商国民党改组问题。

同日，田桐在《民国日报》上刊发《田桐电促各省平乱》（又名《电促各省平乱》），向各路革命军大军及全国人民报告讨伐曹锟的进展情况，望大家能“星夜无憩”，“洗奇辱而复光华”（见《田桐集》第 315 页）。

九月十一日（10 月 20 日），上海《申报》、《民国日报》均刊载有

---

① 此电文载于 1923 年 10 月 6 日《申报》之“本埠新闻·汇纪反对贿选电”；因不见收入《田桐集》中，故全文移录于此。

《田桐电促各省平乱》（又名《电促各省平乱》）电文。

九月十二日（10月21日），孙中山在广州召开中国国民党党务讨论会，为改组国民党作准备。

同日，田桐在《民国日报》上刊发《田桐致南社社友书》（又名《致南社社友书》），指斥南社受贿社员玷污了南社的名声和气节，主张将参与贿选总统曹锟的南社国会议员驱逐出社，表明了他的鲜明态度（见《田桐集》第316页）。

案：南社社员接受贿赠、参加贿选的计有高旭、景耀月、景定成、马小进、叶夏声、陈家鼎、狄楼海、赵世钰等十九人。后有学者认为，尽管高旭等南社社员留在北京参加了国会选举，但不一定就受了贿，也不一定就投了曹锟的票，故不能因他们参加了此次贿选会议，就认定他们是“贿选议员”（详见郭长海《南社议员在曹锟贿选中的真相》）。

九月十三日（10月22日），田桐与李怀霜、张继、于右任等人应邀出席停云书画社会议，并发表了有关艺术的演讲。田桐的演讲略谓：人心固有的真美，完全不受外诱，故能陶养性灵；又谓上古书契，用镌刻，进而为漆书，又进而为毛笔书，今更由鼬兔等毫，进而为羊毛笔书，进化之阶级显然。彼操钢片作蛇蚓书者，似尚不足语此。

九月十六日（10月25日），孙中山在广州召开中国国民党改组特别会议，委任廖仲恺、胡汉民、林森、邓泽如、杨庶堪、陈树人、谭平山、孙科、吴铁城九人组成新的国民党临时中央执行委员会，负责改组国民党筹备事宜。

九月十九日（10月28日），“国民党临时中央执行委员会”在广州成立，孙中山主持会议，讨论国民党改组事宜；同时决定，明年1月在广州召开第一次全国代表大会。

九月二十日（10月29日），汪精卫、于右任、陈去病、柳亚子、叶楚伧、邵力子、胡朴安、姚光等十三人在《民国日报》上联名发表《旧南社社友启事》，指责高旭等十九人“贿选祸国，辱及南社”，宣称“同情”田桐的主张，不再承认高旭等十九人南社社员的资格，并呼吁社中社友“发表同一之态度，为中华民国稍留正气”①。

案：自此之后，南社再也没有众多社友相聚的大活动，再也没有众多社友聚在一起联合签名的情况，南社的活动完全停止。难怪有学者认为：“贿选事件是南社的丧钟”。②

① 王学庄、杨天石：《南社史长编》，中国人民大学出版社1995年版，第583页。

② 杨天石、刘彦成：《南社》，中华书局1980年版，第122～141页。

九月二十七日（11 月 5 日），田桐奉召乘加拿大皇后轮船离沪赴粤。

据时人谓，由于经费不足，筹备在上海举行的国会议员会议无法正常举行，赴沪拒贿议员只得各自散去；田桐亦奉召离沪赴粤，走依大元帅孙中山；孙中山当即委任田桐为大本营参议，并“属以改组国民党事”（见冯自由《田桐事略》、田桓《先兄梓琴先生行状》，《张难先集》第 122、126 页）。

十月初五日（11 月 12 日），孙中山发表《中国国民党改组宣言》。

十月初八日（11 月 15 日），苏俄政府驻华代表加拉罕照会外交部，表示苏俄愿意退还庚子赔款，将其全部拨充中国教育经费。

十月十二日（11 月 19 日），孙中山亲自指挥各军奋勇抵御陈炯明反扑广州的叛军，广州防卫战取得胜利。

十月十三日（11 月 20 日），国民党发表《中国国民党党纲草案》。

十月中旬，田桐在遵孙中山之嘱从事改组国民党的过程中，甚觉允许共产党员个人加入国民党之事为不妥，遂邀同华侨老友邓泽如①前往孙中山处力劝不听，直至“孙公怒”；田桐见“终不可回”，“遂将所有各职辞去”，仍然返沪（见《革命闲话·改组春联》，《田桐集》第 389 页；又见冯自由《田桐事略》、田桓《先兄梓琴先生行状》，《张难先集》第 122、126 页）。

其间，好友邹鲁②之妻许剑魂在香港被仇家所杀，见田桐自上海来广

---

① 邓泽如(1869—1934)，名文恩，字远秋，号泽如，以号行，广东新会人。18 岁随堂伯父赴南洋谋生，渐致富。1906 年慕孙中山之名，往见之，倾向革命。1907 年挂罗庇能埠同盟分会成立，任会长。1908 年边推进党务，边筹款支持《中兴日报》。1910 年为广州起义筹集巨款。1912 年应召回国，任广东都督府实业司司长。“二次革命”失败，仍回南洋经商。1914 年积极筹款，支持反袁斗争。1920 年，孙中山重组军政府，回国任军政府内务部矿务局局长兼广东矿务处处长。1923 年任大本营建设部部长、两广盐运使。1924 年反对孙中山的三大政策。1925 年接任国民政府财政部部长。孙中山去世，成为国民党右派。

② 邹鲁(1885—1954)，字海滨，广东大埔人。早年入广东法政学堂，后留学日本。1905 年加入兴中会，同年转入同盟会。1911 年参加黄花岗起义，失败后逃往香港；武昌起义爆发，与姚雨平在广州组织北伐军，任兵站总监。1913 年当选为众议院议员。袁世凯解散国会，缉捕国民党议员，逃往日本，入早稻田大学。1914 年加入中华革命党，参办《民国》杂志。1917 年后历任军政府财政部次长、两广盐运使、广东省财政厅厅长。1924 年当选为国民党中央执行委员兼青年部长，同年任广东大学校长。1925 年参加西山会议，被开除党籍。1927 年起与蒋介石时而合作，时而分歧。1932 年任中山大学校长。1935 年恢复党籍并当选为中央常委。全面抗战爆发后，去重庆，并任国防最高委员会常委。1949 年去台湾。1954 年病逝于台湾。著有《中国国民党史稿》、《回顾录》、《教育与和平》、《邹鲁文存》、《邹鲁文集》等。

州，遂恳请田桐为其妻撰写挽诗。田桐无法推辞，乃作七言挽诗一首相赠（见《革命闲话·挽邹鲁妻》，《田桐集》第391页）：

来岑开国有仇雠，创例而今到女流。万里从军劳北伐，六年负笈壮东游。梧桐露冷香江夜，环佩魂归粤海秋。桴鼓声声催泪落，可怜夫婿独登楼。

又曾应好友叶荃将军之约，至香港相聚，田桐作有《香江晤叶荃将军》一诗纪其事（见《田桐集·诗存》第504页）。

十月十八日（11月25日），孙中山在大本营对国民党员发表演说，说明国民党改组的用意，强调要学习“俄国的方法、组织及训练，方有成功的希望”。

十月二十日（11月27日），孙中山仍委任田桐为大元帅府大本营参议。

十月二十二日（11月29日），国民党右派分子邓泽如、林直勉等十一人联名上书孙中山，反对国民党改组，反对与共产党联合。

同日，孙中山指派廖仲恺赴沪，与各省支部商讨改组有关事宜，同时批驳邓泽如等人的谬论。

同日，蒋介石率“孙逸仙博士代表团”结束了对苏俄为期3个月的党、政、军考察，离开莫斯科返国。

自秋至冬，田桐闲暇之时曾制作有水墨纸本行书镜心（四幅，133cm×33cm×4）。因其所书之诗难以辨识全，故此处略去，仅录其题识：一、“田桐作于海上”。钤印：“田桐私印”（白）、“梓琴”（朱）；二、“癸亥秋日田桐作于海上”，钤印：“田桐私印”（白）、“梓琴”（朱）；三、“玄玄居士田桐”，钤印：“田桐私印”（白）、“梓琴”（朱）；四、“癸亥冬日田桐作于海上”，钤印：“田桐私印”（白）、“梓琴”（朱）（见上海驰翰拍卖有限公司“2016迎春艺术品拍卖会”——“近现代书画”专场拍卖品，编号：0097）。

冬日里，田桐闲暇之时曾制作有水墨纸本行书镜心（五幅，135cm×33cm×5）。因其所书之诗难以辨识全，故此处略去，仅录其题识：一、“癸亥冬日，田桐”，钤印：“梓琴”（朱）、“田桐私印”（白）；二、“癸亥冬日，田桐作于海上”，钤印：“梓琴”（朱）、“田桐私印”（白）；三、“癸亥冬日，田桐作于海上”，钤印：“梓琴”（朱）、“田桐私印”（白）；四、“癸亥冬日，田桐作于海上”，钤印：“梓琴”（朱）、“田桐私印”（白）；五、“癸巳冬日，田桐”，钤印：“梓琴”

（朱）、“田桐私印”（白）（见上海驰翰拍卖有限公司“2016 迎春艺术品拍卖会”——“近现代书画”专场拍卖品，编号：0096）。

十一月初一日（12 月 8 日），孙中山在大元帅府召开会议，决定秘密筹备北伐。

十一月上旬，田桐奉命自上海抵达广州，协助处理相关事宜。

十一月十二日（12 月 19 日），兖州镇守使张培荣奉令设宴诱捕山东“临城劫车案”主犯孙美瑶，予以就地处决，随即将其部 2000 余人遣散。

十一月十八日（12 月 25 日），中国共产党为帮助国民党改组，发出了《中国共产党中央委员会第十三号通告》，要求全体党员积极支持和参与国民党的改组工作。

十一月二十三日（12 月 30 日），孙中山在广州对国民党员发表演讲，要求党员“注重宣传的奋斗，不要单注重兵力的奋斗”。

十二月初一（1924 年 1 月 6 日），孙中山派定直隶等省区出席中国国民党一大的代表，田桐与刘成禺、詹大悲被派定为湖北代表。

案：根据筹备委员会的计划，出席国民党一大的代表总共 196 人。其中每省为 6 人：各省党员推举三人，由孙中山指派三人。海外总支部、支部代表共 12 人。

十二月初四日（1924 年 1 月 9 日），受孙中山委派，田桐赴上海与各方接洽设立建国政府及出师北伐等问题。

十二月初七日（1924 年 1 月 12 日），曹锟任命孙宝崎为国务总理，同时改组内阁。

十二月上旬，李大钊抵达广州，协助孙中山完成国民党的改组和召开第一次全国代表大会的准备工作。

十二月初十日（1924 年 1 月 15 日），田桐自广州抵达上海。

十二月十五至二十五日（1924 年 1 月 20 日—1 月 30 日），中国国民党第一次全国代表大会在广州国立高等师范学校举行，李大钊、毛泽东、瞿秋白、林祖涵、张国焘、李立三等共产党人作为正式代表出席了会议。李大钊还被孙中山指定为大会主席团五名委员之一。大会重新解释了三民主义，制定了“联俄、联共、扶助农工”的三大政策。

十二月中旬，田桐在上海接受有关媒体就国民党代表大会事宜的采访。

十二月十六日（1924 年 1 月 21 日），俄共领袖列宁在莫斯科逝世。

同日，田桐接受记者采访，向记者介绍广东近况及他此次回沪的任务。

十二月十七日（1924 年 1 月 22 日），上海《申报》上刊发田桐的《田桐之粤事谈》（同日《民国日报》上亦刊有《田桐由粤返沪后之谈话》），向全国人民报告目前广东的情况（见《田桐集》第317～318页）。

十二月十九日（1924年1月24日），在苏联和中国共产党的帮助下，国民党在广州黄埔筹办陆军军官学校，邓演达、王柏龄、沈应时等七人被任为中国国民党陆军军官学校筹备委员会委员。

同日，田桐的好友杭慎修在上海寓所病逝。

十二月二十日（1924年1月25日），为哀悼列宁逝世，代表大会休会三天，以志哀悼。

十二月中下旬，由章太炎执笔撰稿并领衔，与田桐、居正、冯自由、马君武、刘成禺等12人在上海刊发《护党救国公函》，号召“同盟旧人，重行集合团体”，以“护党救国”（见《田桐集》第324～325页）。

十二月二十三日（1924年1月28日），杭慎修的生前好友在上海为其举行了隆重的追悼大会；田桐前往参加追悼会并赠送了挽联：

不得死所于一时恒得超骧于万世，以权临物则苟服以心照人则神通。

田桐仍觉不尽其哀悼之意，后又作了《杭辛斋先生像赞》一篇赠其家人（见《田桐集》第577页）。

案：杭慎修（1869—1924），又名凤元，字辛斋，亦字一苇、夷则，浙江海宁长安镇人。1889年中秀才。1900年入国子监，不久考入同文馆，习新学。1995年任《北洋商报》主笔。1997年与严复、夏曾佑等创办《国闻报》，宣传维新变法，曾被光绪帝秘密召见。后见清廷腐败不堪，倾向革命。1905年加入同盟会，锐意革命。1906年因办《中华报》、《京话日报》抨击时政，被官府逮捕，押解回海宁，交地方官管制。1911年参与杭州光复，被推为军政府领导人，推辞不久。1912年当选为众议院议员。1917年南下广州，参加护法运动，出席非常国会。1921年赴上海，创办新闻学会，任宣传部部长。1924年初选为国民党一大代表，因病重未出席。编著甚多，有《易学丛书》（先出版有《杭氏易学七种》）二十卷、《白话痛史》、《猪仔记》、《一苇草堂笔记》等行世。

年底，田桐在沪上度岁，而对国民党改组之事“意气未平”，乃作春联一副以自嘲之（见《革命闲话·改组春联》，《田桐集》第389页）：

沧海固能鸣，羌无假借；春风不望报，自有收成。

其间，田桐曾写有《与汪兆铭》（二首）寄赠，叙写二人的友谊，此次分别不知何时才能相见，以抒心中的苦闷之情（见《田桐集·诗存》第498页）。

又颇忆念老友钮永建①，不知其现在情况如何，遂写了《怀钮惕生将军却寄》一诗寄赠（见《田桐集·诗存》第498页）。

在家闲居无事，田桐偶翻旧籍，无意间发现其中夹有自己早年所写之《游仙十六首》（并序），检出诵之，难以舍去，遂将其妥善保存（见《田桐集·诗存》第494～496页）。

十二月三十日（1924年2月4日），为传统的除夕，与家人一起守岁，因无事，读苏凤君之《郎妾似》，触发灵感，遂"引申之，得十余则"（《郎妾似》②）：

郎似胭脂妾似胭脂虎　郎似金钱妾似金钱豹　郎似菱花妾似菱花镜　郎似桃花妾似桃花扇　郎似荷花妾似荷花雀　郎似沉香妾似沉香盒　郎似丁香妾似丁香结　郎似青莲妾似青莲阁　郎似屠苏妾似屠苏酒　郎似蜘蛛妾似蜘蛛网　郎似葡萄妾似葡萄架　郎似芭蕉妾似芭蕉露　郎似芙蓉妾似芙蓉草（现时名花旦）

同日，因无事又作有《春联趣话》③一则：

近日海上会文堂出版社出版《联话》中载有"题妓院春联者"，将"天增岁月人增寿，春满乾坤福满门"一联"人"字易以"娘"字，"福"字易以"爷"字，令人捧腹。仆因记及同乡先辈陈殿撰沆未达时，里人有稍知文墨者延其到家书春联，款洽备至。先写大门，当书"天增

① 钮永建（1870—1965），字惕生，江苏上海人。早年就读江阴南菁书院。1894年举人。1896年考入湖北武备学堂。1898年保送赴日留学，入东京陆军士官学校。1903年参与组织拒俄义勇队。1904年归国，赴广西，任龙州边防大营总文案兼边防教导团总理、桂林兵备道帮办兼筹办广西讲武堂及陆军小学总监等职。秘密加入同盟会。1911年松江光复，军政分府成立，任都督。1912年任南京临时政府陆军参谋次长，代行总长职务。"二次革命"失败后，逃往日本。1914年参加中华革命党。1917年任广州大元帅府参谋次长兼兵工厂厂长。1926年赴广州任中央政治会议秘书长。1930年起，先后任内政部部长、立法院军委会委员长、考试院副院长等职。1947年任总统府资政。1949年任考试院代理院长。后病逝于美国。

② 见《申报》1924年2月14日"自由谈"栏所载玄玄居士《郎似妾》；因不见收入《田桐集》中，故移录于此。

③ 见《申报》1924年2月14日"自由谈"栏所载玄玄居士《春联趣话》；因不见收入《田桐集》中，故移录于此。

岁月人增寿，春满乾坤福满门”，延者以为万户雷同，颇失望。陈不顾。再书“天增岁月人增寿”，延者益失望。陈问之曰：“再贴何处?”曰：“向山后门。”陈即援笔直书“凤在梧桐鹤在松”。继又问：“何处?”“花园。”陈书“天增岁月人增寿，花有清香月有阴”。又问：“何处?”曰：“新娘房门。”乃书“天增岁月人增寿，云想衣裳花想容”。延者乃大钦服。本年民厚里守里门者亚四央余书春联，余当书云：大隐原居市，高怀属抱关。

是年，本着“有害于人道及人类平等者应废，有害于国家体面者应废，有害于社会家室者应废，有害于平稳生活者应废”的原则，田桐曾向国会提交了《废娼案》的提案（见《田桐集》第558～559页）。

是年，由于旧的盐政办法不仅“害民生”、“虐人种”、“奖惰民”、“扰闾阎”，而且“长官邪”，故田桐特向国会提交了《改良盐政废引设场案》的提案（见《田桐集》第560～563页）。

民国十三年甲子(1924年)　四十六岁

年初，田桐仍在上海完成孙中山交代的任务；闲暇之时，则常与章太炎、张继、章士钊、于右任、马君武、居正等好友往还。

正月初三日（2月7日），全国铁路总工会在北京成立。

正月十八日（2月22日），孙中山在大元帅府召开军务会议，决定限期肃清东、北江残敌，以便开始北伐。

正月十九日（2月23日），孙中山委任廖仲恺为黄埔军校筹备委员会委员长，负责建校，并开始办理招生事宜。

正月二十日（2月24日），中国国民党在广州举行列宁追悼大会，孙中山亲书“国友人师”四字，以示敬仰之意。

正月二十七日（3月2日），在张謇的大力支持下，以“研究书画，发扬国粹，表征艺术，互通信息，方便研究”为宗旨，南通县金石书画会在南通南公园千龄观正式成立，俞吟秋①任会长；后吴昌硕、王一亭、张謇、高

① 俞吟秋原名俞蒸(？—1949)，字蔚廷，号吟秋，又号古崇川颖园居士、松石山房主人，南通人。早年就学于通州师范、南通中学，肄业于南通农校。工诗文，擅山水画。曾创立南通诗词书画金石研究会，任会长。后又创建南通县金石书画会，任会长。全面抗战爆发后，寓居上海，以经营出版与贩售书画为生，并成立南通县金石书画会上海分会。上海解放前夕去世。辑存有《时贤尺牍》(一函两册)。

吹万、钱化佛、田桐、金拱北、徐悲鸿等名家均应邀成为其会员。

正月间，田桐友人张我华在上海经商，开办有华丰纺纱公司和捷运公司，见好友闲居无事，遂请好友为自己的公司题联（见《革命闲话·卖字联》，《田桐集》第390页）；田桐乃欣然挥毫，为其华丰纺纱公司题联云：

华国文章，天然组织；丰年衣被，人普绨袍。

随又为好友的“捷运公司”题联云：

捷报日随飞电迅，运筹人仗济时才。

二月开始，田桐为了一家人的生计，不得不开始卖字，且“海上所有笺扇庄”，他都“遍作龛字联以赠之”（见《革命闲话·卖字联》，《田桐集》第390～391页）。

其间，好友章太炎的三女儿章展与好友朱镜宙在上海喜结良缘，田桐曾撰联相赠（见《革命闲话·卖字联》，《田桐集》第390页）：

西汉家风尊折鹿，东床人物继翔麟。

案：朱镜宙（1889—1985），字铎民，浙江乐清人。早年考入浙江公立法政专科学校，毕业后即参加国民革命。“二次革命”失败，避居温州，主编《天钟报》。1915年至上海主编《民信报》，反对袁氏称帝。1916年至北京任《民苏报》总编。1917年南下，任军政府参议。1919年赴新加坡，主编《国民日报》。1920年起历任中国银行经济调查室南洋经济特派员、福建分行副行长、北伐军总司令部军需处副处长、二十六军经济处处长、上海财政局秘书、上海市银行经理、甘肃省府委员兼财政厅厅长、陕西省府委员兼财政厅厅长、川康区税务局长等职。1940年以病辞职隐居。1949年去台湾。平生礼佛，晚年居台中普济寺，潜心研究佛法，法名宽镜，号佛显，称居士。工诗文，精佛法。著有《民国政制改造论》、《咏峨堂全集》、《咏莪堂文录》、《咏莪堂文录续编》、《思过斋丛话》、《梦痕记》（上下）、《五乘佛法与中国文化》等数十种。

友人李印泉不仅拿出其所藏碑版百数十种请题，而且还拿出其所藏张船山之《红梅》和戴淳士之《山水》合卷一轴请题诗；田桐遂为其题识云（见《革命闲话·为李印泉题画》，《田桐集》第391页）：

翠黛胭脂一卷横，美人芳草两多情。化工若问湖山主，江左夷吾据管城。

二月初二日（3 月 6 日），为段祺瑞[①]的六十寿诞，有人前来请田桐为其撰寿联，田桐仔细斟酌，乃为其代撰二副寿联相赠（见《革命闲话·寿段芝泉联》，《田桐集》第 393～394 页；又见《田桐集·联存》第 514 页）：

举酒会文，风生北海；对棋戡乱，人望东山。

业定燕云，勋高马厂；光韬北海，寿颂南山。

二月十七日（3 月 21 日），何香凝主持召开国民党中央妇女部妇女党员大会，决定创办贫民妇女医院和妇女劳工学校。

二月二十八日（4 月 1 日），北京外交使团被迫决定将粤海关的“关余”（关税余款）拨交广东革命政府。

二月间，有友人前来，请求为无锡薛芳女士书联；田桐遂为其书一联云：“黄冠洒落偕倪瓒，彤管芬芳播薛涛”。薛芳女士获此联后非常高兴，遂自书折扇一柄回赠，并与友人一同前来邀宴叙话，从此成为朋友（见《革命闲话·薛大小姐》，《田桐集》第 406～407 页）。

案：薛芳（？—1928），字文华，江苏无锡人。久居沪上，人皆称其“薛大小姐”；又因其体丰腴，人亦称其“薛大块头”。能文能书，能画能绣，为人豪爽，出言多妙语，喜与文人墨客往还。至中年始嫁名画家倪田。倪田（1855—1919），初名宝田，字墨耕，别署墨耕父，号墨道人、墨翁，又号璧月庵主，江苏扬州人，光绪中行商到沪，爱任颐之画，遂弃其业而参用任法习画。擅画人物、仕女、佛像、禽兽、花卉，亦工山水，尤善画马。其寓沪鬻画垂三十年，是清末民初上海派中的重要画家。倪田去世后，薛芳女士仍然喜欢结交文人墨客，于 1928 年去世。

同月里，田桐闲居无事，曾应邀为人制作有水墨纸本草书唐代王昌龄七绝立轴（35cm × 76cm）。其诗及题识云：“楚乡寒食橘花时，野渡临风驻

① 段祺瑞(1865—1936)，字芝泉，安徽合肥人。1885 年考入天津武备学堂。1889 年赴德国学习军事。次年回国。1896 年协助袁世凯在天津小站练兵，任炮兵队统带兼炮兵学堂总办。此后相继任北洋军政司参谋处总办、练兵处军令司正使、统制、提督等职。1911 年武昌起义爆发，任第二军军统，驰往湖北镇压，署湖广总督。1912—1916 年，先后任袁世凯政府陆军总长、参谋总长、国务总理等职。袁死后，任国务总理兼陆军总长，投靠日本，把持北京政府实权，推行“武力统一”政策。第一次世界大战期间，向日本大量借款购买军火，扩大私人实力。1920 年直皖战争战败下台。1924 年第二次直奉战争后，出任中华民国临时执政。1925 年召开“善后会议”，抵制孙中山主张召开的“国民会议”。1926 年屠杀北京爱国学生，造成“三一八”惨案；旋被冯玉祥驱赶下台，寓居天津。1933 年被蒋介石迎往上海，任国民政府委员。1936 年病逝。

绛旗。草色连天人去住，水纹如縠燕差池。 甲子春日，田桐作于海上。”钤印：“田桐之印”（白）、“玄玄居士”（朱）（江苏真德拍卖有限公司“2015 秋季艺术品拍卖会”——“中国书画专场”拍卖品，编号：3064）。

同月里，田桐闲居无事，曾应邀为人制作有水墨纸本草书东晋末至南朝宋初期大诗人陶渊明《饮酒》（其二）节句立轴（107.5cm×51.5cm）。其诗与题识云：“结庐在人境，而无车马喧。……山气日夕佳，飞鸟相与还。甲子春日，玄玄居士田桐。”钤印：“田桐之印”（见北京保利国际拍卖有限公司“第 19 期精品拍卖会”——“风骚·三百年翰墨”专场拍卖品，编号：4626）。

三月初二日（4 月 5 日），乃传统的清明节，田桐与章太炎、张继、章士钊、于右任、马君武、居正、李印泉、张亚光、赵铁桥、冯自由等二十余人，自上海市区相约一起乘车前往上海县华泾镇（原名龙华乡）黄叶楼西侧（今上海市徐汇区华泾路中心河桥桥堍右侧 200 米处，近位育路口）的邹容墓地祭奠。在邹容墓之旁，尚有陇西革命志士陈竞全之墓，大家一并祭之。

好友刘三热情地接待了大家。酒酣之际，太炎先生提议：“今日须作诗，无得幸免。”于是，众人皆援笔赋诗。田桐亦作有七绝一首：“驱车同访故人家，平野春风开野花。短发蓬松拜邹墓，村醪满碗当新茶”（见《革命闲话·展邹容墓访刘三》，《田桐集》第 408 页）。

案：刘三（1878—1938），原名宗龢，又作钟龢，字季平，别字离垢，以字行；行三，自署“江南刘三”，晚号黄叶老人。山海华泾人。早年赴日，入东京成城学校；加入兴中会，与苏曼殊、邹容、陈去病等人友善。1903 年回国，任浙江陆军学堂教官。1905 年邹容病逝，无人敢为其营葬，刘三乃率乡人收其尸葬于宅旁。1907 年与柳亚子等创立神交社，1909 年参加南社。1916 年赴北京，任教北京大学、北京高等师范学校。1922 年父丧母老，辞归任镇江敏成中学校长。后又任教南京东南大学、上海持志大学。1927 年出任江苏省革命博物馆编纂主任，继任江苏通志馆编纂。1929 年任国民政府设计委员会委员。1931 年被推举为监察院监察员。工诗文，亦善书。著有《拨灰集》、《华泾风物志》（已不存）、《黄叶楼遗稿》等。

三月初九日（4 月 12 日），应邀来华讲学的印度著名诗人泰戈尔抵达上海。

三月中旬，上海举行春季青年书画展览大会，田桐与吕万、任堇等名家受邀出席，并发表演讲。田桐有作品被收入该会的《画乘》杂志。

案：吕万（1885—1951），原名英丕，后改名万，字十千，一字选青，别署青无尽斋，浙江海宁人。早年从王一亭学画，参加海上题襟馆金石书画会，长期在上海卖画为生。1921年与任堇叔等创立停云书画社。工书画。其书清朗。其画旷秀，且兼擅工笔、写意。亦善诗。新中国成立后逝于家乡。

任堇（1881—1936），原名光觐，又名任眺，字堇叔，又字越隽，号堇闇、弗斋、嫩凉道人，晚号婴翁，别署任子、任大、阿狐、老狐、老堇、苦黄连天尊者。浙江绍兴人。任伯年之子。早年随父学习书画。辛亥革命后，曾远走海南，主讲书院。数年后归上海，以卖书画为生。1921年与吕万等创立停云书画社。工书画，尤善章草，以书法名重当时；山水师宋，间作花卉。能诗，精鉴别。逝于上海。

三月二十日（4月23日），《申报》“本埠增刊·艺苑消息”栏载：“青年书画会筹备展览，开春季指导大会，敦请田桐、吕万、任堇叔等诸名家莅会演讲、指导一切。该会《画乘》定本月刊二十出版，内容有吴昌硕、田桐、任堇叔、马骀、张石园等作品。”

三月二十四日（4月27日），北京各学校及民众团体联合发表宣言，反对日本对中国的文化侵略。

三月二十六日（4月29日），田桐前往参加由亚细亚协会与上海经济日报社发起的“亚细亚问题大讲演会”，并发表演讲。

三月三十日（5月3日），许崇智被任命为粤军总司令，蒋介石被任命为陆军军官学校（简称“黄埔军校”）校长兼粤军参谋长。

三月间，田桐与享誉上海滩的新剧家、电影明星和被誉为“民国第一画佛高手”的钱化佛结识，时相往还；田桐曾应请为其题词云：“大禹圣人，当惜寸阴；至于众人，当惜分阴。”其题识云：“化佛社兄法家雅属。”钤印：“田桐”（见《田桐集》第578页）。

案：钱化佛（1884—1964），名苏汉，字玉斋，江苏武进人。早年曾留学日本，加入同盟会。1910年回国在上海习英文，创办补救社，名为民办教育机构，实为秘密联络同志之机关。武昌起义爆发，淞沪响应，钱积极参与。南北议和，钱急流勇退，谢绝一切官职，在沪组织“新剧社”，编演新剧；又创办某影片公司，拍摄电影，并出演主角，很快成为沪上著名新剧家和电影明星。钱化佛本擅书画，此时开始用“化佛”之名，专绘佛像，一生绘佛像上万幅，有“民国第一画佛高手”之誉，故取“万佛楼”名其室。曾多次举办专题画展，名动海内外。新中国成立后被聘为上海文史馆馆员。曾与郑逸梅合作有《三十年来上海》。钱化佛不仅善绘佛像，且精通戏剧、电影，又富收藏，有“民间收藏大师”之誉。代表作品有《达摩渡江图》、《八仙祝寿图》、《纯阳酒醉岳阳楼图》、《蟠档会图》、《十八罗汉图》、《降龙伏虎图》等。

四月初六日（5月9日），廖仲恺被任命为驻黄埔军校党代表。

四月上旬，应友人之请，田桐为三希堂人物画谱题词，其题词及题识云：“三希堂人物画谱大观　田桐题”（见《田桐集》第319页）。

同时，田桐又应邀为三希堂题词，其题词及题识云：“匡庐面目　甲子首夏，田桐敬题”（见《田桐集》第320页）。

四月中，田桐闲居无事，曾应邀为人制作有水墨纸本草书唐代王昌龄七绝立轴（121cm×53.5cm）。其诗及题识云：“楚乡寒食橘花时，野渡临风驻绛旗。草色连天人去住，水纹如縠燕差池。　甲子首夏，田桐作于海上。”钤印：“田桐之印”（白）、“玄玄居士”（朱）［见西泠印社拍卖有限公司“西泠印社（绍兴）2018年秋季拍卖会”——“中国书画·近现代名家作品专场（二）”拍卖品，编号：579］。

四月十八日（5月21日），美国总统批准交还中国庚子赔款余额议案，但申明此款必须用于教育文化事业。

四月二十八日（5月31日），北京政府外交总长顾维钧与苏俄驻华代表加拉罕正式签订《中俄解决悬案大纲协定》，并互换照会，北京政府与苏俄政府宣布建交。

五月十五日（6月16日），“黄埔军校”举行第一期学生开学典礼，孙中山亲临讲话。

五月间，孙中山对国民党右派邓泽如、张继等人提出的反对联共案严加驳斥，坚持三大政策。

六月初一日（7月2日），曹锟批准国务总理孙宝琦辞职，以外交总长顾维钧兼代理国务总理。

六月初二日（7月3日），由国民党中央农民部创办、共产党人澎湃主持的第一届农民运动讲习所在广州开学。

六月初六日（7月7日），国民党中央执委会发表《党务宣言》，指斥党内右派分子的反共活动。

六月十四日（7月15日），广州沙面工人为反对英、法帝国主义的新警律，举行罢工。

同日，孙中山下令设立军事训练委员会，加强部队军事和政治训练工作。

七月初三日（8月3日），田桐的好友彭素民①在广州寓所病逝。

七月初十日（8月10日），孙中山饬令黄埔军校扣留汇丰银行买办陈廉伯为武装商团阴谋叛乱秘密运往广州的枪械。商团则以此为借口，出动两千多名团丁将大元帅府包围，并发动各城镇举行罢市。

同日，田桐应邀参加由湘省旅沪乡绅曾农髯、聂云台、向乐谷等发起的“湘灾书画助赈会”宴会，并与姚虞琴、洪丽生等被推为干事。

案：姚虞琴（1867—1961），名瀛，字虞琴，渔吟，号景瀛，原籍仁和亭趾（今属浙江余杭），久居上海市。自幼潜心诗画，早年习科举未第，曾在湖北水泥厂、造币厂工作25年。1916年至上海公茂盐栈当协理，与陈夔龙、吴昌硕等往还酬唱。抗战时深居简出，卖画度日。新中国成立后历任上海画院画师、中国美术家协会上海分会会员、上海市文史馆馆员、国民党革命委员会成员。1961年3月卒于沪。

洪丽生即洪畿（1887—1947?），又名基，字庶安，一字丽生，号西庐，江西婺源人，寄居上海，工书画，尤善花卉。

七月二十四日（8月24日），孙中山下令调兵进入省城并宣布广州戒严，以防止商团的叛乱。

七月二十八日（8月28日），英帝国主义派出9艘军舰集中白鹅潭，将炮口对准中国军舰，公开进行恫吓。

七月二十九日（8月29日），在英国总领事的支持下，广州商团发动叛乱。

八月初三日（9月1日），孙中山对英国麦克唐纳政府“干涉中国内政”提出严重抗议。

八月初五日（9月3日），江浙军阀战争爆发，苏皖赣巡阅使齐燮元奉曹锟、吴佩孚之命，击败皖系军阀卢永祥部，兼任淞沪护军使。

---

① 彭素民（1885—1924），字自珍，化名彭俭、彭健，江西樟树人。14岁取秀才。早年入经训书院、南京两江师范学堂学习。1904年加入华兴会。1905年赴日留学，同年加入同盟会。1908年奉命回江西主持党务、联络党人。1909年化名彭健考入江西陆军测绘学校，秘密发展举义骨干。武昌起义爆发，率测绘学校首先响应。1912年任总统府秘书。孙中山辞职后，出任《晨钟报》主笔。1914年加入中华革命党，秘密从事反袁活动。1923年出任国民党中央总务部部长。1924年支持孙中山提出的“联俄、联共、扶助农工”的三大政策，并协助孙中山改组国民党。在国民党一大会议上，被推选为中央常委。同年病逝于广州。

八月初六日（9月4日），孙中山在大元帅府召开筹备北伐会议，商讨北伐大计。

八月十四日（9月12日），孙中山亲率先头部队抵达韶关。

八月十六日（9月14日），曹锟特任颜惠庆为国务总理，并改组内阁，仍以顾维钧为外交总长。

八月十七日（9月15日），田桐的好友、著名华侨陈新政①在泰国病逝。

八月二十日（9月18日），中国国民党发表《北伐宣言》，申明北伐的目的。

八月二十一日至九月二十五日（9月19日—10月23日），第二次直奉战争爆发。由于直系热河前线总司令冯玉祥回师北京，发动政变，囚禁贿选总统曹锟，致使直系全线溃败，总司令吴佩孚率领残部退往武汉。冯玉祥等人遂电邀孙中山入京主持国家大计。

随即，冯玉祥与奉系军阀共推段祺瑞为“中华民国临时政府执政”。旋张（作霖）、段（祺瑞）勾结，排斥冯玉祥，北洋政府实际被亲日派所控制。

八月二十二日（9月20日），孙中山亲往韶关督师，并在韶关举行了北伐誓师大会；随即湘、赣、豫、滇、粤北伐各军，分两路向湘、赣进军。

八月间，四弟田桓被任命为长江军事特派员。

九月十二日（10月10日），在广州民众举行纪念武昌起义十三周年游行时，广州商团竟乘机发动武装叛乱，袭击游行队伍，死伤数十人。为镇压商团叛乱，广州革命委员会成立，以蒋介石为主任，廖仲恺、谭平山为特派全权委员，鲍罗庭为顾问。

九月十五日（10月13日），革命委员会遵照孙中山手令，派胡汉民将广州商团机关一律解散。

九月十七日（10月15日），在工农群众的大力支持下，黄埔学生军将

---

①　陈新政(1881—1924)，本名滥，又名文图，福建厦门人。19岁南渡马来亚槟榔屿，帮其父经营帆船业。后自创宝成商号，经营土特产，发家致富。1906年加入同盟会，积极为孙中山筹措武装起义经费。1910年在槟城出版发行《光华日报》。辛亥革命爆发，组织华侨捐款数十万。袁世凯篡权，忧虑国事，遂投身教育。1914年在新加坡创办《国民日报》。1921年赴泰国重整商务。1924年病逝于泰国。

商团麇集的西关区团团包围起来，经数小时战斗，迅速平定了商团的叛乱。

九月二十三日（10月21日），田桐和谢持、林业明①在上海联名，就张继等人提出“弹劾共产党案”遭到孙中山斥责，而张继等人意气用事竟提出“辞职”、“出党”之事，给孙中山致电（即《与谢持等致孙中山电》，又名《田桐、谢持等为党团结，请收回成命加派张继为军事委员致孙文电》），为张继等人说情（见《田桐集》第321页）。

九月二十五日（10月23日），在全国高涨的革命形势推动下，直系将领冯玉祥突然竖起反直的旗帜，发动了“北京政变”，导致直系军阀迅速溃败。

九月二十七日（10月25日），冯玉祥电邀孙中山北上入京主持国家大计。

九月二十九日（10月27日），孙中山致电冯玉祥和段祺瑞，表示准备北上。

同日，因时局变化，田桐在旧办事处召集移沪国会议员开会，讨论对北京政局应采取的态度，并将意见起草通电发表。

九月间，田桐曾给好友孙镜去函（即《致孙镜函》），商谈南洋庇能支部“催补各旧同志证书”事宜（见《田桐集》第492页）。

秋间，应好友钱化佛之请，田桐为其所画之水墨彩色立轴（120cm×51cm）《布袋和尚》题跋。其跋文及题识云：“年抛造物甄陶外，春在先生杖履中。　　甲子秋日，田桐题。”钤印：“田桐私印”、“梓琴”［见荣宝斋（上海）拍卖有限公司“北京荣宝2007春季艺术品拍卖会”——“《万佛楼》书画专场”拍卖品，编号：0156］。

十月初六日（11月2日），曹锟宣告下台，由黄郛摄政内阁。

十月初九日（11月5日），根据黄郛摄政内阁的决定，冯玉祥将军派京畿卫戍总司令鹿钟麟、警察总监张璧和国民代表李煜瀛等进宫，迫令清废帝溥仪在《修正清室优待条件》上签字，并于当天将溥仪（包括婉容和文绣等眷属）驱逐出紫禁城；溥仪只得携家眷暂时搬进北府（其父载沣的醇王府）

① 林业明（1880—1933），字焕廷，广东顺德人。1905年加入同盟会，参与孙中山组织的粤、桂、滇三省反清起义。1907年参加镇南关起义。1908年参加河口起义。1911年参与黄花岗起义，随后至香港创办《真报》，反对军阀龙济光。1918年至上海创办华强、民智等书局，出版《总理全集》等书。1925年孙中山去世，担任葬事委员会常委。后又担任北伐阵亡将士公墓筹委会常委。1933年病逝于南京。

居住。

十月十一日（11 月 7 日），田桐与张知本、彭介石①等发表对时局宣言。

十月十四日（11 月 10 日），孙中山应冯玉祥等人电邀，准备启程北上，并发表《北上宣言》，提出召开国民会议及废除不平等条约、并重申反对帝国主义和军阀的主张。

同日，田桐给孙镜去函（即《致孙镜函》），商谈“内地及南洋旧同志遗失证书”补办事宜，若日本方面有此类情况，请他与即将“赴东京组织本党支部”的陈季博联系（见《田桐集》第 489 页）。

案：陈季博（1888—1953），别名汝济，别号任桢，广东梅县人。早年赴日留学，入明治大学毕业。1905 年加入同盟会。回国参加黄冈起义和梅县光复，曾出任梅县松口公学监督、梅州学务处司理。后奉派常驻日本，任国民党东京支部长及特派员。1923 年秋回国，受孙中山委托筹备国民党一大，负责接洽南阳代表。会后仍返日本。1926 年作为日本总支部的代表，回国参加国民党二大。1927 年出任广东省党部秘书长。1929 年任广东第一集团军总部上校秘书、广东省政府秘书。1945 年赴台湾，协助遣返日侨。随后任台湾省文献编纂委员会委员等职。1953 年病逝于台湾。

十月十六日（11 月 12 日），田桐致电冯玉祥、胡景翼、孙岳，为他们分析时局，指论大势，并相商“三事”。

十月十七日（11 月 13 日），孙中山偕宋庆龄等乘永丰舰离粤北上。

同日，《申报》“本埠新闻”栏刊发《田桐解决时局之文电》：“民国开创，人谋未尽，蹉跌旋生。……消弭国内之隐忧，无关国际之置议。一二异论，无足轻重。兹待商者，凡有三事：……矧其良者，中无把握，聊求相试，其黠者，则包藏祸心，不可向迩。此不可不注意者一也。……以时局之纠纷，何若令高尚者之抱屈，此不可不注意者二也。……一隅有乱，总统地位不受动摇，能致太平，复无抗力而易行者，莫此若也。此宜

① 彭介石（1885—1960），字巨川，号贞一，湖北随县人。清末拔贡。毕业于武昌两湖总师范学堂，曾任直隶咨议局议员。1913 年当选为参议院议员，参加共和党、进步党，积极拥袁。袁下令解散国会，因对袁不满而参加反袁。1917 年南下，任护法军政府大元帅府参议兼秘书。护法失败，仍回北京作议员。1923 年 10 月参与曹锟贿选总统，被称为“猪仔议员”。1924 年再赴广州，任大元帅府（大本营）参议。1929 年后历任湖北省政府委员兼秘书长、绥靖公署军法处处长、武汉行署秘书长、湖北省水利局局长、国民参政会参政员等职。湖北解放后，寄居四川万县。1960 年病逝。

注意者三也。”

十月二十一日（11 月 17 日），孙中山偕宋庆龄等一行抵达上海，受到市民热烈欢迎。

十月二十二日（11 月 18 日），友人、陕西国民革命军代表彭世安在赴华县县城与镇嵩军代表马瑞旺谈判时，被马派人杀害。

案：彭世安（1881—1924），字仲翔，原籍福建侯官，落籍陕西白水。1902 年考入陕西陆军武备学堂。1905 年冬加入同盟会；又选送至保定陆军速成学堂深造；毕业后返陕，任新军队官。1909 年与张钫等人创立武学研究社，从事革命活动。1910 年因弹劾新军督练公所总办王毓江有功，升为督练公所二等科员。1911 年赴直隶参加阅兵。武昌起义爆发后，赶回陕西响应。西安光复，入秦陇复汉军政府任职。陈树藩督陕，任陆军第四混成团团长、省署高等顾问。1918 年任靖国军总司令部军务处长。1924 年赞成孙中山提出的三大政策，积极准备赴粤。同年 11 月，被镇嵩军派人杀害。

十月二十八日（11 月 24 日），所谓“中华民国临时执政府”成立，段祺瑞就任“临时总执政”。

十一月初三日（11 月 29 日），清废帝溥仪担心还会有人对其不利，于是住进了德国医院。

十一月初八日（12 月 4 日），孙中山偕宋庆龄一行经长崎、神户抵达天津，受到数万民众的热烈欢迎；因肝病发作，暂寓天津。

十一月初九日（12 月 5 日），田桐和谢无量①应邀乘轮赴京。

十一月二十一日（12 月 17 日），北京电车公司在天安门前举行通车仪式。

案：中国最早的有轨电车系统 1906 年创建于天津。1914 年，上海开始

---

① 谢无量（1884—1964），原名蒙，字大澄，号希范，后易名沉，字无量，别署啬庵，四川乐至人。1901 年与李叔同、黄炎培等同入南洋公学学习。1903 年赴日留学。1904 年回国，在镇江、杭州等地任教。1906 年赴京任《京报》主笔。1909 年任四川存古学堂监督，同时从事立宪活动、保路运动。1912 年赴上海，为中华书局编书。1917 年南下，在孙中山大本营任秘书长、参议长，黄埔军校教官等职。1925 年后在南京东南大学、上海中国公学、四川大学、四川中国公学等校任教。其间曾任国民政府监察院监察委员、国民大会代表。新中国成立后，历任川西文物管理委员会委员、川西博物馆馆长、中国人民大学教授、中央文史馆副馆长等职。学术、诗文、书法都被称为一代大家。著有《佛学大纲》、《伦理学精义》、《老子哲学》、《王充哲学》、《朱子学派》、《诗学指南》、《诗经研究》、《谢无量自写诗卷》、《谢无量书法》、《青城杂咏》等。

使用无轨电车。

十一月二十三日（12 月 19 日），田桐和谢无量抵京，暂寓前门内中华饭店。

田桐进京后，迅速与先他到达的一班老同志取得联系，为谋求京津地区政局的稳定，开始奔走于京津、保定、开封之间。

十一月二十八日（12 月 24 日），段祺瑞执政府公布《善后会议条例》，宣布将召开“善后会议”，以抵制即将召开的国民会议。

十二月初六日（12 月 31 日），孙中山扶病由津入京，受到十万民众的热烈欢迎，并发表《入京宣言》，重申救国主张。

十二月初七日（1925 年 1 月 1 日），田桐与冯自由、刘揆一、丁惟汾等人在北京中央公园发起“民前同盟旧友新年恳亲会”，以发泄对孙中山的不满。

十二月十三日（1925 年 1 月 7 日），陈炯明乘孙中山北上之机，自称救粤军总司令，自潮汕分三路进攻广州。

十二月十七至二十八日（1925 年 1 月 11 日—1 月 22 日），中国共产党第四次全国代表大会在上海举行。会议除讨论通过了一系列决议案之外，还着重讨论了党如何加强对民族民主革命运动的领导以及党在组织上和群众工作方面如何准备的问题。

十二月二十三日（1925 年 1 月 17 日），孙中山在病榻上复电段祺瑞，指出其包办的“善后会议”的谬误，并提出了补救方案。

十二月二十六日（1925 年 1 月 20 日），广东国民会议促成会组织十万人游行，反对“善后会议”。

十二月间，国民军副司令兼第二军军长、河南军务督办胡景翼将开封原来的潘杨湖辟为公园，取名“龙亭公园”，供市民游乐；随后恭请田桐为其题联云：“中原风景不曾殊，且偷汗马之闲，名将作亭园生活；大地樊笼谁敢破？自斩祖龙而后，斯民与造化同游。”（见《革命闲话·龙亭公园》，《田桐集》第 379 页）

是年，田桐曾刊发有《致国民军电》，就当前的一些重要问题与北京国民军商讨（见《田桐集》第 322～323 页）。

民国十四年乙丑(1925 年)　四十七岁

是年初，田桐应好友、国民军副司令兼第二军军长、河南督军胡景翼之邀，赴河南开封入其幕，参赞军务，助其驱走盘踞豫西的憨玉琨，以稳定河南政局（见冯自由《田桐事略》、田桓《先兄梓琴先生行状》，《张难先集》第 123、126 页）。

据《胡景翼传》中记载：“1 月到 2 月中旬，于右任、李根源、李烈钧、焦易堂、张岳军、柏文蔚、景梅九、钮永健、周震鳞、张继、田桐、丁惟汾、王用宾、续范亭、马伯援等国民党元老和军政要人先后来到开封，或任职工作，或参赞军政，或进行访问。”

正月初三日（1 月 26 日），孙中山病情加重，确诊为肝癌，入协和医院施行手术。

正月初八日（1 月 31 日），国民党中央执行委员会根据孙中山的指示，向全党下达抵制“善后会议”的通知。

正月初九日（2 月 1 日），广州革命政府开始第一次东征，讨伐军阀陈炯明。

同日，段祺瑞执政府主持的“善后会议”在北京开幕。

正月初十日（2 月 2 日），中国国民党发表宣言，反对“善后会议”。

正月上、中旬，听说孙中山病情加重，田桐曾自开封赴京探视中山先生的病情。

其间，好友柏文蔚征得中山先生的意见，亦自北京南下，来到胡景翼军中参赞军务。

正月二十六日（2 月 18 日），田桐与李根源、周震鳞、田桓等人随胡景翼自开封前往郑州。

正月二十七日（2 月 19 日），胡景翼在郑州召开军事会议，确定了速战速决的作战方针。

正月下旬，盟兄居正自武汉来豫，亦被胡景翼聘为顾问，故兄弟二人又在一起共事。

二月初二日（2 月 24 日），孙中山病危，分别口授国事与家事遗嘱。

同日，经郑孝胥、罗振玉的奔走，溥仪由日本人护送至天津日租界内之张园。

二月初三日（2 月 25 日），胡景翼采取先发制人的策略，指挥国民军第二军的精锐部队猛攻荥阳，又另派部队袭击黑石关，“憨胡大战”猛烈展开。

二月初六日（2 月 28 日），田桐偕胡景翼及苏联顾问团到前线视察。

二月初七日（3 月 1 日），在中国共产党的帮助下，国民会议促成会全国代表大会在北京举行，与“善后会议”对抗。

二月上旬，胡景翼率所部在郑州之西的巩县、洛阳、孟津一带与直系的憨玉琨、刘镇华所部军展开激战；此时，“胡势甚衰，黑石关一役，胡军大败，其部欲东遁，胡誓死不退”，形势危急。而“国民第三军军长孙岳”，因已“受段祺瑞操纵，与胡分裂”，“竟忍心作壁上观”，不派兵援助；其部下虽有救援之心，然没有军长之命，谁也“不敢妄动”。在此“一发千钧”，机会“稍纵即逝”之时，柏文蔚暗中与周震鳞、田桐谋议：此时“只有假造伪命”，方可“度此难关”。于是，田桐立即回到郑州，“以孙岳名义，致电叶（荃）副军长及杨（杰）参谋长云：‘闻（第）二军战事不利’”，请他们率部“相机援助”。叶副军长和杨参谋长接到电报后，当即下达攻击命令，顷刻间，“第三军八千子弟已龙腾虎啸，布满于黑石关洛河东岸”，大获全胜，致使“憨玉琨堕水淹死，刘镇华曳兵西走”①。

案：憨玉琨（1888—1925）字润卿，河南嵩县人。关于其死，可能是柏文蔚晚年的记忆之误，并非“堕水淹死”，而是兵败后带领随从二十余人逃至嵩县大章，以无颜见乡中父老，于三月初十日（4月2日）吞鸦片而亡。而刘镇华（1993—1956），本名茂业，河南巩义县河洛镇人。刘氏兵败后，本想回陕西继续任职，但遭到全陕民众和全国各地陕西同乡会的一致抵制，不得已只好结束其在陕八年的统治，率残部逃往山西投靠了阎锡山。

另：据柏文蔚在其《五十年大事记》中记载：黑石关战役之后，“孙岳（1878—1928，本名孙耀，字禹行，河北高阳人）移新乡，电诘叶香石（叶荃），谓假诏进兵，有违法令。叶大窘，余与周、田密商曰：‘系铃解铃，总在吾人，余先至新乡，一试为之。’”于是，柏文蔚亲往新乡见孙岳，反复陈说、解释，并多方劝解，请他与胡景翼消除误会，重新和好。最后达成协议，胡景翼为孙岳的三军筹措军费五十万，“孙大悦”，遂“与胡恢复感情”。②

二月十三日（3月7日），东征军收复潮安、汕头，陈炯明逃往香港。

二月十四日（3月8日），经过半个月的激战，胡景翼打败中央陆军三十五师师长（直系统治时期的军队番号）憨玉琨和陕西督军、省长刘镇华所率之镇嵩军，攻占河南洛阳。

---

① 柏文蔚著、文明国编：《柏文蔚自述·五十年大事记》，人民日报出版社2011年版，第92～93页。

② 柏文蔚著、文明国编：《柏文蔚自述·五十年大事记》，人民日报出版社2011年版，第93页。

二月十八日（3月12日）上午九点二十五分，田桐的好友、伟大的民主主义革命先行者孙中山因患肝癌在北京逝世。

案：孙中山先生是中国伟大的民主革命先行者。孙中山（1866—1925），名文，又名帝象，字德明，一字载之，号日新，又号逸仙；居日时化名中山樵，后遂以中山为号，广东香山（今中山市）人。1892年毕业于香港西医书院，先后在澳门、广州行医，结识有志青年和会党分子。不久弃医，致力挽救国家危亡的政治活动。1894年至天津致书李鸿章，提出变法自强主张，遭拒绝。此后，摈弃改良思想，致力民主革命。不久，前往檀香山，联络爱国华侨，创立兴中会。1895年在香港设立兴中会总部，策划在广州起义。事败后遭清政府通缉，遂奔走欧洲各国，在华侨中宣传革命，发展组织。1900年10月发动惠州起义，事败后再次流亡国外。1905年在日本东京联合其他革命团体组成中国同盟会，被推为总理；制定了"驱除鞑虏，恢复中华，建立民国，平均地权"的资产阶级革命纲领；创办《民报》，提出三民主义学说。此后组织联络华侨、会党和新军，发动了一系列武装起义。1911年武昌起义成功，全国响应，清王朝被推翻，被推选为中华民国临时大总统。1912年1月1日在南京就职，组成临时政府，主持制定《中华民国临时约法》。不久，革命果实为袁世凯篡夺，孙中山辞去大总统。同年8月将中国同盟会改组为中国国民党，被推为理事长。1913年7月领导发动了"二次革命"，失败后逃往日本。1914年7月组织中华革命党，任总理，与袁世凯进行了不懈斗争。1917年在广州召开国会非常会议，成立护法军政府，当选为大元帅，开展护法运动。1919年将中华革命党改组为中国国民党，任总理。1921年出任中华民国非常大总统，进行反对南北军阀的斗争。1924年主持召开国民党第一次全国代表大会，制定了联俄、联共、扶助农工的三大政策，将旧三民主义发展为新三民主义。1925年3月12日，因积劳成疾，在北京病逝。遗著被汇编为《中山全书》、《总理全集》、《孙中山选集》、《孙中山全集》等多种。

噩耗传来，胡景翼悲痛万分，精神上受到沉重的打击，致使右臂上的疔疮复发，且病情迅速恶化。

二月二十一日（3月15日），田桐赴郑州普乐公园参加孙中山的追思会，并即席演讲。

二月二十五日至三月初九日（3月19日—4月1日），孙中山的灵柩在北京中央公园（后改名"中山公园"）停灵公祭，各界相继前往祭奠的达74万余人。

孙中山去世后，全国各地及海外华侨纷纷举行了隆重的追悼活动，以寄托人们的哀思。

二月间，溥仪移居天津租界张园后，与清朝遗老遗少以及张作霖、段祺瑞、吴佩孚等往来密切，并成立清室驻天津办事处。

三月初十日（4 月 2 日），孙中山的遗体移往北京香山碧云寺石塔，前来参加送灵的民众达三十余万人。

三月十四日（4 月 6 日），田桐与周震鳞等人赶赴北京西山碧云寺，参加祭典，为孙中山执绋。

三月十八日（4 月 10 日），田桐的好友、国民军副司令兼第二军军长、河南军务督办胡景翼①因医治无效，在河南开封病逝。

胡景翼去世后，原国民军第二军第二师师长岳维峻接任第二军军长兼河南军务督办。

三月下旬，田桐见好友已去世，遂应邀前往察哈尔张家口（今属河北省），入时任西北边防督办、西北边防军总司令的冯玉祥军幕，为其讲学。

案：冯玉祥（1882—1948），原名基善，字焕章，安徽巢县人。早年从军，历任北洋陆军队官、管带、旅长、师长、陕西督军、河南督军、陆军检阅使等职。1924 年第二次直奉战争时，发动“北京政变”，率部脱离直系军阀，改称国民军，自任总司令兼第一军军长。1925 年任西北边防督办、西北边防军总司令。1926 年国民革命军攻抵武汉时，在绥远五原誓师，加入国民党。1927 年出任国民党第二集团军总司令，率师东进河南与北伐军会合；参与郑州会议和徐州会议，进行反共活动，促成宁汉合流。1928 年举兵反蒋。“九一八”事变后，赞成抗日，反对蒋介石的不抵抗政策和独裁统治。1933 年与共产党人合作，在张家口组织民众抗日同盟军，任总司令。1936 年出任国民政府军委会副委员长。全面抗战爆发后，任第六战区司令长官，不久被蒋撤职。此后，时常揭露蒋介石消极抗战、积极反共的政策。抗战胜利后，反对蒋氏的内战、独裁和卖国政策，继续与共产党人合作。

---

① 胡景翼（1892—1925），字笠僧，又字励生、立生，陕西富平人。早年入西安健本学堂。1910 年加入同盟会。1911 年武昌起义爆发，胡在陕西举兵响应。1912 年赴日留学。1914 年回国，在陈树藩部任营长、团长。1917 年参加陕西靖国军，任第四路军司令兼第七路军总指挥。1922 年冯玉祥督陕，任第一师师长。第一次直奉大战，率部至河南援直。1924 年第二次直奉大战期间，与冯玉祥暗中联合，发动北京政变，出任国民革命军副司令兼第二军军长，同年任河南军务督办。1925 年病逝于河南开封。

1946年出国考察水利。1948年加入国民党革命委员会，任中央政治委员会主席。同年响应中国共产党号召，回国参加筹备新政治协商会议，途中因轮船失火遇难。

四月初九日（5月1日），全国第二次劳动大会在广州开幕，“中华全国总工会”成立；同日，广东全省农民协会成立。

四月二十二日（5月14日），北京外交部向苏俄驻华大使加拉罕抗议：俄国人指挥蒙古军队侵入我国新疆。

四月下旬至闰四月上旬（5月），在中国共产党的领导下，爆发了“五卅”运动，全国掀起了反帝高潮。

闰四月十一日（6月1日），上海实行罢工、罢市、罢课（即总同盟罢工），抗议帝国主义制造的“五卅”惨案。

闰四月二十日（6月10日），就英国巡捕枪杀中国学生、工人一案（即“五卅”惨案），田桐曾致电各省，言英国近来已是“外强中干”，大可“周旋计划”之，盼尽早能“收回租界及领事裁判权”。

闰四月二十九日（6月19日），广东、香港十余万工人为支持、声援“五卅”运动，反对帝国主义，举行了政治大罢工。此次大罢工（即“省港大罢工”），坚持了一年零四个月，沉重地打击了英帝国主义，对巩固广东革命根据地、推动“北伐战争”，起了巨大作用。

五月初四日（6月24日），“广东军政府”照会各国，要求以废除不平等条约为解决“五卅”惨案的基础。

五月初九日（6月29日），“全世界被压迫民族国民大会”在北京召开。

五月十一日（7月1日），“广东军政府”改组为“中华民国国民政府”，汪精卫任主席。

同日，田桐的留日同学、好友、国民党元老何天炯①在广州博爱医院

① 何天炯（1877—1925），小名日祥，字晓柳，一作小柳，别号桑根，广东兴宁人。早年受维新思想影响，倾向民主政体。1903年5月赴日留学，入东京正则预备学校。1905年加入同盟会，任执行部会计，并保管同盟会案卷，后任同盟会广东支部长。1911年初回国，参与策划黄花岗起义。南京临时政府成立，任驻日副代表。1916年与朱执信策划反袁，遭通缉，逃亡海外。1921年因患心脏病，回老家休养。1924年孙中山改组国民党，党内意见分歧，带病奔走斡旋各处，支持孙中山的三大政策。孙中山去世，悲痛万分，由于心力交瘁，遂病入膏肓，不久去世。著有《革命史衡》、《山居一年半》、《无赫斋诗草》等。

病逝。

五月十六日（7 月 6 日），国民政府军事委员会在广州成立。黄埔军校校军与国民政府所属各军统编为国民革命军，并在各军中设立政治部和党代表。

五月十九日（7 月 9 日），田桐在《孟晋》第 2 卷第 7 期上刊发《田桐之通电》（又名《为上海英捕枪杀学工案通电》），谴责英国巡捕“骄横残暴，藐视华人”的罪恶行径（见《田桐集》第 326～327 页）。

五月中旬，田桐辞别冯玉祥将军，自察哈尔张家口返回上海。

五月下旬至六月上旬，田桐在上海曾接受记者采访（即《关于上海租界的谈话》），明确主张“收回租界及领事裁判权”（见《田桐集》第 328 页）。

其间，应友朋之邀，田桐曾与周震鳞、孔庚、赵守钰、周鳌山、俞应麓和李烈钧及其夫人华女士，往游苏州的阳山一带。

是年夏秋之交，应好友、时任绥远都统、善后会议议员，陆军上将衔，兼西北国民军西路总指挥的李鸣钟[①]之邀，田桐和周震鳞、孔雯轩、赵友琴、周鳌山、俞咏瞻以及李烈钧夫妇一行有绥远之游。在游览完“王昭君墓”之后，田桐曾作有《谒王昭君墓·有序》一首以纪其事（见《革命闲话·王昭君墓》，《田桐集》第 379 页；又见《田桐集·诗存》第 497 页）：

青冢堂堂姓字传，黄河东畔黑河边。琵琶未出中华地，环佩同行七月天。坠马无伤香土软，游龙有兴黍花燃。九泉若晤单于面，为报共和十四年。

案：田桐原诗后有自注云：“是日周道腴坠马，伤甚微。按‘共’，音读‘平’。”

其间，田桐曾乘机前往湖北同乡、革命同志王家驹殉难地的墓前凭吊，几年后还在《革命闲话》中写有一则《王家驹死难处》缅怀故友（见《田桐

① 李鸣钟（1887—1949），字晓东，河南沈丘人。1909 年毕业于陆军第二十镇随营学堂，在冯玉祥营里任排长，后追随冯玉祥相继任连长、营长、团长、旅长、师长等职。1924 年参加北京政变。1926 年为冯玉祥全权代表赴广东洽谈北伐事宜。1927 年参与北伐战争，出任国民政府军委会常委。1930 年出任鄂豫皖边区绥靖督办公署督办。1933 年出任二十九军高等顾问。全面抗战爆发后，辗转南返。1938 年任第二集团军高等顾问，次年任第一战区高等顾问。1948 年出任监察院监察委员、军事参议院上将参议。1949 年 6 月病逝于上海。

集》第411页）。

案：据田桐文中记载，王家驹之墓“距离思浩车站约三四里”。“思浩车站”即今陶思浩火车站，在今内蒙古自治区土默特左旗，建于1923年，是京包铁路的一个车站。

田桐等一行结束绥远之游南归时，曾在太原小住，因恰逢前辈好友张子阳重宴鹿鸣，田桐乃作《张子阳先生重宴鹿鸣》一诗相赠祝贺（见《田桐集·诗存》第508～509页）。

七月初二日（8月20日），田桐的好友、国民党左派领袖廖仲恺①在广州国民党中央党部门前被反动派暗杀。

七月初七日（8月25日），田桐的好友、著名诗人高旭②在老家病逝。

七月十四日（9月1日），田桐与柏文蔚、周震鳞、孔庚等人曾自太原赴张家口会晤冯玉祥。

七月十六日（9月3日），《申报》“张家口电”载：“柏文蔚、田桐一日来张，孔庚亦来。”

七月十七日（9月4日），《申报》“张家口电”载：“柏文蔚、周震

---

① 廖仲恺(1877—1925),原名恩煦,又名夷白,字仲恺。广东惠阳人。出生于旅美华侨家庭。1893年回国。1902年留学日本。1905年加入中国同盟会,任总部会计长。1909年入吉林巡抚抚署任翻译。辛亥革命后回广东,任总督府总参议,兼理财政。积极参与反袁斗争。1921年孙中山任非常大总统,出任财政部次长兼广东财政厅厅长。1922年代表孙中山与苏联代表越飞会谈,于次年发表《孙文越飞宣言》。1923年被任命为广东省省长和财政部部长。1924年国民党改组,当选为中央执委、常务委员、政治委员会委员,并先后兼工人部部长、农民部部长、黄埔军校党代表、广东省省长、财政部长、军需总监等职。孙中山去世后,坚持革命的三大政策,积极支持省港大罢工。1925年8月20日,在广州被国民党右派暗杀。工诗词,擅书法。著作被汇编为《廖仲恺集》、《双清文集》(上卷)。

② 高旭(1877—1925),字天梅,以字行,号剑公、钝剑,别号惠云,别署秦风、汉魂、汉剑、哀蝉、变雅楼主、残山剩水楼主人、家祖国者、江南快剑等等。江苏金山(今属上海市)人。早年从名师学。1903年游上海,受章太炎、刘师培影响,倾向民主革命。1904年秋赴日留学,入东京法政大学速成科。1905年5月创办《醒狮》杂志,8月加入同盟会,为江苏支部长。同年末,以反对日本取缔留学生规则,愤而归国。至上海,参与创办中国公学。不久退出,另组健行公学,作为上海革命党人的活动机关。1906年与柳亚子、田桐等人创办《复报》。1911年与柳亚子、陈去病发起创立南社。辛亥革命爆发,任金山军政府司法长。1913年当选为众议院议员。1917年南下广州,参加非常国会。1920年移居北京。1923年参加曹锟贿选,成为“猪仔议员”,遭党人、社友唾弃。此后,蛰居北京,以酒度日,不问世事。著有《天梅遗集》等。

鳞、田桐来张后，与冯晤谈甚洽，柏等对于冯之兵士，询问甚详。”

七月十九日（9 月 6 日），田桐、周震鳞乘机赴大同，往游石佛寺。

七月二十日（9 月 7 日），《申报》“张家口电”载：“田桐、周震鳞于鱼日（六日）赴大同，游览石佛寺。李烈钧在此每日习字、乘马，甚有兴趣。”

七月中下旬，在苏联顾问和中国共产党的支持下，广州国民政府开始筹备北伐。

八月十四日（10 月 1 日），“国民革命军”进行第二次东征，陈炯明的反动势力被消灭，广东革命根据地基本统一。

八月十五日（10 月 2 日），好友刘守中和李含芳主持将亡友胡景翼的灵柩运回陕西，安葬于华山北麓的王猛台下；田桐和周震鳞、刘允丞、周耀武、李可亭、惠又光等友朋赶到华山参加了安葬活动；田桐并作有《胡笠僧赞》以悼之（见《田桐集》第 576 页）。

案：刘守中（1882—1941），字允丞，一作允臣，陕西富平人。早年就读于三原清麓书院。1909 年结识井勿幕、郭希仁等人，加入同盟会，立志革命。1911 年参加陕西起义，转战东西。1916 年袁世凯称帝，谋在陕西三原起兵讨伐，事泄未果。1917 年在渭北联络组织靖国军，响应护法。1920 年出任靖国军总指挥。1924 年参加冯玉祥的北京兵变，拥护孙中山。1926 年当选为国民党中央执行委员。不久脱离政界隐居。“九一八”事变复出，当选为国民政府委员。1932 年曾两次赴内蒙古调查实业和边务。1936 年当选为国民党政治会议委员。全面抗战爆发后，往来南京、武汉、重庆之间，力主抗日；其间曾赴前线视察战况、慰问将士。著有《续汉书郡国志释略补注》、《察（哈尔）绥（远）蒙旗实业调查记》、《刘允丞六十自述》等。

李含芳，生卒年不详，字可亭，陕西临潼人。同盟会员，曾跟随胡景翼多年，后被推为众议院议员。

安葬完胡景翼后，大家一起游览了华山。田桐曾作有《登华山》一章纪其行踪（见《革命闲话·华山会葬》，《田桐集》第 391 页）：

> 太华游空悍复廉，块然一石有三尖。山川盘郁方知健，泾渭分明未可严。五岳齐名君独娇，万方多难我思谦。金风警报平原树，几日殷红柿叶添。

在赴华山参加安葬胡景翼灵柩期间，田桐曾至王猛台下亡友曹印侯的墓前凭吊（见《革命闲话·曹印侯墓》，《田桐集》第 411 页）。

是年秋，田桐的好友邓子瑜[①]在惠州寓所病逝。

九月初二日（10月19日），《申报》“国内要闻二”栏载：“河南故督办胡笠僧灵柩于夏历十月初一日行公葬封墓典礼，胞弟景铨同友人刘允丞、李仲三、周道腴、周耀南、郭英夫、田梓琴等亲友亲临执绋。”

案：此“要闻”中所谓“夏历十月”应为“阳历十月”或“公历十月”，误。

九月上旬，应好友、国民革命军副总司令孙岳之邀，田桐等人曾有陕西西安之行。

九月中旬，结束陕西西安之行，田桐复回到河南开封，居岳维峻的河南督办督署。

九月间，“叶挺独立团”在广东肇庆成立，隶属于国民革命军第四军，准备北伐。

十月初八日（11月23日），国民党右派在北京召开西山会议，参加会议的有叶楚伧、邵元冲、石瑛、张继、谢持、邹鲁、居正、林森等十余人，史称“西山会议派”。他们策划另立国民党中央，反对孙中山的三大政策。

十月十二日（11月27日），国民党中央执委会在广州发出通电，指责“西山会议派”的分裂活动。

十月二十四日（12月9日），革命军叛将洪兆麟[②]在自香港赴上海的轮

---

① 邓子瑜(1878—1925)，广东博罗人。早年结交会党，为惠阳、博罗三合会首领，因从事反清活动，遭清廷通缉。1895年加入兴中会。1900年助郑士良在惠州三洲田起义，失败后逃往香港，后转赴新加坡，开设客栈，从事联络工作。1906年加入同盟会。1907年回到国内筹划起义，又派会党首领陈纯等赴惠州七女湖发动起义，与清军展开激战；因黄冈起义已失败，龙门起义尚未爆发，敌我力量悬殊，遂将起义军队伍解散，仍经香港回到新加坡，继续从事革命联络活动。1911年参加黄花岗起义，失败后再赴新加坡。1914年加入中华革命党。1916年回国参加反袁，任讨袁军广东东江别动队司令。1917年参加护法运动。1918年出任广东海山盐场知事。1920年参与讨伐桂系军阀莫荣新。后退居惠阳数年，病逝于惠阳。

② 洪兆麟(1876—1925)，字湘臣，湖南宁乡人。少家贫，20岁赴广东投军，累升至管带。辛亥革命时受陈炯明、邓铿策动反正。1912年任惠州军务督办。“二次革命”失败后，流亡日本。1914年回惠州讨伐龙济光，失败后逃往香港。1916年再次回惠州，龙济光倒台后，任惠州帮办。1918年参加援闽战役，升任统领、第四支队司令兼汀漳镇守使。1921年升粤军第一军第二师师长。1922年伙同叶举等在广州反动叛乱，炮轰总统府。1923年退据潮梅，任副总指挥。1925年被革命军击溃，逃往香港。同年12月被人枪杀。

船上，被船员韦德枪杀，随即韦德亦自杀；时在河南郑州的田桐，闻知消息，立即通过上海《民国日报》转电韦德的家属，对韦德之死表示哀悼并对其家属表示慰问（见《革命闲话·电唁韦德》，《田桐集》第412页）。

十一月十一日（12月26日），段祺瑞公布修正之《临时政府制》，增设国务院，又委任许世英为国务总理。

十一月十七日至十二月初六日（1926年1月1日—1月19日），中国国民党第二次全国代表大会在广州召开，重申孙中山的三大政策。

十一月二十三日（1926年1月7日），韦拔群率领广西东兰县农民协会会员举行暴动。

十一月间，奉系张作霖、直系吴佩孚、晋系阎锡山联合围剿国民军，岳维峻在率部攻打山西时，被晋军及镇嵩军打败并俘虏；时田桐亦在岳军军中，故同时被俘。当将他们押解至太原时，山西督军阎锡山素来钦服田桐之为人，故立即下令将其释放。于是，田桐遂离开太原，南下上海。

十二月十五日（1926年1月28日），日本江户时代末期（幕末）武士、长州藩士、明治时代至大正时代陆军军人（中将）、政治家、外交官三浦梧楼（别名三浦观树，号观树居士，1847—1926）在东京去世。三浦君不仅工汉诗，而且善书，尤以草书有名。田桐在其《扶桑诗话》一书的《观树居士》中曾录有其一绝（见《田桐集·扶桑诗话》第553页）。

十二月间，田桐与老友陈去病在上海相聚，分外高兴；陈去病有诗赠田桐，田桐则写了《次韵示佩忍》一诗回赠致谢（见《田桐集·诗存》第498页）。

是年，田桐曾致电（即《辞湖北省务参议电》）刘禺生、张真吾，辞去湖北省务参议之职（见《田桐集》第329页）。

是年，为前辈好友、上海工商界巨子、著名书画家、收藏家哈麐的七十寿诞，田桐曾作有寿联一副为其祝寿（见《田桐集·联存》第513页）：

明镜垂生月圆三五，大椿寿世星阅八千。

案：哈麐（1856—1934），一作麟，字少甫，又作少夫，号观叟，别署观津，晚号观津老人，室名宝铁砚斋。回族。江苏南京人。早年弃学经商，遍游大江南北，曾两度赴日游历，成为20世纪初上海工商界巨子。1909年与友朋创立“上海清真董事会”。1910年上海书画研究会成立，李平书为总理，他与毛子坚为协理。1915年海上“题襟馆书画会”会长汪洵去世，吴昌硕继任会长，他与王震为副会长。1927年吴昌硕去世，出任杭州西泠印社第二任社长。1929年当选为全国美术文艺展览会参考部委员。工诗文，擅书画，精鉴赏，富收藏。著有《宝铁砚斋书画》五卷、《丙寅东山游记录》一卷等。

是年，田桐留日时期的朋友罗杰①在湖南长沙府宅去世。

是年，田桐的友人萧汝霖在湖南长沙被湘军捕杀。萧汝霖②不仅是革命志士，而且工诗；田桐曾得其在东京时所写长庆体二章，故在其《扶桑诗话》的《萧培荄》一则中录之（见《田桐集·扶桑诗话》第554～555页）。

民国十五年丙寅(1926年)　四十八岁

年初，田桐在上海陪家人过年，继续奔走国事。

正月初三日（2月15日），北京政府国务总理许世英辞职，段祺瑞派陆军总长贺德耀暂行代理。

正月十九日（3月3日），北京政府外交部就苏、蒙签订正式条约，侵犯中国主权，向苏俄驻华大使提出抗议。

正月二十日（3月4日），段祺瑞改组内阁，贾耀德继许世英出任国务院总理。

正月二十五日（3月9日），长沙召开市民大会，成立湖南人民临时委员会。

正月二十八日（3月12日），原湘军第四师师长兼湘南善后督办唐生智，在李宗仁的支援下，加入湖南人民的驱赵（恒惕）行列，向长沙进军；迫于各方压力，赵恒锡通电辞职，并推荐唐生智为代理省长。

二月初五日（3月18日），北京发生帝国主义勾结军阀破坏中国革命而制造的屠杀中国军民的事件，史称“三一八”惨案。

二月初七日（3月20日），蒋介石在广州制造了反共阴谋的中山舰事件（亦称“三二〇”事件）。

同日，中国共产党发表反对段祺瑞屠杀民众的《告全国民众书》。

---

① 罗杰(？—1925)，字峙云，一作子云，湖南长沙人。曾为华兴会会员。1904年留学日本。后加入保皇会，成为立宪派的骨干。回国后，历任湖南政法学堂监督、湖南谘议局审议长、辛亥俱乐部总部议员及湖南支部组织者。

② 萧汝霖(1889—1925)，字培荄，湖南桃源人。早年跟随宋教仁等密谋反清，加入同盟会。辛亥革命时期，任宋教仁的秘书。后至长沙任《军事日报》主笔，抨击袁世凯政府。“二次革命”失败，逃往日本东京。1915年回国，被袁世凯政府逮捕，经唐绍仪多方营救始出狱。1916年参加中华革命军东北军。1925年出任湖南第二师司令部秘书长，不久被湘军暂编第四师师长唐生智捕杀。曾写有《大力士霍元甲传》。

二月中旬，唐生智自任湖南省临时政府主席，并派兵攻占岳州（今岳阳市），赵恒锡旧部叶开鑫率所部退入湖北境内。

二月十六日（3 月 29 日），田桐的好友续桐溪在天津病逝。

二月十七日（3 月 30 日），田桐自上海抵天津，晤友人周耀武，方知老友续桐溪已于昨天亡故，遂偕周耀武前往家中吊念。

田桐晚年曾回忆说："十五年国民军失败，忧愤成疾，居天津。时余丧师被俘，脱出抵天津，晤周耀武，询西峰状。耀武曰：'昨日死矣！'余偕耀武往吊，已入殓，耀武抚棺大哭而恸。"（见《革命闲话·续桐溪》，《田桐集》第 386 页）

二月下旬，直军总司令、陆军上将吴佩孚委任叶开鑫为"讨贼联军"湘军总司令、彭寿莘为湘鄂边防督办，由湘鄂边境向岳州进攻。

二月二十八日（4 月 10 日），今日出刊的《明星特刊》第 10 期上载有田桐所撰之《记早生贵子》①一文：

洪深前为明星公司导演，冯大少爷片出，观者称之，洪深故以研究戏剧著名于时，非率尔操觚者可比，其出品之佳，固早在意计中为。冯大少爷之后，近又导演《早生贵子》。日前片成，试映于中央大戏院，爰记所感如次：是片剧情系述一乡间富户吴鼎祺为人忠厚，晚年尚无子息，常以为憾。老妻孙氏自知不育，力劝纳妾以绵宗祧。吴初尚无动，旋以环境之种种刺激，渐亦有意于斯。孙氏复隐为之谋，纳媒婆同居李氏为小星。李女故与吴傭魏启东私，魏闻讯，力梗其事。媒婆陈以利害，词锋铦利，有弦外之音。魏解意，事遂谐，而吴不知也。既婚三年，未有出。吴忽欲璧婚书，媒婆知事偾，将不利于大众，隐示意李女，以言折吴，事遂作罢。媒婆等知吴求子心切，若不育，必有后悔之一日，乃私相计议伪孕以赚吴。吴不疑有他，与孙氏私自庆幸，而孙氏尤深喜一番辛苦之幸奏功效，初不料其事之离奇有如彼也。吴仆长寿及内弟子俊，热肠人也，洞烛其奸，以事无佐证，不敢揭发。及某日购得一处育儿，乃伪云临蓐在即。长寿与子俊知必不敢从前门进，乃伺于厨下，及时启东挟婴孩自后门入，媒婆趋与语，遂为长寿所执。子俊、孙氏闻声至，孙大愕。子俊告以故，孙大悔，而不忍以此伤吴心，遂因假作真焉。李女初恋启东，事败，感孙氏德，悔过服善。期年果举一雄，启东则强攫媒婆手镯遁而之他。所谓作伪者，心劳日拙，是剧有焉。

---

① 此文载于 1926 年 4 月 10 日出刊之《明星特刊》第 10 期；因不见收入《田桐集》中，故全文移录于此。

是剧对于旧道德、旧风俗方面多有发挥，而以佞佛求神之无为，蚁媒之鬼蜮伎俩尤为痛斥无遗。全剧描写吴鼎祺求子心切之心理至为深刻，编剧者用种种环境以枨触其胸怀，旁敲侧击，方法各殊，使吴鼎祺心随境移，益以孙氏之设计，吴鼎祺有欲罢不能之势，由许多曲折，始实行纳妾之主张。纳妾之后，复作一波澜折入本题，故全剧虽不热闹，只以曲曲写来便觉有山穷水尽、柳暗花明之妙。洪君导演此剧，不支不蔓，使演员各尽厥职，成为一完美无疵之佳片。其手段诚足令人惊（敬）佩哉。若与冯大少爷较，则是剧未免稍形逊色矣。

以演员言，当以宣景琳之孙氏为第一，酷似一慈祥恺悌之妇人。其待人也善，事夫也诚，两次说夫纳妾之诚恳，能于眉目间表出之。纳妾时之睹景伤情及纳妾后之缅怀前情，一则强为欢笑，一则涕泗滂沱，均能得传神之秘，而引起观者之同情也。破奸后之一种惊疑不定、左右为难之状均佳。海上明星车载斗量，演片大多不止一种，而成绩只有退化，并无进步，宣景琳独能艺术孟晋、凌厉无前，可嘉也。宋忏红之吴鼎祺，纳妾只故作羞态，闻得子时之私心窃喜，初欲强自掩饰而终至自然流露最为传神入化。于吴求子切念之心理，亦能随时表出，身份亦合，颇如一忠厚长者。赵静霞之李女，前部写痴心女子，入后则初尚作伪弄人，至被孙氏至诚所感，即变为一纯正妇人。三个时代描写均力，惟内衣袖口缘以花边，似与身份不合。黄筠贞活似一媒婆身份，王献斋表演恶奴之欺主，凌辱清白女子之无赖，不脱不黏。赵琛、黄君甫一饰吴之内弟，一饰吴之忠仆，俱是热肠人，赵之表情尤佳。是片外景清丽，内景适合，吴鼎祺凭窗观邻儿一幕之远景欠象真，余无疵点。

化妆似欠匀净，额上皱纹及眼角黑线用色太深，易见破绽。剧中诸角对于化装一术尚欠研究，须知化装在电影中之地位颇占重要，非任意涂抹所能了事也，诸君勉乎哉！

摄影方面，光羲明亮，软美可爱，惟洗片不经意，致灰点布满片上，令人不快。他如说明，简洁老当，画幕含意甚深，两皆可称也。

二月间，亡友蓝天蔚的灵柩运至武昌，葬于卓刀泉；田桐十分痛惜，乃撰挽联一副以表达其哀悼之情（见《革命闲话·挽蓝天蔚》，《田桐集》第394页）：

肝胆为重，头颅为轻，名将例不令终，花发杜鹃春送别；

四海皆家，万物皆子，故国偶然卜葬，月明黄鹄夜归魂。

三月初，应国民军第二军军长兼河南督办岳维峻之邀，田桐遂自天津南下再入其军幕。

三月初九日（4 月 20 日），第一次全国农民代表大会在广州召开。

同日，奉系军阀乘机迫令段祺瑞交出政权，“临时执政府”宣告结束，北洋政府大权遂落入以张作霖为代表的奉系军阀手中。

三月上旬，吴佩孚又纠合旧部，由湖北攻入河南；此时的河南，已处于军阀吴佩孚、萧耀南、靳云鹗、刘镇华等人部队的包围之中。国民军第二军军长兼河南督办岳维峻率军与军阀部队交战，战败，只得退守豫西；又被刘镇华率军打得大败，只身逃出，成了阎锡山的阶下囚。

案：岳维峻（1883—1932），陕西蒲城人。16 岁时考取武生员。年稍长追随井勿幕、胡景翼参加革命，加入同盟会。1911 年西安光复，率众在蒲城响应，跟随井勿幕宣抚渭北，转战山西运城。1914 年转入胡景翼营任连长。1915 年与胡景翼等人暗中联络革命志士，共谋反袁。后一直追随胡景翼，历任营长、团长，靖国军支队长、代司令，陕军第一师旅长，国民军第二师师长等职。1925 年接任河南督办兼国民军第二军军长。1926 年被吴佩孚、刘镇华等部打败，为阎锡山所俘；同年冬获释，被冯玉祥委任为第二集团军南路军总指挥。北伐结束后，任第二集团军第五方面军总指挥。1928 年反对冯玉祥，投靠蒋介石，任陆军新一师师长，后又兼任第三军副军长。1929 年后历任陕西招抚使、豫西警备司令、第三纵队司令和陆军第三十四师师长等职。1931 年率军进犯鄂豫皖苏区，被红军俘虏。1932 年被处决。

岳军被打散后，田桐乃“率左右退河北，至新乡，说骑兵独立旅长郑庠①速以兵扼黄河北岸，遮佩孚北进，南与国民军第五军方振武相结以自固，徐图匡复。振武不敢应，乃退保顺德”（见冯自由《田桐事略》、田桓《先兄梓琴先生行状》，《张难先集》第 123、126 页）。

案：方振武（1885—1941），原名运策，字叔平，安徽寿县人。1906 年考入安庆武备练军学堂。毕业后，投安庆马炮营当兵。1908 年参加熊成基

① 郑庠（1890—1945），又名思诚、玉玺，字兴田，陕西定边人。少时弃文习武，广结友朋，又入哥老会，日与兄弟品评时局，辱贬官吏。1911 年因财产纠纷被捕入狱，后越狱逃至西安，加入同盟会，参加西安光复。不久被委任为三边统领，回定边与众兄弟举义，夺取定边。1912 年任榆林驻军中营管带。后所部不断扩充，并被编入国民革命军第二军，出任骑兵独立旅旅长。北伐中率部与直系军阀作战，因功升至副军长。“九一八”事变后，辞官寓居天津英租界。全面抗战爆发后，迁居日租界，与日人往来密切，暗中则为中统提供情报。1945 年春，其身份被日人识破，出逃至绥远。同年 10 月，在返回西安途中被随从刺杀身亡。

领导的马炮营起义，失败被俘；途中逃脱，投南京清军第九镇当兵。1911 年参加光复南京，因功升队官。“二次革命”失败，逃往日本，加入中华革命党。1917 年奉命回国联络旧部。1924 年参与韶关北伐誓师，任北伐军支队司令；不久重返北方，投奉系军阀张宗昌，任梯队司令，不久任直鲁联军军长。1925 年投入冯玉祥的国民军，任第四军军长。1928 年出任第二集团军第四军团总指挥，参加“二次北伐”，攻占济南，任济南卫戍司令。1929 年调任南京第六路军总指挥兼津浦铁路南段警备司令，不久兼任安徽省主席。后因参与反蒋活动，被捕入狱。1931 年出狱后，赴欧洲考察。1932 年回国，变卖家产，凑集经费，潜至山西，联络旧部组建抗日救国军。1933 年在介休举行誓师大会，并率军北上抗日。不久抵达张家口，加入冯玉祥的抗日同盟军，任前敌总司令。后受蒋、日的胁迫，流亡欧洲。“七七”事变爆发，立即回国，任军事参议院参议兼办公厅主任。后见上前线杀敌无望，遂至广西桂林兴办农场，收容安徽籍难民和流亡学生；又通过华侨募捐，购置枪支弹药，准备再赴前线杀敌。蒋介石获悉后，派特务对其监视、干涉，方遂迁居香港，继续从事救亡活动。1941 年 12 月，决心回内地参加抗日，刚至广东省境，就被军统特务逮捕杀害。

三月十六日（4 月 27 日），晋军于此前已“通款佩孚”，遂派第一师师长商震率部前来攻打顺德（今河北省邢台市），田桐和孔庚[①]立即督率“所部御之”（见冯自由《田桐事略》、田桓《先兄梓琴先生行状》，《张难先集》第 123、126 页）。

岂料，“战方酣，守北门卒贰于晋，开门请降”，田桐等人“遂被俘”（见冯自由《田桐事略》、田桓《先兄梓琴先生行状》，《张难先集》第 123、126 页）。

当天，商震听说田桐被俘，立即前来慰问、看望这位同盟会的老友；田

---

① 孔庚(1873—1950)，字文轩，号雯掀，湖北浠水人。幼随父读书，聪慧过人，曾中秀才。后入经心书院就读。1903 年与吴禄贞暗组革命机关。后赴日本，入陆军士官学校第六期。1905 年加入同盟会，参加民主革命活动。1907 年毕业回国，先后在广西、北京任军职。武昌起义爆发，往来北京、孝感，传递信息，联络同志，谋划革命。1914 年任中央陆军第九师师长兼晋西镇守使；后通电反袁，被阎锡山免职。1922 年赴广州任孙中山大本营参议。1927 年当选为国民政府委员，曾主政湖北。1932 年受聘为国难会议委员。后创办张楚中学，出任董事长。1937 年全面抗战爆发，与邓初民、孟宪章等创办《民族战线》周刊，积极宣传抗战。1946 年在重庆创办《民主日报》，并当选为立法委员。1947 年晋升陆军二级上将，回到武昌寓居。1950 年 2 月在武昌去世。

桐见商震十分恭敬，说道："吾为囚，分也，何劳为？"（见冯自由《田桐事略》、田桓《先兄梓琴先生行状》，《张难先集》第123、126页）

案：商震（1888—1978），字启予，祖籍浙江绍兴，出生河北保定。1905年考入保定陆军速成学堂，同年加入同盟会。1906年被开除学籍，赴东北与蒋大同等共谋革命大业，遭通缉，赴日留学。1909年奉命至长春，从事革命活动。1911年初毕业于驻锦州新军某部之随营学堂，被保送入东三省陆军讲武堂。1912年被推为关外民军总司令，不久被授予陆军部高级顾问。1913年因参与反袁获罪被捕，经冯玉祥等力保获释。1915年随陆建章入陕镇压白朗起义，升任团长。1916年陈树藩督陕，驱逐陆建章，率本部投靠晋军。1917年奉命率部北上"讨逆"，取胜返晋后，升任晋军第一混成旅旅长。1924年出任晋军第一师师长。1926年任前敌总指挥，率部将阎锡山的势力扩展至绥远，任代理绥远都统。阎锡山易帜，任第一军军长，参加北伐；北伐胜利后，任河北省政府主席。1929年调任山西省政府主席。1935年任河北省政府主席兼天津市市长。1936年任河南省政府主席。全面抗战爆发后，历任第十二集团军总司令兼三十二军军长、第九战区副司令长官、第六战区司令长官、国民党军事委员会办公厅主任、外事局局长等职。抗战胜利后，历任联合国军事参谋处中国首席代表、蒋介石总统府参军长、盟国管制委员会中国代表兼驻日本军事代表团团长等职。1949年辞职后定居日本，后曾两次回国观光。1978年病逝于东京。

三月二十日（5月1日），全国第三次劳动大会在广州召开，苏兆征被推选为中华全国总工会执行委员会委员长。

同日，田桐被送至山西太原；山西督军阎锡山①得知消息，立即派参谋长李勉之前来迎接，并安排就住在李勉之家里（见冯自由《田桐事略》、田

① 阎锡山（1883—1960），字百川、伯川，号龙池，山西五台县人。幼入私塾，14岁辍学，在自家钱铺学商。1902年考入山西武备学堂学习。1903年被官费保送到日本留学，入日本陆军士官学校。1905年加入同盟会。1909年毕业回国，任山西陆军小学堂教官、监督。同年参加清廷组织的会试，列上等，被赏给陆军步兵科举人并授予协军校的军衔。不久升任山西新军第四十三协第八十六标教练官与标统。1911年率部起义，被推为山西都督。1914年授同武将军。袁世凯称帝，晋封一等侯。1916年任山西督军，次年又兼任省长。长期盘踞山西，投机自保。1927年投入国民党集团。1931年出任太原绥靖主任，支持蒋介石的不抵抗政策。抗战中，暗地与日寇勾结。抗战胜利后，积极参与蒋介石的反共内战。1949年逃出太原。退至广州，出任国民党政府行政院院长。同年底飞往台湾。著有《阎伯川先生言论辑要》、《三百年的中国》等。

桓《先兄梓琴先生行状》，《张难先集》第123、126页）。

案：李勉之即李敏，生卒年不详，字勉之，又字敏之，云南人。日本东京陆军士官学校第六期毕业。回国后入吴禄贞陆军第六镇任参谋。吴禄贞被刺后，与孔庚逃往山西投靠阎锡山。1912年任山西暂编第一师参谋长。后任督署参谋。1916年授陆军少将。1917年随商震北上“讨逆”，返晋后任山西督署参谋长。1925年授陆军中将。1928年参加第二次北伐，出任国民革命军第一集团军咨议。

吴佩孚得知“梓琴在晋”的消息，向阎锡山“索甚急”；阎锡山“与梓琴亦有旧，且素服其为人，不忍出”，遂将其释放（见冯自由《田桐事略》、田桓《先兄梓琴先生行状》，《张难先集》第123、126页）；田桐乃离晋，复潜至天津暂居。

三月二十六日（5月7日），奉系、直系两军在北京会师。

三月二十九日（5月10日），朋友们为续桐溪①举行追悼大会；田桐和周耀武等前往参加；田桐十分悲痛，撰写有挽联一副，表达其痛惜之情并给予其高度的评价（见《革命闲话·续桐溪》，《田桐集》第386页）：

泰山崩于前而不动，黄河泻于后而不惊。大器未能成，旷代奇才有天妒；

齐桓出以正则霸迟，晋文参以谲则霸速。斯人如尚在，中原大局敢谁争？

四月初四日至四月十一日（5月15日—5月22日），国民党第二届二中全会在广州召开，通过蒋介石等人提出的“整理党务案”，蒋介石当选为国民党中央主席兼组织部部长、军人部部长，独揽大权。

四月二十一日（6月1日），根据孙中山先生生前“归葬紫金山”的遗愿，广州国民政府在南京钟山第二峰茅山南麓开工修建孙中山的陵墓。

四月二十六日（6月6日），蒋介石出任国民革命军北伐军总司令。

四月间，国民革命军第4军叶挺独立团作为北伐军的先遣队，奉命出师

---

① 续桐溪（1879—1926），字西峰，号寒泉，山西崞县人。1902年入山西大学堂。1905年加入同盟会。旋辍学回乡，创设川路学校，暗中宣传革命思想，发展同志。1907年考取秀才、优贡，以此为掩护奔走革命。1911年武昌起义爆发，组织忻、代、宁公团，任团长，赴大同抗击清军。1912年公团被阎锡山解散，至太原充巡警道。1913年回乡办实业。1914年起，参与讨袁活动，遭阎锡山通缉，奔走各地。后投冯玉祥的国民革命军，任总参议，参加直奉战争。曾进行反阎活动。1926年国民革命军失败，忧愤成疾，不久病逝。

湖南。

同月里，应国民党中央主席、北伐军总司令蒋介石和代理广州国民政府主席、国民党中央政治委员会主席谭延闿及国民政府常务委员、国民党中执委常委会主席张静江的联名邀请，田桐南下广州，共谋北伐大业（见冯自由《田桐事略》、田桓《先兄梓琴先生行状》，《张难先集》第123、126～127页）。

案：张静江（1877—1950），谱名增澄，又名人杰，字静江，别署饮光，晚年又号卧禅，浙江乌程（今湖州南浔）人。出身巨贾之家。21岁时，捐银10万两，得二品候补道衔。1902年7月，任一等参赞，随出使法国大臣孙宝琦赴法。1905年与孙中山结识，并成为终身挚友；同年与吴稚晖、蔡元培、李石曾、汪精卫等人在巴黎成立世界社，积极从事革命活动。1906年加入同盟会，并创办《新世纪》周刊，大力宣传孙中山的革命主张。南京临时政府建立后，带头捐助巨款，解决经济困难。1914年加入中华革命党，被任命为财政部部长，奔走四方，募集款项支持革命斗争。1920年奉命在上海创办证券交易所，为革命募集经费，与蒋介石交往密切。1924年国民党一大召开，当选为中央执行委员。1925年任国民政府委员；孙中山病重，一直在医院守护。孙中山去世后，一直支持蒋介石的反共活动。1926年任国民政府常务委员。1927年提出“对共党弹劾案”。1928年出任浙江省政府主席。1929年在杭州举办西湖博览会，曾轰动一时。1930年起，因与蒋介石在“剿共”和建设问题上分歧越来越大，被排斥离开中央政治核心，主要从事实业。1933年与蔡元培、宋子文等人联合国联筹建世界文化合作中国协会。全面抗战爆发后，避居汉口，后经香港赴瑞士、美国，寓居纽约。后半生一直吃斋念佛，打发光阴。1950年病逝于纽约。

五月十九日（6月28日），张作霖与吴佩孚在北京会晤，携手组建北京政府。

五月二十二日（7月1日），广东革命政府发布北伐宣言。

五月三十日（7月9日），国民革命军在广州举行北伐誓师大会。

案：国民革命军北伐的主要对象是三支北洋军阀部队：一是直系吴佩孚，割据湖南、湖北、河南三省和河北的一部分，约有20万兵力；二是由原直系分化出来自成一派的孙传芳，盘踞江苏、江西、安徽、浙江、福建五省，有兵力20万左右；三是奉系张作霖，占据东北三省、热河、察哈尔、山东和京津地区，有兵力30余万。

五月间，田桐见形势的发展颇有利于广东政府，自己亦思有所作为，遂邀詹大悲、刘伯垂①、梁钟汉等人自北方秘密回到武汉考察情况，以便于届时响应。

案：梁钟汉（1878—1959），字瑞堂，湖北汉川人。早年入湖北新军当兵。1903年赴日留学，入东京路矿学校。1905年加入同盟会。1906年夏同年10月，奉孙中山之命，回鄂发起革命运动，在武昌组织群学社，并创办明新公学。参与组织日知会。1907年初被捕入狱。后被判处有期徒刑三年，押回汉川原籍监禁。武昌起义爆发后出狱，在湖北汉川发动起义，成立汉川军政分府，推为襄河游击总司令。汉阳陷落后，率部归安襄郧荆招讨使季雨霖，出任襄阳府知府。南北议和后，任黎副总统高等顾问，并当选为省议会议员。参与“二次革命”，失败后逃往日本，加入中华革命党。1915年回国策划反袁。1917年任广州大元帅府参议。1922年任非常大总统府咨议。1926年参与北伐。国民革命军攻克武昌后，脱离军政界。抗战期间，隐居万县。抗战胜利后，返回故里，创办耀汉中学。新中国成立后，聘为湖北省文史研究馆馆员。著有《我的革命经过》。

夏日里，应好友子佩之请，田桐曾为其制作有水墨纸本草书四屏（147.5cm×40.5cm×4）。其文与题识云：“（其文难以辨识全，故略）子佩卿兄法家雅正，丙寅夏日田桐。”钤印：“田桐之玺”（白）、“玄玄居士”（朱）（见上海驰翰拍卖有限公司“第十六届书画文玩拍卖会”——“书画文玩”专场拍卖品，编号：0815）。

六月初三日（7月12日），叶挺率领的北伐先遣队攻占湖南长沙等地。

六月二十三日（8月1日），湖北汉阳兵工厂的工人举行总罢工。

六月下旬至七月上旬，田桐经过慎重考虑，乃应允蒋介石和谭延闿、张静江的邀请，自武汉启程南下广州。

七月中下旬，广东国民政府任命田桐为江汉宣抚使，经过一番安排布

---

① 刘伯垂（1887—1936），名芬，号恶紫、百锤、笏祥、馨笏，湖北武昌（今鄂州市）人。清末留学日本，就读于明治大学法科。在日本期间，结识孙中山、陈独秀等人，接受革命思想，加入同盟会。武昌起义爆发后回国，任湖北军政府秘书官。南京临时政府成立，调任法制院参事。袁世凯篡权称帝后愤而辞职。1917年南下广州，参加护法。1918年任军政府司法部司员。1920年回上海，经陈独秀介绍加入中国共产党。同年秋奉命到武汉组建共产党武汉支部。1923年加入国民党。1924年出席国民党一大。1925年负责成立国民党湖北省党部。1927年任湖北省政府委员兼司法厅厅长。1927年公开宣布辞去国民党内一切职务，参与反蒋活动，遭通缉。同年出任中共中央组织部机要秘书。1936年9月病逝于上海。

置，遂自粤启程，计划经上海赴鄂履职。

七月二十至二十三日（8月27日—8月30日），国民革命军北伐军先遣队相继攻占湖北的汀泗桥、贺胜桥等地。

七月二十九日（9月5日），英国军舰炮轰四川万县，死四千余人，造成“万县惨案”。

八月初一日（9月7日），国民革命军北伐军相继占领汉阳、汉口，吴佩孚的主力被相继歼灭。

同日，田桐一行抵达上海，暗中布置配合北伐军的事宜。

八月初二日（9月8日），经商议，田桐派遣凌剑秋、林振华、桂砺峰等人密商炸毁孙传芳江永轮军船的办法。

同日，田桐在上海接受东南社记者的采访，就有关事宜回答记者的提问。

八月初三日（9月9日），《申报》“本埠新闻”栏载有《田桐由粤过沪之军事谈》一则：“国民党要人田桐，新由广东国民政府委任为江汉宣抚使，前日由粤过沪，即将赴汉。昨语东南社记者云：粤中军政办理最优，党务虽与共产党合作，然一切大权均操之国民党。外传共产之说，全属子虚。粤中党务政务，概由张静江、谭组安主持。张、谭皆吾党老同志，此极易明瞭。余留粤约三星期，对吾党前途颇觉乐观。次言及东南时局，田云：此次党军北伐，其目的只在打倒吴佩孚，故蒋对孙极愿妥协，苟能趋于谅解之一途，和平似不致绝望。顷汉阳已被党军攻下，余将赴鄂，谋所以敬恭桑梓。云云。”

八月初八日（9月14日），在沪稍作停留，田桐遂偕周震鳞、焦易堂、何亚农等二十余人乘沪宁快车赴南京，然后自南京乘船赴汉。

八月初九日（9月15日），田桐等一行抵达汉口。

八月初十日（9月16日），田桐偕周震鳞面见已在武汉的北伐军总司令蒋介石。

八月十一日（9月17日），冯玉祥在绥远五原（今属内蒙古自治区）誓师，就任“国民联军”总司令，加入国民革命军，并向甘肃、陕西进军，与北伐军南北呼应。

八月二十一日（9月27日），田桐曾就中国国民党沪、粤两中央之关系给张静江、蒋介石去函（即《致张静江、蒋介石函》，又名《田桐斡旋沪粤国民党两中央关系致蒋介石等函》），通报各方情形和斡旋情况，并表达个人意见（见《田桐集》第330～331页）。

八月二十五日（10月1日），北京政府改组内阁，顾维钧署理外交总长兼代国务总理。

八月二十七日（10月3日），党人汪扬、刘子和、李炯荣、万义田、小九江等在中共党员冯任的帮助下，化装成茶役厨工，成功潜入“江永”轮作具体侦查。

八月下旬至九月初，国民革命军北伐军数万人围攻武昌城；其间，武昌城全部城墙被拆除。

秋间，田桐与后辈同志梁寒操①结识，因诗词书画方面的共同爱好而成为好友。

其间，曾应梁寒操之请，田桐为其制作有水墨纸本草书自作诗镜心（131cm×32cm）。其诗（略）及题识云：“录甲寅旧作，寒操仁兄同志嘱。后共和十五年秋，田桐。”（见北京弘艺国际拍卖有限公司“北京百衲2015年春季拍卖会”——“风云际会·政要书画专场”拍卖品，编号：1399）

又应梁寒操之请，为其作有水墨纸本草书自作诗镜片（131cm×31cm）。其诗及题识云：“新秋，长风短笛一回首，黄海涛声夜不收。录甲寅旧作句，寒操仁兄同志属。后共和十五年秋，田桐。”钤印：“田桐之印”（白文）（见广东精诚所至艺术品拍卖有限公司“2019秋季拍卖会”——“中国书画专场”拍卖品，编号：0096）。

九月初四日（10月10日），国民革命军北伐军攻占武昌，取得两湖地区决定性胜利；吴佩孚兵败，二万余人被歼灭，只得率残部逃往河南信阳。

九月初六日（10月12日），田桐与湖北省商会联合会会长吕逵先②、

---

① 梁寒操（1898—1975），原名翰藻，字寒操，号君猷、均默，以字行，广东高要人。少时考入肇庆府中学堂，毕业后赴江门任教员。1916年加入中华革命党，参加讨袁。1918年先后入广东高等师范学校、上海沪江大学读书。毕业后至广州任教，加入国民党。1925年至国民政府工作，同时兼任国民大学等校教员。1927年起历任中国国民党中央党部书记长、中央执行委员兼宣传委员、铁道部参事司长、国民政府立法委员兼秘书长、三民主义青年团中央团部常务干事等职。抗战期间，曾任蒋介石桂林行营政治部主任、军事委员会总政治部副部长、国防最高委员会副秘书长、中国国民党三民主义理论委员会主任委员等职。1947年当选国大代表及立法委员。1949年赴台。曾任中国国民党中央评议委员等职。1972年退休。工诗文，擅书法。著有《西行乱唱》、《国父学说之研究》等。

② 吕逵先，生卒年不详，湖北江夏人。清秀才，经营商业，曾任汉口既济水电公司经理。后被推为武昌商会主席，省谘议局副议长，参政院参政。1916年与赵伯威接办中国红十字会武昌分会。1925年与陶述合办振业煤矿有限公司。后曾任湖北省商会联合会会长。

汉口慈善会会长蔡文惠①等重要团体负责人见面，会商向上海湖北同乡会暨各省湖北同乡会乞赈事宜。

九月初八日（10 月 14 日），田桐派财政处长张若柏②前往慰问难民，并呈请国民政府迅为筹款，分别赈恤。

九月初十日（10 月 16 日），经过周密的计划，在田桐的直接指挥下，武汉党人在九江党人的协助下，一举将停泊在九江港口、满载北洋军阀孙传芳军火的"江永"号轮船炸毁，使北伐军得以顺利下九江、安庆，进军江浙，并很快打败反动军阀吴佩孚、孙传芳的几十万军队，占领大半个中国（见冯自由《田桐事略》、田桓《先兄梓琴先生行状》，《张难先集》第 123、127 页）。

九月十七日（10 月 23 日），上海工人举行第一次武装起义，因缺乏必要的准备而失败。

十月初四日（11 月 8 日），国民革命军北伐军攻占南昌，歼灭了五省联军总司令孙传芳的主力，孙传芳只好率余部退回南京。

十月初五日（11 月 9 日），田桐向广东国民政府请辞江汉宣抚使之职。

十月二十三日（11 月 27 日），蒋介石得知田桐已辞江汉宣抚使之职，遂致电国府，推荐其为湖北省政务委员会委员。

十月二十七日（12 月 1 日），张作霖在天津就任安国军总司令，并发表长篇的《反赤宣言》。

同日，上海《太平洋画报》第 1 卷第 4 期出刊，上载有田桐所撰写的《梅兰芳到沪之第一声》③一文：

> 梅兰芳为一伶人，然声誉几震全球，梅曾数次到沪，故上次（民国

---

① 蔡文惠，又名蔡辅卿（1865—1931），湖北咸宁人。父务农，母曾作奶娘。又曾上过私塾。13 岁随表叔顾某赴汉，在立昌生参号、立昌生海味号作杂工。后进柜学商，随老板跑行帮，不久即独当一面。后自立门户，开设同泰号，经营浙帮海味，且生意越做越大，开设各种店铺甚多。1910 年倡建汉口慈善会。1911 年当选为汉口商务总会总理。1915 年被推选为慈善会会长，后还建有中西医院、孤儿院。1931 年 11 月病逝。

② 张若柏（1890—1941），湖北汉阳人。早年曾自费留学德国。1910 年回国，投身民主革命活动，曾被清廷逮捕。民国建立后，历任汉口市政府秘书、科长、湖北省禁烟局总务科长等职。1926 年曾任江汉宣抚使署财政处长。1938 年投降日寇，筹组武汉市治安维持会。不久，伪湖北省政府成立，张被任命为秘书长。1941 年 10 月 1 日调任伪湖北省政府财政厅厅长。次日早晨，在前往赴任途中遇刺，中弹身亡。

③ 此文载于 1926 年 12 月 1 日出刊之《太平洋画报》第 1 卷第 4 期；因不见收入《田桐集》中，故全文移录于此。

十二年冬）来申在共舞台演剧时，余亦往观。是日乃上台之第二日，所演为《黛玉葬花》，而卖座并不甚佳。以余观剧之目光评之，艺确不弱，唱做均臻上乘，已到炉火纯青，但花衫须色艺均佳，始克号召。梅已三十许人，年华老大，其色日衰，兼之售价太昂，其不能卖满座者殆此故也。今番应第一台之聘，重来海上，一别三载，其老境当与时俱增，惟梅所居地位，已执伶界牛耳，深恐失败，北上无颜，于是惟有乞助于票友、评剧家以及报馆记者之帮忙，冀借文字之鼓吹以轰动观者，处心积虑，亦大可怜矣。上星期六，丹桂第一台主席常玉清阶梅、王诸伶设宴，于倚虹楼宴客，到各票友、各评剧家、大小各报记者三百余人，佳宾满座，诚盛会也。记者居第二项之资格，故亦叨陪末座，大嚼一餐归来，觉有下列诸感想：（一）海上诸文豪、记者何以只须白吃一次，白看一回戏，笔尖上便失却自由，不能不恭维几句？于是无公平之论调，记载失实，改令阅者上当，结果本人及报纸之信用为之丧失殆尽。（二）伶人果有真本领，何必要破钞宴客，以及登门拜谒，乞求他人揄扬？真金不怕火，公道自在人心。观者目光若见报纸之吹牛而来，上当一次，下不为例，卖座决不能持久也。（三）记者忠告一般无赖文人，嗣后对于梅伶之评剧，幸毋专似珍重阁主之在《申报》“自由谈”专作《起居注》一类肉麻文字，属稿既毕，舍予君谓记者曰：“李吉瑞今正来沪，卖老不请客，就失败离沪。故伶人宴客，实具不得已之苦衷，不能责之以行贿。”记者曰：“原来如此，呜呼！梅伶卑矣！苦矣，海上之文人、海上之票友、剧评家。”

十一月初四日（12 月 8 日），张作霖任命孙传芳、张宗昌为安国军副总司令，杨宇霆为安国军总参议。

十一月十六日（12 月 20 日），阎锡山被张作霖任命为安国军副总司令。

十一月二十二日（12 月 26 日），英国“亚细亚”号轮船在汉口附近的长江江面撞沉中国商轮“神电”号，导致 450 多人被淹死。

十一月二十八日（1927 年 1 月 1 日），国民党中央政治会议宣布将国民政府从广州迁往武昌。

十一月间，田桐在武昌与好友陈通生[①]偶然相遇，多年不见分外高兴，

---

① 陈通生，生卒年不详，字伯时，自号竹轩主人，福建长乐人。不好名利，游历四方。好泉石，有潇洒出尘之趣。尝构亭于西山，扁曰阜阳，以为投闲之所。又于南山大洞谷构小轩，种美竹，为遁道计。

好友有诗相示，田桐亦作有《丙寅冬月次陈通生题黄鹤楼原韵》一诗相赠（见《田桐集·诗存》第506页）。

十二月初二至三日（1927年1月5日—1月6日），人民群众在中国共产党和武汉国民政府的领导、支持下，相继收回汉口、九江英租界。

是年底，田桐在省城武昌（即夏口）度岁。

民国十六年丁卯(1927年)　四十九岁

年初，田桐仍在省城武昌担任湖北省政务委员会委员。

正月十八日（2月19日），国民革命军北伐军东路军攻入浙江杭州。

正月二十日至二十三日（2月21日—2月24日），上海工人举行第二次武装起义，因抵达嘉兴的北伐军白崇禧部受蒋介石指使按兵不动，加之准备不充分，起义失败。

二月初一日（3月4日），迫于国民革命军的猛烈攻势，联军相继起义倒戈，遂使怀宁、安庆不战而下。

二月初三日（3月6日），蒋介石制造了“赣州惨案”，杀害赣州总工会委员长、共产党员陈赞贤。

二月初七至十四日（3月10日—3月17日），中国国民党二届三中全会在汉口召开，会议通过了维护孙中山三大政策、提高党权，反对蒋介石军事独裁等项决议。

二月十三日（3月16日），蒋介石以武力解散拥护孙中山三大政策的国民党南昌市党部，解散江西省学联，查封国民党左派的《贯彻日报》。

二月十四日（3月17日），蒋介石又捣毁国民党左派的九江市党部和总工会，并组织反共游行。

二月十七日（3月20日），蒋介石抵达安徽安庆，收买暴徒杀害革命群众。

二月十八日（3月21日），在共产党人周恩来、罗亦农、赵世炎、汪寿华等领导下，上海八十余万工人进行总罢工，随即举行武装起义，即上海工人第三次武装起义；两天后，起义工人武装占领全上海，并建立了上海特别市临时政府。

二月二十一日（3月24日），国民革命军北伐军中路军攻占南京；南京的光复，宣告了五省联军的解体，也表明了孙传芳军阀势力在江南的彻底失败。

案：自1927年初始，国民革命军北伐军为了肃清长江下游孙传芳的余部，并攻占杭州、上海、南京等地，遂兵分三路同时进军：

东路军由闽、赣分道入浙，进军淞沪，助攻南京。东路军在占领杭州后，即分东、西两线攻取上海。东线由白崇禧任总指挥，率部经嘉兴进击松江和苏州，然后围攻淞沪；西线由何应钦任总指挥，率部经长兴攻略宜兴、常州，截断宁沪铁路，随后以一部协助白部攻上海，其主力则向西配合中路军围攻南京。

中路军（分江右军和江左军）分别由鄂、赣沿长江两岸向皖、苏推进，主攻南京。江右军以程潜为总指挥，自赣境沿长江南岸东进，克芜湖、当涂，直奔南京；江左军以李宗仁为总指挥，自鄂东沿长江北岸向安徽怀宁、安庆进击，继而向临淮关、蚌埠方向推进，以策应江右军攻取南京。

西路军由鄂入豫，负责牵制河南方面的直系吴军，以保障中路军顺利攻占南京。西路军总指挥由国民革命军第八军上将军长、前北伐军前敌总指挥和湖南省省长唐生智出任。

同日，当国民革命军北伐军攻占南京后，美、英、法、意等帝国主义借口保护侨民和领事馆，命令其停泊在下关江面的军舰炮击南京，打死打伤中国军民二千余人，房屋财产损失无数，世称“南京惨案”。

二月二十三日（3月26日），蒋介石秘密抵达上海，与帝国主义者、上海买办资产阶级筹划反革命大屠杀。

二月二十九日（4月1日），阎锡山正式宣布废除北京政府任命的山西督办，而改称晋绥军总司令。

三月初三日（4月4日），国民党中央主办的农民运动讲习所在武昌正式开学。

三月初五日（4月6日），奉系军阀搜查苏联驻华使馆，逮捕苏联外交人员和在使馆中避难的李大钊等六十余人。

三月十一日（4月12日），以蒋介石为代表的国民党新右派集团在上海发动了反革命政变，残酷捕杀共产党员、革命群众和镇压革命运动，史称“四一二”反革命政变。

三月十四日（4月15日），国民党反动派在广州发动反革命政变，捕杀共产党人、工人积极分子二千人，史称“四一五”惨案。

三月十六日（4月17日），武汉国民政府宣布罢免蒋介石的一切职务。

三月十七日（4月18日），蒋介石在南京成立代表帝国主义和地主买办阶级利益的“国民政府”，并通过“清党”决议。

三月十八日（4月19日），武汉国民政府在武昌举行二次北伐；在国民军和北伐军的夹击下，吴佩孚彻底失败，率领残部逃往四川，托庇于四川军阀杨森。

三月二十七日（4 月 28 日），奉系军阀于北京将李大钊等二十余位革命者在西交民巷京师看守所秘密杀害。

三月二十八日（4 月 29 日），在共产党员彭湃等人领导下，广东海丰、陆丰农民举行武装起义。

四月初一日（5 月 1 日），冯玉祥在西安就任国民革命军联军总司令。

四月十七日（5 月 17 日），原驻武汉西部的独立十四师师长夏斗寅，在蒋介石的策划下叛变革命，联合十五军刘佐龙部和四川军杨森部，进攻武汉政府；叶挺率部自河南前线赶回反击，击溃夏斗寅所部。

四月中旬，田桐见蒋介石肆意排斥异己，加紧军事独裁，大失所望；遂辞去湖北省政务委员会委员职务，“将（武汉国民）政府命”，与好友周震鳞北上山西，往“说阎锡山来归”（见冯自由《田桐事略》、田桓《先兄梓琴先生行状》，《张难先集》第 123、127 页）。

四月二十一日（5 月 21 日），湖南反动军官许克祥受何键的指使，在长沙发动了反革命的叛变，袭击革命组织，捕杀共产党员和革命群众；随后在全省开始了反革命的大屠杀。 因此日的电报代日韵目是“马”字，故史称“马日事变”。

五月上旬，武汉政府北伐军与冯玉祥所率之国民革命军联军在河南郑州会师。

五月初七日（6 月 6 日），阎锡山正式宣布“易帜”，自任北方国民革命军总司令，并悬挂青天白日旗。

五月十一日（6 月 10 日），汪精卫和冯玉祥在郑州举行会议，密谋反共事宜。

五月十八日（6 月 17 日），田桐虽对蒋介石的所作所为不满，但支持其“清党”，故与周震鳞奉召赴南京面见蒋介石，接受委派，前往两湖接洽清党事宜。

五月十九日（6 月 18 日），张作霖在北京就任中华民国陆海军大元帅。他任命潘复为内阁总理，公布了九个部的总长名单和军政府“组织令”，组成了安国军政府——这是北洋军阀最后的一任政府。

五月二十一日（6 月 20 日），冯玉祥在徐州与蒋介石举行徐州会议，决定实行“宁汉合作”，共同反共。

五月二十七日（6 月 26 日），田桐偕周震鳞及随员六人乘专车赴沪。

六月初二日（6 月 30 日），田桐与周震鳞、张继等出席国民党举行的公宴。

六月初四日（7 月 2 日），田桐与张继、周震鳞自上海抵达南京。

六月初七日（7 月 5 日），受蒋介石之命，田桐与周震鳞、席楚霖[①]赴山西、陕西、河南等省接洽军事及党务工作。

六月初八日（7 月 6 日），田桐与周震鳞自南京抵达徐州。

六月初十日（7 月 8 日），田桐在徐州给蒋介石去函（即《致蒋介石函》），密告国民革命军第十军失败的原因，并提出建议（见《田桐集》第 332 页）。

六月十四日（7 月 12 日），根据共产国际的指示，中共中央改组，陈独秀停职，成立由周恩来、李立三、李维汉、张太雷、张国焘五人组成的临时中央政治局常委，主持中央工作。

六月十五日（7 月 13 日），中共临时中央发表对时局的宣言，揭露武汉国民政府叛变革命的罪行，决定撤回参加国民政府的党员，严正宣布中国共产党继续反帝反军阀的革命斗争。

六月十六日（7 月 14 日），宋庆龄在汉口发表宣言，谴责汪精卫集团背叛孙中山的三大政策，声明退出武汉国民政府。

六月十七日（7 月 15 日），汪精卫集团在武汉发动反革命政变，公开宣布与共产党决裂，随即大批屠杀共产党人和革命群众，史称“七一五”反革命政变，第一次国内革命战争失败。

六月中下旬，田桐和好友周震鳞等一行自徐州北上，经郑州、赵城等地前往太原。

抵达赵城（今山西省临汾市洪洞县的赵城镇）时，曾与好友张衡玉电约在车站相见，但二人因故未能见面。

田桐晚年曾回忆说：“十六年夏，余与周道腴赴太原。过赵城，先期电约，会于车站；适余至而衡玉未往，余过而衡玉来，怅惘而归。”（见

---

① 席楚霖(1889—1974)，原名宏拔，又名湘屏，湖南东安人。1909 年毕业于湖南巡警教练所。1923 年投入广东国民政府，任秘书。不久升任孙中山的侍从武官，加入国民党。曾参加北伐战争。1929 年后历任南京国民政府内政部礼俗司司长、安徽第四行政督察区专员、长沙市市长等职。1939 年退居东安。1944 年出任东安战地联合中学校校长。抗战胜利后，被推选为湖南谘议局议员、副议长。湖南解放前夕，参与策划湖南和平解放。解放后，历任湖南监察委员会委员、副厅长，湖南省人大代表，民革湖南省委常委，湖南政协常委等职。

《革命闲话·张瑞玑》，《田桐集》第 387 页）

田桐和周震鳞抵达太原后，工作之余，曾至五台山小住，遍游五台山景观，并写有《游五台山》（三首）纪其行踪（见《田桐集·诗存》第 506～507 页）。

在朋友的陪同下，田桐一行又前往浑源县游览了五岳恒山，并写有《登恒山》一诗纪其行（见《田桐集·诗存》第 507 页）。

六月二十九日（7 月 27 日），中共中央临时政治局常委决定由周恩来、李立三、恽代英、彭湃组成前敌委员会，领导南昌起义。

六月三十日（7 月 28 日），南昌起义总指挥部成立，贺龙任总指挥，叶挺为前敌总指挥，刘伯承为参谋长。

七月初，田桐与周震鳞曾至陕西接洽军事和党务，事情完结后仍返回太原。

七月初四日（8 月 1 日），在周恩来、贺龙、朱德、叶挺、刘伯承等人的领导下，爆发了南昌起义，打响了武装反抗国民党反动派的第一枪，成为中国共产党独立地领导革命武装斗争的开端。

七月十一日（8 月 8 日），蒋介石、胡汉民、李宗仁、白崇禧、何应钦等联名致电冯玉祥，对汉方一举反共表示谅解，认为双方“纠纷即已消尽”，只有党务善后问题须待四中全会解决，军事上赞成共同完成“北伐”，并望汉方“来柄大政”。

同日，田桐与周震鳞给在南京的蒋介石去函（即《致蒋介石函》），请其“肃清”武汉，“放手为之”；并告知自己打算在太原再“勾留半月”（见《田桐集》第 333 页）。

七月十六日（8 月 13 日），国民革命军总司令蒋介石被迫下野。

七月下旬，田桐被南京国民政府委任为太原政治分会秘书之职。

七月二十二日（8 月 19 日），南昌起义军攻占江西瑞金。

七月二十七日（8 月 24 日），《申报》“国内要闻·太原杂讯”栏载：“太原政治分会之秘书一职，已定田桐。”

七月二十八日（8 月 25 日），武汉国民政府宣布迁都南京，并改组国民政府。

同日，《申报》“国内要闻·太原杂讯”栏载：“南京前派代表田桐暨周某二人赴陕，有所接洽，惟抵洛后以陕局内部混沌，且因交通阻隔，故径来太原暂住，现已抵此数日。”

八月初四日（8 月 30 日），湖南省委成立以毛泽东为书记的前敌委员会，作为秋收起义的最高指挥机关。

八月上、中旬，田桐和周震鳞自太原赴南京复命。

八月十四日（9 月 9 日），毛泽东以中央特派员的身份和湖南省委在湘赣边界领导了著名的秋收起义。同年 9 月底，起义部队到达井冈山，创建了中国共产党领导下的第一个农村革命根据地。

八月十五日（9 月 10 日），田桐的社友王德钟在家乡去世。

案：王德钟（1897—1927），字玄穆，一字大觉，号幻花，江苏青浦（今属上海市）商榻乡人。祖、父均善文学，又承家教，年少能文。1913 年加入南社。袁世凯窃国，愤而作《讨袁檄文》，影响颇大。曾参与编辑《青浦县续志》。其妻凌惠纕（？—1929）亦为南社女诗人。工诗文，擅小说。著有《乡居百绝》、《琅琊碎锦》、《咒红忆语》、《风雨闭门斋诗文词集》等，另撰有小说 15 篇。

八月二十日（9 月 15 日），国民党宁、汉、沪三方代表在南京召开中央执监委员临时联席会议，决定成立国民党特别委员会与改组国民政府和国民党中央军事委员会，推定李宗仁、汪精卫、蒋介石、胡汉民、谭延闿、孙科等三十人组成中央特别委员会，任命胡汉民、汪精卫、谭延闿、蔡元培、李烈钧等四十三人为国民政府政务委员。同时，发表《国民党特别委员会宣言》和《南京国民政府成立宣言》，宣告国民党的"统一"完成。

八月二十一日（9 月 16 日），国民党中央特别委员会（简称"特委会"）在南京正式成立，作为中央政治党务的最高决策机构。居正等人被推选为特委会常务委员。

八月二十二日（9 月 17 日），田桐与丁惟汾、于右任等四十七人被推选为南京国民政府委员。

八月二十五日（9 月 20 日），全体（在京）国府委员就职。

九月初，田桐和周震鳞奉命再赴太原从事联络工作。

九月初四日（9 月 29 日），田桐与周震鳞等人出席阎锡山举行的北伐誓师大会。

同日，田桐与周震鳞给张继、李烈钧去电（即《致张继、李烈钧电》），报告阎锡山在太原誓师北伐的情况，请国府派大兵协同前进（见《田桐集》第 334 页）。

九月十五日（10 月 10 日），田桐与周震鳞致电军委会，报告晋军及北路各军作战情况。

九月二十日（10 月 15 日），《申报》"本馆要电・晋军益逼近北京"

栏载："军事委员会参谋处元日通电，据太原周震鳞、田桐麻日电称，晋军东路各军攻克正定，击破敌之十五军后，遂于四日进击新乐。阎总司令亲自督战，定县、望都相继克复，现正向保定进攻中。北路各军连日攻克怀来、宣化，确实占领张家口，现正向南口进击中。"

九月二十五日（10 月 20 日），《申报》"中央社十九日电·南京电"栏载："周震鳞、田桐巧电国府，商震击败吴傅李等数师，滦州、榆关等处民军响应。阎锡山亲临前敌，胡虏震惊，最后胜利，终自我操，并请国军放胆猛进等语。"

九月二十九日（10 月 24 日），田桐与周震鳞致电方振武，催促其"由京汉北伐"。

九月间，田桐和周震鳞、裘由辛曾有山西大同之行，在经过雁门关时，田桐曾写有一诗抒发其感慨（见《革命闲话·过雁门关》，《田桐集》第 380 页）：

海内隆隆一卧牛，大车盘动雁门秋。风来沙漠雪争卷，月落滹沱水急流。李牧开边有遗爱，奉春归械失良谋。明朝早发云中道，饮马桑乾试壮游。

十月初一日（10 月 25 日），《申报》"本馆要电·方振武即将出师"栏载："方振武第九方面改为第十一路军总指挥，方定日内通电就职，督师北伐。田桐、孙岳均各电方，促由京汉北伐，谓敌已力穷，倘加生力军一接，大业即定，时机万不可失等语。（二十四日下午四钟）。"

十月十八日（11 月 22 日），蒋介石为了东山再起，以打倒西山会议派、搞垮中央特委会为借口，唆使亲信陈果夫等人利用国民党中央党务学校的学生在光华门公共体育场举行南京市民庆祝西征北伐胜利大会时，制造了"一一二二"惨案。

十一月初十日至十二日（12 月 3 日—12 月 5 日），中国国民党二届四中全会预备会议在上海举行。

十一月中旬，正在上海召开的国民党二届四中全会预备会议作出决定：将南京中央特委会常务委员邹鲁、谢持、居正停职监视。

十月间，田桐和周震鳞等人在大同等地办完事情，又南下回到太原。

其间，在公事之余，田桐曾前往游览了著名的晋水祠；站在晋水祠前，浮想联翩，乃作有《晋水怀古》以抒发其感慨（见《田桐集·诗存》第 507 页）。

案：晋水是历史上有名的河流之一。晋水出自晋阳县西之悬瓮山。其源流在晋祠内。源上建水母楼，头层三间带廊二层为三间。歇山式屋顶，内塑水母坐像及侍女。源前十孔分水，南北两渠。水温保持 17 摄氏度，常年不息。水流所经之地，有良田数百顷。

十一月初六日（11 月 29 日），田桐的前辈好友、艺术大师吴昌硕①在上海寓所去世。

十一月十七日（12 月 10 日），南京国民政府任命蒋介石为总司令，恢复其军权。

十一月十八日（12 月 11 日），张太雷、叶挺、恽代英、叶剑英、杨殷、周文雍、聂荣臻等人乘粤桂军阀混战、粤军主力离穗之机，在广州领导国民革命军第四军教导团和广州工人举行武装起义，建立了广州苏维埃政府。由于帝国主义和国民党反动派的联合镇压，起义最后失败；所剩部分武装，分别转移至海陆丰和广西左、右江等地农村，与当地农民起义武装会合，继续坚持革命斗争。

十一月二十四日（12 月 17 日），田桐的同乡好友詹大悲②在武昌被两湖清乡督办胡宗铎逮捕杀害。

---

① 吴昌硕(1844—1927)，初名俊，又名俊卿，字昌硕，又字仓石；别号仓硕、老仓、老缶、苦铁，又署破荷、大聋、缶道人、石尊者等。浙江孝丰(今湖州市安吉县)人。17 岁出外逃荒，22 岁回乡刻苦求学，中秀才后遂绝意仕进。曾人诂经精舍从俞樾学习。30 岁始学诗文、书法、篆刻与绘画。53 岁时被保举出任安东县(今江苏涟水)知县，一月即辞去。长期寓居上海。光绪三十年(1904 年)，与吴隐等人在杭州西湖孤山创立西泠印社，任社长。与任伯年、蒲华、虚谷并称"清末海派四大家"。其集诗书画印于一身，融金石书画为一炉，艺术风尚在国内外影响很大。著有《缶庐集》、《缶庐诗存》、《缶庐印存》、《吴苍石印普》、《缶庐近墨》、《苦铁碎金》、《吴昌硕画集》、《吴昌硕作品集》等。

② 詹大悲(1887—1927)，原名培瀚，又名瀚，字质存，湖北蕲春人。1907 年考入黄州府中学堂，加入证人学会，倡言革命。1908 年到汉口，加入革命团体群治学社，与宛思演等人接办《商务报》，任主笔。1910 年 12 月任《大江白话报》主笔。1911 年与蒋翊武等在武昌组织文学社，推为文书部部长。主办《大江报》，因刊发反清时评被捕入狱。武昌起义后出狱，主持汉口军政分府。1912 年任国民党汉口交通部部长。1913 年参加"二次革命"，失败后逃往日本，加入中华革命党。后回国参加反袁活动，在上海被捕，系于租界狱中。袁死后释出。旋被推选为湖北省议会议长，为鄂督王占元所忌，未到职。1917 年南下广州，参加护法运动。1922 年曾追随孙中山讨伐陈炯明。1923 年任广州国民政府参事。1924 年出席国民党一大，拥护孙中山的三大政策。1926 年北伐军至武汉，任武汉政治分会委员。1927 年任湖北省财政厅厅长。不久被桂系军阀杀害。

十二月初五日（12 月 28 日），中央特委会秘书长叶楚伧签发了关于结束特委会一切事务的呈文，正式宣告南京国民党中央党部和中央特委会结束工作。随后，张继、居正作为驻日代表远赴日本，邹鲁、谢持、覃振等人则悄然离宁，返沪作寓公。

十二月十三日（1928 年 1 月 5 日），田桐与周震鳞在太原给蒋介石去函（即《致蒋介石函》），对其重掌军权表示祝贺，希望早日“北伐完成”（见《田桐集》第 335 页）。

十二月十四日（1928 年 1 月 6 日），田桐的好友张瑞玑[①]在山西赵城老家病逝；时田桐和周震鳞正在太原，得知消息，甚是悲痛，当即作有《哭衡玉》四章以悼之；仍觉难以表达其悲痛之情，遂撰长联一副以挽之（见《革命闲话·张瑞玑》，《田桐集》第 386～388 页）：

自古奇才身后达。目前沉郁，何怪其然，正好作诗豪作酒豪。援醉笔写不尽人事干戈。泪眼看河汾，万里泥沙拥公去；

群雄割据井中居。天下兴亡，宁能无此，权且为游客为卧客。启复笥整就他文章经济。披肝留宇宙，千秋疆理让谁来。

案：《田桐集》的编者在《诗存》中收有《哭张衡玉》二首，系田桐所撰《革命闲话·张瑞玑》中《哭衡玉》四章的后两章，除最后一章第七句第五字缺失（据《革命闲话·张瑞玑》，此缺字应为“向”）外，文字全同。然诗题注曰“《哭张衡玉》（民五年）”。误，田桐此诗作于民国十七年（1928 年）。

十二月十八日（1928 年 1 月 10 日），田桐与周震鳞在太原给蒋介石去函（即《与周震鳞致蒋介石函》），希望他“不必因党事分心”，而“先解决北方军事”，以“完成北伐”（见《田桐集》第 336 页）。

十二月十九日（1928 年 1 月 11 日），《申报》“本馆要闻二”载：“周震鳞、田桐电称，阎总司令奉令戡定幽燕，万家昭苏，似春回气转。特此敬贺。”

---

① 张瑞玑(1872—1928)，字衡玉，号老衡、窟野人，山西赵城县(今洪洞县赵城镇)人。1903 年中进士。1906 年起任陕西韩城、兴平、临潼、长安等县知县，有政声。1907 年加入同盟会。西安光复，受命组织民政府，主持总务府铨叙局。1912 年归太原，任山西军政府财政司司长。1913 年初任山西民政长，后辞职赴陕，任军政府顾问。袁篡权，不与合作。1918 年任国会议员常驻北京。1919 年赴陕调停北洋军与靖国军关系，遭非议。后隐居长安不问政事。1928 年初病逝。工诗文。著有《谁园集》十二卷。

是年，田桐的日本友人、日本佛教净土真宗大谷派佛教学者南条文雄[①]在东京去世。田桐十几年前就曾在其《扶桑诗话》中写有《南条文雄》一则，简介其事迹，并录其汉诗多首（见《田桐集·扶桑诗话》第540页）。

民国十七年戊辰(1928年)　五十岁

年初，田桐为国民革命军北伐事宜仍留居在山西太原。

正月上旬，朱德、陈毅等率领南昌起义保存下来的一部分部队，由广东北江地区进入湖南南部，在当地党组织的配合下，发动和领导了宜章年关暴动，揭开了湘南起义的序幕。

正月十一日至十六日（2月2日—2月7日），国民党二届四中全会在南京召开，全面背叛孙中山的三大政策，通过了《整理各地党务案》、《改组国民政府》、《制止共产党阴谋案》等决议，进一步镇压共产党人。会议决定取消南京中央特委会，选举蒋介石、谭延闿等9人为国民党中央执行委员会常务委员，谭任政府主席，蒋任军事委员会主席。

正月中旬，郴州、永兴、资兴、耒阳等十余县农民纷纷起义，部分县还建立了革命政权。

正月二十四日（2月15日），蒋介石等国民党军阀在徐州集会，议决“继续北伐”问题。

正月二十五日（2月16日），蒋介石和冯玉祥、阎锡山、李宗仁相会于河南开封，商定：蒋任国民革命军总司令兼第一集团军总司令，冯任第二集团军总司令，阎任第三集团军总司令，李宗仁任第四集团军总司令，四方联合向奉军和直鲁军进攻。

二月十五日（3月6日），田桐偕周震鳞、孙岳由太原抵达洛阳，会晤

---

① 南条文雄(1849—1927)，幼名格丸，自号硕果生，日本美浓(今岐阜县)人。七岁即习净土三部经。18岁师事稻叶道贯修学真宗学。23岁就学于高仓学寮，研习英语和汉学。精通汉语，善汉诗，常作汉诗代替日记。1876年赴英国留学，入牛津大学学梵语经典，并与中国官员杨文会结识。1884年回国任东京大谷教校教授。1885年入东京帝国大学教授梵语。1888年成为日本首批7位文学博士之一。1920年出席河内东方学者会议，1906年出任帝国学士院会员。1914年任大谷大学校长。1921年升僧正位。1927年去世。著有《硕果诗草》、《怀旧录》等；与马克斯·缪勒合作英译梵语《大无量寿经》、《金刚般若经》、《阿弥陀经》等；与凯伦合作校订有《梵语法华经》；另有《英译十二种纲要》、梵汉对照《新译法华经》、《佛说无量寿经梵文和译》、《佛说阿弥陀经梵文和译》等。

冯玉祥；随后，一行人仍返回太原。

二月十六日（3月7日），国民党中央政治会议改推蒋介石为主席，李济深、李宗仁、冯玉祥、阎锡山分别为广州、武汉、开封、太原政治分会主席。

同日，阎锡山聘田桐为政治会议太原分会委员，开会起草实行三民主义、五权政治大纲。

二月二十三日（3月14日），国民党中央正式任命田桐为政治会议太原分会委员。

二月间，时在太原的故友朱德裳偕楚曲家项鼎新前来拜访，并请题赠；田桐在太原自知项鼎新之名，又是老友带来，故作七律《太原赠楚曲家项鼎新》一首相赠并纪其事（见《革命闲话·太原赠楚曲家项鼎新》，《田桐集》第403～404页）：

并门春夜谱瑶琴，响彻云霄韵几寻。四始已开新汉调，三郎高唱盛唐音。文章流播弥天地，袍笏低昂自古今。楚客年来减骚兴，落花风里一沉吟。

案：田桐的故友朱德裳（1874—1936），原名还，字师晦，一字子佩，号九还，湖南湘潭人。1898年加入南学会。1903年以县学第一名考取官费赴日，习警政，与杨昌济、陈天华、仇亮等同学。1905年加入同盟会，与黄兴、蔡锷、陈师曾、范源濂、仇亮交谊最深。曾著《中国魂》，与《革命军》和《警世钟》齐名。回国后相继在清政府民政部和民国交通部任职，正直敢言。1915年曾助蔡锷脱险，赴云南讨袁。1925年起，辞官归乡，徜徉山水，著述自娱。工诗文，善书法，喜观剧。著有《六书哲学》、《管子注》、《阳曲学案》、《续湘军志》、《三十年闻见录》等。

项鼎新，生卒年及事迹不详，京剧演员，师承京剧表演艺术家谭鑫培；京剧表演艺术家、戏曲艺术教育家李万春早年曾跟随项氏学戏。

闰二月十四日（4月4日），是传统的寒食节，好友、诗人、山西省府秘书长兼国民革命军北方总司令部秘书长贾景德在其府邸设宴，邀请田桐、周震鳞和太原名流、缙绅出席，并分韵赋诗；田桐作有《戊辰寒食，贾煜如要集太原文士宴于韬园，得“带”字》（二首）纪其事（见《田桐集·诗存》第507～508页）。

案：贾景德（1880—1960），字煜如，号韬园，山西沁水人。早年就学山西大学堂。1904年进士，曾任山东招远、郯城知县。1911年母逝回籍丁忧。不久赴东北，入黑龙江巡抚幕。太原光复后返晋，被山西都督阎锡山聘为秘书长。1913 年任山西北路观察使兼晋北执法处处长。1917 年任山西省行政公署政务厅厅长。1930 年任铁道部正太铁路管理局局长。1933 年任太原绥晋公署秘书长。1937 年任第二战区司令长官部秘书长。1941 年出任国民政府考试院铨叙部部长，成为蒋、阎之间的联络人。1948 年任考试院副院长。1949 年入何应钦内阁，任行政院副院长；不久，又出任阎锡山内阁的秘书长。同年底飞往台湾。1960 年在台湾去世。工诗词文，善书法。与于右任、梁寒操、计子高合称“中国书法四大名家”。著有《韬园诗集》、《韬园文集》、《治晋政务全书》、《晋绥军事全书》、《要电录》等。

闰二月十七日（4 月 7 日），蒋介石下达总动员令，在徐州誓师“北伐”。

闰二月十九日（4 月 9 日），蒋（介石）、冯（玉祥）、阎（锡山）、桂（李宗仁）四个集团军北伐进军开始。

闰二月中旬，为出师北伐事，田桐偕周震鳞自太原赴河南洛阳。

闰二月间，《国闻画报》第 20 期出刊，上载有田桐所撰之《于右任的一封家书》①一则：

> 于右任氏近在首都，落拓不羁，布衣布袜，别有风味。近闻于氏近有一亲笔函致其子，颇有趣。原文谓：“我是审计院长，你快快把家用做个预算表，让我好决算决算。现在我八百块洋钱一月，朋友们要用几个，我自己要用几个。你们如使用无度，我势必要挪亏空，挪亏空了以后，岂非就是你肩上的事。”云云，大意如此，友辈传为美谈。今于氏方筹备审计院成立事务也。

同月里，《国闻画报》第 21 期出刊，上载有田桐所撰之《暨大小风潮中趣闻》②一文：

> 真茹暨南大学，前日小有风波。离校教授黄建中、汪奠基发表宣言，诋毁该校当局，于是引起在校职员宣言之宣言。黄建中、汪奠基实此次风潮中之重要关系人也。

---

① 此则笔记载于《国闻画报》1928 年第 20 期；因不见收入《田桐集》中，故全文移录于此。

② 此则笔记载于《国闻画报》1928 年第 21 期；因不见收入《田桐集》中，故全文移录于此。

黄建中者，鄂人也，为黄季刚之学生，于国学极有研究，虽不免有所偏执，究不失为一学者。其入暨南，为汪奠基所保荐。汪奠基亦鄂人，曾留学法国，李石曾氏介绍于该校长郑韶觉，谓可令其担任一些功课。郑乃擢之为中学主任，惟汪与学生感情殊不佳，因汪且连累及于黄建中君，于是暗潮迭起，幸郑校长居间调解，幸告无事。至于此次争潮，郑乃无法抑制矣。

汪奠基氏著有《科学方法》及《数学逻辑》二书，为商务印书馆出版，用作中校校本。校中有教授叶智焕氏，以书系译自法语，多所乖误，力劝其勿外作教本，免误学生，并为令名之累，汪因是颇衔之。叶智焕者，为研究英国文学之一人，与徐志摩等同为对于英国文学下过功夫者，但国学根底极浅。叶且有奇癖，晚间挑灯夜读必至天明始睡，故每日必在十一时许起身，下午则专心授课。东南既隶党治，校中于每星期一上午九时例须举行总理纪念周，教职员、学生均应准时而到。汪乃倡议每举行纪念周，教职员、学生必须亲自签名，以便考核，其不到缺席者，即按条例处罚。然因暨南学生多至九百余人，教职员亦百余人，一一签名，势必数小时不可，未能实行。后汪氏又提议，每逢纪念周教职员轮流演讲三民主义，但叶因不甚了解中国文，虽曾在支（芝）加哥加入国民党，而登台演讲未免为难，乃允于作三个月研究后再作演讲焉。

汪在法时，曾倡议反对吴稚晖氏，吴曾以杖击其足，谓余今日实行"以杖叩其胫"云。

闰二月中下旬至三月上旬（4月），《上海常识》第27期出刊，上载有田桐撰写之《陈嘉庚公司》[①]一文：

橡皮一物，在现时代中需要颇多，而橡皮业多为外国所操，国人如需要橡皮乃不得不向外人购之。华侨陈嘉庚先生因是乃〇陈嘉庚橡皮公司，以供国人之需。先设南洋之星嘉坡，其后来国内设内行，广州、厦门、汕头、南京、芜湖、无锡均皆设分行。上海的陈嘉庚橡皮公司的分行设在南京路，所出卖的橡皮物品大的有车胎、汽车胎和人力车胎，小的有胶皮鞋底、胶皮鞋。这鞋和鞋底确是经久耐用、售价低廉，很受学

① 此文载于《上海常识》1928年第27期；因不见收入《田桐集》中，故将全文移录于此。

界的人士欢迎。后来商界中人，渐渐的也都买了，国内陈嘉庚橡皮公司的分公司也一天多似一天了。

上海的分公司除了橡皮之外，新近又添置了许多东西。第一是波罗蜜，这波罗蜜是果子中的珍品，南洋一带出产甚多，但是国内是很〇〇。罐头波罗蜜的味尤比新鲜的波罗蜜好，佛经有句“般若波罗密”，这波罗蜜或许就是佛果了。第二种是糖果，国人制的糖果起初推马玉山、泰丰、冠生园，现在却又多陈嘉庚一家了。陈嘉庚的糖果也比得冠生园的那么好，售价却比任何一家糖果店的糖果便宜，这是爱吃糖果的上海人所当注意的。第三种是饼干，饼干的势力现在一天大一天，将来打倒旧式糕饼的就是这新式的饼干了。冠生园和泰丰二家的饼干，在国货中颇有相当的地位，但是陈嘉庚的饼干也和这二家相同。饼干的佳处是在“松脆”二字上，陈嘉庚的饼干恰应了这二字的佳处。他的定价又格外比别人家低廉，据说是因为是新出品，正在推广招徕呢。最近陈嘉庚公司因被人诬指为日本货，颇起了一度纠纷。但〇华侨自营商业往往因营业发达，为人妒忌，这般的无稽言语决不能相信的。

上海陈嘉庚公司在南京路，听说陈嘉庚公司的计划，除了（经）营橡皮事业外，正在进行罐头食物的出品，现在的波罗蜜、糖果、饼干这三种罐头物品是先试的性质，卖价的低廉正是暗合广告的意味。陈嘉庚公司在南洋一带非常得侨胞的信任，也是侨商中的橡皮大王，将来添了罐头食品，那末又须做罐头大王了。上海的便宜物品中，陈嘉庚公司有一格可以存在。陈嘉庚公司是在国民政府注册的，这也是确实的华商了。上海第二分公司在北四川路武昌路口，北四川路口一带的粤帮十分欢迎，这便见陈嘉庚公司出品是好的了。

三月初九日（4 月 28 日），朱德、陈毅等率领“南昌起义”保存下来的一部分部队和“湘南起义”的农军到达井冈山，在宁冈砻市与毛泽东领导的部队会师，并于三月中旬成立了中国工农革命军第四军（四月中旬，根据中共中央的指示，改称“中国工农红军第四军”）。

三月十四日（5 月 3 日），日本帝国主义在山东济南制造了屠杀中国军民和外交人员的惨案，阻挡国民党军“北伐”。日军攻占城区，奸淫掳掠，残杀中国军民及外交人员六千余人，伤一千七百余人，毁坏财产价值数千万元。史称“五三惨案”或“济南惨案”。

三月上旬，受国民政府委托，田桐偕周震鳞自洛阳赴太原会晤阎锡山。

三月中下旬，田桐和周震鳞曾多次劝说阎锡山出兵驱奉。

据《周震鳞传》中记载："5 月，受国民政府委托，田桐与周震鳞一道经河南进入山西，驻于太原文庙内，与阎锡山进行了多次会晤，说服阎出兵东进，共驱奉系军阀张作霖出关。"

三月二十日（5 月 9 日），张作霖与美国资本发生关系，通电要和南京国民党议和。

三月二十八日（5 月 17 日），日本驻华公使芳泽强迫张作霖签订中日合资修建"吉会铁路"合同，为张作霖所拒绝。

四月初九日（5 月 27 日），田桐的好友、前国民军第三军军长孙岳①在上海病逝。

四月十六日（6 月 3 日），田桐的同乡友人、民国大总统黎元洪②在天津寓所去世。

四月十七日（6 月 4 日），奉系军阀张作霖在由北京退回沈阳途中，于沈阳西北的皇姑屯车站被日本关东军炸成重伤，送回沈阳后于当日死亡，史称"皇姑屯事件"。

同日，南京国民政府任命阎锡山为京津卫戍总司令，令其全权接管北京事务。

四月二十一日（6 月 8 日），京津卫戍总司令阎锡山率军进驻北京，国

① 孙岳(1878—1928)，字禹行，直隶高阳人。1902 年中秀才。后因杀人至五台山出家。1904 年考入保定武备学堂，毕业后至陆军第三镇任排长、参谋。1907 年入陆军随营军官学堂，毕业后回第三镇任管带兼将校研究所教官，同年加入同盟会。1911 年谋滦州起义，事泄被革职。1913 年二次革命起，任北伐讨袁第一路军司令。失败后逃往日本。1917 年至保定，任北洋第三师军官教导团团长。1920 年任直隶义勇军司令。1922 年任第十五混成旅旅长兼冀南镇守使。1924 年与冯玉祥密谋发动北京政变，出任国民革命军副总司令兼第三军军长。1925 年任河南省省长、直隶督办兼省长。1926 年赴上海就医。1928 年病逝于上海。

② 黎元洪(1864—1928)，字宋卿，湖北黄陂人，人称"黎黄陂"。14 岁随父北上，寓居天津。光绪九年(1883 年)考入天津北洋水师学堂。中日甲午战争爆发，曾随舰队北援，死里逃生。1895 年赴南京投奔张之洞，深受张之洞器重，三赴日本考察军事、政治。1896 年随张之洞来到武昌，协助编练湖北新军。光绪三十一年(1905 年)，擢升第二镇第三协统领兼护该镇统制官。次年，任陆军暂编第二十一混成协协统领。武昌起义爆发后，任革命军湖北军政府都督。南京临时政府成立，当选为副总统。袁世凯去世后，曾两任大总统。晚年投资实业。1928 年病逝于天津，墓建于武昌卓刀泉。能诗文，工书法。

民党领导的第二次北伐宣告结束。

四月二十八日（6 月 15 日），南京国民政府宣布“统一告成”。

四月二十九日（6 月 16 日），田桐偕刘守中等北上经张家口赴北京。

五月初一日（6 月 18 日），周震鳞偕刘人瑞抵达北京，进行府院接受事宜。

同日，田桐偕刘守中等自张家口抵达北京，与周震鳞等相聚。

五月初三日（6 月 20 日），南京国民政府决定改直隶省为河北省，北京为北平。

五月初五日（6 月 22 日），田桐偕周震鳞、刘人瑞、黄一欧等前往西山碧云寺，叩祭孙中山之灵。

据《周震鳞传》中记载：“（6 月）18 日，周震鳞与刘人瑞抵达北平，进行府院接受事宜。此时，他的挚友田桐也到达北平。两人见面，畅叙旧谊，追忆孙中山，决定前往西山碧云寺，叩祭先总理孙中山之灵。22 日上午 10 时，他们备足花圈、香、烛等各色祭品，与刘人瑞、黄一欧一同前往祭奠。”

五月上旬，田桐在北平办理完相关事宜，本打算回南京复命，因接蒋总司令函电，谓有要事相商，请等其来平后再定行程。

五月初九日（6 月 26 日），《申报》“本馆要电 · 北平要讯”栏载：“田桐本即赴宁，现俟蒋至再往。田主张移兵不裁兵，又主张政治高下，官吏实行考试，凡革命有功者，应崇报，而专门人才，亦当登庸。田又谓晋政治分会，迄未组织成立。（二十五日下午六钟）。”

五月十九日（7 月 6 日），蒋、冯、阎、李四个国民党集团军总司令在北平集会，商讨“善后”事务。

同日，田桐偕蒋介石、冯玉祥、阎锡山、李宗仁等前往西山碧云寺祭祀孙中山；蒋介石担任主祭，冯、阎、李为襄祭，其他国民党官员与祭者甚多。

五月二十日（7 月 7 日），田桐偕蒋、冯、阎、李及国民党军警要人等参观北平故宫。

五月中、下旬至六月上旬（7 月），《上海常识》第 30 期出刊，上载有田桐所撰写之《虹口（一）》①一文：

---

① 此文载于《上海常识》1928 年第 30 期；因不见收入《田桐集》中，故全文移录于此。

虹口在上海地方中，宛如有特别潜势力，在几种事件中都靠虹口做大本营。在几年前，有名的虹口胡家木桥宝台赌场，现在的猛将堂花会大听筒，白相人和流氓在虹口方面都是好勇狠斗，动不动就是手枪利斧。冬天中，盛行剥猪猡，处处俱是行路难，独有东百老汇路和西华德里路虹桥至提篮桥这一段路中绝少有剥猪猡的发生，这便是虹口的白相人流氓势力所及的明证。做剥猪猡买卖的人，生怕剥着了虹口的白相人和流氓，他们是好勇狠斗，常常身边带手枪和斧头，万一遇到了，摸家伙相拼，未免太不上算哩。因此，剥猪猡的都不敢在这一段地方上剥猪猡了。猛将堂是虹口流氓、白相人的大本营，除了花会之外，还有许多歹事往往也在这一带破案。虹口先前原没有雉伎的，却有不少的私娼，现在却也有了雉伎，也是一般的立在马路边拉客。每夜八时以后，新记浜路、塘山路口一带雉伎林立，竟仿佛如福州路的青莲阁下一般。这雉伎在汉口马路上拉客还是前年起的，汉口一带的轮船码头停泊的轮船许多是从外洋来的，所以往在码头上有水手、伙夫们私带枪弹的案子破获。

虹口区域包罗极广，从虹口起，至杨树浦止，虹桥有三条：东百老汇路的一条，唤“外虹桥”；西华德里路的一条，唤“中虹桥”；吴淞路三角小菜场的一条，唤“里虹桥”。自东百老汇路起，至北四川路止，凡在桥北，都算是虹口，但是无形之中又分了区别：东百老汇路和西华德里路一带甬人居多，白相人和流氓也不少；过提篮桥，工厂居多，差不是工人世界。吴淞路是日本人居多，无异日本化的区域；北四川路、靶子路广东人居多；武昌路、天潼路、崇明路这一带宛如广州的西堤。虹口的影戏园有新中央、上海大戏院、奥迪安、百星、月宫、万国、武昌、新爱伦、爱普庐，新中央从前是维多利亚影戏院，爱伦的“新”字，是新加的，东和影戏院现在却变做“武昌”了。旅社有虹口大旅社、月宫饭店。北四川路的仁智里有广东妓院，虬江路有俄国妓院，吴淞路有日本妓院，此皆虹口独有的特色。

五月下旬，遗民特质较为突出的词社——须社在天津郭则沄的栩楼成立，并举行第一次社集。

六月初三日（7 月 19 日），沈阳日本新任总领事林久治郎访问张学良，代为转达田中内阁的意见，“警告”张学良可暂时观望形势，切勿过早易帜。

案：张学良原定于7月21日宣布易帜，由于日本方面的阻挠，不得不推迟实行。

六月初四日（7月20日），田桐与经亨颐[①]等人被推为中央处理逆产委员会委员。

六月初六日（7月22日），彭德怀、滕代远、黄公略等共产党人在湖南平江领导所部革命士兵和当地农民举行武装起义，成立了中国工农红军第五军和平江工农兵苏维埃政府，开辟了湘鄂赣革命根据地。

六月初七日（7月23日），经东三省政治分会讨论，田桐与周震鳞被推为东三省党务指导员。

六月初九日（7月25日），南京国民政府与美国订立整理中美两国关税关系的条约，美国承认南京国民政府并支持其“统一”中国。

六月初十日（7月26日），田桐偕沈尹默[②]离平自海道南下。

六月中旬，田桐抵达南京复命，随即至国民政府履职（时为国民政府委员）。

六月中下旬至七月上中旬（8月），《上海常识》第31期出刊，上载有田桐所撰写之《虹口（二）》[③]一文：

广东人旅沪上，多聚居虹口的北四川路一带，所以有人说，过了四

---

① 经亨颐(1877—1938)，字子渊，号石禅，晚号颐渊，浙江上虞人。1902年留学日本，回国参加筹建浙江官立两级师范学堂，辛亥革命后任校长，并兼任浙江省教育会会长。五四运动期间，倡导新文化运动，大胆改革教育。后辞职回上虞创办春晖中学并任校长。1923年至宁波任省立四中校长。1925年参加国民革命，曾任国民政府常委、教育行政委员会委员、中山大学副校长、北京高等师范学校教育长等职。1930年被北平反蒋派推为中央党部组织部部长，遂被南京国民党中央党部开除党籍。1931年任全国教育委员会委员长。1938年9月15日病逝于上海。

② 沈尹默(1883—1971)，原名君默，后改尹默，字中、秋明，号君墨，浙江吴兴人。1905年留学日本，1907年回国，先后在杭州高等学校、北京女子师范大学等校任教。五四期间积极投身新文化运动。曾参与编辑《新青年》，倡导文学革命，积极探索白话新诗的创作，在诗的内容和形式方面进行了大胆尝试。五四后，曾任河北省教育厅厅长和北平大学校长等职。解放后历任中央文史馆副馆长、全国人大代表、全国政协委员、上海市人民政府委员、上海市文联副主席等职。工诗文，善书法。著有《沈尹默书法集》《书法漫谈》、《书法论》、《书法艺术的时代精神》、《历代名家学书经验谈辑要释义》、《学书丛话》、《沈尹默手稿墨迹》等。

③ 此文载于《上海常识》1928年第31期；因不见收入《田桐集》中，故全文移录于此。

川路的桥，宛如别有天地。此话却也实在，像武昌路与崇明路都是广东派的饮食店，最著名的北四川路会元楼、粤商酒楼，其他如已闭的西湖楼、安乐园、陶陶、味雅、陶园，都是广东派的饮食店。广东派的饮食是价廉物美，知道广东规矩的，到这几家去吃些东西，着实便宜，但是不知道广东规矩的，恐啖不到异味。从前天潼路有二家广东饭店，一家叫合珍，一家叫广吉祥，吃便饭非常便宜。一角小洋一盆炒牛肉片，满满的一盆；五分小洋的一碗饭，满满的一大碗，足够一顿饱食了；还有五分小洋一盆的叉烧和烧肉，也满满的一盆。武昌路还有许多的广东点心店，所卖的点心如汤圓，如粥，如混沌，如面，都是别有风味的。上午广东店里卖的广东豆腐，却比上海的豆腐不同；广东方方的一块，像豆腐干一般，皮黄肉白，味比上海豆腐好得多，但是住在四川路桥以南的人未免吃不到了。夏天的芦根茶也是广东人常喝的，虹口一带俱有出卖，芦根茶比绿豆汤有益。安乐园酒家常有异味，如蛇，如香猬，如香鼠，都是不易吃得的东西，但是售价颇昂贵。在秋季，菊花盛开，广东酒楼中有菊花羹上市。菊花清香，入口时真是心肺俱清了，喜欢吃的人们，再等二个月后可以跑到虹口去试吃一次咧。

吴淞路一带，日本人居住的很多，纸帘矮棚，触目皆是，著名的六三亭，便是日本的高等妓院。除了六三亭，还有许多的日本私娼散居吴淞路一带。日本商店也有不少，交易买卖都是日本人，著名的丰阳馆与万岁馆便在闵行路口。在日人最多的地方，满目都是御字、御下宿、御料理、御用品，简直入了“御世界”哩。但是日本人好食一种黄色的咸萝菔，这物在未洗去黄色的时候，非常奇臭，偏是日本人嗜之如命，所以吴淞路一带常常有奇臭触鼻，就是这东西的气味了。日本人的料理店，大半可以借作阳台的，正如爱多亚路一带的小客栈，仿佛出入其中的都是下等的日本私娼，泡一次汤不过日金一二元，日本人光顾的极多，但是这般的料理店颇多日本的浪人，华人去光顾的极少，因怕被日本人拉到日本老虎灶里去，开一下调斧啦。

六月二十三日（8 月 8 日），蒋介石在南京召开国民党二届五中全会，强调军政、军令统一，取消冯、阎、李等所设之政治分会。

同日，日本田中内阁派遣前任驻华公使林权助赴奉天，阻挠张学良“易帜”，并宣称日本将出兵沈阳以恫吓张学良。

六月二十八日（8 月 13 日），美国驻华公使马克谟亲赴沈阳，与张学良的代表杨宇霆会谈，支持张学良归顺南京。

七月下旬，田桐因公务自宁至沪，受到市政府和朋友的欢迎。

八月初一日（9月14日），田桐应邀前往位于吕班路四十八号的市政府俱乐部，出席由何世桢①、金问泗②等组织的党部欢迎宴会。

八月初三日（9月16日），田桐与经亨颐、徐元诰、朱绍良、刘盥训被任命为国民政府中央处理逆产委员会委员。

案：徐元诰（1878—1955），字寒松，号鹤仙，江西吉安人。早年考入江西高等学堂。后赴日本中央大学攻读法律，在日本时加入同盟会。归国后创办江西法政专门学堂，任堂长。1912年任江西省司法司司长。1913年参加反袁，遭通缉，逃至上海，为中华书局主编《中华大字典》。袁世凯去世，出任上海道尹。1917年改任河东道尹。不久辞职南下，出任大元帅府秘书长。1926年任江西省高等法院院长。1928年任中央最高法院院长。后在上海开办律师事务所，倡修《辞海》。全民族抗战期间，闭门不出，专事著述。抗战胜利后，任上海敌伪产业处理局法律总顾问。新中国成立后，被聘为上海市文史馆馆员。另著有《管子释疑》、《国语集解》、《说文》、《法学通论》、《民主》等。

朱绍良（1891—1963），原名宝瑛，字一民。祖籍江苏武进，生于福建福州。1907年入福建陆军小学堂，后入南京陆军第四中学堂，并被选送日本振武学校学习。1910年加入同盟会。1911年9月回国，参加武昌起义。后至沪军都督府任参谋。参加“二次革命”，失败后赴日留学。1916年自陆

① 何世桢（1895—1972），字思毅，号干臣，安徽望江人。1918年北京大学英文系毕业，赴上海东吴大学攻读法律系。五四运动时，为上海学生的主要负责人之一，同年加入国民党。后赴美国留学，毕业于美国密歇根大学研究生院法学系，获博士学位。1922年回国，在东吴大学、上海大学执教。1924年出席国民党一大。曾创办私立持志大学。抗战期间，奉命打入汪伪政府任职，暗中从事策反工作。抗战胜利后，被任命为上海接收大员。1947年当选国大代表。解放后寓居上海。1972年10月13日去世。

② 金问泗（1892—1968），号纯孺，浙江嘉兴人。1910年毕业于复旦公学。1915年获天津北洋大学法学士学位。1916年夏考入北京政府外交部任职。1917年任驻美国使馆学习员，同时入哥伦比亚大学习国际公法及外交学。1919年任中国出席巴黎和会代表团副秘书。同年获法学硕士学位。1921年任中国出席华盛顿会议代表团秘书。1922年回国，历任外交部通商司榷税科科长、议事处帮办、佥事、词讼科科长，上海特别市政府专任参议，外交部第一司司长，驻江苏交涉员，农矿部参事，实业部参事等职。1933年任驻荷兰公使，兼代理驻比利时、捷克、波兰等大使馆馆务。1943年任驻荷兰全权大使。1945年专任驻比利时大使。1949年任驻比利时大使兼驻卢森堡公使。退休后旅居美国。1968年4月21日病逝于华盛顿。

军士官学校毕业，回国后在黔军中任职。全面抗战爆发后，历任淞沪会战中央军总司令兼第9集团军总司令、第八战区司令长官、陕甘宁边区总司令等职。解放战争中，曾任军事委员会副参谋总长、重庆行辕主任等职。1949年8月赴台，曾任战略顾问委员会战略顾问等职。1963年12月25日病逝，追晋为陆军一级上将。

刘盥训（1876—1953），字孚若，一作扶弱，山西猗氏人。清末拔贡。早年入令德堂、北京优级师范学校学习。1904年赴日留学。1905年加入同盟会。1906年回国后，相继任山西大学堂中斋教务长河南开封师范学院学监、北京大学教授。1917年南下参加护国运动。1918年任立法院财政委员。1924年出席国民党一大，拥护孙中山的三大政策。1927年任国民党中央党部视察员。全面抗战爆发后，刘盥训力主抗日，曾赴陕北办理赈灾。1941年又至山西办理赈灾。1949年北平解放，赴北平定居。1952年被聘为中央文史馆馆员。刘氏好学不倦，喜读书，好记日记，终生不辍，为后人留有60余册日记。

八月二十五日（10月8日），国民党中常委举行会议，通过蒋介石为国民政府主席兼陆海空军总司令。 会议还确定：国民政府下设立立法、司法、行政、考试、监察五院，国民政府委员计十六人。

八月下旬至九月上中旬（10月），《上海常识》第33期出刊，上载有田桐所撰写的《吃便饭》①一文：

> 吃便饭是不能邀了朋友们上酒楼菜馆大吃大喝，是一个人偶然在外面时候却不便回到家中去吃饭，只得买一顿便饭吃，但是现在百物价昂的上海，一顿便饭稍为吃得考究些差不多须一元的代价。虽然饭店中的饭菜和饭比较是便宜的，然上海人极讲场面，若在饭店走出门的时候偶然碰到朋友，觉得有些难为情，若不吃饭店饭时，徽馆的面也可算一顿便宜。至多一个人所吃的一碗面，除了外浇过桥之外，不过二角小洋光景。出门的时候遇到朋友，也可以大大方方，不必有什么的难为情。其次便是小广东馆的广州式西菜，一饭一排，所费不到四角小洋，也能吃饱一顿。排如牛排、猪排，可分烩、炸、煎三种，任便爱吃的点吃；饭如芥莉鸡饭、什锦饭、牛肉饭、猪肉饭都是十分的可口。牛排和猪排的价目，只值小洋五分；饭的价目，只值小洋二角；尚有明治牛肉饭一种，只值小洋一角五分，这是格外便宜的。但是不能吃鸡蛋饭，因鸡蛋

① 此文载于《上海常识》1928年第33期；因不见收入《田桐集》中，故全文移录于此。

饭价目却是小洋二角，风味十分平常，似乎有些不值得吃。这般小广东馆中，除了正式加小账之外，不必再给额外小账。再其次是美丽川的便饭，每客六角，菜却是精美，可惜只够一个人的吃。这是有名的六〇六便饭，因六角正账之外，再加一小账六分，便有了“六〇六”的名字了。望平街新开设的觉林蔬菜处，便饭也很便宜，然而须在楼下吃。佛陀街是有名的饭店弄，其中的饭店分苏、甬二帮。甬帮中的饭店海鲜货多，价目是小洋，也不十分昂贵；苏帮中有照钱码算的，但是没有海鲜货，喜欢海鲜货，吃些异味则甬帮饭店为宜。若是三四人同吃便饭，南京路的四五六饭店中二元的和菜足够饱吃，菜新鲜而且样式特别，也别有一种特别的风味。五马路的大庆馆、得和馆、大鸿楼吃便饭却不十分便宜。还有一种清真教门馆，吃便饭很便宜，不过只卖牛羊鸡鸭鱼，不卖猪肉，如老北门口的王顺典、浙江路偷鸡桥的九云轩。北派的便饭，如福建路吉升楼弄内的一家，大世界后面富有居都价廉物美，但是吃的是饼、包子和面，不惯的却吃不惯的。

九月上旬，田桐自沪返宁，并向中央政治会议提出辞呈，辞去中央处理逆产委员会委员职务。

九月初八日（10 月 20 日），《申报》“本馆要闻”栏载：“中政会临时会议决议处理逆产委员会委员，田桐呈请辞职，决议照准。”

九月二十日（11 月 1 日），田桐被提名为国民政府立法院立法委员人选。

九月二十二日（11 月 3 日），田桐离宁抵沪。

九月二十六日（11 月 7 日），田桐与王用宾等四十八人被任命为国民政府立法院立法委员。

案：王用宾（1881—1944），字利臣、理成，号太蕤，别号鹤村，室名半隐园，山西临猗猗氏人。1899 年中秀才。1900 年保送入太原府学堂，后转入山西大学堂。1904 年赴日留学，入盐仓铁道专科学校，后转入法政大学攻法律。1905 年参加同盟会，被推为山西支部长。1907 年回国，与景梅九等在太原创办《晋阳公报》，任主笔。1912 年被推为山西省议会副议长。1913 年当选为参议院参议员。1917 年随孙中山南下护法，后历任大元帅府参议、总统府咨议、国民党山西支部筹备处长、河南省代理省长、国民党北平政治分会秘书长、国民政府立法院立法委员、立法院法制和财政委员会委员长、考试院考选委员会委员长、司法行政部部长等职。1937—1944 年，任中央公务员惩戒委员会委员长。著有《半隐园侨蜀诗草》、《半隐园词草》、

《辛亥革命前后山西起义纪实》、《中国历代法制史》（与邵修文合著）等。

九月下旬至十月上中旬（11月），《上海常识》第34期出刊，上载有田桐所撰写的《胶皮鞋底》[①]一文：

胶皮鞋底有二种，一种是日本货，完全是劣料造成，很容易使脚叉里发生湿气；一种是陈嘉庚橡皮公司的出品，与日本货大不相同，用极好的原料做成，经久耐用，差不多可穿一年有余，比起日本货只可穿一月的，佳劣自见。但是日本货往往欢喜冒人家的牌子，陈嘉庚橡皮公司所处的胶皮鞋底因杜绝假货，鞋底有陈嘉庚橡皮公司的商标，商标是一口钟，钟里有一个“中”字，很是显明。这一种胶皮鞋底不但不会使脚丫发生湿气，还可以有避电的功效，欢喜穿的人甚多。然而，许多人怕日本货冒牌，不敢去买，其实只须证明皮鞋底上的陈嘉庚橡皮公司的商标，或是径向陈嘉庚公司中去买便可不受日本货的欺骗了。球鞋也有胶皮鞋底，陈嘉庚公司有种拍网球鞋，是用胶皮鞋底的，很受球场中球员的欢迎。沿路鞋摊上的胶皮鞋底的鞋，那完全是日本的劣货，小鞋子店卖的胶皮鞋底，也都是日本货。几家大公司里所卖的胶皮鞋底，虽不是日本的劣货，但是价钱便非常昂贵。陈嘉庚公司却是价格低廉，货物又是上等，真是价廉物美哩。胶皮鞋底第一须拣选原料，上好的原料制成胶鞋底不会使穿的人不满意，下等的劣货原料制成胶鞋底自然是使穿的人十分不满意。日本货是出名的劣货，不只是这胶皮鞋底一种是劣料制成的，尤喜冒人家的牌子商标，常常弄（得）买的人不分真假，这是商业中的劣根性，也是日本人的特长。最近又有人在那里说胶皮鞋底的种种不良，但是分明白了好货与劣货，自然好的自好，劣的自劣。陈嘉庚橡皮公司所出的胶皮鞋底当然是列在好的，日本所出的胶皮鞋底当然是列在劣货中的。然而说的没曾把好劣分出来，解说明白也未免是日本人相同的一般劣根性了，这是上海人买东西时所应知道的事，也合《上海常识》的体例，所以特地写出来刊在这里啊。

在《上海常识》第34期同一期上，还刊载有田桐所撰写的《赛狗保险》[②]一文：

上海的新花样事业日新月盛。女子理发所之后，便接上了跳舞场大

---

① 此文载于《上海常识》1928年第34期；因不见收入《田桐集》中，故全文移录于此。

② 此文载于《上海常识》1928年第34期；因不见收入《田桐集》中，故全文移录于此。

兴；跳舞场后，随着是赛狗上市。赛狗和赛马虽同是大赌博，但是赛马因赛期不如赛狗期多，票价比赛狗昂贵，因是赛狗便比赛马的害处更多。在现在赛狗潮中，上海一班相面、测字、算命这般江湖先生居然也来投机一下。大家都挂了一块“保险赛狗”的牌子，说能算准赛狗保赢，还可以保险保赢。然而有几位善于预测赛狗的狗记者平日足迹常在赛狗场，对于所赛狗的狗确是有几分把握的，可是预测起来往往还是不十分地可靠。这天天坐在家里，足不出大门的江湖先生，这么的反能赛狗保险保赢呢？不言可知赛狗保险保赢是完全哄哄人罢了。如果这江湖先生真的能知赛狗保赢，何苦又挂了牌子，做了相面、算命、测字生涯？只须每逢赛狗时候往赛狗场中去跑上一趟，保赢的进账，不是要好得多么？有人曾经去请教过这般江湖先生，据江湖先生说，赛狗须买热狗，若是常常跑第一的狗，尽管大胆去买票，十次必有一次得彩的。这般玲珑圆滑的言语，也算是赛狗中的奇谈了。还有人去问一个江湖先生，所赛狗的狗中，端的买那一只狗的狗票，可稳稳保赢。江湖先生的答语越发奇妙了，说不妨看看报上的赛狗预测，必可以买中得彩，还再三说道，这是赛狗场中发财的捷径。那么这江湖先生也算与报纸有缘了，难得他说这一句有力的介绍。现在上海的这班江湖先生差不多都已挂了“赛狗保险”的牌子了，还大发传单，有几个江湖先生将各报上的赛狗预测一一的熟记住，有人来问时，便熟记而流利背了出来，那不中不西的狗名，听了当使人笑痛肚皮。其实赛狗确是赌博，赌博可以保险保赢，已是千古奇谈，能谈言微中，益发是奇谈中的奇谈了。上海自从赛狗盛行之后，有不少的靠狗吃饭，这江湖先生的赛狗保险保赢是靠狗吃饭中最下一级了。那些买狗票的人也是靠狗吃饭，同是靠狗吃饭，江湖先生又是抢人的狗饭呢！

十月初二日（11 月 13 日），田桐因事自上海抵达武汉，下榻福昌旅馆。

十月初四日（11 月 15 日），田桐应邀出席武昌美专举行的鄂省第一届美术展览会开幕式，并发表演说。

十月初七日（11 月 18 日），田桐应邀出席国民党中央政治会议武汉分会主席李宗仁的家宴。

案：李宗仁（1891—1969），字德邻，广西桂林人。1910 年加入同盟会。1913 年毕业于广西陆军速成学堂，先后在滇军、桂军中任职。因作战勇敢，至 1926 年累官至广西省绥靖督办公署督办兼广西陆军第一军军长。

北伐战争时，任国民革命军第七军军长、第三路军总指挥、第四集团军总司令。第二次国内革命战争初期，任国民党西路军总指挥、第四集团军总司令、武汉政治分会主席。1929年蒋桂战争失败后，回广西与白崇禧等组建护党救国军，任总司令。全面抗战爆发后，任第五战区司令长官兼安徽省主席、汉中行营主任。1945年后，任北平行辕主任。曾与蒋介石一起发动反共反人民的内战。1948年4月当选为中华民国副总统，同年5月任国民党副总裁。1949年1月出任代总统，派代表与中共进行和平谈判。1949年7月任中国国民党中央非常委员会副主席。同年12月自桂林去美国。1965年7月从美国回到北京，并发表声明，决心为完成祖国统一大业作出有益的贡献。1969年1月30日在北京病逝。著有《李宗仁回忆录》。

十月十一日（11月22日）下午，武汉各界举行欢迎大会，田桐出席并在会上发表演说；当晚，因沪上电催，田桐遂离汉赴沪。

十月十三日（11月24日），天津《益世报》载"田桐由汉赴沪"一则云："汉口十一月二十二日下午五时国闻社电：田桐因沪电敦促，决养（廿二）晚赴沪，旬日内再赴平。二时在武汉各界欢迎会演说：'革命必多数以自强不息的精神、博爱的度量，提纲挈领，向前进攻，方可有成，决非少数（夹）提包、贴标语，把会场弄成孝堂样所能办得完的。幸各同志，○速自振'。"

十月二十七日（12月8日），田桐与焦易堂等十六人被推为国民政府法制委员会委员。

十月下旬至十一月上中旬（12月），《上海常识》第35期出刊，上载有田桐所撰写的《老虎灶》①一文：

> 上海的老虎灶，是专卖热水的水炉子。从前一文钱一木勺的热水，现在已涨到十文钱一木勺了，但是华界和不甚热闹的地方却是五文钱一木勺。老虎灶除了卖热水之外，还有一种额外的特别生涯，第一项是卖茶。许多老虎灶都是兼理小茶馆的，可是喝茶的茶客大都是下流社会中人，不然便是流氓折梢。大多数的流氓都是盘踞在老虎灶，泡一碗茶，便终日坐着。老虎宛如他们的大本营一般。第二种是毕三的旅馆，毕三在外老虎灶中往往夜宿的，每夜约取钱二三十文，却是没有铺的，只随便的在台上或凳上睡这么的一夜。但是这毕三旅馆生意宜冬不宜夏，冬天时候，毕三受不住外面寒冷，都来老虎灶中过夜；夏天天热，马路上

① 此文载于《上海常识》1928年第35期；因不见收入《田桐集》中，故全文移录于此。

便是毕三安身的所在，所以老虎灶在夏天时候又兼着浴堂了，每浴大约五六十文左右，浴客大都是几个稍有余资的劳工们，生涯可着实不恶。第三项是收买贼赃、流氓、毕三、扒手、偷儿、小窃，都是老虎灶的主顾。那些来历不明的物件也时在老虎灶中存藏，老虎灶的老板便能乘机收买。这些收买贼赃的利息本来很厚，所以开老虎灶的老板都是发了不少的财。然而开老虎灶也很不容易，虽是下流下等的生意，没有潜势力的人休想开设，满座茶客都是流氓，不是有面子的人再也压不住他们。拆梢是犯法的，从来只听见拆梢的人吃官司，没有听见容流氓明目张胆在那里拆梢的老虎灶吃官司。毕三在老虎灶里宿夜，不敢偷老虎灶东西，收买贼赃，探警们都是作不闻不问。这几件事不是有潜势力的人，如何办得到？开老虎灶的，江北、扬州、青口三帮人的居多，其余苏粤甬诸帮的人实在是不屑做这种买卖。老虎灶是列入饮食店类中的，租界中对于饮食店类的店铺非常注意卫生，对于老虎灶的龌龊和卫生正是大相反对的，却没有一些儿指正，这算得是租界中的一件奇事。上海特别市的卫生局正在计划茶馆的改良，不知对于根深蒂固的老虎灶，又是社会上第一个鬼窟，不知是怎样的办法。如何去改良他，其实也是公众卫生的一个大问题哩。

十一月初一日（12 月 12 日），彭德怀、滕代远等率领平江起义建立的红五军主力，转战到达井冈山，与红四军会合。

十一月初二日（12 月 13 日），南京市民举行示威游行，捣毁外交部部长王正廷的住宅，对南京政府向帝国主义妥协的一系列外交政策表示抗议。

十一月十八日（12 月 29 日），奉系军阀张学良通电全国，宣布：从即日起遵守三民主义，服从国民政府，改变旗帜（将北洋政府的五色旗改换成国民政府的青天白日满地红旗）。南京国民政府任命张学良为东北边防司令长官。此举标志着北伐的结束、国民政府形式上完成全国的统一以及北洋政权的统治正式结束。

十一月二十一日（1929 年 1 月 1 日），国民政府为整编全国军队，在南京召开国民革命军编遣会议。蒋、冯、阎、李之间的矛盾加剧。

同日，田桐应邀出席中国学会成立大会。

十一月间，田桐见北伐已经结束、全国完全统一，遂自武汉回到上海寓居。刚回到上海，友人就前来告诉他：无锡的薛芳女士已于此前不久去世了。田桐心中甚是惋惜，乃用杜诗二句以挽之：“一去紫台空海上，独留青冢在吴中。”（见《革命闲话·薛大小姐》，《田桐集》第 407 页）

十二月初四日（1929 年 1 月 14 日），为打破湘赣敌军对井冈山根据地的“会剿”，毛泽东、朱德、陈毅率红四军主力挺进赣南、闽西。

十二月初九日（1929 年 1 月 19 日），著名思想家、政治家、文学家梁启超在北京协和医院病逝。

十二月间，田桐见好友陈去病对时政甚是不满，拒绝出任南京国民政府委任的各种职务，颇担心他的生计问题，遂联络老友柳亚子、张继、高燮、胡韫玉、姚光等人在报纸上专门为他发表了一则《卖文润例》[①]：

巢南先生偃息衡门，著书娱乐，有修身自适之意。而争求其文者日益众，殊苦逼迫，同人为订润利（例）刊后：今体诗每体五元，古风倍之。题跋十元，序记倍之。箴铭颂赞廿元，传状倍之。寿文、祭文、祠词等项卅元，骈体倍之。墓表墓碣五十元，骈文倍之。墓志铭、神道碑及庙堂诸石刻另议。忠孝节烈、事关杨阐者，不受酬。

案：田桐晚年寓居上海，其境况与当时的陈去病有着惊人的相似；他在与老友们商议为陈去病写这篇卖文润例时，是否也预想到了自己今后的结局？

同月里，田桐的好友陈家鼎[②]在北平西山寓庐因煤气中毒去世。

其间，曾应友人志洲[③]之请，为其作水墨纸本行书对联一副（146cm × 37cm × 2）：“万里银涛飞锦绣，百篇玉戛奏笙簧。”其题识云：“志洲仁兄法家大雅之属，田桐作于海上。”钤印：“田桐之印”（白）、“玄玄居士”（朱）（见浙江隆安拍卖有限公司“2009 宁波秋季拍卖会”——“中国书画专场”拍卖品，编号：0142）。

是时，田桐“不幸得肝膈病，时作时发”；然仍“抱病著述，不稍间

---

① 转引自张伟：《田桐与走向终结的南社》，《南京理工大学学报》（社会科学版）2015 年第 4 期。

② 陈家鼎（1876—1928），又名曾，字汉元，号半仙，湖南宁乡人。1891 年取秀才。1903 年考入湖北武普通学堂。1904 年春赴日留学，入早稻田大学。1905 年加入同盟会，被推为评议员。1906 年曾奉命赴上海、湖北、湖南等地筹建同盟会分部，又曾奉命护送陈天华、姚宏业灵柩归葬岳麓山。1908 年曾奉命赴山东发动起义，起义失败后深入长江下游各省策动革命。入民国，被推为临时参议会参议员。在国会，曾组癸丑同志会，坚决反对袁世凯独裁。“二次革命”失败后逃往日本。袁世凯去世后，重返北京国会，任宪法起草委员。1918 年南下广州，出任孙中山大元帅府参议。1924 年陈炯明叛变，为保护孙中山安全，奔走四方，从中斡旋。陈炯明叛乱平定后，奉命赴京联络各方力量，响应北伐。孙中山逝世后退出政界，隐居西山养病。

③ “志洲”的姓氏、字号与生卒年及生平事迹不详，待考。

断”（见田桓《忆先兄田桐》，《田桐集》附录，第 586 页）。

民国十八年己巳(1929 年)　五十一岁

是年，田桐仍寓居上海，“以著述为事，发其素所怀抱”①。

正月初一日（2 月 10 日），国民政府决定从 1929 年起，中国旧历新年正式改名“春节”。

年初，田桐所撰写的著作《太平策》的绪言部分（即《太平策·绪言》）完成（见《田桐集》第 339～340 页）。

其间，曾与友人发起为亡友续桐溪和李鸣凤召开追悼会，并与周耀武、景定成被推为筹备干事。

正月初八日（2 月 17 日），上海同人在静安寺公祭梁启超，陈三立与张元济主持其事。

正月十八日（2 月 27 日），外交部照会英、美、法、荷、挪威、巴西六国公使，宣布中国将取消领事裁判权。

正月二十日（3 月 1 日），应新云南月刊社友朋之请，田桐为他们题写刊名：“新云南月刊　田桐题”（见《田桐集》第 337 页）。

正月二十三日（3 月 4 日），田桐被中央圈定为湖北省执监委员候选人。

正月间，与友人在上海白云观发起为续桐溪、李鸣凤等死难故友举行追悼会，田桐赴会并撰有挽续桐溪联（见前文）和挽李鸣凤联，以表达其悲痛心情（见《革命闲话·李鸣凤》，《田桐集》第 386 页）：

没世有名称，一例彭殇皆寿考；

中原犹战伐，万方民物待昭明。

二月初八日（3 月 18 日），国民党召开第三次全国代表大会，通过《确定训政时期党政府人民行使政权治权之分际及方略案》，进一步剥夺了全国人民的民主权利。

二月初十日（3 月 20 日），红四军前委在福建长汀举行会议，决定红四、五军在地方武装配合下，以赣南、闽西二十余县为范围，开辟革命根据地。

二月十六日（3 月 26 日），蒋介石指责桂系威胁中央，下令讨伐，并亲率 3 个军直趋武汉，蒋桂战争爆发。

---

① 田桓:《忆先兄田桐》,《田桐集》,华中师范大学出版社 2011 年版,第 586 页。

二月间，应友朋之请，田桐给《国粹月刊》题词（即《题〈国粹月刊〉》，见《田桐集》第338页）。

是年春，经过近三年时间精心设计建造，南京紫金山中山陵修建完成。

其间，好友、金融家周佩箴嫁女，田桐前往参加盛宴，并撰有喜联一副赠贺（见《田桐集·联存》第513页）：

细柳门庭宜咏絮，金莲家世尚吹箫。

案：周佩箴之女周世桢嫁同郡金绍坊（1890—1979）次子金开源，一位是大家闺秀，一位是世家公子；且后来周佩箴之子周开源又娶金绍坊之女为妻，可谓亲上加亲。

周佩箴（1884—1952），原名延伸，字佩箴，以字行，浙江吴兴南浔人。1902年中秀才。后赴上海从商。受张静江之聘，任通运公司和通义银行经理。通过张静江结识孙中山，加入同盟会。1911年参与上海、杭州光复，出任浙江省官产处处长。宋教仁被杀，从杭州回上海参加反袁，与张静江等积极筹措革命经费。1917年南下，出任广东省府委员兼土地厅长、广东沙田清理处处长。1918年奉命赴上海筹办证券物品交易所，1920年正式成立，任常务理事。不久，被推为上海总商会会董。1927年在江浙为北伐军筹措经费，相继出任上海中央银行行长、财政部浙江造币厂厂长、中国农民银行常务董事兼代理总经理、交通银行常务理事等职。全面抗战爆发后，赴重庆任中国农民银行常务理事、东业银行董事长。抗战胜利后回上海，继续从事金融业。1949年赴台湾，1952年病逝于台北。

三月初二日（4月11日），田桐前往参加在孟德兰路武圣宫举行的胡景翼逝世四周年公祭典礼，并在会上发表演说。

三月十四日（4月23日），国民政府委派国民党中执委委员、海陆空总司令部参谋长何应钦为总理奉安迎柩总指挥。

四月上、中旬，田桐因邀请参加孙中山先生灵榇的起运仪式、奉安大典，遂有上海至北平、北平至南京之行。

其间，田桐与谭延闿、胡汉民、戴传贤、于右任、阎锡山、商震、张继、吴稚晖、周震鳞、褚民谊、谢持、覃振等人有感于亡友陈家鼎“半生奔走效命党国，乃不获见大勋之集，引为深痛”①，遂在北平法源寺举行追悼会，哀悼其去世。

① 居正、焦易堂：《陈家鼎传略》，《居正文集》下册，华中师范大学出版社1989年版，第799页。

四月十八日（5 月 26 日），孙中山的灵柩自北京西山碧云寺扶入灵车，由北平南移；田桐等人护送灵车一路南下。

四月二十日（5 月 28 日）晨，孙中山的灵柩抵达南京江边；上午八时后，国民政府举行了隆重的“迎榇”仪式。

四月二十一至二十三日（5 月 29 日—5 月 31 日），国民政府在南京中央党部为孙中山举行了盛大的公祭活动。

四月二十四日（6 月 1 日），国民政府在南京紫金山中山陵园隆重举行了孙中山灵柩的奉安大典。

同日，上海《申报》在“自由谈”栏载有田桐所撰写的《迎榇日》①一文，纪其盛况：

国父孙中山先生灵榇南下，奉安首都，八音密谒，四海震悼。二十八日上午为迎榇日，素车白马，云集江干。小子何幸，躬与大典。爰将江边目击情形笔而出之。

江边

挹江门外越逸仙桥里许，即江边中山码头在焉，其地为灵榇升陆之处。迎榇专员于是晨八时即云集该处，奉安委员会特设招待处，款待来宾。毗邻设第二救护队，担任工作者为卫生部及京市卫生局职员。沿江一带，自微明起，即断绝交通，十时半狮子山鸣礼炮，知灵榇已安抵浦口矣。于是此间司仪诸员即传命准备。少顷，迎榇人员纷纷渡江而归，知灵榇行将过江矣。十二时，礼炮隆隆，山岳震撼，军号声大作，遥见威胜舰自江心徐驶近岸，既而下椗。更须臾，此世界伟人之铜棺安然自舰中徐移登陆。随榇而行者，孙夫人暨家族亲故、迎榇专员在焉。

灵榇

灵榇置威胜舰碇尾，上盖篷帐，地铺毛毡，一尘不染，四周设藤椅十数，铜棺形安置其间。棺形甚小，上覆党、国旗，守灵者咸敬谨围立于旁。濒陆后，总干事孔祥熙率榇夫三十二人登舰，用小杠将灵榇徐徐移登中山码头，而达江干。时江中中外各舰均鸣礼炮，哀乐齐奏。孙夫人衣玄服，覆玄纱，面呈哀容，随灵登陆，诸人亦络绎追随，庄严已极。宣赞员高呼行敬礼，参加人员咸脱帽肃立，军人则举手行敬礼，一时鸦雀无哗，惟闻哀乐声自远而近。

① 此文载于《申报》1929 年 6 月 1 日“自由谈”栏；因不见收入《田桐集》中，故全文移录于此。

灵輀

灵輀系纳雪牌轿式汽车改装，较常车为长，车尾二门可启闭，车中范铜作花形，覆以鲜蕊。司机者二人，衣蓝色制服，缘以白边，臂束臂徽。灵榇升輀时，中央委员及总理家族亲以手扶榇，态至谨肃。是时各报记者环立摄影者，奚啻数十人，中以大阪朝日新闻社记者臂缠红色标帜最为触目。

起灵

至一时许，灵榇已安置輀中，总干事孔祥熙乃往来指挥各中委及总理亲故执绋引导，绋以黑白二色布互成长绦，以国府副官四人执其一端，輀行二绋间，执绋者均以一手扶之徐行。是日各中委一律蓝袍黑褂，白帽黑履黑袜。胡汉民、吴稚晖、谭延闿、蔡元培、于右任、戴季陶均与焉，惟国府主席蒋中正独以白绸长衫异于众，且架深色目镜，蓄微髭，貌尤诚挚，居胡汉民氏前，步行烈日下，态度自若。輀后为女宾车，孙夫人居第一乘，其介弟子安、子良与之同乘；第二乘系空车，第三乘为孙科夫人，其后则孙夫人之女弟宋美龄、霭龄暨廖夫人何香凝均在。迨二时许，始告起灵，在哀乐不绝声中，灵輀辗向中央党部而去。

护灵

中央为郑重将事起见，特派中央军官学校全体学生参加护灵，由该校教育长张治中指挥。灵輀两旁均由该校学生警卫，步伐整齐，军容严肃，末复殿以第六师之步兵马队，保护周密；行列逶迤，行一小时始尽，更逾一小时，警卫始撤，交通尽复。威胜舰则仍泊中山码头焉。

五月初一日（6月7日），《申报》“自由谈”栏载有田桐所撰写的《公祭日》①一文，纪其盛况：

予参与总理奉安大典，曾将“迎榇”日江边一瞥，贡诸读者。日前复得忝列公祭，虽仅在灵前匆匆一瞥，而气象森严肃穆，永系我怀，何日忘之。爰再志所见，并摭拾琐闻，续成斯篇。

祭堂布置

总理灵榇自江干移灵中央党部之次日开始公祭，分三日行之，祭堂前左右辟二门，一为出口，一为入口。堂之上方缀“精神不死”四大字，中悬总理遗容，所摄系立像，神采奕奕，宛然如生。灵榇即置于堂

① 此文载于《申报》1929年6月7日“自由谈”栏；因不见收入其《田桐集》中，故全文移录于此。

之中央小平台上，台口为弧形，系特制以为安灵之用。四周绕以铜阑，上缀蓝色小电灯，光线四澈，作深沉之色。梓作古铜色，覆长玻璃一，俯瞻内部，纤细毕露。梓之下端，有四铜环，梓前置灵几，供古鼎一，银瓶二。几前置花圈桌，其下为主祭者纠议员，均标以铜牌，祭时依次入席，可无凌乱。礼成后，由主祭人率与祭者鱼贯登平台，缘铜阑徐行，瞻仰遗体而退。

瞻仰遗体

遗体陈铜棺中，总理瞑目仰卧，须发苍然，面目如生，微行憔悴，肤现黝色；蓝袍黑褂白丝袜，登云头履，外传在平时御玄靴者，殆误也；手御白手套，交叉置胸前，状如安眠。遗体四周，衬以蓝白缎衾。瞻仰之余，令人肃然起敬，油然兴家国多艰之感。

公祭盛况

自二十九日起至三十一日，排日赴祭者跻跻跄跄，争先恐后。第一日为京内各机关，第二日为民众团体代表，第三日为各团专使及总理亲故。三日中以民众团体参加人数为最众，盖一经奉安，总理遗容即永永无再亲世人之日，千载一时之机会，俦肯交臂失之。是以凡未得与祭者，咸兴向隅之憾。黠者则钩心斗角，各出奇智，以图混入其间，一快先睹，卒以门卫森严，被阻者日有所闻。公祭礼节，与祭团体必推一人为主祭者献花，惟海外华侨代表公祭时，不分轩轾，一律由朱培德等代为献花，蒙藏代表则各推一人为主祭人，同时而祭焉。

祭者哀音

与祭诸人自中央委员以下，感于总理之伟大人格、奋斗精神，于瞻仰之时，莫不面现戚容。宋老夫人悼女婿情深，亦老泪频挥；张静江以病足，二人扶之伛偻而上，瞻仰遗容时，泪如雨下；廖夫人何香凝亦痛苦甚哀。某中委以总理生前趋重平民化，对于公祭一节，力主公开若干时间，俾民众得人人瞻仰，闻中央已允纳此意，据在奉移陵寝后定期实行，以慰众望。诚然，则总理精神将益见弥漫于宇宙间矣。

五月初二日（6 月 8 日），《申报》“自由谈”栏载有田桐所撰写的《奉安日》①一文，纪其盛况：

① 此文载于《申报》1929 年 6 月 8 日“自由谈”栏；因不见收入《田桐集》中，故全文移录于此。

陵墓一瞥

予前记迎榇、公祭二日情形刊诸本报。六月一日为奉安之期，总理灵榇自中央党部移至紫金山陵寝。昧爽起灵，到达陵墓时为上午十时。奉安毕，适交正午，沿中山路观光者奚啻十余万人。仪礼之隆重，参加之热烈，洵开国以来空前未有之盛典，乌可以不纪？

陵墓情形

参加行列自中央党部逶迤而西，长约五六里。奉安委员会因徇各界之请，对于参加代表限制稍宽，沿途警卫亦不如迎榇之日森严，参观者以中山路两旁行人道为界限，行列过处，民众咸脱帽肃立致敬灵。及执绋情形，一如迎榇日，男宾中则加入各国专使及日人头山满、犬养毅等。中委中于右任氏病足未与，蔡元培、谭延闿二氏亦因采薪之忧中途改乘马车，余自国府主席一下，均步行至陵墓。当启灵时，晨曦未上，凉风袭人，微有寒意；过大行宫时，骄阳窥人，渐觉蒸热；至中山门则炎帝施威，各中委均挥汗不止，迨抵陵墓时，莫不人手中一扇，且挥且行。张静江氏自别径先到，张氏素有足疾，每出必挟二健仆以偕，司搀扶之役。是日由二健仆扶登预备肩舆，先趋祭堂。谭延闿、蔡元培二氏，旋乘车至，亦登舆诣祭堂，恭候灵榇。时陵墓前万头攒动，延颈翘足而待者达五十万人。予直趋陵墓最高处，俯瞰中山大道，如游龙天矫，忽隐忽现，行列蜿蜒，蠕动如蚁阵。陵墓四周，遍悬党国旗，缤纷招展，颇为壮丽。须臾遗像亭至，置于空场上。逾时军乐前导，执绋者夹持灵輀徐徐而至，于是哀音叠奏，灵輀遂止。

奉安情形

自平台至祭堂，凡石级三百余，颇不易登，殊与曩年移灵碧云寺同一困难，故是日即依照前法，将灵榇移入灵椁。椁系特制，为亭子形，上绣青天党徽，四角垂长穗。灵榇上杠后，以榇夫一百零八名舁之，拾级而行，复以青绳徐行之极巅，止于祭堂前之平台上。执绋者扶绋侍灵而行，国府乐府衣蓝制服，奏乐前导。孙哲生、戴恩赛玄服冠执绋在前引导，蒋主席、各中委、总理亲故、各国专使依次随行于后，孙夫人等居孝帷中，行灵榇前。帷亦玄色，与俗异。绋外两旁为参加致祭人员，亦导石级而登。抵平台后，即将灵椁移去，家属等扶榇进祭堂，仍以击梆为号，亦步亦趋，悠悠入祭堂。堂内设增音机，备报告时传声之用。当灵榇移入时，梆声清脆，声闻于外。旋闻唱秩序声、赞礼声、读诔文声、奏哀乐声，虽警卫森严，未能身入其境者，亦可知奉安时之情形也。

墓圹情形

自祭门至墓圹，须经二门，外为堂门，即民生、民族、民权三门，是日均悬蓝色彩球。祭堂以极厚之毡铺置地上，履之毫无声音。中为墓门，中铸“浩气长存”四字，悬党国旗。左右陈列花圈无数，均各专使所献。门内即墓圹，作圆穹形，以白石为之，敷深黄色，中有方穴，深可丈许，即灵圹也。圹穴巅围以阑干，倚阑观穴中情形，清晰异常，灵榇即奉安于此焉。灵榇移入时，系用绳索缓缓垂下，正向后即宣告安葬完毕，由家属将墓门严闭而退，大典乃告完成。

墓外情形

当总理灵榇移升石级时，各报记者及摄影者均麕集石级上，采集材料，警卫组纠察初以摄影者妨碍秩序，驱之至石级旁，禁其摄影，而各新闻记者亦同被摈绝，拦之立阶旁。致祭代表中除各专使、各团体代表外，有东方弱小民族代表印人、韩人亦参与其列。某日妇首披黑纱，一衣华服之日本少女侍行，不知是否宫崎夫人与白浪滔天女士也。西妇参加亦有十余人，面现哀容，缓步于后。总理感人之深，虽异族亦同此哀悼焉。

五月间，章太炎先生曾书有对联一副赠田桐：“肩头伊尹谁能任，脚底鸱夷未了心。”其题识云：“得白沙诗，书以示梓琴同志。己巳仲夏，章炳麟。”（此联见金建德《章太炎先生赠田桐的对联》，《浙江学刊》1987年第3期）

案：章炳麟（1869—1936），初名学乘，字枚叔；后改名炳麟，再易名绛，号太炎，别号膏兰室主人、民国遗民等，世称“太炎先生”。浙江余杭人。1890年入诂经精舍，从俞樾学经史。1895年加入强学会。1897年赴上海任《时务报》撰述，宣传改良思想。1898年赴武昌筹办《正学报》，因与张之洞意见不合而离去。戊戌政变后遭通缉，逃亡台湾，任台北日报记者。1899年赴日，结识孙中山。同年秋回上海，编辑《亚东日报》。1900年剪去发辫，倡言革命，不遗余力。1902年再次亡命日本，发起“支那亡国二百四十二年纪念会”。1903年回上海，在爱国学社任教，因发表《驳康有为论革命书》、为邹容《革命军》作序，触怒清廷，被捕入狱。1904年在狱中与蔡元培等人联络发起成立光复会。1906年6月出狱后赴日本，加入同盟会，主编同盟会机关报《民报》，与保皇派展开论战。1907年秋，与陶成章等联合攻击孙中山，挑起派系纠纷。1908年《民报》被封后，在东京收徒讲学。

1910年在东京重组光复会，任会长。1911年上海光复后回国，倡言“革命军兴，革命党消”，主张解散同盟会，并与立宪派张謇等人另组中华民国联合会（后改统一党），推崇黎元洪，支持袁世凯集权，被袁聘为高等顾问。1913年宋教仁被刺后，指斥袁世凯“包藏祸心”，被软禁北京。1916年袁死后获释。1917年参加护法军政府，任秘书长。1924年曾领衔撰文反对孙中山的三大政策。后在苏州设国学讲习会，以讲学为业，宣扬尊孔读经。晚年反对蒋介石的反动政策，主张抗日救国。学识淹博，在经学、哲学、文学、语言学、文字学、音韵学、逻辑学等方面都有深湛造诣。著有《章氏丛书》、《章氏丛书续编》、《章氏丛书三编》等。

夏、秋之际，适为老友赵舒①之姊和珍女士的五十寿诞——和珍女士嫁吕氏，三年而寡，中经殇女、殇子绝嗣之痛，然三十年来以教化乡里子弟为职志，久而不懈，故累受政府之褒奖，特地前来上海，为其姊之寿诞征诗；田桐颇为感动，欣然书写绝句二首相赠（见《革命闲话·寿赵和珍女士》，《田桐集》第402～403页）：

经史承家女子贞，下车贤令拜嘉名。群生华育歌慈母，尽是儿孙绕膝行。

浙东山水莽苍苍，中有畸人慨以慷。道义论交到巾帼，且随介弟一称觞。

其间，友朋筹备创刊《太平杂志》，邀请田桐出任主笔。

田桐曾在《〈太平杂志〉发刊辞》中说：“十五年春，同人属余畅抒抱负，发为月判（刊），时余方奔走，未暇及焉。今夏，同人复属之再三，谋始定。行将付梓，请援俗例，作发刊辞，三数日不得一字。”（见《田桐集》第342页）

七月十六日（8月20日），田桐的好友、近代教育家、政治家、诗人孔昭绶在南京病逝。田桐“二次革命”失败后，亦曾寓居东京，并获得孔昭

---

① 赵舒(1884—1948)，原名元熙，字澄志、诚之，号明止，晚号红蓼馆主人。处州人。1902年加入龙华会。1903年赴日留学，入早稻田大学。不久弃学回国，加入光复会。1905年加入同盟会，致力革命活动。1911年组织敢死队攻打杭州；杭州光复后，继往光复处州。1912年当选为众议院议员。1917年赴广州，任大元帅府参议。1921年与章太炎等成立浙江省宪政协会。1923年任国会议员，抵制曹锟的贿选。1924年拥护孙中山的三大政策。1926年参加北伐。1934年出任淮阴专区行政督察专员兼第七区保安司令。“七七”事变爆发后，积极支持、参与抗战。1944年当选为参政会参政员。工诗文。著有《明止文集》、《红蓼馆诗草》等。

绶在日本时吟咏樱花和赠别友朋的七绝颇多，遂在其《扶桑诗话》一书的《竹枝词》一则中一一录之（见《田桐集·扶桑诗话》第 547 页）。

案：孔昭绶（1876—1929），字明权，号竞存，笔名攘夷，湖南浏阳人。1895 年考取秀才。1910 年毕业于湖南优级师范学堂。1911 年赴日留学，入东京法政大学。1913 年获法学学士学位，回国任湖南第一师范学校校长，提倡学生自治和自助，创办技能会。“二次革命”中，因发表反袁檄文，遭通缉，遂亡命日本，再入法政大学。1916 年获硕士学位，回国复任湖南一师校长兼任湖南教育会副会长、长沙日报主编，聘请徐特立、杨昌济等人任教。1918 年张敬尧主政湘省，被迫辞职。1922 年当选湖南省议会副议长。1925 年赴西北调查垦务。1927 年始，历任国民革命军第二集团军总司令部少将参议、豫陕甘三省考核院考核官、国民政府考试院考试制度编纂等职。1929 年病逝于南京。

七月二十二日（8 月 26 日），沪宁民航正式开通，每班载客以 4 人为限，每人限携 6 千克行李。

八月上旬，彭德怀、滕代远率领红五军的五、六纵队回师湘鄂赣边界，与黄公略率领的湘鄂赣边支队会师合编，统称“红五军”；彭德怀任军长，滕代远任政委，黄公略任副军长，邓萍任参谋长，吴溉之任政治部主任。

八月中，经过紧张的筹备，田桐与张继、周震鳞、蒋尊簋、叶荃、马君武、李翊东等十八人在上海创办《太平杂志》（月刊）；该刊以“发挥三民主义，敷布五权宪法，收拾时局，永致太平”为宗旨。张继任社长，周震鳞任副社长，田桐任主编，刘觉民任理事。

案：据田桐生前好友说：田桐“以其一生研究所得，并综合古今中外盛衰兴亡之道，著为一策，题曰《太平策》，即在其独力创办之《太平杂志》发表之”。可惜“是刊仅出至第三号，而田已归道山，遗稿竟未能续刊”（见冯自由《水牛将军田桐》，《革命逸史（二）》，中华书局 1981 年版）。

八月二十九日（10 月 1 日），《太平杂志》第一卷第一号出版，其上刊发有田桐执笔所写之《〈太平杂志〉章程》（见《田桐集》第 341 页）。

同日，在《太平杂志》第一卷第一号上刊发的尚有田桐撰写的《〈太平杂志〉发刊辞》（见《田桐集》第 342～343 页）。

同日，在《太平杂志》第一卷第一号上刊发的尚有田桐所录《礼运·大道之行》一节，并加写有按语，题名为《民国之前途》（见《田桐集》第 344 页）。

同日，在《太平杂志》第一卷第一号上刊发的尚有田桐撰写的政论《太平策·盐政篇》（见《田桐集》第345～350页）。

同日，在《太平杂志》第一卷第一号上刊发的尚有田桐撰写的政论《太平策·导河根本计划书》（见《田桐集》第351～368页）。

同日，在《太平杂志》第一卷第一号上刊发的尚有田桐撰写的政论《太平策·导淮根本计划书》（见《田桐集》第369～372页）。

同日，在《太平杂志》第一卷第一号上刊发的尚有田桐撰写的《书清党实录后》①一文：

> 吾蕲对江为阳（新）、大（冶）二县，近来〇〇〇政府立于山谷之中，告示张贴集镇之上。三阅月中，残杀人民至三千，焚烧之地不可胜计。吾蕲居民陡增二万，然犹得曰：县城未破也。上而宣、施一带，破县者四。长阳县长老友方云藻②死焉，然犹得曰：去省会远也。石首、通城二县亦先后被陷，湖北固如是也，然岂但湖北已哉？甚矣，党之宜清也。何谓党？有所标榜之谓党。何谓清？不合浊流之谓清。夫泉，在山而清出山而浊者有之矣；在山而浊出山而清者未有之也。所谓清者何？〇〇〇也。何谓〇〇〇？言〇〇〇之言，行〇〇〇之行，风〇〇〇风，是为〇〇〇。然倡议清党者五年矣，实行清党者三年矣，清耶？未耶？去秋，余归汉皋，当时湖北政府清党甚力，杀戮〇〇〇者甚夥。余告张知本、胡宗铎曰：但事杀戮，风气未除，无济也。转移风气，端在本身，风气产生之量较人力杀戮之量为多，风气一变，无须杀戮，而自清矣。胡子曰：此在中央，中央有命，即奉行之。张子曰：移风易俗，大不容易。夫移风易俗者，自其效果而言之者也，树之风声者，自其动机而言之者也。凡政治人才，不皆有移风易俗之能，不可以无移风易俗之志。年来吾党老友有三十年患难奋斗出入死生之人不以此风在意，而与世推移，此党之所以不清，而前途尚梦梦也。

在《太平杂志》第一卷第一号至第三号（1929年10月1日—12月15日）上，连载有田桐撰写的史料性笔记《革命闲话》，共78则（见《田桐集》第373～413页）。

---

① 此文载于1929年10月1日出刊之《太平杂志》第一卷第一号第15～16页；因不见收入《田桐集》中，故全文移录于此。

② 方云藻，生卒年及生平事迹不详，1912年曾任潮汕民军司令。

八月间，同乡好友李西屏①来访，告知他三十年前在武昌文普通中学堂教绘图及物理的黄桂芬先生此时亦在上海，并邀田桐一同前往拜访。

案：黄桂芬，生卒年及事迹不详，字挺之，一作挺芝，号松庵，广东顺德人。清末曾任教武昌文普通中学堂，后曾任清华学校中文文案。工诗文，擅书画，亦精物理。

田桐听说后，甚是高兴，立即随同前往；师生数十年异地重逢，分外高兴，黄老先生当即泼墨，绘山水一幅，题诗一章赠送田桐；随又邀请田桐为其刚刚完成的《晴岚暖翠图》长卷题跋。临别之时，田桐亦作五言古体一章赠黄老先生，以表答谢并纪其事（见《革命闲话·酬黄松庵先生》，《田桐集》第 403 页）。

九月初八日（10 月 10 日），西北军将领宋哲元等通电反蒋，并进军河南，开始了蒋介石与冯部西北军之间的战争。

九月二十日（10 月 22 日），沪汉民航开通，航线长 864 千米，飞行时间 7 小时。

十月初一日（11 月 1 日），《太平杂志》第一卷第二号出版，上刊载有田桐所撰之《新旧善恶论》一文，举例古今中外，纵论新旧善恶（见《田桐集》第 414～417 页）。

同日，在《太平杂志》第一卷第二号上，尚刊载有田桐所撰之《太平策·地方篇》（见《田桐集》第 418～443 页）。

同日，在《太平杂志》第一卷第二号上，尚刊载有田桐所撰之《太平策·考试篇》（见《田桐集》第 444～453 页）。

十月十五日（11 月 15 日），中共中央政治局通过开除陈独秀党籍的决定。

十月三十日（11 月 30 日），田桐应邀出席海上书画联合会五周年纪念会。

十月（11 月）间，江苏《革命博物馆》月刊创办，好友陈去病读《太平杂志》上所载田桐撰写之《革命闲话》，甚爱之，亦仿其体作《革命闲话》

① 李西屏（1888—1960），原名翊东，湖北黄冈人。1905 年考入黄州府中学。后投湖北新军当兵，并考入陆军测绘学堂。1910 年加入共进会和同盟会。武昌起义爆发，被推举为湖北军政府赏叙长、参议；不久又任战时司令部参谋兼督战员。1912 年反对袁世凯向五国银行借款，遭通缉。参加“二次革命”，失败后赴美国留学。1922 年回国，任广东军政府大本营技师。1925 年参加北伐战争。1927 年参与反蒋活动。1947 年加入中国国民党民主促进会。解放后，历任湖北省商业厅副厅长、湖北省政协副主席、民革中央委员及湖北民革副主任、全国人大代表等职。工诗文。著有《辛亥武昌首义纪事》、《李西屏文集》等。

若干则，在《革命博物馆》上连载（见《革命闲话·革命闲话》，《田桐集》第406页）。

案：陈去病（1874—1933），原名庆林，字佩忍，一字巢南，别字病倩，号垂虹亭长，晚署勤补老人；笔名有天放、季子、南史氏、病禅等，江苏吴江人。1895年创办雪耻学社。1902年至上海加入中国教育会。1903年赴日留学，加入拒俄义勇队。先后参与《警钟日报》、《江苏》、《二十世纪大舞台》、《国粹学报》等报刊的编辑工作，从事革命宣传；并在上海爱国女学、吴江国民学校以及镇江、绍兴、杭州等地任教。所至喜结文社，为南社创始人之一。辛亥革命后，出任江苏博物馆馆长、东吴大学教授等职。1918年南下，出任护法军政府参议院秘书长。1922年北伐时，再赴广东韶关，任北伐大本营宣传主任。1925年曾与人通电支持西山会议派，受到柳亚子的谴责。晚年对蒋介石的统治逐渐不满，拒绝出任江苏省政府主席。1930年，出任南京博物馆馆长，专门从事文史研究。工诗文，尤擅诗，以戏剧改革。著有《浩歌堂诗钞》、《明遗民录》、《五石脂》等；另辑有《清秘史》、《陆沉丛书》。

十一月十一日（12月11日），共产党人邓小平、张云逸、韦拔群、雷经天等领导广西右江地区的部分革命士兵和当地农民游击队约五千人在百色举行武装起义，成立了红七军和右江工农民主政府。

十一月十五日（12月15日），《太平杂志》第一卷第三号出版，上刊载有田桐所撰之《太平策·建都篇》（见《田桐集》第454～459页）。

同日，在《太平杂志》第一卷第三号上，刊载有田桐所撰之《太平策·均用篇》（见《田桐集》第460～462页）。

同日，在《太平杂志》第一卷第三号上，刊载有田桐所撰之《太平策·中华民族医药废兴论》（见《田桐集》第463～467页）。

同日，时任国民政府立法院院长的胡汉民①，专门致函田桐，就田桐在

① 胡汉民(1879—1936)，原名衍鸿，字展堂，号不匮室主；祖籍江西庐陵，祖上落籍广东番禺。1902年赴日留学，入弘文学院及法政大学。1905年协助孙中山创建同盟会，被推举为评议部议员，又为民报编辑。1907年起，陪孙中山奔走四方，募集资金，发动武装起义。武昌起义爆发，任广东都督。“二次革命”失败，逃往日本。加入中华革命党，任政治部部长，主编《民国》杂志。1917年随孙中山开展护法运动，任军政府交通部部长。1924年国民党改组，成为右派首领。1927年伙同蒋介石发动“四一二”反革命政变，后历任南京国民党中央政治会议主席、国民政府主席、立法院院长等职。1931年因与蒋争权，被囚禁；“九一八”事变后获释，回广东策动地方军阀反蒋，并坚持反共立场。1935年国民党五届一中全会，当选为中央常务委员会主席。1936年5月12日病逝于广州。

《革命闲话》中所写之《柳州义旗》一则的事实进行更正（见《革命闲话·义旗一则及胡院长函》，《田桐集》第405～406页）：

子琴兄大鉴：承寄《太平杂志》两号，盐政、治河等篇，最见匠心。《革命闲话》足当稗史。惟第二号《柳州义旗》一段，则兄误以陆亚发为陆皓东，此事弟知之甚详（争辩数日，弟皆在场）。孙先生谓："陆皓东烈士，首建议为此旗，旋以身殉。既而惠州郑弼臣等举义亦用之，与清水师提督何长清、陆路提督邓万林战弥月。故应以为革命之纪念。"克强兄言，渠过星洲，见惠州同志绘义师旗乃十芒，非十二芒。其后黄耀廷、邓子瑜（即随郑举义者）皆证克强兄所见之不确，克强意亦遂解。其率梁少廷等入钦廉，固建十二芒之青天白日旗也。最近有同志得孙先生于英国出版之《伦敦脱险记》，绘有青天白日旗，一如今日党国所用者。而其书刊于同盟会成立之前数年，愈知先生之不欺矣。

至柳州陆亚发事件，初未与革命党人通，亦不闻其用何名义旗帜，生平更不闻孙先生道及之。盖陆亚发辈，共有游勇十数股，皆为岑春煊所招抚，麇集柳州。中有王留之者，最狡黠，游勇李信鸡卜，留之自卜不祥。适岑有调陆辈至粤之令，留之乃扬言于其侪，谓"柳州将有大变，渠命尽于某日午时，祖绳武（岑使镇柳州者）亦不免，不死者皆大贵"。而于是日午前，使小队至道尹衙前，放枪数十响，即四逸。同时使人走告各部，谓某部某部已变，祖绳武已勒兵将捕杀诸首领矣。祖绳武果侦得王留之所为，立捕杀之。于是各部皆曰留之之言验，遂皆哗变。祖绳武遽引枪自裁。众乃推陆亚发为首，据柳州数月，不知所为。及陆荣廷以兵来攻，辄溃走，向十万大山（地名）为陆荣廷追及，擒陆亚发。岑在桂林使献俘，而生祭祖绳武，先刺陆心滴血和酒。岑先举杯，谓列席诸人皆当饮满。张鸣岐蹙额不能答，惟王芝祥和之。岑亦不暇顾，亟尽一觞。识者谓岑素有夙疾，医者告以饮生人血可愈。其作此惨无人道之举动，非为祖绳武也。顾陆亚发死事虽惨酷，然终非徐锡麟、秋瑾诸先烈之比。兄一时悞（误）忆，于事实不合，宜速更正，无悞（误）方来。盖虽曰"闲话"，却非闲事也。草草即候近祺。弟汉民顿。

十二月十五日

十二月初五日（1930年1月4日），田桐出席艺海金石书画社开幕式，并被推为社长。

同日，在《申报》的“广告”栏载有题为《艺海金石书画社开幕启事》①的广告一则：

本社集合金石、书画诸同人，专为提倡艺术，发扬国粹起见。社中成列作品，选择至精，不同凡俗。既以风雅相酬，敢云竭尽能事，如以缣填委手续，至为简速。惟创设之始，诸多简陋，如荷各界参观加以指导，尤所欢迎。另备详章及诸家润格函索，附邮一分即寄。

社址：天后宫桥北路堍

社长田桐暨社员等同启

是年，田桐还撰写有《太平策·中央篇》（见《田桐集》第468～483页）。

是年，田桐还撰写有《太平策·兵制篇》（见《田桐集》第484～486页）。

民国十九年庚午(1930年)　五十二岁

是年，田桐仍寓居上海，继续编辑《太平杂志》。

正月初三日（2月1日），共产党人邓小平、李明瑞、俞作豫等领导由中国共产党掌握的一部分国民党军队，在广西的龙州举行武装起义，成立了红八军和左江苏维埃政府。

正月初十日（2月8日），至天后宫桥北堍艺海金石书画社参加社员聚餐，组织研究部并征求会员意见。

正月十四日（2月12日），鲁迅、柔石、郁达夫、田汉、夏衍、冯雪峰等人在上海发起成立了中国自由运动大同盟，简称“自由大同盟”。

二月初三日（3月2日），中国共产党在上海领导创建了文学组织——中国左翼作家联盟，简称“左联”。

二月十九日（3月18日），阎锡山前往五台县建安村迎接冯玉祥到太原，商议共同反蒋事宜。

三月初一（3月30日），出席中国学会执行委员会改选会，与高夔、范子美、严庸、陈柱同被推选为候补执行委员。

三月初八日（4月6日），本应邀参加青年会作《今日的民食问题》演讲，因“忽沾小疾”，未能赴会。

---

① 此启事载于《申报》1930年1月4日“广告”栏；因不见收入《田桐集》中，故全文移录于此。

三月十二日（4月10日），胡景翼逝世五周年公祭典礼在上海举行，田桐送挽联以悼之。

三月十九日（4月17日），国民党中执委任命田桐、林直勉、彭邦栋等二十一人为党史史料编纂委员会编纂。

三月间，以郭述申为特委书记的中共鄂豫皖特委组成；鄂东、皖西、豫南三地区红军组成红军第一军，许继慎任军长，徐向前任副军长；后红一军与红十五军组成红军第四军团，徐向前任总指挥。

同月里，田桐与在中华全国总工会任干事的后辈同乡姜梦熊①结识，并成为好友。

其间，姜梦熊得知田桐不仅是国民党内有名的才子，也是有名的书法家，遂请求他为自己制作一帧诗轴留作纪念；田桐乃慨然应允，为其制作了一帧水墨纸本行书自作诗立轴（107cm × 52cm）。其诗及题识云："冒雪寻诗到日光，马蹄人事各分忙。华岩终古泻丘壑，湖月不明天自黄。　录甲寅冬日日光旅舍旧作，梦熊仁兄法家教正，田桐。"钤印："田桐之印"、"玄玄居士"（见北京弘艺国际拍卖有限公司"北京百衲2014年春季拍卖会"——"藏之名山·息斋藏中国书画专场"拍卖品，编号：1666）。

春间，田桐"病渐剧，入上海中西疗养院就诊，服药后，已有起色"（见田桓《忆先兄田桐》，《田桐集》附录，第586页）。

四月初五日（5月3日），经过几个月的合纵连横，冯玉祥与阎锡山相会于河南郑州，揭开了联合反蒋的"中原大战"序幕。

四月中旬至十月上旬（5月至11月），爆发了国民党新军阀蒋介石与冯玉祥、阎锡山、李宗仁等地方军阀之间的战争，史称"中原大战"，又称"蒋冯阎战争"，或称"蒋冯阎李战争"。这场战争主要在河南、山东、安徽三省间进行，历时七个月，双方投入兵力一百多万，战线绵延数十里，死

---

① 姜梦熊(1905—1984)，曾用名姜佐文、章夷白、章慕勇，湖北英山人。早年就学于县高等小学，后考入九江同文书院学习。1925年初考入黄埔军校，1926年2月加入中国共产党。毕业后受党派遣至国民党军中任职。曾参加北伐，在战斗中双腿致残。1930年4月赴上海任中华全国总工会干事。1931年被捕入狱。1937年出狱后，不畏艰难奔赴延安，先后任中共中央党校组织委员、总支书记，马列学院秘书长，陕甘宁边区银行政治处主任，陕甘宁边区政府民政厅副厅长等职。解放后，历任中央人民政府财经委员会人事局副局长，人事部副局长、局长，国务院人事局局长、党组书记，内务部副部长，济南市副市长，全国政协副秘书长，全国政协常务委员等职。1984年4月9日在北京病逝。

伤数十万人。“中原大战”是中国现代史上规模最大、耗时最长的军阀混战，以蒋获胜而结束。

田桐本来病情颇重，“一夕阅报，痛感国事日非，因伤感过度，竟呕血不止”（见田桓《忆先兄田桐》，《田桐集》附录，第586页）。

四月间，红五军攻克湖北崇阳、通城、咸宁、阳新、大冶等地，将鄂东南及赣北的红军联合组建成第八军，后扩充组建成红军第三军团。

同月里，田桐以病辞去国民党党史史料编纂委员会编纂之职。

五月二十三日（6月19日），根据中共中央指示，由井冈山的红四军与赣南、闽西的红军合编成中国工农红军第一路军，不久改称红一军团。军团总指挥朱德，政治委员毛泽东，参谋长朱云卿，政治部主任杨岳彬。

五月间，著名画家马骀①的画集即将付梓，特请好友田桐为之题词，田桐不顾身体有病，欣然应允，为其作七绝《题赠马骀》一首相赠（见《田桐集》第487页；此诗又见马骀《马骀画问》，上海校经山房书局1933年版）。

案：《田桐集》的《诗存》中亦收有此诗（见《田桐集》第508页），整首诗除第二句最后一字由原“身”字改为“春”字，第三句的三、四字将原“烟云”改为“云烟”外，其他均同；但诗题已改为《题企周画集》，且诗前有小序。

六月初七日（7月2日），田桐在上海中西疗养院病逝，走完了他丰富而又短暂的人生之路，享年仅52岁。

① 马骀（1886—1937），字企周，又作子骧，号邛池渔父，别号环中子，四川西昌人。幼家贫，聪慧好学。少从名师周开鉴学画。后离乡漫游，足迹几遍全国。既而东渡，赴日游学。回国后寓居上海，受曾熙器重，收为弟子。受聘为上海美专教授。1930年应邀赴日举办画展。后又曾参加过伦敦、巴拿马、新加坡等地的画展。“七七”事变爆发，踊跃作画义卖；又赴前线写生，鼓舞将士士气。日机轰炸上海，独子罹难，忧愤成疾，不久去世。著有《马骀画宝》（初名《马骀自习画谱》）、《企周画集》、《企周画滕》、《四言画诀》、《马骀画诀大全》（二十卷）、《马骀画问》（四卷）等。

谱　后

田桐病逝的噩耗传出，时尚在中原大战前线的国民政府主席蒋介石，立即“饬令上海警备司令熊式辉料理丧事”。

好友、时任国民政府行政院院长的谭延闿给田桐的家人发来唁电云：“遽闻梓琴先生之丧，悲仰无已，同气之戚，尊怀可知，望加珍卫。”

好友、时任国民党中央执行委员、中央政治会议委员和国民政府考试院考选委员会委员长的邵元冲，闻知噩耗，“为之繁悕无已”①；随即给田桐的家人发来唁电谓：“惊悉梓琴兄仙逝，老成凋谢，国失元良，岂徒私痛，专此奉唁。”

案：邵元冲（1890—1936），字翼如，浙江绍兴人。1903 年中秀才。1906 年考入浙江高等学堂，同年加入同盟会。1909 年取拔贡。1910 年任江苏镇江地方审判厅庭长。1911 年赴日留学，辛亥革命爆发后回国。1912 年在上海任《民国新闻》的总编辑。参加“二次革命”，失败后逃往日本。1914 年加入中华革命党，任《民国》杂志的编辑；不久回国任中华革命军绍兴司令官。1917 年赴广州，任大元帅府机要秘书。1919 年赴美留学，游历欧美，又赴苏联学习军事。1923 年在苏联结识蒋介石。同年回国。1924 年国民党一大当选为中央执行委员、常委和中央政治委员会委员；同年又任黄埔军校政治教官、代理政治部主任、粤军总司令部少将秘书长、孙中山的机要主任秘书。1925 年参加西山会议，公开反对孙中山的三大政策。1926 年赴广州，出任国民党中央青年部部长。1929 年国民党三大当选为中央执行委员、中央政治会议委员。1930 年兼任国民政府考试院考选委员会委员长。1931 年后历任国民政府委员、立法院副院长、代理院长及国民党中央宣传委员会主任委员等职。1936 年 12 月赴陕西西安，在西安事变时跳窗逃跑，被士兵开枪打伤，两天后死于医院。著有《各国革命史略》、《孙文主义总论》、《西北揽胜》、《邵元冲日记》等。

---

① 《邵元冲日记》1930 年 7 月 4 日，上海人民出版社 1990 年版。

好友、时任国民党中央执行委员会常委、中央组织部部长的陈果夫给田桐的家人发来唁电称："党国雄健，又弱一个，莫名哀戚！何病因而遽死？后事如何举措？还希抑痛主持，随以见示至祷。"

案：陈果夫（1892—1951），名祖焘，字果夫，浙江吴兴人。1907年考入浙江陆军小学堂，受叔父陈其美影响，加入同盟会。1911年考入南京陆军第四中学。武昌起义爆发后，赴武汉参加革命军。后随叔父陈其美参加讨袁斗争。1916年5月18日，叔父陈其美在上海被袁世凯派人枪杀。1918年起在上海经商，与蒋介石等从事证券交易所投机买卖，获利颇丰。1924年黄埔军校创办后，在上海为军校招募新生兼采购物资。1926年赴广州，当选为国民党第二届中央监察委员，任国民党中央组织部代部长，掌管国民党党务，排斥共产党人和国民党左派。1927年国民党南京政府成立后，历任国民政府委员兼监察院副院长、中央执委、中央组织部副部长、导淮委员会副委员长、江苏省政府主席等职，与其弟陈立夫主持中央俱乐部（C. C系）和国民党中央执行委员会调查统计局（中统），从事法西斯反革命特务活动，屠杀革命党人和进步人士。陈氏兄弟家族与蒋介石家族、宋子文家族、孔祥熙家族合称"中国四大家族"。抗战胜利后，陈果夫任中央政治学校教育长。因患有肺结核，战后逐步退出政坛。1948年12月迁居台中休养。1951年8月25日病逝于台北。

好友、时任国民政府委员、国民政府考试院院长的戴季陶亦给田桐的家人发来唁电曰："梓琴先生在日，为党宣献，勋绪卓著，今闻溘逝，哀悼同深，除提请国府从优议恤外，特先电唁。"①

时在南京中央大学任教的同乡、昔日战友、著名学者黄侃，闻知田桐去世消息，曾作有《伤某君》（二首）②以表达其哀悼之情：

武昌昔发难，驰檄尽知名。轩轾文游智，纵横主父精。门高怜鬼瞰，权重识生轻。今日歌蒿里，犹深共郡情。

昔年伤逝泪，曾为宋生抛。利害悲斯世，荣枯愍旧交！覆车怜尔继，陈事任人嘲。欲奏箜篌引，西风动白茅。

案：黄侃（1886—1935），字季刚，又字季子，晚号量守居士。湖北蕲春人。1903年考入武昌文普通学堂，因参加反清活动遭清廷缉捕。1905年

---

① 以上唁电均见《申报》1930年7月8日；又见刘作忠：《辛亥革命功臣田桐身后哀荣》，《湖北文史》2010年第2期。

② 湖北省人民政府文史研究馆校订：《黄季刚诗文钞·诗钞》，湖北人民出版社1985年版，第161页。

得张之洞帮助赴日留学，加入同盟会；又师事章太炎，随师办《民报》，宣传民主革命。回国后参与领导武昌起义。入民国，曾任直隶都督府秘书长。后退入书斋，任教于北京大学、中央大学、金陵大学等校，桃李满天下，为一代国学大师。工诗词赋文，擅文字、音韵、训诂，尤精研《文心雕龙》。著有《声韵通例》、《尔雅略说》、《说文笺识四种》、《尔雅音训》、《文选平点》、《量守庐群书笺识》、《文心雕龙札记》、《黄侃论学杂著》、《黄季刚诗文》、《黄侃日记》等数十种。

此外，众多“党国人士、海内外同志”，闻知噩耗，亦“纷致赙仪”；而“中央、国府、各省党政机关之幛联、祭品，已达千余件，而继来者尚络绎不绝”①。

六月初九日（7月4日），上海《申报》在显著位置刊登《田公梓琴灵榇暂厝湖北会馆通告》。

六月十三日（7月8日），田桐的灵榇由法租界贝勒路永裕里72号本宅，移至南市制造局路湖北会馆暂厝；当日“各方送殡者约五百余人，沿途参观者人山人海，灵车过时，途为之塞”②。

六月二十日（7月15日），天津新出版的《益世报》上刊载有《景梅九痛哭田桐》③一文：

> 呜呼！梓琴竟长逝耶，去岁双十节前一夕，予在武宁梦游上海，参与同盟旧侣秘密会议，某君惊询予何能来，予曰：我自知也。方谈笑间，忽见乘彩舆来，身被锦衣，含笑降舆。予方怪君绮丽，欲质问而醒。次日以告某友，某友失声曰：梓琴病矣，且恐不永。予摇首曰：“何至是？”未几，接君所编辑《太平杂志》，见其中有君游仙诗，恰合前梦，乃笑语某友曰：予梦验是矣，梓琴当无恙。噫！孰意此语，仍是君仙游之兆耶！
>
> 追念平生，何胜悲痛。二十五年前，予两人游学倭京，同加入同盟会，因是相识，遂成密友。辛亥予与友人白逾桓组织《国风日报》于燕京，君从南洋来，见《国风》甚悦之，为连作时评十数篇，署名‘重耳’。窃以君为楚人，乃自命晋文，正奇特。是年秋，武汉事起，全国

① 《申报》1930年11月1日。

② 《申报》1930年7月9日。

③ 此文载于1930年7月15日天津所出之《益世报》；因不见收入《田桐集》中，故全文移录于此。

震荡。君乃创办《国光新闻》，与《国风》相呼应。而革命言论始大露锋芒于朝野。民国肇建，君当选为众议员。予与同院，仍皆继续新闻事业，至袁世凯解散国会，《国光》《国风》俱被摧残，而同人亦四散矣，漂泊南北，迄无定所。暨同志胡笠僧逐曹之后，开府中州，邀集同志，所谓一。惟十有三年冬，大会于开封是也。君亦莅止，游龙亭，撰一长联志慨，颇为一时传诵。嗣因笠僧继中山先生逝世，逾年，二军失败，君走河北，予偕友军至彰德，与君相见，曾公开以市民大会。君与予均有演说，闻者愤发。因君身不满七尺而心雄万夫，且声音洪朗，气概浑涵，与白逾桓齐名，而刚正过之，故所至受人欢迎。及入顺德，予邀君避难乡间，君不愿往，乃与老友孔庚同受吾军款待入太原。直至去岁，始与君重逢○浦，欢欣道故，问山西近况，曰：百川尚能受人言，君胡不归助之？予答曰：百川恢复，辛亥革命旧观，则历来委曲求全之苦衷，当为同人所共谅，予岂不欲相助？特拟在上海创办……新闻，以为遥援耳。君曰：新闻不易办，宜组织杂志。乃出所为文示予，则皆鸿篇巨制，超过今古，尤以建都、导河诸议为最精审奇肆。而予之新闻事业，未能如愿，随携眷游庐山，避武宁，与君久绝音问。及冬，忽得手书并《太平杂志》，羡君有志竟成。复书详论导河一案，君复函谓，将予函刊于三期，孰意此即君给予之最后书札耶！

今年春，予由下江转沪北上，以未得见君为憾，但闻太炎先生赠君一联曰：肩头伊尹谁能任？眼底鸱鸮正了心。予曰：梓琴不愧任圣，但奈鸱鸮何？太炎可谓知君者矣。人之相知，贵在知心。犹记予在上海为宵小所诬，将陷于罪笞，予函君求援手，君回函持着两语云：岂有鸩人羊叔子，可怜忧国屈灵均。因叹曰：梓琴知我哉，虽然，予何克当此。其事卒（持）君斡旋力，归于消灭。予感君甚，方拟助君致力于《太平》，胡竟长逝，而遗《太平》巨任于谁肩上耶？悲哉，梓琴！痛哉，梓琴！江汉英灵，徒劳梦忆，挥泪执笔，为之怅惘者久之。

六月（7月）间，田桐生前好友、时任国民党党史编纂委员会编纂的彭邦栋在南京病逝。

案：彭邦栋（1873—1930），字梓厚，湖南宜章人。诸生。1904年赴日留学，入东京法政大学。1905年加入同盟会。1906年曾回国组织湘粤边区民军，遭清廷缉捕，复潜回日本。1907年回国参加镇南关起义，与田桐负责运送军火。起义失败，走香港。1910年任宜章县警察局警务长，利用职务之便，暗中联络同志。辛亥革命爆发，奉焦达峰之命，领导了湘南起义。

1912年任湖南都督府顾问。1913年当选为参议院议员。“二次革命”爆发，奔走各地从事反袁活动。1916年与刘揆一在天津创办《公民报》，揭露抨击袁世凯的丑行。《公民报》遭查封后，回湘组织湘南革命军，参加护国战争。袁死后赴粤任非常国会议员。1923年因揭露曹锟贿选，遭通缉，离京返湘。孙中山病逝后，彭忧伤成疾，竟卧病数年。1930年7月病逝于南京。

闰六月初三日（7月28日），红三军团攻占湖南长沙（8月5日被迫退出）；红军第二军与红军第六军在湖北公安会师，成立红二军团，贺龙任总指挥，周逸群（后为邓中夏）任政治委员。

闰六月初七日（8月1日），中国左翼戏剧家联盟在上海成立。

闰六月二十九日（8月23日），红三军团退出长沙后，与红一军团在湖南浏阳的永和市会师，组成中国工农红军第一方面军，朱德任总司令，毛泽东任总政委、总前委书记，彭德怀任副总司令，朱云卿任参谋长，杨岳斌任总政治部主任。

七月二十四日（9月16日），田桐的同乡、盟兄、民国元勋陈乾①在北平寓所病逝。

八月初一日（9月22日），田桐的好友、国民政府行政院院长谭延闿②

① 陈乾（1876—1930），字肇一，一作肇乙，湖北蕲州人。少与田桐同学于私塾。考中秀才。1903年考入武昌文普通中学堂。同年赴日留学，入振武学校习军事。1905年加入同盟会。1909年回国参加清政府组织的统一考试，赐举人身份。不久再次赴日，入户山学校学习步兵专科。回国后在陆军部任职。武昌起义后赴上海、南京活动。南京临时政府成立，任陆军部科长。后调任陕西省督军署顾问。1917年张勋复辟，参加“马厂誓师”，任讨逆军总司令部副官。1926年参加北伐，多有建言。晚年身体多病，曾在稽榷庶司任职，又曾任河北硝矿总局副局长等职。1930年病逝于北京。

② 谭延闿（1880—1930），字祖安，一作组安、组庵，号畏三，别号慈卫、无畏、切斋、非翁等，湖南茶陵人。1904年中进士，授翰林院编修。旋回湘，结交官绅商界，参与办学。1907年组织湖南宪政公会，从事宪政活动。1909年被推为湖南谘议局议长，参与国会请愿运动。1911年参加各省谘议局联合会议，任主席；并与汤化龙等发起成立“宪友会”。长沙起义胜利后，立宪派杀害湖南正、副都督焦达峰、陈作新，谭被谘议局推为都督。1912年加入国民党，任湖南支部长。“二次革命”中，被袁世凯免职，寓居青岛、上海。袁世凯去世后，复任湖南省省长兼都督。主张“湘人治湘”、“湖南自治”。1920年被赵恒锡逼迫下台。1922年追随孙中山，历任大元帅府内政部长、秘书长等职。1924年国民党一大召开，被推选为中央执行委员。1926年国民政府成立，任常委兼军事委员会委员、第二军军长、代理国民政府主席等职。1927年后依附蒋介石，历任国民政府主席、行政院院长等职。工诗，善书，尤以颜体楷书誉满天下。著有《组庵诗集》、《非翁诗稿》、《慈卫室诗草》等。

在南京府邸病逝。

八月初十日（10 月 1 日），被英国人强行租借的威海卫，终于回归中国。

八月十三日（10 月 4 日），红军第一军团攻占江西吉安。

九月初六日（10 月 27 日），台湾省高山族人民举行雾社起义，反抗日本占领者。

九月上旬，田桐的四弟田桓含泪濡墨作《先兄梓琴先生行状》一文，以表达对亡兄的悲悼之情：

> 中华民国十有九年，七月二日，先兄梓琴先生卒于上海。余悲兄之早逝，又重哀其志大，墨墨无所施；其生平又不喜表暴，不及今为状，乞当代立言君子，作为文章，传之不朽，寖就湮没，则负疚何穷！而哀痛之余，心神瞀乱，不能属辞。迟之累月，始得和泪濡墨，诠次大略，著之于左。
>
> 君姓田氏，讳桐，字梓琴，号玄玄居士，湖北蕲春籍。祖琼林公，好侠行义，名闻郡国。父又青公，高才不仕，以诸生教授乡里间，从之游者，悉有成就。共四子，君其长也。幼而英硕，神采外流，九岁授《文选》，朗朗上口，有如夙诵。稍长亦劬于学，自群经百氏故书传记，下逮唐宋以来名家文集，靡不兼综博览，昭其旨趣。为文章，下笔立就。祖琼林公时抚之曰："此田氏克家儿也。"尝应州课，父又青公索观其文，不中当时律令，大怒，笞之。揭晓，竟列案首，因益爱重。君少好游，尝孑身走匡庐，读书白鹿洞。春秋佳日，则登山步险，遍览诸名胜，同学迹之，辄不知所往。其意趣不可测度率类此。年二十二，补县学生。时学堂甫兴，君考入武昌文普通中学，与宋教仁倡言排满，议论颇流于外。清吏骇，将逮治事。监督纪钜维，纪晓岚先生之远孙也，奇君才，惧不能庇，讽令他去。
>
> 君遂于癸卯岁度日本，与黄兴、陈天华、宋教仁游，益感慨，以破虏自誓。乙巳夏，前总统孙公违难日本，居横滨。君偕友人数辈往谒之，大倾服，迎莅东京，开欢迎会于富士见轩。复与孙公规设同盟会，游学生先后署名者二千余人。越数日，在灵南坂子爵坂本金宅开成立会，被举为评议员。会章分评议、执行、执法三部，书记则佐总理治文书，掌机要，其任独重。每值会议，君率先发言，以才辩敏捷，为众所推，因调任书记。初，东京游学生无革命机关报，君纠合同志刊行杂志曰《二十世纪之支那》，出版达三期，以蔡汇东有评论辽东半岛文，触

日政府忌，没其书，严究主名。君与教仁几被逮，稍间乃解。是年夏，同盟会成立。黄兴倡议革命党不可无喉舌，因由各同志集资扩充，定名曰“民报”。《民报》文有《异名恨海》者，即君之作也。君又集明末遗老野史，成《亡国惨寻（记）》，书出，人心益奋愤，清廷惧，商日政府颁留学生取缔规则以防之，诸生大哗，陈天华因是蹈海死。君聚诸生于弘文学院，主罢课，所在和之。清廷徇公使杨（廷）枢请，诏捕十八人，而君与焉。其中恇怯者多赍金帛走京师求赦免，君则意气自如不顾也。尝于其间至湘潭，得马福益兵所将万人，为策画自萍乡进袭南昌，未及用而败，乃走香港。是时许雪秋、余既成起黄冈，以书趣君。将行矣，适孙公在安南，谋取滇桂边陲作革命策源地，俭于资，亦使胡汉民等以书趣君。君乃商之冯自由，携革命军之用券，与醴陵谭人凤、长沙杨聘农、连州何克夫、桂平谭剑英、湘乡陈树人俱至海防。时法吏调察严，遂皆被拘。海防党人刘岐山奔走营救，讼于法庭，始得释。

旋复奉孙公命赴新加坡，与居正主《中兴日报》，与《南洋总汇报》争论革命、立宪得失，文战经年。《南洋总汇报》主任怒，迎保皇党魁徐勤来。既至，大会于新加坡振武社。君往视之，徐勤登台说禁烟历史，继改说立宪。君嗤之以鼻，又大呼曰：“打！”会众奔而前，徐勤急，反身走，得脱，因是气益馁，作《革命万不能行于今日》一章未卒，逸去。由是南洋志士多宗君，君于其间复说荷属爪哇三宝珑、坤甸华侨办报章，兴学校。又日在泗水《汉文新报》译载日人大越英三郎《南国记》，尽发荷人虐遇华侨诸状。荷政府禁之不可，乃令君出境。行时，侨商空巷相送，以为夺我师保去也。

君念革命久不就，北走燕京，办《国光新闻》。与井勿幕、续西峰、景定成、熊克武计，欲集北方豪杰，袭据京师。官中戒备严，未果。宣统三年，湖北新军谋大举，君闻之，至汉口为条画方略甚备。其秋武昌兵起，君已先诣上海迎黄兴。时举事仓猝，群推黎元洪为都督。元洪者，故清协统也，意存观望，不为革命军尽力。黄兴至，被任为汉阳总司令，士气始稍振。时清遣大将冯国璋南下，已陷汉口。兴用君策，战颇利。国璋乃尽率其精锐来攻，弹如雨集。君尽取汉阳兵工厂钢板置壕堑间以障蔽之，得相持至月余始陷。兴事后语人曰：“吾始以梓琴文士尔，今乃知其智计亦大过人也。”兴之起也，元洪以其威名出己上，不甚与协。至是兴乃就江宁乞援以避之，君与偕。会南京参议院成立，被推为参议院议员。临时政府成立，又任为内政部参事。

民国元年和议成，袁世凯被选为临时大总统。君亦解职去，至北京，复办《国光新闻》，日为文斥袁政阙失，扡发隐谋，不少容藉。袁深衔之，使农商次长张仲华持银十万版来社，意在觇君意向。君使经理李基鸿却不受。袁惭，募能杀君者与金万镒。一日，铳发于寝室屋巅，属有天幸，君不在。或劝君稍戒备，笑谢曰："死生有命，何惧也?"时宋教仁在京，拟改同盟会为国民党，君不可，后以孙、黄均韪其议，始已。八月，孙公北上，开成立会于象坊桥湖北会馆，君被选为本部参议。遂随孙公游太原，宣扬德音，听者为动。癸丑返鄂，被举为众议院议员。当是时，国民党议员之在京者，率奉教仁为魁率，欲组政党内阁，推教仁为总理。袁洞悉，使贼刺杀教仁于上海，狱不决。群议欲举兵，莫敢先发，君怒骂曰："是不足与有为也。"间关至淮上，入张汇滔军。淮军固以豪著，感君义，称兵独立。会李烈钧自江西东下，决议举兵，就江宁设帅府，于是湖南、安徽、广东、四川皆应。时袁已先阴为备，使冯国璋进据浦口，李纯下九江。倪嗣冲将悍卒万人，奔命淮北，连下颍州、亳州。淮军孤立，众不支，遂溃。

君走日本。孙公愤党人不用命，重立中华革命党，君首赞之。甲寅夏，与会众三百余人盟于东京筑地精养轩，革命党于是复振。五年春，袁世凯称帝，君请行，以为国事危急，非举义不足拯民水火。孙公许之，任君为中华革命军湖北总司令。至，则起兵者已十数辈。贼将王占元闻之，大怖，伏不出。袁世凯死，副总统黎元洪继任，乃解兵，复入国会，于时政多所献替，而于废盐引一事，尤反复不厌，格于众议不行。时段祺瑞任国务总理。祺瑞新得政，欲开边衅以詟众。六年二月与德意志绝交，又议宣战，为国会所持，大怒，遍召督军附己者会北京，上书解散国会。君闻，即夕与议员南下，开国会非常会议于广州，选孙公为大元帅，称护法政府焉。

九年，孙公该中华革命党曰中国国民党。明年，设办事处于广州，仍以君任党务科长。是年，国会再选孙公为大总统。时北方益乱，孙公念广州偏处一隅，不能制其死命，商之部将陈炯明，欲北伐。炯明无远略，不慊其议，阻之。孙公愤，率大军赴桂林，欲出湖南。炯明不为馈运，又阴通吴佩孚以阻我师。乃不得已，于十一年四月返旆，免炯明职，改道由江西北伐。六月十六日，炯明举兵反，迫孙公出走。时君任大本营宣传处长，在韶关。炯明令叶举名捕之，吏至，问谁为田桐，君厉声应之曰："老子即田桐也。"遂就捕。有书一巨筐，使叛兵负之，或迟疑，君责之曰："尔等捕我，即应为我负物。"数兵笑，皆相顾曰："田先生真倔强人也。"叶举遂以兵拥君至广州。炯明素畏服君，亦不敢杀，释之去。当是时，吴佩孚已起北方，拥黎元洪复总统任，召集旧国会。君衔命入京，为北方党人策应。十二年，滇、桂、粤联军进攻广州，克之，迎孙公返粤，称大元帅，以君为国民党最高干部参议。其夏，曹锟谋以金钱求大选，君说议员曰："公等若应命，则乾坤正气，或几乎息矣。"立如沪，议员亦相继至，假上海湖北会馆开会，自是来赴者凡几百人。未几，以经费不足，散，君亦走粤脱去不顾矣。孙公见君来，则大欢，任君为大本营参议，属以改组国民党事。君力陈许共产党加入之非策，不见听，遂去。

十三年秋，吴佩孚以大军攻奉天。所部陕军胡景翼密结冯玉祥、孙岳，自间道出佩孚后，潜师入北京，执曹锟幽之。景翼开府中州，征君赴汴，玉祥亦使人迎至张家口，商国是。佩孚走湖南，(君)说景翼规复湖北。未几，景翼死，岳维峻继。十五年三月，佩孚纠合旧部，由湖北趋河南，众近十万，与维峻战。时陕军几二十万，一日溃。君率左右退河北，至新乡，说骑兵独立旅长郑庠，速以兵扼黄河北岸，遮佩孚北进，南与第五军方振武相结，以自固，徐图匡复。振武不敢应，乃退保顺德。先是晋军已通款佩孚，三月十六日，使师长商震来犯。君与孔庚督所部御之，战方酣，守北门卒贰于晋，开门请降，遂被俘。震亲来劳问，君曰："吾为囚，分也，何劳为?"二十日至太原，晋督军阎锡山遣参谋长李勉之来迎，住其家。佩孚闻君在晋，索甚急。锡山服君为人，不忍出也。

是时孙公已卒，国民革命军总司令蒋中正已定全粤，将北伐。以君负南士之望，与谭延闿、张人杰合词招君，被任为江汉招抚使，兼湖北省政府委员。于时孙传芳据江宁，称苏、皖、闽、浙、赣五省联军总司令，闻佩孚败，率劲旅出九江，以遏革命军东进之师。又尽发招商局轮舰，载其辎重，溯江西上。君募人炸毁其江永轮，所储军械药弹皆尽。未几，革命军克九江、安庆，两省皆下，明年克江西，君以事毕谒归。是年夏，复奉政府命，与周震鳞入晋说锡山来归。明年，革命军入北京，中国自是统一矣。君被推为国民政府委员，又任为山西政治分会委员。十七年，国民政府改组，任君为立法院委员。十九年，又被任为革命党史史料编纂。皆未就，侨居上海，惟以著述为事，发其素所蓄积，成《太平策》一书，欲为国家立百年之大计。每一篇出，争传诵之。

君晚岁得肝鬲疾，时作时止。今年春渐剧，亲友送君入中西疗养院，服用西药，已有起色矣。一夕读报，大感伤，欧（呕）血至斗余，遂于民国十九年七月二日病殁，春秋五十有二。殁时，举手指天，盖有所欲言也。

君喜言经世，凡往古典章文物，及其成败得失，与夫当时之务，罔不究心。著有《太平策》十七篇、《五权宪法草案》一篇、《人生问题》一篇、《革命闲话》一卷、《扶桑诗话》一卷、《诗文集》十卷。性豪放，不事家人生产，得钱辄以分士，故友闻赴（讣），多有痛哭失声者。桓知鄜城县事，使人以俸钱三百版奉君，悉封还，寄书曰："吾弟为官，当心乎民事，家计之有无可勿问，兄决不以口服累吾弟也。"其意量之远，岂常人所能测识哉。君配童夫人。子二，长侨，次偃；女一，曰修。孙二，长宇，次宙；孙女二，长容，次不详。晚纳侧室王，无出。桓悲痛之中，语不能文，谨举故所见闻，以及私所识于心者，以告蓄道德、能文章而与君雅故者，征信以托不朽焉。四弟桓状。

九月十一日（11 月 1 日），国民政府文官处给田桐家人发来电报谓："奉主席谕，国民政府前委员田梓琴先生十一月二日在沪开奠，派张（群）市长代表国府前往致祭。"①

九月十二日（11 月 2 日），国民政府在上海英租界牯岭路崇法禅寺为田桐举行了隆重的公祭仪式。国民党中央监察委员李烈钧与国民党中央执行委员、上海特别市市长张群和田桐的生前好友、社友以及各界代表 1000 多人前来参加了公祭仪式，以祭奠、悼念、缅怀这位开国元勋；不少友朋还撰写了挽联献上，以纪述田桐的事迹与功勋。

当日"灵堂前悬国府及蒋（介石）主席、胡展堂（汉民）、李协和（烈钧）、张岳军（群）、章太炎、居觉生（正）各同志挽联一千三百件"②。

灵堂"中悬田公遗像，栩栩如生。外围五彩花亭，满缀鲜花，间以黄白秋菊，益征清标劲节，一如君之为人。外悬白布帐幕，上有横额，为'音容宛在'四字"；"堂中鼓乐竞奏，余音绕梁，络绎不绝，盖不胜人琴之痛也"③。

---

① 《申报》1930 年 11 月 2 日。

② 《申报》1930 年 11 月 3 日。

③ 《申报》1930 年 11 月 12 日。

各方奉献的挽联挽幛"自寺门以至灵位左右两厢，均无隙地"：国民政府的挽联为："气节无双，道德经济无双，天若假年，定为苍生作霖雨；儒林一传，文苑游侠一传，公原不朽，自甘黄浦老清贫。"蒋介石既送有祭幛又有挽联，其书于蓝缎上的祭幛有二，一为"伟抱奇才"，一为"名垂不朽"。悬于大柱上的挽联为："革命推先觉，著书策太平。"①

其他别具特色的挽联尚有：好友、南社诗人冯济远和冯皎月合撰的挽联，对田桐所取得的革命功勋和文学成就以及不同阶段所变换的不同身份，给予了高度评价：

论建都，论均用，论治河，事关国计民生，参古今以独成其策；

是元勋，是文豪，是学士，竟至山颓木坏，为邦家而恸哭斯人。②

案：南社诗人冯飞（字济远）和冯峻（字皎月）的生卒年月和生平事迹均不详，待考。

好友、南社诗人冯平和冯许竞存合撰了一副长联，不仅高度评价了田桐一生对革命的突出贡献和在文学创作上的成就以及其在政治上的地位，而且表达了同仁们的痛惜之情：

宏博是巨儒，雄烈是大侠，努力革命是元勋，良策著太平，自应范金铸范蠡；

智计在汉阳，义勇在淮上，出奇制胜在长江，令名垂宇宙，愧无椽笔纪田横。③

案：冯平（1887—1950），字心侠，号壮公，江苏太仓人。13岁补县学生员，后曾任太仓州县议事员。1905年赴日晋见孙中山，加入同盟会。1907年回国，结识柳亚子、俞剑华等人，奔走革命。1909年遭清廷追捕，潜至苏州加入南社。1911年变卖家产支持资助中国少年社。1912年去上海任《天铎报》的编辑；后又与叶楚伧创办《民国日报》，反对北洋军阀。1915年因反袁遭通缉、追捕，流亡日本。1919年与柳亚子、叶楚伧、邵力子、陈望道等发起组织新南社。1924年后，任教上海大学。抗战爆发后，拒绝出任伪职，退隐乡间。抗战胜利后，任南京国史馆名誉编纂。南京解放，回太仓老家，不久去世。

---

① 《申报》1930年11月12日。

② 《申报》1930年11月6日。

③ 《申报》1930年11月6日。

冯许竟存（即苏萍）的生卒年月和生平事迹不详，待考。

好友、时任国民党中央监察委员的吴稚晖亦撰写了一副长联（即《挽田桐》[①]），简括评价了田桐的革命功绩和文学成就：

读当年名作，忆南洋群岛之旧游，回想真成恨海；

数济世闳才，视中山先生而具体，独能首策太平。

当天上午 11 时，张群代表南京国民政府致祭，祭文详尽地追述、缅怀了田桐追随孙中山先生革命的一生。念完祭文，当张群向田桐遗像“行礼时，触景念友，不觉悲从中来，泪流满面”；自下午 2 时起，则“由各省同志及亲友家属，次第公祭，至晚始毕”[②]。

其时，居正正被国民政府关押在上海龙华看守所，无法前来参加盟弟的公祭，遂委托夫人钟明志身着素服，以“哀伤悽楚”之情前往守灵[③]。

九月十三日（11 月 3 日），新出的《申报》上刊载有《田桐公祭祭文》[④]：

呜呼田公，胡竟云亡。追怀勋烈，恻焉心伤。在昔清季，为政不纲。鹰蹸虎视，环伺其旁。公年弱冠，负笈武昌。昌言革命，慨当以慷。臾侦且逮，东走扶桑。奋志破虏，意态激昂。结识豪杰，披沥肝肠。既觏总理，欢喜若狂。同盟集会，赞画励勷。风起云涌，薄海相望。归合义旅，气吞湖湘。奇谋弗中，一蹶萍乡。再接再厉，寝馈莫遑。万里应召，宵奔海防。囚驾〇凤，天空翱翔。北入燕市，南游南洋。力辟邪说，吾道聿彰。宏宣木铎，祖国复光。辛亥之役，江汉汤汤。孰御悍寇，公与克强。谓公文士，乃今智囊。胜败毋论，甘苦同尝。民国缔造，奋席议场。有笔有舌，立论煌煌。袁氏称帝，溃决大防。举兵淮上，我武维扬。天未悔祸，寇氛掠猖。大盗窃柄，小丑跳梁。踵趾相接，为民之殃。民生涂炭，众志参商。巍巍总理，至大至刚。网罗多士，开府五羊。规模宏阔，主义〇皇。几经险阻，载易星霜。呜呼田公，矢志相将。参与密勿，扶翼纲常。义师北指，横扫虎狼。仁者无敌，锐莫敢当。民庆来苏，箪食壶浆。青天白日，万丈光

① 吴稚晖：《吴稚晖全集》（卷 13 杂著 1），九州出版社 2013 年 5 月版，第 375 页。

② 《申报》1930 年 11 月 3 日。

③ 《申报》1930 年 11 月 3 日。

④ 此祭文载于 1930 年 11 月 3 日《申报》；因不见收入《田桐集》附录中，故全文移录于此。

芒。国都重庆，国府宏张。嘉谋翊赞，匡辅中央。呜呼田公，志洁行芳。风骨峻整，器宇汪洋。蕴乃道德，发为文章。声宏气实，振聋启盲。剖析精蕴，尽扫秕糠。为世师表，为国祯祥。如何不禄，田壤茫茫。感念逝昔，涕泗其滂。精诚匆洁，照临四方。魂兮有知，奠此一觞。呜呼哀哉，尚飨！

九月十四日（11 月 4 日），新出的《申报》“自由谈”栏刊载有张辉光所撰写的《哀国民党先进田桐先生》[①]一文：

田先生，湖北蕲春人，讳桐，号梓琴，中国国民党之先进也。性豪侠，有古士之风。学问深渊，中外人士得亲其言论风采者，莫不仰慕而钦敬之。少负大志，时值清室阽危，政网解钮。先生既愤国是之窳败，尤悯人民之涂炭，谓天下滔滔，胡所底止，长此以往，国将不国。遂倡维新革命，建立民国之议，致遭清廷之忌，密令缉捕，而国内遂无先生立足之地也。于是负笈东游，更求深造。遇先总理于东京，互宣救国宗旨，彼此倾怀相与，欣慰莫名，朝夕叙议，讨论革命原理，创设同盟，致力于推翻清廷、建设民国之计划。先生于会中志士，奔走宣扬，虽屡遭失败而再接再厉，开抒吾国数千年顽固之民风，导入革命之大道。迨至武昌起义，民国肇兴。先生被任为湖北宣抚使等职，政绩炳然，厥功弥伟，而志节之高，尤非常人所能及者。则以帝制、贿选两案，相继迭乘。斯时议员虽众，而意存观望，诺诺者多。独先生毅然倡国会南迁之议。其后率众南下，先生之力伟矣。先生待人，力从宽厚，惟至大义当前，则严师益友，亦侃侃以诤，绝无瞻徇，所谓当仁不让也。……余时瞻渊狱，亲炙教言，千倾澄波，益吾无涯。先生尝谓余曰：“革命青年应持沉着坚毅之态度，不妥协之精神，此乃必有之境遇，务须满养精神学问，待时再起，方不失为革命青年也。”至理名言，洵属历劫不磨。今年以来，先生虽高卧松云，而杜陵忧国之心，终难自已。爰就毕生学问、经验发为伟论，创办《太平杂志》，以供世人参考，内容至为丰富，所论均荦荦大者，读者莫不称美叫绝。言而为天下，则其斯之谓矣。噫！吾方冀先生源源著作，饷我新知，尤望再起东山，谟丕蹴展，胡图天不〇遗，竟夺吾先生如斯之速耶？呜呼！道大莫能容，才大难为用，吾既为先生之不遇哀，更为中国之前途悲也。

---

① 此文载于 1930 年 11 月 4 日《申报》“自由谈”栏；因不见收入《田桐集》中，故全文移录于此。

远在广东的好友、南社诗人、学者、时为广东嘉应大学教授的丘复，得知田桐去世噩耗，极为悲痛，并撰写了一首五言歌行，就田桐的功绩和不足两个方面，详尽地叙说了田桐一生的功过是非，以表达其缅怀之情：

避地悲寥落，何堪更哭公。飘零同断梗，赴高误征鸿。好乱人心动，多艰大道穷。太平空有策，老泪洒西风。〇〇今弥烈，先几烛照神。引狼防入室，养虎恐伤身。此日嗟何及，连年乱荐臻。故人泉下见，失计信佥人。南社苔岑合，东京党錮光。鱼书通秘密，龙德隐潜藏。高踪蹑子房。见轩怀富士，旭日照扶桑。嗟来桑户去，而已反其真。地下多欢聚，天边欲指陈。乾坤留正气，党史重完人。北望中原定。无须怒目瞋。[①]

案：丘复（1874—1950），原名復，字果园，一字荷公，别号荷生，室名念庐，福建上杭人。19岁取秀才，24岁中举人。1898年与丘逢甲结识，成为挚友。1905年和丘逢甲倡议，创办上杭民立师范，并任监督。1909年应丘逢甲之邀，任教两广方言学堂。1911年加入南社，鼓吹民主革命。辛亥革命爆发，随丘逢甲至南京，参加各省代表会议。1912年当选为省参议员。1916年当选为参议院议员。1923年不满曹锟贿选，出京南下广州，任大元帅府参谋、秘书。1925年被聘为广东嘉应大学教授。1935年与潮商创办汀龙小学。1941年与地方士绅在蓝家渡安仁寺创办私立明强初级中学，推为董事长兼校长。1950年9月病逝于家乡。通经史，工诗文。著有《念庐诗稿》10册、《念庐诗话》5卷、《念庐文存》5册、《愿丰楼杂记》10卷（2009年出版）、《念庐联话》1卷、《南武赘谭》，编著有《中华文学史》、《文学源流初步》，编纂了《上杭县志》36卷、《长汀县志》35卷、《武平县志》31卷，还整理校勘有《后汉书注校补》、《杭川新风雅集》、《天潮阁集》等古籍多种。

九月中下旬，周庆云、夏敬观、黄孝纾等人在上海发起成立词社——沤社。

九月二十二日（11月12日），国民党三届四中全会召开，讨论、制定训政时期约法等问题；蒋介石企图当总统，把五院院长统一置于总统管辖之下。

十月二十二日（12月11日），国民党中央常务委员会对田桐的去世颇为重视，专门召开第118次会议，“通过田梓琴公葬案”，并“交国民政府

① 丘复：《丘复集》，福建人民出版社2013年版，第268～269页。

令行政院饬湖北省政府办理”①。

田桐生前好友邵元冲在当天的日记中记载：“上午中常会……通过田梓琴公葬案。”②

十月二十五日（12月14日），南京在民众教育馆亦举行了田桐追悼大会。胡汉民、邵元冲与南京各机关团体代表300余人出席了追悼会。时任国民政府委员、立法院院长的胡汉民主持大会，并在追悼词中“详述田先生一生革命功绩及举行追悼会的意义”③。胡汉民主祭结束后，则由邵元冲演说。

田桐生前好友邵元冲在当天的日记中记载：“十时，赴民众教育馆举行田梓琴君追悼会，由展堂（胡汉民）主祭，余演说，十一时顷散会。”④

十月二十七日（12月16日），蒋介石调动十一个师和三个旅共十万人，开始对中央革命根据地进行第一次“围剿”。

十月间，田桐的昔日战友、同乡吕大森⑤在浙江杭州病逝。

十一月上旬（12月下旬），中国工农红军第一方面军在江西南部歼灭张辉瓒的两个主力旅和一个师部，俘获前敌总指挥、第十八师师长张辉瓒，粉碎了国民党军的第一次反革命“围剿”。

十一月十九日（1931年1月7日），中共中央在上海召开六届四中全会，结束了李立三的冒险主义。

十一月二十七日（1931年1月15日），中国工农红军苏区中央局在江西瑞金成立，周恩来任书记，项英为代理书记。

十一月二十九日（1931年1月17日），“左联”成员李伟森、柔石、

---

① 《申报》1932年8月23日。

② 《邵元冲日记》1930年12月11日，上海人民出版社1990年版。

③ 《申报》1930年12月15日。

④ 《邵元冲日记》1930年12月11日，上海人民出版社1990年版。

⑤ 吕大森(1881—1930)，字槐庭，号怀天，土家族，湖北建始人。幼聪慧好学，1897年考取秀才，同年入湖北武备学堂学习，受民主思潮影响，走上革命道路。得悉《中俄密约》签订，发动学生数百人集会，发表演讲，斥责清政府丧权辱国。1904年与刘静庵等创设革命团体科学补习所，被推为所长。同年谋与黄兴同时起义，失败后逃匿深山，秘密从事反清活动。武昌起义爆发后，赴烟台，协助山东都督胡瑛处理军务。1913年赴上海发动反袁斗争，被捕入狱，袁死后方才出狱。1920年因参加靖国军，又被捕入狱，后以服丧保释出狱。1922年以参加驱逐军阀、湖北督军王占元活动再次被捕入狱，至王占元革职后始出狱。1927年赴安庆养病。1930年至浙江，同年病逝于杭州西湖。

胡也频、殷夫、冯铿五人被国民党逮捕。

十一月间，湖北省政府奉南京国民政府行政院之命，责成民政厅、财政厅、建设厅各派一人开始筹划田桐公葬事宜。

十二月二十日（1931 年 2 月 7 日），何孟雄、林育南、李求实、柔石、胡也频、殷夫、冯铿等二十四位中共党员和优秀作家，在上海龙华被国民党反动派秘密杀害。

是年，田桐的好友周应时①在南京府宅病逝。

民国二十年（1931 年）4 月，湖北省政府推前省府委员熊秉坤、陈光祖、方达智、吴醒亚、张贯时及田桐胞弟田桓为田桐公葬筹备委员，熊秉坤任主任委员。

民国二十年（1931 年）5 月，陈光祖草拟之《公葬田桐先生事务处简章》交筹备会通过后，省政府遂令民政、财政、建设、教育四厅及秘书处再各派一人组成事务处。事务处下设工程、宣传、典礼、会计等五组，每周集中一次通报进度。不久，省政府改组，省主席何成浚调任鄂豫皖三省"剿匪"总司令部左路军司令官兼湖北绥靖公署主任职，筹备委员与事务处工作人员大多去职，田桐公葬的筹备工作自然停顿。

民国二十年十一月初，居正病愈后，"特偕田（桐）之介弟桓及友人邓玉麟、蔡道生等致祭于湖北会馆，素车白马，有古人风"；当"居向灵前含涕行跪拜礼，田桓答礼如仪，时阴风怒号，凄怆欲绝，见者亦咸为动容也"②。

民国二十一年（1932 年）4 月，夏斗寅接任省主席，继续田桐公葬的筹备工作；省政府推新任省府委员孔庚、孙绳、朱怀冰、沈肇年、李书城继任筹备委员，由民政厅厅长朱怀冰任主任委员；另任命省府秘书处科长江文波

---

① 周应时(1884—1930)，字志奎，号哲谋，崇明外沙久隆镇人。1906 年考入南京陆军学校，被送往日本留学，入东京振武学校，后转入陆军士官学校。1909 年回国，赴京朝考，取为武举人，回南京陆军学校任教。武昌起义爆发，积极响应，任起义军团长。南京临时政府成立，任旅长，负责保卫南京。"二次革命"失败后，逃往日本。奉命开办浩然军事学社，培养青年骨干。中华革命党成立，率一百多名学员集体加入。曾奉命潜回上海发动肇和舰起义，任起义军副司令。广州军政府成立，任陆军部处长。孙中山去世后，追随李烈钧继续革命。因积劳成疾而中风。1930 年病逝。著有《军事后方勤务全书》、《兵端要略》等。

② 《申报》1931 年 12 月 13 日。

任事务主任。“工作一如前制，旋洪山茔地拨款鸠工，修建碑墓次第告成”①。田桐墓“工程颇为浩大，形式极为壮观，山势堂皇，风景美丽，为鄂省空前未有之陵墓”②。

田桐墓地修建完工后，事务处一面禀报省府呈请国民党中央党部、国民政府、行政院“各派大员参加公葬典礼”③，一面登报通告民众。

经时任国民政府司法院院长居正及田桓与何成浚、夏斗寅、朱怀冰、孔庚等人商议，田桐公葬典礼定于 9 月 20 日举行；随即由湖北省政府派秘书周尊率领员役赴沪上迎接灵榇，并在上海设立临时办事处，负责处理相关事宜。

接到湖北省政府的电报后，上海方面极为重视：时任上海特别市市长的吴铁城、时任市社会局局长的吴醒亚和时任市招商局主任的张延龄等人，当即与湖北省上海办事处及田氏家人仔细协商，对运送田桐灵榇的整个过程作了周密的安排：田桐的灵榇由上海招商局所属之“江华”轮负责运送回鄂；湖北会馆、金利源码头及江华轮“分扎白绸彩坊，上面悬挂‘功在党国’白布条，幅上挂‘田梓琴先生移榇回鄂公葬’白布”④；而“所有护榇武装军警通过租界之照会”，均“经市府派科员周平，向法捕房交涉掣出”⑤。

民国二十一年七月二十八日（1932 年 9 月 10 日）始，居正等党政要人相继由宁抵沪，前来参加田桐的公祭活动。凡是参加公祭的来宾，田氏家人皆“赠田公生前主编之《太平杂志》全份，俾资纪念”⑥。

民国二十一年八月初一日（1932 年 9 月 12 日）上午，湖北旅沪同乡会和安徽旅沪同乡会联合在湖北会馆举行公祭。

下午 3 时，田桐的灵榇在军乐队、武装警察的引导下，自湖北会馆出发；其时，市政府通知各机关团体推派的代表皆来恭送，又饬调保安队、军乐队直送到江干。

参加送殡的有居正、张继、周道腴、杨庶堪、吴铁城、吴醒亚等政要及各机关、团体代表数十人。灵榇花车，则由四匹黑马运送，并有一辆汽

① 《田氏宗谱》。

② 《申报》1932 年 8 月 23 日。

③ 《田氏宗谱》。

④ 《申报》1932 年 9 月 13 日。

⑤ 《申报》1932 年 9 月 12 日。

⑥ 《申报》1932 年 9 月 12 日。

车，负责载运田氏遗像、灵位及灵牌。田桐夫人童氏及公子田侨、田偃，女儿田修等，皆跟在灵榇后面步行哭泣，“甚为悲痛”①。

下午五时，灵榇运抵金利源码头。在军乐队的哀乐中，8名抬夫将灵榇抬至江华轮的中舱。随后，江华轮在“一架水面飞机护送下”，缓缓启航开出吴淞口②。

民国二十一年八月十四日（1932年9月14日）早晨，江华轮抵达南京下关江干停泊。七时开始，居正、石瑛（田桐盟兄，时任南京特别市市长）与国府五院及各机关、中央党史编纂委员会的代表，次第前往致祭。停放灵榇的江华轮中舱以松柏扎彩，悬有“田字旗帜多面”。上海市政府专门派遣的一支乐队和数十名警察，“护卫森严”。灵前摆满花圈，孝堂有盟兄居正书写的“永昭江汉”横额。是日“开祭，祭文甚多”③。祭毕，江华轮遂溯江西行。

民国二十一年八月十六日（1932年9月16日）下午，田桐的灵榇运抵汉口，各界代表数百人在江边迎接。

民国二十一年八月十七日至十九日（1932年9月17日—9月19日），湖北省政府“举行公祭，全省降半旗志哀”④，尤以19日这天最为隆重：上午10时，司法院院长居正，国民党中央代表张继，蒋介石的代表陈希曾，国民党中央委员方觉慧、石瑛，国民政府驻鄂绥靖公署主任何成浚，湖北省政府委员孔庚、李书城以及省市党部委员等数百人，前往武昌阅马场公祭台致祭，一时间“白马素车，填街盈巷”⑤。

民国二十一年八月二十日（1932年9月20日），田桐的灵榇移至武昌洪山墓地，并举行了民国以来“鄂省第一次礼节极为隆重”的公葬典礼⑥：

上午8时，田氏家属延请时任鄂豫皖三省“剿匪”总司令部党政委员会委员兼监察处主任的张难先点主，举行了家祭。

案：点主和家祭都是民间的一种传统习俗。

所谓点主就是为死者立受祭祀牌位的一种民间仪式。点主一般聘请有功

① 《申报》1932年9月13日。

② 《田氏宗谱》。

③ 《申报》1932年9月15日。

④ 《田氏宗谱》。

⑤ 《申报》1932年9月22日。

⑥ 《申报》1932年9月22日。

名的人或做官的人担任，称之为大宾，亦叫点主官。通过传统的礼仪，用白及碾和成朱砂，大宾用毛笔蘸上朱砂，点在死者牌位（又称神主、木主）的“王”字上面，而成为“主”字，谓之“成主”。

家祭一般在开吊期间的晚上或早上进行，请官方或士绅做“四相”（俗称“祭礼先生”）主持，按照传统礼仪，由死者的儿女跪读祭文，祭文的内容主要是死者生前的苦情和功德。祭文读毕，开始上祭品：先上帕、箸，然后献上菜肴，以表示祭奠。

上午10时30分，国民政府主席兼鄂豫皖三省“剿匪”总司令的蒋介石在张继、石瑛等人的陪同下，亲临武昌阅马场祭台致祭，随即离去。

上午11时，田桐的灵榇自阅马场启程，前来参加送葬的有居正、张继、方觉慧、石瑛、周泽春（外交部五省视察专员）、何成浚、夏斗寅暨湖北省政府各厅长、委员，武汉各学校师生、各机关团体代表不下万人。“灵榇经过路线均经武汉警备司令部、省公安局饬属如时担任警戒。葬地则由驻汉何成浚主任派飞机翔绕守护”①。

下午3时，灵榇抵达洪山东麓、宝通禅寺东侧、洪山寺塔之下的墓地。

进入墓地大门，便有一条宽丈余的墓道，两旁冬青排列。旁有纪念池，何成浚为其题写“琴池”二字，刻于石碑上。拾级前行十几步，建有一亭，神道碑即矗立其间。碑铭简述田桐的生平事迹，约2000字，由杨庶堪撰文，章炳麟篆额，田桓书丹。过纪念亭，苍松翠柏中是墓穴。墓为花岗石砌成，圆形，石墙围之，左右环绕8尊石狮。墓前阶下，有石桌、铁鼎各一，系张难先等122位友人所铸赠，题字甚多。墓后古柏参天。墓左有纪念塔一座，塔之前后镌有夏斗寅所撰之《田先生公葬记》。

下午3时30分，公葬典礼开始，灵榇安窆封墓后，鸣炮奏乐。主祭夏斗寅献花、诵公葬诔文，“历半小时，礼成始散”②。

案：田桐墓在今武汉市洪山南坡（今广州军区武汉总医院附属幼儿园旁），与洪山宝塔相望。墓坐北朝南，有花岗石镶砌的圆形穹隆顶墓冢，高2.8米，直径约3米。冢周围有高1.2米的红砂石砌筑围墙，墓冢前立花岗石碑，上刻“田梓琴先生之墓”，墓前亭内石碑上的刻字已不存。此墓为武汉市市级文物保护单位。

生前好友冯自由则为田桐写了一篇《田桐事略》，记述其生平事迹，表

① 《田氏宗谱》。

② 《申报》1932年9月22日。

达其缅怀之情：

田桐，字梓琴，别号玄玄居士，湖北蕲春县人。父又青，为名诸生，在乡设塾授徒，从游者众。生四子，梓琴其长也。幼而秉承父训，于诸子百家及唐宋以来名家文集，靡不兼综博览。稍长，文思益进，惟于八股时文，则鄙弃弗置。尝应州课，试后，父索观其文，不中当时律令，大怒，笞之。揭晓竟列案首，亲友咸为称异。少好游，弱冠尝孑身登庐山，遍览诸名胜。后乃读书白鹿洞，同学迹之，辄不知所往。年二十二补县学生。时鄂省学风渐趋维新，乃考入武昌文普通中学，崭然露头角。同学中有桃源宋教仁者，少负奇气，议论纵横。梓琴与之志同道合，遂共倡言排满。鄂吏闻之大骇，因有查究校中生徒从严惩办之议。监督纪钜维，纪晓岚之远孙也，夙赏识梓琴才，惧不能庇，讽令他适避祸。梓琴遂于甲辰岁（一九〇三年）[①] 东渡日本求学，与黄兴、曹亚伯、陈天华、白逾桓、宋教仁、刘揆一等交最密。反满革命之志，由是益坚。旋与刘仲文、白逾桓、鲁鱼、宋教仁等创刊《二十世纪之支那》杂志，鼓吹民族革命，不遗余力。出版达三期，以同志蔡汇东有评论辽东半岛文，触日政府忌，没其书，严究主名。梓琴与宋教仁几被捕，稍间乃解。

乙巳（一九〇五年）夏六月，孙总理自欧洲抵横滨，梓琴偕黄兴、宋教仁、程家柽等数人往谒之，大倾服。旋应总理召，开各省革命同志联合大会于东京赤阪区桧町内田良平寓宅，届期遂邀《二十世纪之支那》诸同志俱往。是日莅会者五十余人，决定中国同盟会之会名及盟会书辞句，一致推举中山先生为总理。十日后复假灵南坂子爵坂本金弥邸开成立大会，选举执行、评议、执法三部干事。梓琴被举为评议员，兼总理书记。是岁十月，同盟会之机关报《民报》出版，梓琴著作颇多，文有署名"恨海"是也。时清廷以留日学生多趋向革命，饬驻日公使杨（廷）枢向日政府商议约束留学生方法。日政府徇其请，特颁《支那留学生取缔规则》以防之。诸生大哗，同志陈天华因之蹈海死。梓琴亦聚有志者多人于弘文书院，主罢课，所在和之。清廷据杨（廷）枢报告，诏捕激烈者十八人，梓琴与焉。其中恇怯者多赍金帛走京师求赦，梓琴独泰然置之。丙午（一九〇六年）复集同志雷（铁）厓、高天梅、柳亚子诸人创刊《复报》月刊，是报文字浅显，适于通俗社会，故风行一

① 此处之"甲辰岁"应为1904年，而非1903年，误。

时。又集明末遗老野史，成《亡国惨记》，书出，人心益奋。

丁未（一九〇七年）春，孙总理得香港冯自由电，称许雪秋在潮州筹备举事已臻成熟，请派留东同志回国相助，遂偕胡汉民、谢良牧、黎仲实、胡毅生等人离日南下。后数月，梓琴至香港，拟入内地参加实际工作。时惠、潮各地军事已先后败挫，总理方驻河内，谋在钦、廉及广西镇南关继续大举，函邀各地同志赴越南集合。梓琴遂偕醴陵谭人凤、连州何克夫、桂平谭剑英、湘乡陈树人等应召。濒行时，香港同盟会分会长冯自由托其携带革命军用券二大箱呈总理。舟抵海防，为法国关吏发觉，各人均被扣留警署。即由海防殷商、刘岐山保出候讯。总理乃向越南总督交涉释放，结果越督只允将债券给还总理，而携券者则以清吏抗议之故，被判出境。梓琴居海防迭接革命军占领镇南关及孙、黄诸人同赴前敌消息，以讼事未解，无从参加，因之焦急万分。及离越仍返香港。旋奉总理命遣赴新加坡主持《中兴日报》笔政，与保皇党之《南洋总汇报》争论革命民政与君主立宪得失。文战经年，大受英、荷两属侨胞之欢迎。戊申（一九〇八年）某月，康徒徐勤择日在新加坡武善社演讲禁烟历史。梓琴知其必借此提倡君宪，遂偕孙德彰（总理之兄）、邓子瑜诸人赴会，拟再师东京革命党人大闹政闻社之故智，有以惩创之。果不出所料，徐勤于发言间，竟越出题旨，盛赞清廷宣布限期立宪之德政。梓琴闻言，义愤填膺，大呼曰："打！"孙德彰等数十人奔而前，徐勤急反身走得脱，保皇党徒由是气益馁。

孙总理自丁未十月镇南关一役失败之后，以越南政府徇清吏请求，讽使离境。故自河内迁地新加坡，寓东陵胡节律一一一号。邻舍有杨圻号云史者，常熟人，清领事署之副领事也；与梓琴及当地同盟会正副会长陈楚楠、张永福等以邻居故，颇相认识，与梓琴尤一见如故。时粤督张人骏密奉廷寄，遣凶徒至南洋谋刺总理，清总领事以杨圻居与总理寓所密迩，乃使刺客寄寓杨宅乘便行事。杨知清祚将终，对于清吏阴谋极不赞同，遂密告梓琴，使通知总理预为防范，且向刺客晓示种种利害，刺客大为感动，竟放弃原定计划掉头他去，总理因得安然无事。此项义举，在杨固属深明顺逆，梓琴亦大有力焉（按云史有才名，工诗，著《江山万里楼集》，晚依吴佩孚以终）。

戊申、庚戌（案："庚戌"应为"己酉"）两年间（一九〇八年至一九〇九年），梓琴应荷属侨商之约，赴三宝垄、坤甸、泗水各地设报馆，兴学校，深得各界信仰。尝在《南侨日报》译载日人大越英三郎所著

《南国记》，尽发荷人虐待华侨诸状。荷政府禁之不可，乃勒令出境，侨商多挥泪相送，如失师保。时距广州黄花岗一役未远，梓琴鉴于历年党人在边区各省举事之失败，乃主张进行中央革命、擒贼擒王之议，黄兴诸人莫不壮之。梓琴于是变姓名北上，与宋教仁、程家柽、白逾桓分头进行。既抵燕京，乃与同志发刊《国光新闻》为言论机关，表面上以倡导立宪排斥官僚政治为号召，密与井勿幕、续西峰、景定成、熊克武诸人联络北方豪俊以袭据京师。屡次企图，均以清吏戒备严密不果。及辛亥秋间，闻党人运动湖北新军之计划已臻成熟，亟拟回鄂督促进行，正摒挡间，而武昌义师已起，遂星夜买舟南下，及抵沪，则谭人凤、宋教仁、居正等已先期赴鄂矣。

革命军既光复武昌，以党中著名首领均未到，乃推清协统黎元洪为都督。黎与诸降将咸意存观望，故士气不振。梓琴至沪时，黄兴亦自香港至，遂随黄赴鄂。黄被任为革命军总司令，梓琴为随军参谋。初数次战颇利，及冯国璋尽率其精锐来攻，汉阳势危。梓琴献策，尽取汉阳兵工厂钢板置壕堑间，以御铳弹，得相持至月余始陷。黄兴事后语人曰："吾始以梓琴为文士，今乃知其智计，亦大过人也。"汉阳既失，黄兴乃就江宁求援，梓琴亦随之行。

民元，南京参议院成立，梓琴任临时参议院议员。及南北统一，乃北上复办《国光新闻》，日为文斥袁政府阙失，挞揭隐谋，不少容藉。袁世凯深衔之，使农商次长张仲华持十万元支票来社，商请该报转移论调。梓琴令经理李基鸿却不受，闻者咸为之危。一日铳发于寝室屋顶，梓琴以外出得免。或劝其知所戒备，则笑谢曰："死生有命，吾何惧焉?"是岁，宋教仁遇刺于上海车站，国人多疑为袁氏主使，人心惶惶。孙总理不欲借此与袁破裂，毅然北上，表示全国统一之至诚。梓琴遂随总理游太原，沿途宣扬德音，听者为动。民二，正式国会选举，复由鄂人举充众议院议员。开会日，袁世凯令汤化龙、梁士诒、王赓诸人组织御用党，以妨害议宪，复私借外债以戕戮异己。梓琴知袁包藏祸心，势将动摇国本，乃南下谒孙总理，力主兴兵讨贼之议。总理早有是意，以民党诸都督多乏勇气，一时未敢轻举。一日，总理招民党各将领于自宅，商讨进行方略。黄兴等多主持重，梓琴起而怒骂曰："是不足与有为也。"乃间关至淮上，入张汇滔军，劝其称兵独立。未几，李烈钧、柏文蔚各在赣、皖发难，黄兴亦亲赴宁举兵。时袁氏已先阴为备，使冯国璋进据浦口，李纯下九江，倪嗣冲奔命淮北。民党诸军以准备未周，缺乏联络，先后不支。梓琴时参淮军幕，乃亡命走日本。

民三，孙总理愤癸卯一役由于党人不用命，及团体散漫，宣布改组国民党为中华革命党。各省党人之曾任军政要职者，以誓约上有服从总理字样及须盖印指模，多表示异议。独梓琴及陈其美、居正、冯自由等少数人率先赞成之。民五春，袁氏称帝，总理令陈其美、居正、邓铿等在海疆各省起兵讨之，梓琴亦被委充中华革命军湖北总司令。及抵鄂，则起兵者已十数辈。袁将王占元闻之大怖，伏不出。袁死，黎元洪继，乃解兵复入国会，于时政多所献替。而倡废盐引以利民一事，由反复不厌，格于众议未行。时欧战方酣，国务总理段祺瑞欲开边衅以詟众，向国会提出参战案。民党议员咸反对之，梓琴坚持尤力。段大怒，令所部组织公民团包围两院，断绝供给以胁之，继又授意督军团，使联名电请解散国会。总统黎元洪卒从其请，遽于民六年六月十二日下令解散。梓琴遂偕各议员南下，开国会非常会议于广州，选举孙总理为大元帅，称护法政府焉。

民九，岑春煊、陆荣廷、莫荣新等与北方军阀私订和议，牺牲护法。孙总理、陈炯明自闽南旋讨平之，旋设中国国民党本部办事处于广州，委梓琴为党务部长。嗣兴师北伐，复委为大本营宣传处长。时陈炯明已通款于吴佩孚，遽于六月十八日，举兵叛变，且令叛将叶举等逮捕韶关大本营职员。变兵搜查韶关行营时，指名严索田桐。梓琴厉声应之曰："老子即是田桐!"遂就捕。有书一巨箧，叱使变兵负之，或迟疑，乃责之曰："尔等捕我，即应为我负物。"变兵笑相顾曰："田先生真倔强人也。"及解送至广州，炯明不欲开罪他省民党，遂令释之。未几，吴佩孚已起北方，拥黎元洪复总统任，召集旧国会，梓琴偕民党诸议员重北上列席，于制宪问题多所论议。十二年夏，曹锟谋以金钱贿选总统。梓琴语诸议员曰："君等欲贪利受污，则乾坤正气几乎息矣。"立如沪，议员之拒贿者亦相继至，假上海湖北会馆开会，旋以经费不足，散，梓琴仍赴粤从孙总理。

时总理方驻粤，组织大元帅府，见梓琴来，立委为大本营参议，属以改组国民党事……总理不能用，遂拂袖去。及莅沪，乃假南阳桥章太炎寓所，邀集各省同盟旧友筹商护党救国方法。决议用公函警告全党，合谋匡救。函末署名者有梓琴及章炳麟、居正、周震鳞、马君武、刘成禺、茅祖权、谢良牧、但焘、焦子静、管鹏、冯自由等十二人（原函见

《革命逸史》第九十一页）。是函公布后，不及二稔，而有清党之举。

自民十四年总理逝世后，梓琴以与国民军总司令胡景翼有旧，被征赴洛阳参与帷幄，未几，景翼死，岳维峻继。十五年三月，吴佩孚纠合旧部，由湖北趋河南，维峻与战不利。梓琴率左右退河北，至新乡，说骑兵独立旅长郑庠速以兵扼黄河北岸，遮佩孚北进，南与国民军第五军方振武相结以自固，徐图匡复。振武不敢应，乃退保顺德。先是晋军已通款佩孚，三月十六日使师长商震来犯。梓琴与孔庚督所部御之。战方酣，守北门卒贰于晋，开门请降，遂被俘。商震原属同盟旧人，特亲来劳问。梓琴曰："吾为囚，分也，何劳为?"二十日至太原，晋督军阎锡山遣参谋长李勉之来迎，住其家。佩孚闻梓琴在晋，索甚急，锡山与梓琴亦有旧，且素服其为人，不忍出也。

是岁秋，国民革命军大举北伐，先后平定湘、鄂、闽、赣诸省。梓琴受任为江汉宣抚使，兼湖北省政府委员。尝募死士炸毁孙传芳运载军实之江永轮船，使革命军得顺流而下九江、安庆，其智能有足多者。明年，复将政府命，与周震鳞入晋，说阎锡山来归。十七年国民军定北京，全国统一，先后受任为国民政府委员及山西政治分会委员、立法院委员、革命党史编纂委员会委员，皆未就。闲居上海，惟以著述为事。除独力发刊《太平杂志》外，另著有《革命闲话》一卷、《扶桑诗话》一卷、诗文集十余卷。性豪放，不事家人生产，得钱辄以分士。晚岁得肝鬲疾，十九年秋渐剧。一夕读报大感伤，咯血斗余，遂于是岁七月二日逝于上海寓次。配室童夫人，生二子一女，侧室王氏无出。

民国二十一年（1932 年），田桐的长子田侨曾应父亲的日本友人之邀访问日本，当抵达横滨时，吟诵亡父"只余一掬思亲泪，洒向横滨日暮天"的诗句，感慨万千，遂吟诗一首（即《横滨》）[①]，以表达对亡父的缅怀之情：

海市宣阗贯舶连，先人曾此事蒲篇；我来新掬思亲泪，重洒横滨日暮天。

民国二十二年十月初一日（1933 年 11 月 18 日），新出刊的《生路》

① 田侨访日之事及其所吟之诗均见于田桓幼子田伯炎于 2019 年 8 月 6 日在辛亥网上所发之《追寻前辈田桐、田桓留日足迹》一文。

（厦门）第 5 期第 10 页“文艺”栏载有田桐（署名“恨海”）所撰写的《思妇》[①]一诗：

愁远去，觉无方，枕上鸳鸯梦几场；梦到醒时人不见，只留荒草立斜阳。

民国二十二年十二月初二日（1934 年 1 月 16 日），新出刊的《浙江合作》第 14 期第 7～8 页载有田桐（署名“恨海”）撰写的《甲乙丙丁四个农夫的谈话》[②]一文：

甲农：听说宣统三月一日要登基做皇帝，你知道吗？

乙农：他做他的皇帝，与我们老百姓有什么相干？还会有政府去讨伐他？

甲农：咳！你这人全无爱国心，须知他一做了皇帝，不但东北四省全归日本鬼子，就是北方一带亦就免不了危险。国家兴亡，匹夫有责，怎样和我们老百姓不相干？

乙农：你这人未免太痴呆，人家现在给我们农民一个很刻薄的别号叫做“阿斗”，你听见过没有？我们一年三百六十五天，无问寒暑，胼手胝足，所得来少数的农产品，除还田租、买肥料外，还要完县税、省税、国税。近年以来各种苛捐杂税，名目繁多，弄得我们求生不得，求死不能，全国的国民要是和我们农民一样的尽忠于国家，中国早就强盛起来了！他妈的！今天这个反对中央，明天那个反对中央……整个的中国快要亡了！岂但东北四省全归日本！

丙农：你们两人在这里咿哩呱啦，到底为的是什么事？

甲农：中国快要亡了！我们快要做亡国奴了！！你想痛心不痛心？

丙农：你这人真是有点神经过敏，中国有四千余年的历史，有四万万的同胞，难道就会亡了去不成？我总不相信！

丁农：你说他的神经过敏，我看你的神经过钝。俗话说：“今年番薯不比旧年芋”，现在的中国不比先前了。你看，全国四分五裂，遍地天灾人祸，领袖仍迷梦未醒，国民则浑浑噩噩，我看中国快要亡了！中国不亡，实无天理！！

---

① 此诗载于 1933 年 11 月 18 日出刊之《生路》（厦门）第 5 期第 10 页；因不见收入《田桐集》中，故全文移录于此。

② 此文载于 1934 年 1 月 16 日出刊之《浙江合作》第 14 期第 7～8 页；因不见收入《田桐集》中，故全文移录于此。

甲农：你们一个说中国快要亡，一个说中国不会亡，公说公有道，婆说婆有理。据我看来，通通有道理。

丁农：你这话从何说起？我听了有点莫名其妙。

甲农：他说中国必亡，就现状来看，的确不错，不过假如全国国民个个觉悟，赶紧设法来救国，不但中国不会亡，还要比先前更富强。古语说："多难可以兴邦"，你听见过没有？所以，他说中国不会亡，就有道理。

丙农：你说救国，到底救国有什么方法没有？

甲农：现在谈起救国的事情，是要靠我们农民自强团结起来才有办法。若是只望政府，恐怕迟早非至亡国灭种不止！

乙农：政府有人才，有兵力，有财力，尚且不能救国，我们农民有什么法子？你简直是痴人说梦。

丁农：是呀！难道叫我们老百姓空拳赤手去和外国人的枪炮拼命不成？

甲农：话不是这样说。我说全国农民团结起来救国，并不是叫大家去和外国人拼命，我所说的是一种农民自救救国的方法。我们农民占全国人口百分之八十以上，现在农村破产，衣食困难，我们自己应设法先救自己，我们农民能够自救了，中国自然不会亡。

乙农：你说了半天话，刚才说到"农民自救"这句话，才合我脾胃。不过，有什么自救的好方法呢？

甲农：我自己本来亦是和大家一样，一点什么事都不懂，上月因为到县里去卖豆饼，行到关帝庙前的时候，看见一群人团团围住，静听着一位穿土布衣服的先生在演说。听说是县政府的合作指导员，他说到农民困苦的情形，一点都不会错。他说农民应设法自救，自救的方法是农民自动起来组织农村合作社，他说农村合作社是救国救民的唯一方法，他并且说，如果我们农民有意组织合作社，他喜欢负责到乡间来指导。我看这位先生说的道理很充分，你们大家看看如何？

乙农：既然农村合作社能够解救我们农民的困苦，你为什么不请那位先生到我们乡里来呢？

甲农：那么，我们明天就一同去请他到我们这里来罢！

丁农、丙农：赞成！赞成！！

民国二十三年二月十八日（1934 年 4 月 1 日），新出刊的《浙江合作》

第19期第14～15页载有田桐（署名“恨海”）撰写的《牛鬼蛇神》①一文：

听说某县县长出巡，县政府由秘书某大老爷代拆代行，听说这位“代拆代行”的秘书大老爷不知夜里干了什么勾当，日间处理政务总是糊里糊涂，演出许多矛盾鬼祟的怪剧，使人莫明其“土地堂”！有一次建设厅政委派技士前往会同该县查明征存农行股本确数，旋据该县暨技士会衔复称，共接收该项股本五千余元，建设厅据呈后当即令饬该县于文到一个月内成立县农民借贷所，办理低利放款，以利农民。讵料这位“代拆代行”的秘书大老爷竟呈复所有该县农行股本已被前任挪用殆尽，并未接收分文。建设厅以该县前既呈复接收五千元在案，何以反说并未接收分文，当以该县前后所呈矛盾，令饬查明。声复去后，又据复称，确已接受五千余元不误。读者诸君，你看这位秘书大老爷到底糊涂不糊涂？

还有一次，该县呈送合作事业指导员一月份工作月报表，表内填明该指导员在县工作日期、地点及工作状况等。建设厅已予核准备查，可是，他又作怪起来了，不到几天又呈报该指导员一月份失踪，不知去向。哈哈！你看这位秘书大老爷竟还不失他“糊里糊涂”的本色哩！听说他近来愈演愈出奇，他竟行使他那“代拆代行”的职权，乘该县合作指导员下乡工作的时候，去“代拆”他的房门，把他的“书”、“秘”藏了去，把他的行旅“代行”搬了去。及那位指导员由乡回县发觉后，问他要回东西的时候，他竟借词推诿，并且想无理无故把他撤差。这种卑鄙龌龊的手段……呜呼！如是之县政府！呜呼哀哉！！！

民国二十三年八月二十三日（1934年10月1日），新江苏报业行出版之《新江苏报六周纪念册·程善之先生时评汇刊》第26页，载有《悼田梓琴先生》②一文：

革命先进田梓琴先生，殁于沪上，民党老同志又弱一个。溯自同盟会组织之始，田先生即追随先总理努力奋斗，迄今三十余年矣。自先总理之殁，旧时老同志日渐凋零，其存者或激于意气之私，不恤操戈同

---

① 此文载于1934年4月1日出刊之《浙江合作》第19期第14～15页；因不见收入《田桐集》中，故全文移录于此。

② 此文载于1934年10月1日新江苏报业行出版之《新江苏报六周纪念册·程善之先生时评汇刊》第26页；因不见收入《田桐集》中，故全文移录于此。

室。独田先生频年奔走，知党义而不知人我，知义务而不知权利，超然于得失之表，皭然于尘滓之外。其文章、其学问品格，今日在野之民党，罕能比之。其尤可钦者，宣抚两湖，事定则退；立法委员，力辞不就。其淡泊宁静，足以垂范百世，不徒今日也。革命以来，两湖多伟人，先生之风，固高出黎宋卿万万哉。

民国二十六年（1937），田桐之子田侨“仰承中央议决”，历时两年搜集、整理其父遗著，并利用中央“拨款刊印”①其父遗著为《玄玄遗著》（线装本，上下册）面世。

民国三十四年（1945），由中国国民党党史史料编纂委员会出版的第四期《党史史料丛刊》中选载了田桐所写《革命闲话》30 篇。

1983 年 11 月，由丘权政，杜春和等选编、湖南人民出版社出版的《辛亥革命史料选辑：续编》中，选录了《太平杂志》第二期刊载的《革命闲话》（共载 31 篇）中的 17 篇。

1984 年，姜龙昭所撰之《英风遗烈——田桐传》一书，由台湾近代中国杂志社出版。

2008 年 4 月，林家有主编之《孙中山研究》（第一辑）由中山大学出版社出版，其中收有张金超之《田桐著〈革命之首领〉辑注》。

2011 年 7 月，王杰、张金超主编之《田桐集》，被收入《辛亥革命百年纪念文库·人物文集系列》，由华中师范大学出版社出版发行。

2012 年 1 月，范长江、田伯炎所著之《辛亥元勋：田氏兄弟外传》一书，由上海文艺出版社出版发行。

2012 年 6 月，由李吉奎整理、中华书局出版的《林一厂日记》（1942—1947）中，林一厂在 1945 年 3 月 8 日至 5 月 17 日期间抄录有《太平杂志》全三期所载的《革命闲话》60 篇。

① 见 1937 年版田桐《玄玄遗著》封二编者语。

主要参考文献

一、文献著作类

[1] 白化文. 中国近现代历史名人轶事集成 [M]. 济南：山东人民出版社，2015.

[2] 柏文蔚. 柏文蔚自述 [M]. 北京：人民日报出版社，2011.

[3] 蔡冠洛. 清代七百名人传 [M]. 北京：北京图书馆出版社，2008.

[4] 陈春香. 南社文人与日本 [M]. 北京：商务印书馆，2013.

[5] 陈夔龙. 梦蕉亭杂记 [M]. 北京：中华书局，2007.

[6] 陈旭麓，方诗铭，魏建猷. 中国近代史词典 [M]. 上海：上海辞书出版社，1982.

[7] 陈锡祺. 孙中山年谱长编 [M]. 北京：中华书局，1991.

[8] 曹亚伯. 曹亚伯集 [M]. 武汉：华中师范大学出版社，2019.

[10] 曹水兵. 宜昌人物：第一辑 [M]. 武汉：武汉出版社，2016.

[11] 范长江，田伯炎. 辛亥元勋：田氏兄弟外传 [M]. 上海：上海文艺出版社，2012.

[12] 冯双. 邹鲁年谱 [M]. 广州：中山大学出版社，2010.

[13] 冯自由. 革命逸史（1—6）[M]. 北京：中华书局，1981.

[14] 郭廷以. 近代中国史事日志 [M]. 北京：中华书局，1987.

[15] 郭廷以. 中华民国史事日志 [M]. 台北：近代史研究所，1979.

[16] 胡鄂公. 辛亥革命北方实录 [M]. 北京：中华书局，1948.

[17] 胡汉民. 总理全集 [M]. 上海：上海民智书局，1930.

[18] 贺觉非. 辛亥武昌首义人物传 [M]. 北京：中华书局，1982.

[19] 金梁. 近世人物志 [M]. 北京：北京图书馆出版社，2007.

[20] 江庆柏. 清代人物生卒年表 [M]. 北京：人民文学出版社，2005.

[21] 李勇，张仲田. 蒋介石年谱 [M]. 北京，中国党史出版社，1995.

[22] 李凤权. 胡景翼传 [M]. 西安：陕西人民出版社，1991.

[23] 李育民. 湖南近现代外交人物传略 [M]. 长沙：湖南人民出版

社，2012.

［24］刘泱泱. 宋教仁日记［M］. 北京：中华书局，2014.

［25］黄兴. 黄兴集［M］. 北京：中华书局，1981.

［26］皮明庥. 湖北历史人物辞典［M］. 武汉：湖北人民出版社，1984.

［27］宋教仁. 宋教仁集［M］. 北京：中华书局，1981.

［28］孙之梅. 南社研究［M］. 北京，人民文学出版社，2003.

［29］尚明轩. 孙中山传［M］. 北京：北京出版社，1979.

［30］邵体平. 国魂不死：张汇滔烈士传［M］. 北京：东方出版社，1998.

［31］邵元冲. 邵元冲日记［M］. 上海：上海人民出版社，1990.

［32］田伏隆. 忆黄兴［M］. 长沙：岳麓书社，1996.

［33］王承仁，曹木清，吴剑杰，等. 中国近百年史辞典［M］. 武汉：湖北人民出版社，1986.

［34］吴文治. 中国文学史大事年表［M］. 长沙：岳麓书社，1996.

［35］吴永. 庚子西狩丛谈［M］. 长沙：岳麓书社，1985.

［36］魏绍昌，管林，刘济献，等. 中国近代文学辞典［M］. 郑州：河南教育出版社，1993.

［37］萧致治. 黄兴评传［M］. 南京：南京大学出版社，2001.

［38］杨天石. 帝制的终结：简明辛亥革命史［M］. 长沙：岳麓书社，2011.

［39］杨天石，王学庄. 南社史长编［M］. 北京：中国人民大学出版社，1995.

［40］章开源. 辛亥革命辞典［M］. 武汉：武汉出版社，1991.

［41］中国第二历史档案馆. 蒋介石年谱［M］. 北京：中国档案出版社，1992.

［42］中国人民大学清史研究所. 清史编年［M］. 北京：中国人民大学出版社，2000.

［43］中国社会科学院近代史研究所民国史研究室，广东省社会科学院历史研究室，中山大学历史系孙中山研究室. 孙中山全集［M］. 北京：中华书局，1981—1986.

［44］庄建平，卞修跃. 周震鳞传［M］. 北京：团结出版社，1995.

［45］张难先. 湖北革命知之录［M］. 北京：商务印书馆，1945.

［46］张难先. 张难先集［M］. 武汉：华中师范大学出版社，2011.

［47］张晓波. 民国的开端：宋教仁评传［M］. 北京：光明日报出版社，2013.

［48］张之洞. 张之洞诗文集：增订本［M］. 上海：上海古籍出版社，2015.

二、论文类

［1］刘作忠. 辛亥革命功臣田桐身后哀荣［J］. 湖北文史，2010（2）：64-71.

［2］王启芳. 论南社川籍诗人张光厚的民生诗［J］. 北京工业大学学报（社会科学版），2010（6）：69-72.

［3］严希敏. 孙中山先生身边的田氏兄弟：记辛亥革命中的田桐、田桓［J］. 湖北文史，2011（1）：51-60.

［4］张伟. 田桐与走向终结的南社［J］. 南京理工大学学报（社会科学版），2015（4）：51-56.

［5］张金超. 田桐与辛亥革命［J］. 广东社会科学，2013（5）：117-126.

后　记

在湖北的武昌首义革命志士和中华民国元勋中，以田桐去世后最享殊荣——他去世后，不仅上海社会各界为其举行了盛大的公祭活动，南京社会各界为其举行了隆重的追悼大会，而且南京国民政府下令为他举行了隆重的国葬；时任国民政府主席的蒋介石曾亲自赴武昌阅马场致祭。国葬那天，国民党中央各部要员和湖北省前后省府主席何成浚、夏斗寅暨湖北省政府各厅长、委员，武汉各学校师生、各机关团体代表不下万人出席了国葬仪式，可谓盛况空前。

然而，田桐的过早去世——他去世时，年仅 52 岁，这使他尚未来得及对自己的文学创作进行汇集、整理，使之刊刻行世；时间一长，田桐不少作品散佚不存。这就给后人研究田桐的文学创作带来了极大的不便。

田桐去世几年后，其子田侨曾奉国民党中央之命，历时两年整理并出版其父遗集——《玄玄遗著》（线装本，上、下册），将田桐文学创作成果的整体面貌初步展现给世人。直到 2011 年 7 月，王杰、张金超先生主编之《田桐集》，被收入“辛亥革命百年纪念文库·人物文集系列”，由华中师范大学出版社出版发行，其中搜集佚文不少，使人们能公开见到的田桐著述更加丰富。

值得欣慰的是，我们此次编著《田桐年谱》，得以将我们多年来搜集到的田桐的不少佚文、佚诗纳入书中，以飨读者，也为研究者提供新的材料。尽管如此，我们觉得，田桐的佚文、佚诗肯定还会有一些，只得寄希望于后学者继续发掘了。

程翔章

2021 年 8 月 12 日